병목사회

병목사회

기회의 불평등을 넘어서기 위한 새로운 대안

조지프 피시킨 지음 | 유강은 옮김

문예출판사

차 례

서론 우리는 기회균등에 관해 어떻게 생각하는가 / 13
기회 다원주의 / 27
이 이론이 갖는 함의 / 40

1부
—
**기회균등과
그 문제점**

51

1장 — 기회균등의 개념들 / 55
롤스의 기회균등과 출발점 이론 / 62
시험, 편향, '형식적 가산점' / 68
운 평등주의와 타고난 재능 / 73
재능, 운, 드워킨 / 79

2장 — 분배 정의를 넘어서: 기회와 행복 / 83

3장 — 기회균등을 위한 네 가지 문제 / 96
가족 문제 / 97
부모라는 유리한 조건 / 완화와 보상
가족과 공정한 삶의 기회 원리

업적 문제 / 110
입학의 사례 / 운 평등주의자들을 위한 업적
로머의 '기회균등' 제안과 업적의 한계 / 업적과 자아

출발점 문제 / 126
사전적인 관점이 갖는 한계
배가된 유리한 조건과 기회의 연쇄
가장 어린 사람에게 집중할 것인가
가진 자들은 얻을 것이고

개별성 문제 / 141
샤의 악몽과 노직의 꿈 / 다른 종류의 기회균등을 향하여

2부
—
기회와
인간 발달

157

1장 — 정치이론에서 본 타고난 차이 / 161

2장 — 본래적인 차이, 자연, 양육 / 170

본래적인 차이에 관한 주장들 / 170

본성 모델과 양육 모델 / 174

분리되지도 않는다 / 179

3장 — '정상'의 문제점 / 189

'정상'이란 없다 / 190

플린 효과: 환경의 역할에 관한 객관적 교훈 / 194

4장 — 인간 발달에 관한 반복 모델 / 197

역량의 발달 / 197

가족 및 사회와의 상호작용 / 204

고용 세계와의 상호작용 / 210

5장 — '평등'의 문제점 / 217

단순한 균등화 문제 / 218

우리 모두가 동일한 목표를 추구하지 않는다면 / 222

선호와 목표의 내생성 / 227

필수적인 발달 기회 / 231

3부
—
기회
다원주의

241

1장 ― 단일한 기회구조와 다원주의적 기회구조 / 246

개별성과 다원주의 / 247

지위재와 경쟁 역할 / 257

병목현상 방지 원리 / 268

누가 기회구조를 통제하는가? / 280

2장 ― 병목현상의 동학 / 288

병목의 유형 / 289

정당한 병목 대 임의적 병목 / 295

병목의 심각성 / 301

얼마나 많은 사람이 이 병목에 영향을 받는가 / 311

병목현상을 어떻게 할 것인가 / 314

병목현상과 직무 내용 / 319

병목현상을 기회구조 전체 안에 자리매김하기 / 324

병목현상, 효율성, 인간 자본 / 327

병목의 잠재적 이익 / 335

3장 ― 행복, 완전주의, 우선권 / 341

공통 척도가 없는 기회균등 / 343

희미한 완전주의와 자율성 / 352

4부
—
응용

361

1장 — 병목으로서의 계급 / 365

하향 이동에 대한 두려움:
불평등이 얼마나 중요한지에 관한 우화 / 368
병목으로서의 대학 / 376
분리와 통합: 네트워크와 규범에 관한 이야기 / 387

2장 — 노동 세계의 자유와 유연성 / 401

유연성, 전직 장애, 기업가 정신 / 402
일터의 유연성과 성별 병목현상 / 408

3장 — 병목과 차별금지법 / 421

몇 가지 최신 법령과 그 함의 / 421
차별금지법은 누구를 보호해야 하는가 / 427
사례 하나: 외모 차별 / 435
병목, 집단, 개인 / 442
차별금지법은 어떻게 보호해야 하는가 / 446

결론 / 458
감사의 말 / 465
옮긴이의 말 / 469
찾아보기 / 473

추천사

"조지프 피시킨은 '병목현상' 은유를 우리 사회의 기회 구조를 이해하기 위한 유력한 렌즈로 발전시키며, 이렇게 함으로써 공정성에 대한 뿌리 깊은 직관과 공명하는 새로운 방식으로 '기회균등' 기획을 개조한다."

— **신시아 에스틀런드**(Cynthia Estlund, 뉴욕대학교 로스쿨 캐서린 A. 레인 법학 교수)

"《병목사회》에서 저자는 불평등과 다원주의가 지배하는 세계에서 인간이 행복할 수 있는 유의미한 기회를 어떻게 장려할 수 있는지, 그 방법을 개념화하는 커다란 진전을 이룬다. 추상적인 평등 개념을 둘러싸고 케케묵은 논쟁을 벌이는 와중에 신선한 공기를 마시는 것 같은 느낌이다. 하지만 더욱 중요한 사실은 이 책에서 저자가 제시하는 개념과 정책의 발전 경로가 엄청난 희망을 던져준다는 점이다."

— **로저스 M. 스미스**(Rogers M. Smith, 펜실베이니아대학교 크리스토퍼 H. 브라운 정치학 특훈교수)

"조지프 피시킨은 '업적' 문제를 훌쩍 넘어서 기회균등을 정의하기 위한 새롭고 중요한 틀을 제시한다. 언뜻 '업적'처럼 보이는 것이 대개 돈 주고 살 수 있는 유리한 조건의 결과라면, 도대체 어떻게 기회가 '균등'할 수 있겠는가? 여기서 피시킨은 독창적인 답을 내놓으면서 사람들을 가로막는 병목현상을 완화함으로써 기회를 확대하는 새로운 길을 제시한다."

— **라니 귀니어**(Lani Guinier, 하버드 로스쿨 베닛 보스키 법학 교수)

일러두기

1. 이 책은 Joseph Fishkin, *Bottlenecks: A New Theory of Equal Opportunity*, Oxford University Press, 2014를 완역한 것이다.
2. 인명과 지명 등은 관례로 굳어진 경우를 제외하고는 국립국어원의 외래어표기법을 기준으로 했다.
3. 독자들의 이해를 돕기 위해 인명, 정기간행물, 지명 등은 처음 나올 때 원어를 함께 표기했다.
4. 인용한 책이나 글 중 국역본이 있는 경우는 밝혀두었다.
5. 각주와 미주에 나온 참고도서 중 국내 출간된 책의 경우, 국내 출간 당시 사용된 저자명과 책 제목의 표기를 그대로 사용했다.
6. 옮긴이가 추가한 주는 마지막에 '—옮긴이'라고 밝혔다.

서론

  기회균등은 평등주의 기획의 핵심을 차지하는 유력한 개념이다. 이 개념은 현존하는 많은 부정의뿐만 아니라 주요한 평등주의 개혁의 오랜 역사도 선명히 비추는 횃불이다. 세습 귀족의 특권이 폐지되고, 초중등교육과 고등교육을 받을 권리가 점차 확대되고, 이전에는 남성의 고유 영역이었던 직종, 공직, 교육계에 여성이 진입한 과정을 생각해보라. 이런 개혁들을 거치면서 사회는 기회균등이라는 방향으로 움직였다. 오늘날 이런 변화들은 논쟁의 여지가 없는 당연한 사실이다. 기회균등이라는 일반적인 개념은 충분히 널리 받아들여지고 대중화되었다. 오늘날에는 근본적으로 다른 정치·사회 의제를 옹호하는 사람들이 너 나 할 것 없이 이 개념에 호소할 정도다. 예를 들어 소수자 우대 정책affirmative action을 둘러싼 논쟁을 살펴보면, 서로 다른 기회균등 개념이 양쪽의 주된 주장의 핵심에서 등장한다.

  이 책에서 나는 기회균등—그리고 법률, 공공정책, 제도 설계 등의 분야에서 기회균등 개념을 둘러싸고 제기되는 무수히 많은 질문—에 관해 생각하는 새로운 방식을 제안한다. 본질적으로 이 제안을 통해, 우리는 여러 형태의 인간 행복human flourishing[1]으로 이어지는 상이한 경로를 추구할 기회의 범위를 확대하는 방식으로서 기회를 재구조화하는 것을 목표로 한다. 그리고 이런 기회는 삶의 모든 단계에서 모든 사람에게 열려 있어야 한다. 이렇게 노력하는 과정에서, 우리는 현재 상대적으로 기회 범위가 협소한 사람들에게 특별한 우선권을 주어야 한다.

내가 **기회 다원주의**opportunity pluralism라고 이름 붙인 이런 사고방식을 위해서는 초점을 이동시킬 필요가 있다. 기회 다원주의는 누구의 기회가 누구와 균등한가 균등하지 않은가라는 질문에 초점을 맞추는 대신, 우리 사회에서 기회가 어떻게 만들어지고 분배되고 통제되는지를 좀 더 구조적으로 살펴볼 것을 요구한다. 이렇게 초점을 바꾸면 새로운 질문들이 드러난다. 따라서 기회구조opportunity structure의 **병목현상**bottlenecks을 세심하게 살펴볼 필요성이 생긴다. 여기서 병목이란 사람들이 건너편에 펼쳐진 광범위한 기회에 도달하기 위해 통과해야만 하는 비좁은 지점을 가리킨다. 그리하여 우리는 차별과 집단 배제에 관해 질문을 던지는 데서 나아가, 왜 우리 사회가 특정한 고생을 겪거나 정해진 나이에 특정한 시험을 통과하는 사람들만 일정한 경로를 좇도록 허용하는지 그 이유를 물어보아야 한다. 치열한 경쟁과 희소성이 만연한 상황에서, 우리는 기회 다원주의 덕분에 누가 누구나 바

---

1 아리스토텔레스가 말하는 'eudaimonia'를 가리킨다. 아리스토텔레스는 인간 행복을 "인간의 고유한 기능이 덕에 따라 탁월하게 발휘되는 영혼의 활동"이라고 정의한다. 이 책에서 지은이가 말하는 행복은 이런 아리스토텔레스적 의미이다. 간혹 등장하는 'happiness'는 '만족'이나 '기쁨'으로 옮겼다.—옮긴이

라는 희소한 지위를 얻는가에 관한 공정성의 문제만이 아니라, 애초에 기회구조의 어떤 특성 때문에 이런 정도로 경쟁과 희소성이 생겨나는가라는 문제에도 초점을 맞추게 된다.

아직 우리는 논의를 시작하지도 않았지만, 몇몇 독자는 이미 미끼 상술을 눈치챘을지 모른다. 이 책은 기회균등에 관한 책이고 비록 우리는 기회에 관해 이야기하지만, 평등은 방정식에서 제외된 것처럼 보인다. 모든 사람에게 더 광범위한 기회를 열어주는 것은 기회를 균등하게 만드는 것과 같지 않다. 하지만 기회 다원주의는 넓은 의미에서 '기회균등'의 한 개념이다. 정치 담론이나 일부 철학 저술에서 보통 이 구절을 사용할 때의 의미처럼 말이다. 게다가 이 책에서 나는 기회 다원주의야말로 평등주의자들과 기회균등 옹호론자들이 관심을 갖는 사회정의 문제 전체를 바라보는 데 필요한 유력한 렌즈라고 주장할 것이다. 기회 다원주의는—다른 평등주의 이론들이 놓치기 쉬운 몇 가지 변화를 포함한 과거, 현재, 미래의 다른 많은 변화들과 더불어—앞에서 열거한 각각의 평등주의적 변화를 위한 강력한 논증을 제공한다.

이렇게 새롭고 낯선 방식으로 기회균등 기획을 재정식화하는 게 필요한 이유를 이해하기 위해서는, 우선 우리가 흔히 기회균등에 관해 생각하는 방식에서 무엇이 빠져 있는지를 살펴보아야 한다.

우리는 기회균등에 관해 어떻게 생각하는가

한 걸음 뒤로 물러나서 이야기를 시작해보자. 많은 종류의 평등이 소중하다. 그런데 왜 기회균등이 그렇게 유력하고 반향이 큰 개념인 걸까? 여러 가지 이유가 있지만, 특히 두 가지가 이 책의 주장과 관련이 있다. 첫째, 기회균등은 일종의 평등일 뿐만 아니라 자유이기도 하다.[2] 기회는 만약 기회가 없다면 가능하지 않은 행동이나 존재의 자유를 열어준다.[3] 앞서 언급한 각각의 사례가 보여주는 것처럼, 기회균등은—교육, 직업 및 기타 영역에서—우리에게 열린 경로의 범위를 넓혀주며, 따라서 제한된 기회에 의해 규정되지 않고 폭넓게 선택할 수 있는 삶을 추구할 자유를 우리에게 부여한다. 보편적으로 말해서 자유에서는 이 점이 중요하다.

둘째, 기회는 우리의 모습을 형성하는 데 중요한 역할을 한다는 점에서 독특한 가치가 있다. 비단 우리가 추구하는 경로뿐만 아니라 우리가 발전시키는 기능과 재능, 우리가 정식화하는 목표도 기회에 의해 규정된다. 우리는 선호나 소망, 능력이 정해진 채 세상에 태어나는 게 아니라, 우리 눈앞에 보이는 세상이나 기회와 상호작용하는 과정을 거치면서 선호나 소망, 능력을 발전시킨다. 따라서 기회는 우리 각자가 어떻게 발전하고 어떤 사람이 되는지에 심대한 영향을 미친다. 우리는 일정한 맥락 안에서만, 즉 주로 아동 발달이나 조기교육의 문제를 검토할 때나 인간의 잠재력이 아직 완전히 초기일 때에만, 기회에 관해 이런 식으로 생각하곤 한다. 하지만 사실 성인기에도, 그리고

---

2 이런 점에서 기회균등은 독특한 것이 아니다. 중요한 형태의 많은 평등은 자유의 형태와 분리 불가능하거나, 자유의 형태를 구성한다. 정치적 평등이 한 예이다.

3 여기서 내가 말하는 자유는 단순히 법률이나 정부의 간섭이 없는 상태 이상을 의미한다. 그것은 실제로 무엇을 하거나 무엇이 될 수 있다는 의미의 자유를 뜻한다. 유용한 논의로는 G. A. Cohen, "Freedom and Money", in *On the Currency of Egalitarian Justice and Other Essays*(Michael Otsuka ed., 2011), 166쪽을 보라.

인생을 사는 내내 기회에 의해 심대한 영향을 받는다.[4]

현대사회는 각기 다른 많은 종류의 기회 불균등을 특징으로 한다. 게다가 이 기회들은 대부분 복잡한 방식으로 서로 겹치고/겹치거나 상호작용한다. 어떤 부모는 잠자리에 누운 자녀에게 옛날이야기를 읽어주는 반면 다른 부모는 읽어주지 않을 때, 이른 시기부터 기회 불균등이 생겨난다.[5] 각기 다른 동네와 도시에 있는 학교들은 종종 발달 격차를 줄이기보다는 확대하며, 따라서 아동이 학교에 입학할 무렵에는 격차가 더욱 벌어지는 것으로 보인다.[6] 한편 직장을 대상으로 정밀하게 수행된 연구에 따르면, 고용주들은 여전히 전형적인 백인 이름을 가진 지원자에게 면접 기회를 훨씬 더 많이 준다고 한다.[7] 많은—특히

---

4 기회균등을 소중히 여겨야 하는 이 두 번째 이유는 복잡하고 다소 순환적인 방식으로 첫 번째 이유와 관련이 있다. 우리가 균등한 기회 덕분에 누리는 자유를 행사하는 과정에서 선호와 가치를 활용하면서 이것들을 발전시키고 다듬는 것은, 어느 정도는 기회를 통해서 가능하다.

5 잠자리에 든 자녀에게 옛날이야기를 읽어주는 것 같은 부모의 행동 전반이 자녀에게 유리한 조건으로 작용하며 따라서 기회 불균등을 낳는다고 지적하는 내용을 담고 있는 Adam Swift, *How Not to Be a Hypocrite: School Choice for the Morally Perplexed Parent*(2003), 9~20쪽을 보라.

6 학교의 경제적 분리에 관해 다루는 이 책 387쪽 이하 "분리와 통합" 절을 보라.

7 예를 들어 보스턴과 시카고에서 채용 공고를 낸 실제 고용주들의 경우에, 이력서에서 나머지 부분은 그대로 두고 맨 위에 있는 이름만 바꾸면 인종에 따라 회신 전화를 받는 비율이 차이가 난다는 사실을 밝히는 Marianne Bertrand and Sendhil Mullainathan, "Are Emily and Greg More Employable than Lakisha and Jamal? A Field Experiment on Labor Market Discrimination", 94 *American Economic Review*(2004), 991쪽을 보라.

8 Miles Corak and Patrizio Piraino, "The Intergenerational Transmission of Employers", 29 *Journal of Labor Economics*(2011), 37, 48~49쪽을 참조하라. 이 글은 캐나다의 대규모 데이터를 통해 아들의 40퍼센트가 아버지와 동일한 고용주 밑에서 일한 적이 있음을 밝힌다. 아버지가 소득 상위 1퍼센트에 속하는 경우에 이 수치는 70퍼센트 가까이로 급격하게 높아진다. 또한 Linda Datcher Loury, "Some Contacts are More Equal than Others: Informal Networks, Job Tenure, and Wages", 24 *Journal of Labor*

부유층—젊은이들이 부모와 가족을 통해 일자리를 구한다.[8] 이 사례들은 다채롭고 드넓은 영역 중 일부 지역만을 어렴풋이 보여줄 뿐이다. 기회 불균등이 워낙 만연해 있고 다면적이기 때문에, 그리고 기회가 우리 삶의 모습과 우리의 미래에 아주 심대한 영향을 미치기 때문에, 현대사회의 기회 불균등이라는 전반적인 문제는 너무도 광대하고 압도적이어서 한눈에 이해하기가 쉽지 않다.

그리하여 우리는 이 문제를 하나하나 분석하기 위한 방법을 찾는다. 흔히 우리는 특정하고 명확한 영역의 기회균등 문제에 초점을 맞춘다. 때로는 대학 입학이나 거대 고용주의 채용 결정에 초점을 맞춘다. 이러한 경쟁 영역들에서 기회균등에 관한 우리의 대화는 판에 박힌 방식으로 흘러가기 쉽다. 업적merit,[9] 차별, 소수자 우대 정책 등에 관한 논쟁이 그것이다. 하지만 영역이 달라지면 우리는 완전히 다른 일련의 개념 도구를 적용한다. 미취학 아동의 언어 상호작용 기회나 각기 다른 초등학교가 학생들에게 제공하는 교육 기회를 고찰할 때, 우리는 업적 위주가 아니라 발달의 측면에서 기회균등을 사고한다.

때로 우리는 동시에 다양한 영역을 가로질러 사고한다. 이런 경우에 우리는 흔히 다른 방식으로 질문의 범위를 좁힌다. 비교적 이론적으로 다루기 쉬운 기회 불균등의 특정한 차원들에 초점을 맞추는 것이다. 대개 우리는 경제적 기회, 특히 가족 배경과 경제적 성공, 또는

Economics(2006), 299, 310쪽도 참조하라. 이 글은 1982년 이후 미국의 조사 자료를 통해 많은 젊은이들이 "사장과 아는 사이거나 참고 모델 역할을 하는 앞선 세대의 남자 친척"을 통해 일자리를 구한 사실을 밝힌다. 이 젊은이들은 "고용주에게 직접 취업 지원을 하거나 공식적인 방법으로 취직한 이들보다 소득이 훨씬 더 높았다."

9 'merit', 'meritocracy'는 우리말로 '능력', '능력주의'라고도 옮긴다. 이 책에서는 'ability'와 구분하기 위해 '업적', '업적주의'라고 통일했다.—옮긴이

출신 계급과 귀착 계급의 상관관계에 초점을 맞춘다. 이런 관계야말로 기회 불균등의 아주 중요한 한 차원을 포착하기 때문이다.

기회균등의 문제를 이런 식으로 분석하는 것은 유용하고 어쩌면 불가피해 보이기도 한다. 달리 어디를 출발점으로 삼겠는가? 대학 입학 같은 구체적인 영역에서는 (이론의 여지는 있지만) 기회균등의 일관된 전망을 제공할 수 있다. 사회 전체가 항상 모든 구성원에게 모든 종류의 기회를 균등화한다면 어떤 모습일지 상상하기는 훨씬 어렵다. 게다가 이것이 과연 바람직한지도 의문이다.[10] 그렇지만 기회균등의 문제를 이런 방식으로 하나하나 분석하면 무언가 중요한 것을 놓치게 된다.

출신 계급-귀착 계급이라는 틀을 기회의 잣대로 삼을 때 일정한 한계가 있음을 생각해보자. 가부장제 사회 속 평범한 환경에서 자란 어떤 여자가 부자와 결혼을 해서 계급적인 면에서는 큰 성공을 거둘 수 있다. 이 여자의 인생 궤적은 계급 이동의 좋은 예가 된다. 이 여자와 비슷한 사람이 많아질수록 출신 계급과 귀착 계급의 상관관계가 약해진다. 그렇지만 동시에 이 여자는 가장 제약된 범위의 경로 이상을 절대 경험해보지 못했을 것이다. 다른 형태의 인간 행복을 제공하는 다른 종류의 역할을 인생에서 추구하지 못하는 것이다.

또는 더 복잡한 사례를 생각해보자. 성별 역할 체계가 유지되면서도 변형된 현대사회에 사는 한 여자를 생각해보라. 이제 여성에게도 모든 직업이 열려 있지만, 좋은 직업은 대부분 아이가 없는 독신 여성(과 모든 남성)에게만 열려 있다. 이런 제약 아래서 이 여자에게는 어떤

---

10 이 책 97쪽 이하 "가족 문제" 절을 보라.

개별적인 경로도 닫혀 있지 않지만, 많은 경로의 조합은 닫혀 있다. 그녀가 결혼과 아이를 선택하고 또 높은 생활수준과 상당 정도의 기쁨과 만족을 얻는다고 가정해보자. 그렇다 하더라도 그녀가 가진 기회—그녀가 자기 삶을 축조하는 바탕으로 삼을 수 있는, 그녀에게 열린 여러 선택의 조합—는 결정적인 방식으로 무척 제한되어 있었다. 이런 한계들은 그녀의 인생 궤적뿐만 아니라 그녀의 선호와 가치관도 규정했을 것이다. 또한 그녀가 추구하는 경로뿐만 아니라 자기 인생에서 원하는 목표까지 규정했을 것이다. 물론 어떤 관점—기쁨, 즉 선호의 만족—에서 보면, 이런 상태에 잘못된 점은 아무것도 없다. 하지만 우리는 앞에서 소개한 기회균등을 소중히 여겨야 하는 두 가지 이유의 관점에서 볼 때, 이는 더 걱정스러운 사례로 보아야 마땅하다. 왜 그녀는 자신이 속한 사회가 여성을 대하는 방식 때문에 자신이 추구하는 삶의 종류에서 그런 한계에 직면해야 하는가?

한편 대학 입학 같은 특정한 영역에만 초점을 맞추는 경우에 어떤 한계가 있는지를 생각해보자. 이런 영역의 기회균등을 다룰 때, 우리는 대개 관련된 모든 사람이 얻고자 하는 한정된 수의 자리를 놓고 경쟁하는 단일한 지원 과정이 있다고 가정한다. 우리의 질문은 보통 이런 경쟁 과정이 어떤 식으로 정해지든 간에, 인종이나 성별에, 또는 이 두 가지와 다른 유사한 인구학적 변수의 조합에 근거해서 균등한 기회를 제공할 수 있는지에 초점을 맞춘다. 더 폭넓은 많은 질문들이 우리 논의의 범위에서 벗어나기 쉽다. 애초에 왜 이 자리는 이렇게 부족한가, 왜 그렇게 많은 지원자가 이 자리를 얻으려고 하는가, 이 경쟁에서 '업적'으로 간주되는 것은 어떻게 결정되는가, 개인들은 어떻게 그런 업적을 개발하거나 획득했는가 같은 질문 말이다. 특정한 경쟁 영역을 따로 떼어놓고 관찰하다 보면, 우리는 이 영역의 결과를 일종의 종착점이나 목적지, 또는 심지어 일종의 보상이나 포상으로 보게 된다. 하지만 렌즈를 조금만 확대해서 더 넓은 기회구조의 맥락에서 보면, 모든 경쟁의 결과는 다음 경쟁을 위한 투입이다.[11] 우리가 대학 입학에서 내리는 결정은 《포춘》 선정 500대 기업 취직이나 군 장교 임관 경쟁 같은 다른 경쟁에서 어깨를 겨룰 수많은 대학 졸업자들의—인구통계뿐만 아니라—자격과 기능을 규정한다.[12]

각기 다른 경쟁과 발달 단계가 사슬처럼 연결된 상황에서, 어떤 한 영역을 따로 떼어놓고 무엇이 기회균등인가를 정하려고 하면 여러 가지 현실적인 문제가 생겨난다. 경쟁자들이 어떤 한 경쟁에서 겨루는 기능, 성적증명서, 기타 자산은 앞선 경쟁과 발달 기회의 결과물이며, 따라서 많은 경우 불균등하다. 만약 성공이 성공을 낳고, 우리가 새롭고 더 풍부한 발달 기회를 가지고 성취를 강화한다면, 기회를 균등하게 만든다는 기획은 성과에 대한 보상과 정면으로 충돌하게 된다.

그런 경우에 보상할 만한 가치가 있는 어떤 유의미한 성과를 채 보여주기도 전에 누리는 가장 초기의 발달 기회가 엄청난 중요성을 갖기 시작한다. 하지만 평등주의적 정책 개입이 제일 미치기 어려운 지점이 바로 이런 가장 초기의 기회이다. 부모는 자녀를 어떻게 기를 것인지에 관해 어느 정도 상당한 자유를 누리며, 마땅히 누려야 한다. 사회는 한정된 자원밖에 없는 부모에게 도움을 줄 수 있고 또 주어야 하지만, 어린아이를 부모에게서 떼어내지 않고서 그 아이들에게 모든 발달 기회를 실제로 **균등하게 주는** 방법을 상상하기란 쉽지 않다(특히

---

11 이 책 126쪽 이하 "출발점 문제" 절을 보라.

12 〈그루터Grutter v. Bolliuger〉 사건의 법정 조언자를 다루는 이 책 136~137쪽 이하를 보라.

가장 불리한 조건에 처한 아이들과 더불어 가장 유리한 조건에 있는 아이들의 경우에도 그러하다). 또는 다른 시나리오들은 받아들이기 힘들거나 디스토피아적이거나, 혹은 둘 다일 것이다.[13]

대학 입학 같은 특정한 경쟁시험에 관심의 초점을 맞추는 경우에, 우리는 또한 이런 시험이 어떻게 사람들의 인생 궤적에 들어맞는지에 관한 또 다른 더 큰 질문들을 놓치기 십상이다. 20세기에 많은 나라들은 비교적 이른 나이부터 미래를 규정하는 진로에 따라 어린이를 분류하는 시험 체제를 채택했다.[14] 11~12세 아동을 각기 다른 유형의 중등학교에 진학하도록 분류하는 지능지수 검사 방식의 영국의 일레븐 플러스eleven-plus 시험 같은 체제는 개인이 누리는 기회에 막대한 영향을 미쳤다. 이런 시험 체제에 대한 유력한 비판을 한마디로 하자면, 과거의 기회 불균등이 미친 영향을 확고하게 만든다는 것이다. 이런 시험 체제는 애초에 불평등하게 분배된 발달 기회를 통해 연마한 기능과 능력을 바탕으로 해서 어린이를 분류하며, 나아가 더 풍부한 발달 기회를 누린 아이들에게 한층 더 많은 기회를 상으로 준다. 하지만 어린이를 각기 다른 진로로 분류해서 돌이킬 수 없게 미래를 규정하려는 시도를 비판하는 전혀 다른 근거도 있다. 우리 모두가 11~12세를 대상으로 한 교육에 대해 18세나 30세 대상의 교육만큼 심각하게 여기는 것은 아니다. 11~12세든 아니면 대학 입학을 결정하는 시기인 18세든 간에, 특정한 연령에 거둔 성적이 한 사람의 인생 궤적에 그토록 심대한 영향을 미칠 이유가 과연 무엇일까?

그런 식으로 교육 기회를 구조화하는 것이 필연적이어야 할 이유는

---

13   이 책 97쪽 이하 "가족 문제" 절을 보라.
14   시험 체제와 출발점을 다루는 이 책 126쪽 이하 "출발점 문제" 절을 보라.

전혀 없다. 미국의 예를 들자면, 4년제 대학으로 진학하는 기회를 제공하는 커뮤니티칼리지community college는 10대 때의 성적 때문에 중간 탈락했던 기회라는 고속도로에 다시 한 번 들어설 수 있는 진입차선을 제공한다. 많은 기회균등 이론은 이런 진입차선을 하나 더 만드는게 왜 중요한지를 좀처럼 이해하지 못한다. 즉 초기의 분류 방식이 모든 면에서 공정했으며 18세나 11세의 모두가 공정한 기회를 누렸다고 본다면, 그런 진입차선이 필요하지 않기 때문이다. 모든 사람이 태어나면서부터 사전에 정확히 측정된 공정한 기회를 부여받는다면, 많은 이론은 우리의 질문이 그걸로 끝났다고 생각할 것이다. 단지 첫 번째 기회를 망쳐버렸다는 이유로 두 번째 기회를 필요로 하는 사람들에게 사회가 그런 기회를 주어야 하는지를 살펴볼 이유가 전혀 없다. 하지만 만약 우리가 사람들에게 각자 자신의 삶을 형성할 자유를 주는 문제—사람들의 삶의 윤곽이 제한된 기회에 의해 규정되기보다는 상당 정도 스스로의 선택에 의해 만들어져야 한다고 생각한다면 제기되는 문제—에 관심을 가진다면, 태어나면서부터 사전에 정확히 측정된 기회뿐만 아니라 삶의 여러 시점에서 사람들에게 열려 있는 기회의 범위에도 관심을 기울여야 한다. 이런저런 이유로 특정한 연령에 중요한 성취를 이루지 못한 사람들에 대해서도 말이다.[15]

우리 대부분이 흔히 기회균등에 관해 갖는 사고방식에는 또한 더 깊고 근본적인 개념적 문제가 있다. 간단히 말하자면, 대다수 사람들은 각 개인이 자기 재능이나 노력이 허용하는 수준까지 올라갈 수 있을 때 기회균등의 조건이 마련되었다고 생각한다.[16] 사실 우리는 흔히

15 이 책 268쪽 이하 "병목현상 방지 원리" 절을 보라.
16 롤스의 공정한 기회균등을 다루는 이 책 62쪽 이하 "롤스의 기회균등과 출발점 이론"

이런 식으로 기회균등 자체를 정의한다. 예를 들어, 존 롤스는 "공정한 기회균등Fair Equality of Opportunity(FEO)"의 원리를 이런 모습으로 제시한다. "타고난 자산이 분배되어 있다고 가정할 경우, 같은 수준의 재능과 능력을 가지고 또 이런 재능과 능력을 사용하겠다는 동일한 의향을 가진 사람들은 사회체제 내에서 처음에 차지한 자리에 관계없이 동일한 성공의 가능성을 가져야 한다."[17] 이런 관점에서 보면, 성공은 재능과 노력과 기회가 일정하게 결합된 결과이다. 우리는 재능과 노력만으로 성공이 결정될 때 기회가 균등하다고 말할 수 있다.[18]

이런 틀이 타당성을 가지려면, '타고난' 능력과 재능 같은 게 기회에 앞서 존재하고, 그것들 자체가 기회에 의존하지 않아야 한다. 이 틀은 아주 간단한 전제이며, 오늘날과 같은 유전자 시대에 유전과 환경에 대한 대중적 이해와도 잘 맞는다. 하지만 이것은 사실이 아니다.[19] 2부에서 논의할 것처럼, 사실 우리는 빈 서판blank slate이 아니다. 우리는 모두 각기 다르며, 서로 다른 환경과 기회에 대해 각기 다르게 반응한다.[20] 하지만 사실 우리가 지닌 재능의 일부 또는 이 문제에 관한 한 우

절을 보라. 이 말은 지나친 단순화이다. 내가 1부에서 이야기하는 것처럼, 이런 추상 수준에서 보더라도 기회균등 기획을 이해하는 여러 가지 상충되는 방식이 존재한다. 하지만 지금 당장은 사람들이 흔히 갖는 이런 직관적 견해로 충분할 것이다.

17 John Rawls, *A Theory of Justice*(rev. ed. 1999), 63쪽[존 롤즈 지음, 황경식 옮김, 《정의론》, 이학사, 2003, 102쪽]. 이 책에서 《정의론》을 인용하는 부분은 모두 개정판에 해당한다.

18 이 정식화는 운을 무시한다. 하지만 운을 포함시킨다고 해서 이 문단에서 이야기하는 문제가 해결되는 것은 아니다. 운 평등주의에 관한 논의로는 이 책 73쪽 이하 "운 평등주의와 타고난 재능" 절을 보라.

19 이 책 170쪽 이하 2부 "2장. 본래적인 차이, 자연, 양육"을 보라.

20 그러므로 모든 사람을 위한 공정한 평등의 기준선으로 작용하는 일련의 기회 같은 것은 존재하지 않는다. 이 책 217쪽 이하 2부 "5장. '평등'의 문제점"을 보라.

리 노력의 일부를, 세상이 우리에게 제공하는 기회나 경험에서 분리할 수는 없다. 오히려 우리의 존재 자체와 우리가 하는 모든 행동은 사람과 환경—우리 자신, 우리의 노력, 우리의 기회—사이에서 벌어지는 여러 층의 상호작용의 소산이며, 마치 침전 작용처럼 시간이 흐르면 우리 각자는 이 상호작용을 통해 지금의 내가 된다.[21] 어떤 사람을 그 자신과 분리할 수 없는 것처럼, 어떤 사람의 '타고난' 능력을 이런 발달 기회의 누적된 영향과 분리할 수는 없다. 따라서 노력이나 '타고난' 재능을 기회를 비롯한 환경과 분리하려는 기획에는 근본적인 모순이 있다. 우리는 다른 토대 위에 기회균등 이론을 세워야 할 것이다.

마지막으로, 어떤 단일한 결과나 보상의 척도에 초점을 맞춤으로써 기회균등 문제를 분석하려는 전략에는 몇 가지 한계가 있다. 이런 단일 척도 접근법에는 매력적인 점이 많다. 그것은 복잡하고 다면적인 문제를 좀 더 쉽게 다룰 수 있도록 돕는다. 따라서 기회 불균등에 관한 양적인 경험연구, 특히 경제학자들이 수행하는 연구[22]는 경제적 성공이라는 단일 척도, 주로 소득에 초점을 맞추는 경향이 있다. 더 철학적으로 변형된 연구는 좀 더 정교한 계량법을 자주 이용한다. 예를 들어, 우리는 롤스가 말하는 기초재primary goods의 많은 부분을 차지하는 행복이나 안녕, 유리한 조건이나 사회적 지위를 얻기 위한 균등한 기회를 검토할 수 있다. 어떤 계량법을 쓰든 간에, 우리가 생각하는 기회균

---

21 이런 반복적인 상호작용을 설명하는 이 책 197쪽 이하 2부 "4장. 인간 발달에 관한 반복 모델"을 보라.

22 이와 대조적으로 특히 유럽의 사회학자들은 계급을 단일한 위계적 척도의 측면에서 기술하지 않는 계급 도식을 사용하는 경향이 있다. 예를 들어 Richard Breen, "The Comparative Study of Social Mobility", in *Social Mobility in Europe*(Richard Breen ed., 2005), 1, 9~14쪽을 보라.

등 기획이란 어떻게 하면 우리가 선택한 성과 척도에서 높은 수준에 오를 수 있는 공정한 기회를 사람들에게 줄 수 있는가의 문제가 된다.

지난 몇 년 동안 미국의 대중적 담론은 최근 수십 년간 전례 없는 정도로 나타난 계급 불평등과 계급 이동성—특히 출신 계급과 귀착 계급의 관계를 비롯한—의 문제에 몰두했다. 이런 현상은 긍정적인 발전이다. 계급이 중요한 의미를 갖는 사회라면 어디든지 부모의 계급에 따라 자녀의 계급이 어느 정도로 결정되는지에 관한 논의는 충분히 가치가 있다. 그렇지만 동시에 계급적 결과라는 단일한 척도는 워낙 무딘 도구인 탓에, 복잡한 현대사회에서 사회적 이동성과 고정성의 가장 흥미로운 여러 차원들을 탐지하는 데는 별로 도움이 되지 않는다. 예를 들어, 오늘날 사회학자와 노동경제학자 들은 어린이가 사회경제적 지위의 측면에서 부모를 따를 뿐만 아니라, 훨씬 더 놀랍게도 많은 어린이가 부모의 직업을 그대로 따라간다는 사실을 발견하고 있다. 데이터를 구체적인 직업 범주별로 더욱 정교하게 세분화할수록 어린이는 임의적인 선택에서 더욱 멀어지고 부모와 더 가까워진다.[23] 어린이는 여러 가지 겹치는 이유 때문에 일반적인 직업 범주나 구체적인 직업에서 부모의 선례를 따르기로 선택할 수 있다. 그것은 부모가 그런 인생행로가 얼마나 매력적인지 보여줘서 자녀에게도 같은 직업을 가지려는 소망이 생기거나, 부모가 자녀에게 특별한 발달 기회와 지식을 전해주거나, 자녀가 그 직업을 얻도록 부모가 돕거나,

---

23 예를 들어, Jan O. Jonsson et al., "Occupations and Social Mobility: Gradational, Big-Class, and Micro-Class Reproduction in Comparative Perspective", in *Persistence, Privilege, and Parenting: The Comparative Study of Intergenerational Mobility*(Timothy M. Smeeding et al. eds., 2011), 138쪽을 보라.

자녀에게 다른 선택권이 거의 없기 때문이다. 자녀가 부모를 따라 특정한 직업에 진출한다면, 대체로 광범위한 계급 불평등이 영속화되는 경향이 생길 것이다. 하지만 그런 경향이 없다고 하더라도 이런 관행은 문제시해야 한다.

여기서 이 문제를 파악하기 위해, 우리의 경우보다 더 극단적인 사례를 생각해보자. 모두가 부모의 품에서부터 직무를 배워야 하기 때문에, 모든 자녀가 적어도 부모 한쪽과 같은 직업을 갖게 되는 사회를 상상해보자. 이 사회에 존재하는 모든 직업은 소득, 위신, 기타 보상의 기대치가 비슷하다. (그렇다고 해서 완벽한 평등을 뜻하는 것은 아니다. 각 직업마다 어떤 사람은 성과가 좋고 어떤 사람은 나쁘지만, 모든 직업에서 결과의 분배는 동일해 보인다고 가정하자.) 우리가 생각하는 결과의 척도에서 볼 때, 이 사회에는 완벽한 기회균등이 있을 수 있다. 어떤 사람이 그런 결과 척도에서 결국에 높거나 낮은 위치를 차지할 가능성은 가족 배경에 좌우되지 않는다. 그렇다 하더라도, 만약 우리가 개인들에게 인생에서 어떤 경로를 추구할지를 스스로 결정할 자유를 주는 데 관심이 있다면, 이 사회가 각 개인에게 허용하는 기회의 범위가 매우 제한되어 있다는 점을 걱정해야 마땅하다. 마찬가지로 우리가 속한 사회를 생각해보자. 우리는 각기 다른 직업과 전문직에 대한 접근권이 상당 정도 계급적 배경에 의해 좌우되는지 뿐만 아니라(그 자체로도 문제가 된다), 부모나 가족 구성원이 특별한 직업에 종사하는 경우에 누릴 수 있는 특별한 발달 기회와 경력 기회에 의해서도 좌우되는지 좀 더 세밀한 눈으로 관심을 가져야 한다.

단일한 결과 척도—어떠한 결과 척도든—에 초점을 맞추면 기회가 우리 삶에서 **얼마나** 중요한지에 관한 다소 밋밋하고 제한된 그림만

드러난다. 비슷한 계급적 배경을 가진 두 사람을 생각해보자. 첫 번째 사람은 미국 대학에 다니는데, 이 대학은 대단히 광범위한 경력과 삶의 가능성을 열어준다. 두 번째 사람은 가족이 18세에 학교를 그만두고 가족 사업을 도우라고 해서 그 말을 듣는다. 두 사람이 경제적인 면이든 다른 면에서든 똑같이 성공을 거둔다고 가정해보자. 두 사람은 똑같이 만족스럽고 높은 평가를 받는다. 두 사람은 똑같이 행복하게 산다. 게다가 몇십 년이 지나 각자가 자신의 삶을 상대방의 삶보다 훨씬 더 좋아하며, 상대를 질투하기는커녕 서로 자리를 바꿔야 한다면 무척 불만족스러울 것이다. 그렇지만 이 모든 사실에도 불구하고, 두 사람이 동등한 기회를 누렸다고 주장한다면 이상할 것이다. 사실 두 사람의 삶과 선호를 규정지은 기회에는 아주 중대한 차이가 몇 가지 있었다. 두 사람이 똑같이 높은 점수를 기록한 어떤 결과 척도를 보더라도 이런 차이는 드러나지 않는다. 우리가 결과 척도를 아무리 들여다보아도, 그들이 자기 앞에 열려 있다고 본 경로의 범위를 파악하지는 못한다. 두 사람은 추구할 수 있는 목표의 범위가 각기 달랐고, 결국 인간 행복의 여러 차원의 상이한 조합으로 특징지어지는 삶을 살았다.

여기서 우리가 놓친 점은, 기회가 중요한 것은 어떤 특정한 결과 척도에서 높은 순위에 도달하는 데 도움이 되기 때문이 아니라, 우리가 어떤 종류의 기회를 추구할지 선택함으로써 삶을 축조하는 데 필요한 중요한 재료를 얻기 때문이라는 생각이다. 인생에서 각기 다른 많은 일과 경로에는 가치가 있다. 분명 그중 어떤 것에는 다른 것과는 같은 척도로 비교할 수 없는 가치가 있을 것이다. 기회가 중요한 한 가지 이유는 각 개인이 어떤 경로와 일이 **자신**에게 중요한가라는 질문에 대한 나름의 해답을 정식화하고 다듬는 데 도움을 주기 때문이다.

기회 다원주의

이 책은 사회가 어떻게 기회를 구조화해야 하며, 실제로 어떻게 하는지를 다룬다. 이 주제는 어떻게 기회를 균등화할 수 있는가, 또는 기회가 균등한 상태를 어떤 식으로 정의해야 하는가라는 질문보다 더 범위가 넓다. 앞선 논의에서 이야기한 것처럼, 나는 기회를 어떻게 분배하거나 구조화해야 하는지에 관한 사고에서 균등화가 최선의 패러다임이라는 점을 의심할 이유가 있다고 생각한다. 어떤 경우에는 기회를 균등화하는 게 불가능하고, 또 다른 경우에는 바람직하지 않을 뿐만 아니라, 또한 기회균등화는 너무 많은 것을 배제하기 때문이다. 기회균등화는 사회가 기회를 구조화하는 방법 중 규범적으로 중요한 수많은 측면을 다루지 않는다.

많은 이들이 **평등**은 기회의 분배에서 무엇이 중요한가에 관한 정확한 설명이 아니라고 주장한 바 있다. 어쨌든 우리는 끔찍한 자연재해가 일어나 모든 사람의 기회가 거의 다 날아가 버리는 경우처럼 단순한 '하향평준화'를 통해서도 평등을 달성할 수 있으니까 말이다.[24] 또한 **최소극대화**maximin(최소를 극대화하거나 가장 적은 기회를 가진 이들의 기회를 향상시키는 방식)이나 **우선권**priority(모든 사람의 기회를 향상시키면서도 기회가 가장 제한된 이들에게 우선권을 주는 방식) 같은 다른 분배 원리에 초점을 맞추어야 한다고 주장하는 이들도 많다.[25] 일반적인 정치

---

24 평등 원리에 대한 하향평준화 반론을 중심으로 상당한 문헌이 나오고 있다(비록 대부분 기회와 관련된 논의는 아니지만). 예를 들어, Derek Parfit, "Equality and Priority", 10 *Ratio*(1997), 202, 211쪽; Larry Temkin, "Egalitarianism Defended", 113 *Ethics*(2003), 764쪽 등을 보라.

25 예를 들어, 앞에서 언급한 롤스의 '공정한 기회균등' 개념은 실제로 엄격한 평등보다

담론에서, 그리고 때로는 철학 저술에서도 '기회균등'이라는 일반적인 용어는 이와 같은 대안적 원리들을 아우를 만큼 충분히 포괄적이다. 엄격하게 말해서 이런 대안적 원리들이 평등 원리는 아니지만 말이다. 이런 포괄적인 의미의 '기회균등'은 또한 똑같이 폭넓은 평등주의 전통에 뿌리를 두는 이 책의 주장도 아우른다. 하지만 여기서 내가 내놓는 기획은 단순히 최소극대화나 우선권과 유사한 대안적인 분배 원리를 주장하는 게 아니다.[26] 앞에서 개괄적으로 소개한 모든 문제를 다루기 위해서는 기회와 기회 분배에 관한 사고방식에서 좀 더 근본적인 전환이 필요하다.

앞에서 소개한 문제들 하나하나가 우리의 과제를 더욱 어렵게 만든다. 만약 단일한 경쟁 또는 발달 영역에 초점을 맞추는 대신 상이한 경쟁과 발달 단계의 연쇄를 고려하고자 한다면, 태어나는 시점만이 아니라 생애 과정의 모든 지점에서 측정되는 기회를 검토하려고 한다면, 타고난 재능에 관한 가정이 아니라 인간 발달의 다층적인 과정에 대한 철학적으로 현실주의적인 그림을 출발점으로 삼는다면, 궁극적으로 어떤 결과나 보상의 단일한 척도가 아니라 사람들이 스스로 정

는 최소극대화를 목표로 삼는다. '공정한 기회균등'은 최소극대화를 근거로 엄격한 기회균등에서 벗어나는 것을 특별히 허용한다. 기회 불균등은 "기회가 더 적은 이들의 기회를 향상시키는" 경우에만 허용된다. Rawls, *A Theory of Justice*, 266쪽. '공정한 기회균등'에서 흔히 간과되는 이 최소극대화의 측면을 정확히 어떻게 해석할지에 관해서는 다소 모호한 점이 있다. Thomas W. Pogge, *Realizing Rawls*(1989), 165~181쪽을 보라. 가능한 또 다른 분배 원리인 **충분성**sufficiency 또한 기회에 적용할 수 있다. 기본적인 교육 기회를 얼마간 충분히 마련해야 한다는 제안을 '기회균등' 개념으로 특징짓는 Andrew Mason, *Levelling the Playing Field: The Idea of Equal Opportunity and its Place in Egalitarian Thought*(2006), 145쪽을 보라.

26 결국 이 책에서 내가 내놓는 제안은 일종의 우선권과 양립하며, 나도 이런 우선권을 지지한다. 이 책 343쪽 이하 "공통 척도가 없는 기회균등" 절을 보라.

식화하는 서로 다르고 같은 척도로 비교할 수 없는 목표의 풍부한 존재 전체에 관심을 기울인다면, 불가능한 과제를 세운 것처럼 보일지도 모른다. 복잡한 문제를 분해해서 다루기 쉽게 만들기 위한 기존의 전략을 모두 버리는 것은 보통 그 문제를 푸는 최선의 접근법은 아니다. 하지만 결국 밝혀질 것처럼, 기회를 하나하나 조각내서 살펴보기보다는 기회구조 전체를 정면으로 바라보면 더 많은 성과를 얻을 수 있다. 이 책에서 나는 (불가피하게) 이 문제를 다루기 쉬운 부분들로 분해하는 새로운 방식을 몇 가지 제안할 테지만, 오로지 기회구조의 전체적인 형상에 관한 더 큰 질문에 관심을 기울일 때만 이런 부분들에 도달할 수 있다. 자세히 살펴보면, 기회균등을 둘러싼 기존의 많은 논쟁들의 이면에는 이런 구조적 질문들이 숨어 있음이 드러난다.

버나드 윌리엄스Bernard Williams는 1962년에 발표한 유명한 에세이에서 흥미로운 전사 사회의 사례를 제시했다. 이 사례는 이 책의 논증에서 중요한 역할을 한다.[27] 이 사회에는 전사와 평민이라는 두 가지 세습 카스트가 있다. 전사들은 사회를 보호하는데, 이 일에는 대단한 운동 기술이 필요하며, 이런 중요한 일을 하는 대가로 사회는 모든 위신과 사치품을 그들에게 주어야 한다. 평등주의 개혁가들은 이런 상황은 불공정하다고 주장하며, 결국 규칙을 바꾸는 데 성공한다. 세습 카스트 제도 대신 운동 시합이 열린다. 출신에 관계없이 나이가 열여섯 살인 모든 사람이 시합에 참가해서 누구나 탐내는 전사 지위를 얻기 위해 경쟁할 수 있다. 전처럼 전사의 수는 정해져 있다. 결국 밝혀

---

27 Bernard Williams, "The Idea of Equality", in 2 *Philosophy, Politics, and Society*(Peter Laslett and W. G. Runciman eds., 1962) 110, 126쪽을 보라. 나는 이 사례를 더 풍부하게 만들기 위해 몇 가지 세부 내용을 덧붙였다.

지는 것처럼, 전사 자녀들은 사실상 이 시합을 위해 태어나면서부터 계속 훈련을 받았다. 영양이나 건강 상태도 더 좋고 힘과 자신감도 더 뛰어나다. 전사 자녀들이 시합에서 승리한다. 형식적인 기회균등이 일정하게 이루어지긴 했지만, 실질적인 기회 불균등은 그대로 남아 있다. 모든 사람이 출신 가족에 따라 예상되는 역할을 그대로 맡기 때문이다. 윌리엄스는 이와 같은 "이른바 기회균등은 더욱 효과적으로 만들지 않는 한 공허할 뿐이며, 사실 이런 기회균등은 존재하지 않는다고 말할 수도 있다"고 주장한다.[28] 결정 시점의 형식적인 기회균등은 그 자체로 사람들이 기회균등의 원리에서 기대하는 결과를 낳을 수 없다. 무언가가 더 필요하다. 최소한 시합을 치르기 전에 존재하는 발달 기회(또는 발달 기회의 부재)를 다뤄야 한다.[29]

이런 깨달음은 필연적으로 여러 가지 심층적인 문제로 이어진다. 몇 가지 측면에서 보자면, 서로 다른 두 사람이 경험하는 발달 기회를 완전히 균등하게 만들 수는 없다. 두 사람이 말 그대로 동일한 환경에서 성장할 수 있는 과학소설 속 세계라 할지라도, 둘은 서로 다르기 때문에 이런 환경과 완전히 똑같은 방식으로 상호작용하지 못할 것이다. 따라서 두 사람은 완전히 동일한 발달 기회를 경험하지 않는다.[30] 다른 측면에서 보면, 두 사람이 경험하는 발달 기회를 완전히 똑같게 만들면 **안 된다**. 많은 불평등은 평등주의 공공정책의 대상이 되어서는 안 되는 근원에서 유래한다. 자녀 양육법에 관한 부모의 자유 같은 경

---

28 앞의 글.

29 여러 상충하는 기회균등 개념을 다루는 이 책 55쪽 이하 1부 "1장. 기회균등의 개념들"을 보라.

30 이 책 189쪽 이하 2부 "3장. '정상'의 문제점"과 217쪽 이하 2부 "5장. '평등'의 문제점"을 보라.

우가 한 예이다.[31]

발달 기회에서 적어도 다소간 불평등은 존재한다는 사실을 받아들이면, 전사 사회 사례에서 압축적으로 드러나는 문제가 더욱 예리해진다. **어떤** 연령에서든 한 번의 결정적인 시합을 치르는 것으로 정하고, 이 시합에서 합격해야만 장래에 전사 카스트가 될 수 있다고 하면, 사회학이나 합리적 선택 이론에 대한 고도의 지식을 알지 못하더라도 일정한 결과를 충분히 예측할 수 있다. 부모는 자신이 가진 (다양한 종류의) 자원을 활용해 자녀가 시합에서 유리한 조건을 차지하게 만들 것이다. 자원의 차이가 자녀가 얻는 결과에 영향을 미칠 것이다. 사회는 소수자 우대 정책을 둘러싼 현대의 논쟁과 유사한 여러 복잡한 사회정의 문제에 직면할 것이다. 출신 배경이 불리한 아이들에게 어떤 식으로든 부족한 발달 기회를 보상하기 위해 우선권이나 가산점을 주어야 할까?[32] 과연 현재 성적이나 예상되는 미래 성적, 또는 각자가 이제까지 주어진 기회를 가지고 얻은 성적 중 어느 것을 평가해야 할까?[33]

자주 거론되지는 않지만 다른 결과도 마찬가지로 예상 가능하다. 시험까지 이어지는 기간 동안 많은 아이들이 자신이 노력하는 계획을 그 시험에서 성공하기 위한 준비 단계라고 이해하게 될 것이다. 시험 자체가 각자의 성공이나 실패를 가늠하는 지배적인 잣대가 된다. 아이들은 시험에서 성공해서 전사 카스트에 합류하는 것을 목표로 삼는다.[34] 이 목표에 의해 시험에서 성공하는 이와 실패하는 이의 발달과

---

31 이 책 97쪽 이하 "가족 문제" 절을 보라.
32 이 책 110쪽 이하 "업적 문제" 절을 보라.
33 앞의 절을 보라.
34 이 책 141쪽 이하 "개별성 문제" 절을 보라.

인생 계획이 규정된다.

전사 사회는 유용한 사고 실험이지만, 살고 싶은 아주 매력적인 사회는 아니다. 이런 사회질서는 지나치게 획일적이다. 전문직이 하나밖에 없고, 또 추구할 만한 분명한 가치가 있는 일도 하나뿐이다. 시험에 실패하는 사람들에게는 다른 경로가 전혀 없다. 사회 전체가 하나의 시합을 중심으로 구조화되어 있기 때문에, 모든 사람이 성공과 행복으로 가는 똑같은 경로를 추구한다. 이런 사회는 현대 세계를 풍부하게 만드는 **다원주의**가 부족하다. 다원주의 사회에서는 개인이 다양한 경로를 추구하고, 여러 가지 기획에 참여할 수 있으며, 어느 것이 가장 좋거나 소중한지에 관해 어느 정도의 불일치가 존재해서, 모든 사람이 완전히 같은 희소한 지위를 얻으려고 애쓰지 않는다.

다행히도 전사 사회는 흔히 볼 수 있는 현대사회의 비현실적인 초상이다. 하지만 각기 다른 현대사회들은 여러 면에서 다소간 전사 사회와 비슷하다. 내가 '중요한 시험 사회big test society'[35]라고 부르는 가설적인 현대사회에서는 각기 다른 여러 가지 경력과 직업이 존재하지만, 열여섯 살에 치르는 한 번의 시험에서 받는 성적에 따라 어떤 경력이나 직업에 종사할지가 완전히 결정된다. 중요한 시험 사회는 당연히 전사 사회와 여러 가지 공통점이 있다. 사람들이 서로 다른 목표를 추구한다 하더라도, 모두 다 중요한 시험에 노력(그리고 자녀에게 줄 수 있는 모든 유리한 조건)을 집중시킨다. 모든 가능성이 이 시험의 결과에 좌우되기 때문이다. 이런 시험은 내가 말하는 이른바 '병목', 즉 높이 평가되는 광범위한 목표를 성공적으로 추구하기 위해서는 반드시 통

---

35 중요한 시험 사회를 다루는 이 책 127쪽 이하 "사전적인 관점이 갖는 한계" 절을 보라.

과해야 하는 기회구조의 좁은 지점의 극단적인 사례이다.

병목이 반드시 시험일 필요는 없다. 예를 들어, 차별이나 카스트로 특징지어지는 사회에서는 혜택 받은 카스트에 속해 있는지 여부가 결정적인 자격으로 작용한다. 제대로 된 인종, 성별, 조상을 가진 사람만이 기회로 가는 출입구를 통과할 수 있다. 다른 이들은 때로 이 병목을 슬쩍 통과해서 반대편의 기회에 도달하기 위해, 혜택받은 카스트의 성원으로 받아들여지려는 시도를 할지 모른다.

나는 3부에서 병목 개념을 좀 더 자세하게 발전시키는데, 이런 병목은 **자격 병목**qualification bottleneck이라고 부른다. 나는 또한 두 가지 병목을 추가로 소개한다. **발달 병목**developmental bottleneck은 특정한 결정의 순간에 벌어지는 일을 판정하는 시험이나 자격과 관련된 것이 아니다. 그보다는 사람들이 사회에서 제공하는 여러 경로를 추구하기 위해 필요한 중요한 능력이나 기능을 개발하고자 한다면 반드시 통과해야 하는 결정적인 발달 기회와 관련된다. 어느 사회의 거의 모든 직업이—직업 외의 다른 많은 활동과 마찬가지로—읽고 쓰는 능력을 필요로 한다고 가정해보자. 이 경우에 누군가 실제로 결정적인 순간에 읽고 쓰기 시험을 강요하는지 여부와 상관없이, 읽고 쓰는 능력을 **개발할** 기회가 중요한 발달 병목이 된다. 이런 기회가 없으면 많은 경로로 나아가지 못할 것이기 때문이다.

마지막 유형의 병목인 **도구재 병목**instrumental-good bottleneck은 다음과 같은 상황에서 존재한다. 사람들이 서로 크게 다른 재화 개념을 가지고 아주 다른 목표를 추구하더라도, 모두가 자신의 목표를 달성하기 위해서는 동일한 도구재—전형적인 예가 돈이다—를 필요로 한다는 사실을 깨닫는 상황이 그런 경우다. 도구재 병목은 목표와 선호의 일정한 다원주의를 무너뜨리면서, 사람들의 목표와 선호를 더욱 획일적으로 만든다. 예를 들어, 열 명의 사람이 상이한 직업에 대해 열 가지 서로 다른 순위를 매긴다고 생각해보자. 각자 직업의 다양한 특징에 대해 서로 다른 비중과 가치를 두기 때문에 유치원 교사부터 경찰관, 투자은행가에 이르기까지 순위가 다르다. 이제 어떤 이유로 이 사회에서 돈이 훨씬 더 중요해진다고, 즉 각자가 추구하는 목표를 달성하는 데 돈이 훨씬 더 필수불가결해진다고 가정해보자. 가령 열 명 모두 아주 소중하게 여기는 신체적 안전이나 건강, 또는 각자가 특별히 중요시하는 다른 목표를 얻는 데 상당한 액수의 돈이 아주 긴요해진다고 가정해보자.

이 경우에 이제 열 명의 순위표는 하나의 척도로 바뀌어버린다. 사람들은 필요한 돈을 벌 가능성이 높은 직업을 더 선호하게 된다.[36] 사람들이 더 탐욕스러워졌거나 사람들이 돈에 부여하는 본질적인 가치가 전과 달라졌기 때문에 이렇게 되는 것이 아니다. 각자가 소중히 여기는 결과에 도달하는 데 돈이 도구로서 더 필요해졌다는 의미에서, 돈이 병목으로 바뀌었기 때문이다. 또한 도구재 병목의 경우에 (충분한) 재화를 획득하기가 더 어려워지면 병목현상도 극심해진다. 즉 이제 오직 몇 안 되는 양질의 직업과 전문직에 종사해야만 많은 중요한 목표에 필요한 돈을 손에 넣을 수 있을 정도로 돈의 **분배**가 바뀐다고 생각해보자. 이런 변화가 일어나고 난 뒤에 어떤 사람이 이런 적은 양질의 고소득 직업을 얻으려는 노력을 기울이지 않는다면, 그 사람은 아주 특이한 선호를 가진 게 분명하다. 그렇지 않다면 어떤 선호와 가

---

36 이 책 368쪽 이하 "하향 이동에 대한 두려움" 절을 보라.

치관을 가졌든 간에 합리적인 사람이 이런 식의 병목현상에 직면한다면, 필시 고소득 직업을 얻을 기회를 극대화하기 위해 모든 노력을 기울일 것이다. 돈 때문에 큰 차이가 생길 게 분명하니까 말이다.

이런 돈의 사례에서 알 수 있듯이, 병목현상은 불가피하다. 병목현상을 완전히 없애는 식으로 기회구조를 만들기란 불가능하다. 하지만 기회구조를 만드는 상이한 방식들은 각기 다른 병목현상을 완화하거나 강화하는 효과를 발휘한다. 3부에서 나는 사회가 어떻게 기회구조를 만드는지를 보여주는 두 가지 모델에 대한 양식화한 설명을 제공하고자 한다. 나는 이 둘을 '단일한' 모델과 '다원주의' 모델이라고 부른다.

단일한 모델은 전사 사회나 중요한 시험 사회와 비슷하다.[37] 단일한 모델에서는 모든 사람이 어떤 직업과 사회적 역할을 갖기를 좋아하는지에 대해 선호가 동일하다. 사회적 동조social conformity라는 어떤 강력한 힘이 규범적 다원주의의 심각한 결여로 이어지기 때문에, 이런 사회가 생길 수 있다. 이런 사회에서는 모든 사람이 살고 싶어 하는 삶의 방식, 소중히 여기는 좋은 것, 추구하고자 하는 목표 등에 관해서 섬뜩할 정도로 동일한 견해를 갖는다. 또는 도구재 병목이 충분히 강한 힘을 발휘해서 모든 사람의 상이한 가치관과 목표가 어떤 직업과 사회적 역할이 가장 좋은 것인지에 관한 단일한 순위표로 대체되기 때문에, 이런 사회가 생길 수도 있다. 이런 단일한 모델에서는 사람들이 바라는 모든 직업과 역할이 경쟁적인 지위이며, 그 정원이 정해져 있다. 어떤 사람에게 이런 자리를 얻기 위해 경쟁할 수 있게 해주는 예비 지

---

37 이 책 246쪽 이하 3부 "1장. 단일한 기회구조와 다원주의적 기회구조"를 보라.

위—교육 경험과 성적증명서, 수습 과정, 신입 지위 등—역시 정원이 정해져 있는 경쟁적 지위이다. 이런 각각의 직업과 역할, 예비 지위를 얻는 데 필요한 자격이 이제 사회 전체적으로 획일적이다. 이제 누구든 정해진 연령에 적당한 순서에 따라 적절한 예비 지위에 들어가야 한다. 게다가 누구도 혼자 힘으로 독립해서 새로운 사업체나 새로운 종류의 직업이나 역할을 만들기란 불가능하다. 이런 사회의 기회구조는 어떤 개인의 관점에서 보더라도 완전히 외부에 동떨어져서 고정되어 있다.

이처럼 공공연하게 양식화된 모델이 스펙트럼의 한 극단을 특징짓는다. 다른 쪽 끝에 있는 다원주의 모델은 부득이하게도 시각적으로 보여주기가 좀 더 어렵다. 다원주의 모델에서 사람들은 무엇이 행복한 삶인지에 관해 다양한 견해를 가지며, 어떤 사회적 역할과 직업을 갖고 싶은지에 관해서도 선호가 각자 다르다. 이런 각기 다른 사회적 역할과 직업은 사람이 소중히 여길 수 있는 어떤 다른, 비교할 수 없는 무언가를 제공한다. 가능한 여러 다른 삶은 인간 행복의 상이한 형태(들의 조합)를 수반한다.[38] 따라서 사람들은 무엇이 '성공'인지에 관해 서로 의견이 갈린다. 돈을 비롯한 어떤 도구재 병목도 심각한 병목현상을 일으켜서는 안 된다. 사람들이 소중히 여기는 재화는 대부분 지위재positional good가 아니다. 즉 다른 사람이 똑같은 재화를 갖고 있다고 해서 그 재화를 향유하는 데 영향을 받지는 않는다.

다원주의 모델에서는 서로 다른 많은 과정과 문지기들이 각자 나름의 기준을 가지고 누구에게 직업이나 역할을 맡길 것인지를 결정한다.

---

38 완전주의와 이 책의 논증에서 인간 행복의 역할에 관해 다루는 이 책 341쪽 이하 3부
   "3장. 행복, 완전주의, 우선권"을 보라.

대부분의 직업이나 역할에는 수가 정해져 있지 않다. 즉 얼마나 많은 사람이 얻기 위해 노력하는지에 따라 정원이 달라질 수 있다. 사람들이 다양한 역할에 맞는 자격을 획득하는 과정인 예비 지위의 경우도 마찬가지이다. 다원주의 사회에서는 중요한 교육 경험, 수습 과정, 신입 지위 등이 대부분 제한된 자리를 놓고 다투는 경쟁적인 제로섬 시합이라고 하기에는 경쟁의 성격이 약하다. 경쟁이 있는 경우에도 하나가 아니라 다수의 경쟁이 존재한다. 여러 기관마다 각기 다른 기준을 활용하기 때문에, 하나의 기준이 과도한 병목현상을 일으키는 일은 없다. 게다가 어떤 나이에든 이런 경로 중 하나를 추구할 수 있다.

마지막으로, 다원주의 모델에서는 가장 탈집중화된 문지기인 '시장'이 높이 평가되는 여러 역할들에 대한 유일한 문지기 역할을 한다. 이런 역할을 맡고 싶어 하는 이들은 어떤 큰 기관이나 심사위원회에 탐나는 자리를 달라고 설득할 필요가 없고, 그 대신 광고를 내거나 간판을 내걸고 시도해볼 수 있다. 다원주의 모델의 이런 부분이 존재하려면, 자본, 지식, 기타 적절한 자원을 비교적 쉽게 입수할 수 있어야 한다. 그렇지 않으면 자본, 지식 등에 대한 접근권 자체가 강력한 병목이 되어 사람들의 기회를 제약하기 쉽다.[39] 다원주의 모델에는 더 심대한 기업가적 차원도 존재한다. 전사 사회에는 전문직종이 하나밖에 없다. 단일한 모델에서는 직업과 일터의 풍경이 고정되어 있다. 반면 다원주의 모델에서 사회는 개인들이 독립해서 전에 존재하지 않았던 새로운 종류의 사업과 일을 만들어낼 수 있는 여건을 마련해준다. 기회구조의 이런 차원이 경제 영역에만 국한되는 것도 아니다. 다원주

---

[39] 게다가 시장에서 차별이 확산되는 경우처럼 시장 자체가 병목현상을 만들어내거나 강화해서는 안 된다.

의 모델에서 개인들은 경제적으로만이 아니라 사회적으로도 존 스튜어트 밀이 "삶의 실험"이라고 부른 일을 벌일 수 있는 공간을 누린다. 자기 자신과 타인을 위해 새로운 활동과 역할, 사회조직 형식을 창조하는 것이다.

이 책에서 염두에 둔 계획은 내가 **기회 다원주의**라고 이름 붙인 구상을 진척시키는 것이다. 모든 사회는 기회구조를 단일한 모델에서 다원주의 모델의 방향으로 서서히 이동시켜야 한다. 왜 작고 점진적인 수준에서라도 이런 이동을 할 가치가 있는지, 또한 효율성의 측면에서 이런 이동이 야기하는 잠재적인 비용—언제나 보이는 것만큼 크지는 않은 비용—에 관해서 3부에서 더 많은 이야기를 할 것이다.[40] 하지만 지금은 다원주의 모델을 향해 움직이면 어떻게 사회에서 몇몇 중요한 유인이 바뀌는지를 설명하는 것으로 시작해보자.

전사 사회와 마찬가지로 중요한 시험 사회에서는 **물론** 부모들이 자녀에게 최대한 많은 유리한 조건을 물려주며, 자녀들은 시험 성적을 올리기 위해 동원 가능한 모든 수단을 활용한다. 시험이 (아주 특이한 선호를 가진 사람을 제외하고) 누구든 소중히 여기는 경로에 도달하기 위해서 통과해야 하는 병목으로 작용하는 한, 다른 식의 행동은 합리적이지 않을 것이다. 자기 자녀가 다른 방향, 즉 다른 종류의 활동으로 진출하고 싶어 한다고 생각하는 부모는 자녀의 이런 성향을 억누르고 아이를 본래 궤도로 되돌리기 위해 최선의 노력을 해야 한다. 시험은 성공의 잣대이다. 어떤 젊은이든 자기 앞에 이런 엄청난 병목이 놓여

---

40 이 책 327쪽 이하 "병목현상, 효율성, 인간 자본" 절을 보라. 효율성 문제는 사정이 복잡하다. 단일한 기회구조는 대개 최소한의 비용이 드는 시험 방식을 수반하지만, 또한 많은 경우에 인적 자본을 가장 심하게 낭비하기도 한다.

있음을 안다면, 이런 성공의 정의를 내면화하고 자기 삶을 그 정의에 따라 조직할 가능성이 높다.

좀 더 다원주의적인 기회구조는 다른 유인을 만들어낸다. 이런 사회에서는 개인들에게 어떤 경로를 추구하고 싶은지, 자기 삶에서 어떤 목표를 소중히 여기는지에 관해 더 개인적이고 발전적인 방식으로 성찰할 여지가 있다. 다원주의적 기회구조에서는 사람들이 동료와 겨루는 사슬 같이 연결된 일련의 제로섬 경쟁에 갇히는 대신, 자기 앞에 놓인 여러 다양한 경로의 첫 단계를 발견한다. 사람들은 적어도 이런 몇몇 단계를 밟으면서—그리고 많은 경우에 마음을 바꾸어 다른 단계를 시도하면서—삶을 추구할 수 있다. 이런 삶에서 사람들은 비록 성취하는 정도는 다를지라도 상대적으로 자기 스스로 정한 목표를 추구한다.

게다가 다원주의적 기회구조에서는 처음에 성공하지 못하는 사람—예를 들어, 어떤 이유에서 학교에서 중퇴한 사람—도 모든 것을 잃지는 않는다. 많은 경로의 출발점이 여전히 열려 있다. 오랫동안 한 경로를 추구하다가 처음부터 다시 시작하기로, 즉 다른 일을 하기 위해 천천히 경험과 자격을 쌓기로 마음먹은 사람의 경우도 마찬가지이다.

이런 구상을 어디까지 밀어붙일 수 있는지에 관한 자연적인 한계가 있을 수 있다. 인간의 삶은 유한하기 때문이다. 어떤 일을 배우는 데는 상당한 시간이 걸린다. 또 어떤 능력은 어린이는 쉽게 개발하지만 어른은 더 어려울 수 있다. 하지만 기회 다원주의는 사회질서가 임의적이고 유연하지 않은 구조로 이런 자연적 한계를 강화하는 정도를 완화한다. 이런 구조는 특정한 나이에 특정한 시험에서 승리한 사람들만 일정한 경로를 추구할 수 있다고 규정한다. 기회 다원주의는 이러한 시험의 비중을 낮춤으로써, 이른 시기의 유리한 조건이 강화되어 뒤처진 사람은 절대 따라잡지 못하게 만드는 사슬 구조를 비롯한 앞서 이야기한 다른 많은 문제들을 (완전히 제거하지는 못할지라도) 개선한다.

여러 경로가 존재하고, 각각의 경로를 선호할 만한 타당한 이유가 있다면, 기회구조의 형태가 바뀌게 된다. 꼭대기를 향해 더 높고 좁은 단계에 도달하기 위한 제로섬 시합이 이어지는 피라미드가 아니라, 기회구조가 도시 같은 형태를 띠기 시작한다. 상이한 수많은 구조물이 있고 그 사이로 다양한 도로와 작은 길이 있어서, 어떤 사람이 어디에 서 있든지 간에 다음에 어디로 갈지, 어떤 목표를 추구할지 폭넓은 선택이 가능하다.

이 이론이 갖는 함의

기회 다원주의는 광범위한 분야에 걸쳐 엄청난 함의를 갖는데, 나는 이 책에서 그중 일부만을 다룰 수 있을 뿐이다. 때로 이 이론은 폭넓게 이해된 기회균등의 다른 개념들과 비슷한 결론을 낳는다. 인종차별, 교육 불평등, 사회경제적 분리, 건강 불평등, 규범적인 성별 역할 체계 등도 모두 기회구조에서 병목현상을 만들어내는 것으로 이해할 수 있다. 하지만 일부 시험 체제, 성적증명 요건, 경제 조직 형태, 억압적인 순응적 사회규범, 그리고 기회균등 문제를 다루는 우리의 통상적인 방식에서 간과했을지 모르는 다른 많은 문제들도 그런 병목현상을 야기할 수 있다.

기회 다원주의, 특히 병목현상 개념은 우리로 하여금 물질적 불평등이 왜, 어떻게 중요한가 하는 문제를 재검토할 것을 촉구한다. 만약 주로 물질적 부의 차이를 결과로서 바라본다면, 우리는 그런 결과를 낳은 환경의 상대적인 정의나 부정의로 관심의 초점을 돌리기 쉽다. 하지만 기회 다원주의의 관점에서 보면, 중요한 것은 산출의 불평등이 아니라 투입의 불평등이다. 부의 차이가 단순히 어떤 사람들로 하여금 다른 이들보다 사치품을 더 많이 소비하게 한다면, 이런 사실은 어떤 관점에서 보면 도덕적으로 중대한 문제겠지만 기회구조에는 거의 영향을 미치지 않는다. 하지만 물질적 불평등이 기회 불평등을 촉진하는 정도만큼 돈은 강력한 도구재 병목으로 작용한다. 만약 부유층 아이들은 '기회의 땅Opportunityland'에 살고 다른 아이들은 '가난의 땅Povertyland'에 살면서 서로 발달 경험이 크게 달라진다면, 돈이 고등교육에 진학하는 열쇠가 된다면, 많은 유망한 진로가 무급 인턴에서 시작하기 때문에 사실상 부모의 지원이 필요하다면, 기회 다원주의를 달성하기 위해서는 오직 물질적 불평등을 줄이는 방법과 재산이 없는 이들도 기회에 충분히 접근할 수 있도록 통로를 만드는 방법을 일정하게 조합하는 수밖에 없다.[41]

4부에서는 기회 다원주의가 공공정책과 제도 설계에 갖는 몇 가지 함의를 탐구하겠지만, 이 분야를 망라한다고 허세를 부리지는 않을 것이다. 기회 다원주의는 우리가 필요로 하는 식의 자본주의에 몇 가지 함의를 제공한다. 이 자본주의는 모든 사람의 미래 전망이 몇몇 거대 기업의 채용 담당자의 결정에 좌우되는 게 아니라, 여러 특징이 있

41　이 책 365쪽 이하 4부 "1장. 병목으로서의 계급"을 보라.

는 많은 기업들이 각기 다른 기준을 채택하고 또 새로운 사업을 시작하기가 비교적 쉬운 사회이다.[42] 기회 다원주의는 또한 사회복지 정책에 대해서도 함의를 제공한다. 사회안전망이 극히 제한된 사회에서는 돈이 더욱 유력한 도구재가 된다. 돈이 충분히 없는 사람은 비참한 위험에 직면한다. 기회 다원주의를 증진하려고 노력하는 사회라면, 각 개인이 더 위험한 경로—가령 새로운 사업을 시작하기 위해 직장을 그만두는 일—를 선택하고, 더 나아가 단순히 돈이나 다른 도구재가 필요해서가 아니라 다원주의적인 기준에 바탕을 두고 인생 경로를 선택하고 목표를 정식화할 수 있는 든든한 배경이 되는 사회안전망을 축조하려 할 것이다.[43]

기회 다원주의를 위해서는 일정한 방식의 노동시장 유연성이 필요하다. 하지만 이런 유연성이 반드시 현재 유행하는 '유연성' 의제와 일치할 필요는 없다. 유연하고 '가족 친화적인' 고용 기회를 제공하는 것은 한 종류의 중요한 병목을 넓히는 데는 도움이 되지만, 이런 정책은 성별에 바탕을 둔 직무 분리나 성 역할 유도 등—분명 더욱 근본적인—다른 병목현상을 강화할 위험이 있다.[44]

가장 만연한 몇몇 병목현상은 이른바 기회의 지리학geography of opportunity과 관련이 있다. 운 나쁘게도 어떤 장소에서 태어난 개인들은 그곳과 관련된 일련의 제약에 직면하는데, 이런 제약들이 모두 모이면 강력한 병목이 된다. 열악한 학교뿐만 아니라 또래와 어른 들로

42 이 책 402쪽 이하 "유연성, 전직 장애, 기업가 정신" 절을 보라.

43 이 책 368쪽 이하 "하향 이동에 대한 두려움" 절과 402쪽 이하 "유연성, 전직 장애, 기업가 정신" 절을 보라.

44 유연성, 그리고 '이상적 노동자' 규범과 성별 병목현상의 상호작용을 다루는 이 책 408쪽 이하 "일터의 유연성과 성별 병목현상" 절을 보라.

이루어진 네트워크 역시, 사회가 일반적으로 제공하는 대부분의 경로를 추구하는 일을 돕는 것은 고사하고, 이런 경로를 이해하는 데 필요한 현실적인 길잡이도 제공하지 못한다. 따라서 4부에서 이야기하는 것처럼, 기회 다원주의는 이런 환경에 처한 개인들이 더 넓은 스펙트럼 가운데서 가능한 인생 경로를 추구할 수 있도록 도와줄 수 있는 여러 가지 통합과 접근 전략을 권고한다.[45]

기회 다원주의는 기회 불평등이라는 광대한 풍경을 다루기 쉬운 조각들로 분리하기 위한 독특한 일반적 전략을 제공한다. 이 전략은 다음과 같다. 한 병목의 단독으로든 여러 병목의 조합으로든 간에, 개인들을 가장 넓은 범위의 경로와 기회로부터 분리시키는 가장 우선적인 병목을 찾아보라. 그리고 다음의 두 접근법을 적절하게 조합해보라. 사람들이 이 병목을 **통과하도록** 혹은 **우회하도록** 돕는 것이다. 예를 들어 영어 구사력이 유력한 병목이 되는 사회, 즉 영어 실력이 없으면 대부분의 직업이나 사회적 역할을 맡을 수 없는 사회에서는, 영어를 배울 기회를 더 많이 제공하는 방법(사람들이 통과하게 돕는 방법)과 동시에 영어를 하지 못하는 사람들에게 열린 경로의 범위를 확대하려고 노력하는 방법(사람들이 우회하게 돕는 방법) 둘 다 해결책이 된다.[46]

지금은 이런 설명에서 제기되는 여러 중요한 질문은 잠시 제쳐두자. 가령 언제 이런 전략 중 하나가 부적절해지는가 하는 질문, 그리고 어떤 병목이 가장 심각한지 어떻게 결정할 수 있는가 하는 더 폭넓은 질문 등은 잠시 제쳐두자. 뒤의 것은 곤란한 질문이다. 각기 다른 경로를 추구한 결과로 생기는 인간 행복의 여러 다른 형태들의 궁극적인

---

45 이 책 387쪽 이하 "분리와 통합" 절을 보라.
46 이 책 314쪽 이하 "병목현상을 어떻게 할 것인가" 절을 보라.

가치에 관한 주장을 필요로 하는 질문이기 때문이다. 나는 3부에서 이런 질문에 대해 각 개인의 선호에 바탕을 두고 순전히 주관적인 방식으로 대답할 수는 없다고 주장할 것이다. 우리는 누구든 누리기를 바라는 행복한 삶의 차원이란 **객관적으로** 무엇인가에 관한 일정한 설명—하지만 희미한 설명—이 필요하다.[47] 우리에게 이런 설명이 필요한 것은 기회가 우리의 선호를 모양 짓기 때문이다. 애초에 기회가 중요한 것도 어느 정도 이 때문이다.[48] 이런 설명을 기반으로, 우리는 기회구조 안에 존재하는 많은 병목들 중에 어느 것이 한 사람의 기회에 가장 중대한 영향을 미치는지를 판단할 수 있다.

병목현상을 완화하고 기회 다원주의를 증진하는 기획은 국가만을 위한 것이 아니다. 이 기획은 민간기관은 물론 심지어 개인들도 실행하는 것이다. 고용주와 교육기관의 선택, 즉 누구를 채용하거나 입학시킬 것인지 뿐만 아니라 직무와 교육 통로를 어떻게 구조화할 것인지에 관해서 내리는 선택은 기회구조에 막강한 영향을 미친다. 기업 내부나 기업들 사이에 존재하는 승진 사다리도 중요하다. 직무에 할당되는 여러 업무의 조합도 마찬가지이다.

기회 다원주의는 기회균등 법률을 들여다보는 데 필요한 유력한 렌즈이다. 우리는 이 법률 영역의 상당 부분을 병목현상 방지 원리anti-bottleneck principle의 실례로 이해할 수 있다. 특히 이 렌즈를 통해 차별금지법을 들여다보면 예상치 못한 많은 통찰이 생기는데, 이 책 마지

---

47 이처럼 희미한 형태의 완전주의를 다루는 이 책 341쪽 이하 3부 "3장. 행복, 완전주의, 우선권"을 보라.

48 우리의 선호가 어떻게 우리 앞에 놓인 기회와의 상호작용 속에서 발전하는지를 다루는 이 책 227쪽 이하 "선호와 목표의 내생성" 절을 보라.

막 부분에서는 여기에 관해 탐구할 것이다.[49]

차별은 병목현상을 일으킨다. 이런 관점에서 보면, 성차별이란 어떤 기회를 추구하려면 남자여야 하고(또는 남자인 게 도움이 되고), 다른 기회를 추구하려면 여자여야 하는(또는 여자인 게 도움이 되는) 상황이다. 남성과 여성이 어쨌든 정확히 똑같이 소중한 일련의 기회를 가진다 할지라도, 만약 각각의 성이 행복 형태의 독특한 조합을 제공하는 풍부한 경로를 추구하는 길이 봉쇄된다면 각 성에 가해지는 제약은 규범적으로 중대하다.

차별금지법에서 헤아리기 어렵고 곤란한 질문 중 하나는 이 법이 차별의 어떤 토대를 다뤄야 하는가 하는 것이다. 인종과 성 이외에 몸무게나 사회경제적 지위, 가족 부양 책임 등을 근거로 한 차별 역시 불법화하거나 규범적으로 문제가 있는 것으로 보아야 하는가? 병목현상 방지 원리는 이 문제에 대한 하나의 길잡이를 제공한다. 이런 각각의 변수가 실제로 개인의 기회를 제약하는 병목으로 작용하는지 여부(그리고 그렇게 작용하는 정도)에 법률을 맞추어야 한다. 복잡하고 거대한 사회에서 소규모 고용주 한 명이 과체중인 사람들을 차별한다 하더라도 크게 중요한 일은 아니다. 과체중인 어떤 사람의 기회에 미치는 영향은 크지 않을 것이다. 하지만 만약 여러 종류의 **많은** 고용주와 기타 기관들이 체중을 근거로 실질적인 방식으로 차별을 한다면—그리고 특히 이런 차별이 고용 영역을 넘어서 다른 종류의 기회에까지 확대된다면—몸무게 차별은 심각한 병목으로 보이게 된다. 그런 시점이 되면 차별 금지 보호나 기타 적절한 법적 대응이 규범적으로 정당

---

49 병목현상을 완화하는 한 수단으로서의 차별금지법을 다루는 이 책 421쪽 이하 4부
    "3장. 병목과 차별금지법"을 보라.

화되는 강력하면서도 명백한 이유가 생겨난다.

차별금지법이 병목현상을 겨냥한다는 견해는 현재 차별금지법의 몇몇 미개척 분야에서 벌어지고 있는 일들에 대한 최선의 설명이 될 것이다. 미국의 여러 주에서 최근 몇 년 동안 채용 과정에서 신용 조회를 금지하거나, 고용주가 "실업자 지원은 받지 않습니다"라는 광고를 내지 못하게 하거나, 최초 지원서 양식에서 지원자에게 범죄 유죄 판결을 받은 전력이 있는지 묻는 것을 제한하는 새로운 법률을 제정하고 있다.[50]

실업자, 신용불량자, 전과자 등은 모두 집단에 근거한 가장 일반적인 차별금지법 개념에서 볼 때 별로 보호할 가치가 없는 집단이다. 그렇지만 병목현상 방지라는 렌즈를 통해 보면, 이런 시도는 타당하며 차별 금지 기획과 일치한다. 이런 시도는 일부 개인들의 기회에 만연한 제약이 되거나 그런 제약이 될 가능성이 있는 병목을 넓히기 위한 것이다. 신용 조회가 아주 간편해져서 대부분의 고용주가 이 수단을 활용할 때, 신용이 좋지 않은 사람들은 대부분의 고용 형태에서 배제된다(그 결과로 신용을 다시 쌓기도 어렵게 된다). 병목현상 방지 원리라는 렌즈를 통해 보면, 이런 상황과 반세기 전에 불리不利효과방지법dis-parate impact law[51]을 낳은 초창기의 직장 지능지수 검사 제도는 많은 유

---

50 이 책 421쪽 이하 "몇 가지 최신 법령과 그 함의" 절을 보라.

51 미국의 차별금지법 중에서 의도하지 않은 간접 차별을 방지하기 위한 법. 이 책에서 자주 등장하는 〈그릭스 대 듀크전력회사Griggs v. Duke Power Company〉 사건을 계기로 불리 효과를 방지해야 한다는 논의가 심화되었다. 'disparate impact'는 말 그대로는 '다른 효과'를 뜻하지만, 특정 개인이나 집단에게만 다른 효과가 집중된다면 '불리한 효과adverse impact'나 마찬가지이다. 한편 의도적인 차별은 '불리한 대우disparate treatment' 라고 한다. 이 책에서는 문맥에 따라 'disparate treatment'를 '불리한 대우'나 '다른 대우'로 옮긴다.—옮긴이

사성이 있다.[52] 당시에도 지능지수 검사의 비용이 점점 떨어져서 널리 활용할 수 있게 되면서 고용에서 만연한 병목이 될 위험이 있었다. 그리고 인종적인 불리 효과adverse impact 때문에 기회구조에서 더욱 크고 심각한 병목현상을 강화하는, 즉 피부색이 희지 않은 사람들에는 고용 기회가 제한되는 결과가 생길 수 있었다.

따라서 병목현상 방지 원리는 차별금지법, 특히 미국의 불리효과방지법과 유럽의 간접차별금지법의 몇 가지 핵심적인 특징을 이해하는 새로운 방법을 제공한다. 흔히 우리는 이런 법률들을 소수자 우대 정책이라는 렌즈를 통해 바라본다. 이 법률들이 한 집단에서 다른 집단으로 기회를 재분배하는 간접적인 수단인 것처럼 이야기하는 것이다. 하지만 실제 법률이 실행되면 그렇게 깔끔한 제로섬 형태를 띠지는 않는다. 불리 효과 소송이 벌어져서 임의적이고 직무와 무관한 시험이나 요건이 무효화될 때, 그 수혜자는 원고 집단의 성원에만 국한되는 게 아니라 이 병목을 통과하느라 고생한 모든 사람이 포함된다. 이 법률은 병목 자체를 넓히는 일을 하는 셈이다. 많은 사람이 기회에 접근하는 것을 막았을지 모르는 임의적이고 불필요한 장벽을 제거하는 것이다. 분명 불리효과방지법은 모든 병목을 표적으로 삼지는 않는다. 그보다는 몇 가지로 꼽을 수 있는 보호받는 특징을 지닌 사람들의 전망을 제약하는 차별과 제한된 기회라는 **더 큰** 병목을 강화하는 병목을 표적으로 삼는다. 그렇지만 불리효과방지법은 보호받는 집단의 성원뿐만 아니라 모든 사람에게 이런 병목현상을 완화해준다.[53]

장애인편의시설법disability accommodations law은 때로 비슷한 방식으

52 〈그릭스 대 듀크전력회사〉 사건을 다루는 이 책 303~305쪽을 보라.
53 이 책 446쪽 이하 "차별금지법은 어떻게 보호해야 하는가" 절을 보라.

로 작동한다. 예를 들어, 이 법률은 접근성을 높이기 위해 물리적 환경의 특징을 바꿈으로써 장애인과 **비장애인** 들이 원래는 접근하기 힘들었을 장소에 접근 가능하게 만든다. 병목을 넓히는 방식으로—물리적 환경을 포함한—기회구조의 측면들을 재설계할 때, 보통 그 혜택은 광범위하고 이질적인 개인들에게까지 확대되게 마련이다. 병목을 넓히는 것은 단순히 혜택이나 기회를 특정한 한 집단에게로 돌리는 수단이 아니다. 병목을 넓히는 게 소중한 것은 오히려 기회구조의 어떤 구석을 좀 더 다원주의적인 방식으로 개조하는 데 도움이 되기 때문이다.

　이 책의 본문은 다음과 같이 이어진다. 1부에서는 기회균등에 관한 유명하고 규범적으로 주목하지 않을 수 없는 여러 이론을 검토하며, 이 이론들이 모두 직면하는 심각한 문제들을 기회 다원주의로 개선할 수 있음을 보여준다. 2부에서는 기회와 인간 발달의 관계를 재구성하면서 이상적인 이론에서도 두 사람이 동등한 기회를 누리는 경우란 존재할 수 없다고 주장한다. 사람들이 타고난 재능과 노력이 허용하는 만큼 상승하는 사회를 만들기란 개념적으로도 불가능하다. 그러므로 기회를 재분배하거나 균등화해야 하는 총량으로 보는 대신, 사람들에게 삶의 모든 단계에서 더 넓은 범위의 기회가 열려 있도록 기회를 **재구조화**하는 방법에 관해 생각해야 한다. 3부에서는 단일한 모델이 아닌 다원주의 모델의 궤도를 따라 기회를 구조화함으로써 이 과제를 수행할 수 있다고 주장한다. 이 부에서는 병목을 넓히는 방식 등으로 이런 재구조화를 어떻게 해낼 수 있는지를 설명한다. 4부에서는 이런 개념 장치를 세 가지 복잡한 문제(계급 불평등과 교육 분리, 일터의 유연성, 차별금지법)에 적용한다.

이 책에서 추구하는 기획의 일부는 업적과 업적주의, 차별, 소수자 우대 정책 등에 초점을 맞추면서 지나치게 제약되는 기회균등에 관한 대중적인 대화를 넘어서고자 하는 것이다. 기회균등에 관한 우리의 사고를 이런 익숙한 문제들을 중심으로 쌓아 올리면, 엘리트 기관에서 행해지는 소수자 우대 정책 같은 정책적 해법, 즉 저소득층과 불우한 계층 가운데서 자기 환경에서 보기 드문 발전을 가까스로 성취한 소수 개인들을 떼어내는 결과를 수반하는 해법을 생각해내기 쉽다. 예외적인 개인들에게 이런 종류의 기회를 제공하는 것은 중요하다. 그렇지만 이런 개인들이 출현할 수 있는 바탕이 되는 발달 기회에 대한 접근성을 넓혀주는 것도 마찬가지로 중요하다. 이와 동시에 불리한 조건의 가혹한 논리를 딛고서 예외적인 존재가 되지 **못하는** 대다수 사람들에게 열려 있는 기회의 범위를 넓히는 것도 중요하다.

기회 다원주의는 특별한 업적이나 공적, 가능성을 보여주는 이들만이 아니라—초라한 능력을 보인 이들과 기회를 주었을 때 바라는 만큼 성과를 내지 못한 이들까지 포함하여—모든 사람에게 더 넓은 인생 경로와 기회를 열어주는 것을 목표로 한다. 그렇다고 해서 어떤 직무를 할 수 없는 이에게 그 직무를 개방해야 한다거나, 자격 있는 사람보다 '자격이 부족한 사람'에게 반드시 일자리를 주어야 한다고 말하는 것은 아니다. 그게 아니라 이제 모든 사람이 희소한 지위를 둘러싼 제로섬 경쟁, 즉 누군가 성과를 얻으면 누군가 손해를 보는 경쟁에 갇혀 있다는 가정을 넘어서자는 것이다. 물론 현실은 대개 이렇다. 앞으로도 항상 어느 정도는 그럴 것이다. 하지만 이 책은 이런 제로섬 경쟁이 우리의 제도적·정책적 선택에 영향을 받지 않는 외부적인 세계의 사실이라고 가정하는 익숙한 정치 지형—소수자 우대 정책을 둘러싼 전쟁의 파편이 어지럽게 널린 지형―을 넘어서 나아가자는 호소문이다. 기회 다원주의는 기회에 관한 대화를 익숙하지 않은 지반으로 이동시킨다. 기회구조를 본래 주어진 것으로 받아들이고, 어떻게 해서 공정한 방식으로 이 구조의 자리에 맞게 개인들을 준비시키고 선발할 것인지의 문제에 초점을 맞추는 대신, 기회 다원주의는 우리에게 구조 자체를 크고 작은 방식으로 혁신할 것을 요구한다. 사람들이 행복한 삶으로 이어지는 여러 활동과 목표를 추구할 수 있게 더 넓은 범위의 경로를 열어주기 위해서 말이다.

1부
—

기회균등과 그 문제점

기회균등이 과연 무엇을 뜻하는가에 관해서는 사람들의 의견이 크게 엇갈린다. 애당초 정의라는 더 큰 문제에 관해서 의견이 갈리기 때문에 기회균등에 관한 견해도 달라진다. 게다가 때로는 한 사람이 기회균등이란 말을 사용하면서 상이한 맥락의 다른 것들을 가리키기도 한다. 이 부에서는 상충하는 여러 기회균등 개념의 현장을 개관하려는 종합적인 시도는 전혀 하지 않는다. 하지만 오늘날 대부분의 기회균등 개념에서 무엇이 문제인지를 보기 위해서는 우선 이 개념들에서 무엇이 올바른지─그리고 애초에 왜 이 개념들이 매력을 발휘하는지─를 이해해야 한다.

이 부는 따라서 세 부분으로 진행된다. 1장에서는 가장 설득력 있어 보이는 개념을 포함해서 가장 중요한 상충하는 기회균등 개념들 중 일부를 재구성한다. 2장에서는 우리가 어떤 개념을 채택하든 간에 왜 기회균등을 소중히 여겨야 하는지에 관한 주장을 제시한다. 계속해서 3장에서는 이 모든 개념들, 그리고 동일하거나 유사한 요소들을 가지고 만들어진 다른 많은 개념들이 근본적인 점에서 결함이 있으며, 따라서 실현 불가능할 뿐만 아니라 어떤 면에서 매력적이지 않다고 주장한다. 기회균등을 달성하지 못하는 것은 단순히 현실적인 제약 때문이 아니다. 문제들은 더 깊은 곳에 있다. 이런 문제들 때문에 우리가 이해하는 기회균등은 심지어 이상적인 이론 안에서도 달성할 수 없다―그리고 어떤 면에서는 달성되어서는 안 된다.

이 부 마지막에서 우리는 어떤 난관에 맞닥뜨린다. 우리가 기회균등에 이끌리는 규범적인 이유는 처음 시작할 때만큼 여전히 매력적이다. 그렇지만 기회균등의 여러 문제점은 극복할 수 없는 것처럼 보인다. 이 책의 주된 주장은 이런 난관에 대한 해답이지만 하나의 불완전한 해답이다. 내 주장은 3부에서 더 자세하게 설명하는 기회 다원주의가 이 부에서 제시되는 문제점들을 해결해준다는 것이 아니다. 그보다는 기회 다원주의가 이 문제점들을 완화해준다는 것이다. 기회 다원주의는 이상적 이론에서나 현실 세계에서나 처음부터 기회균등을 소중하게 여기도록 인도하는 목표를 달성하는 것을 더 쉽게 만들어준다.

1장

기회균등의 개념들

공적 담론에서든 철학적 저술에서든 기회균등에 관해 이야기할 때 사람들은 흔히 한 가지 이상에 관해 이야기하는 것처럼 보인다. 우선 애초에 기회균등에 관한 논쟁이 적어도 세 가지 별개의 (그렇지만 관련된) 영역에서 벌어지기 때문이다. 첫째, 고용주의 채용과 승진 결정이나 선발제 교육기관[1]의 입학 결정 같이 특정한 결정과 선택의 순간이 존재한다. 차별, 소수자 우대 정책, 업적 등에 관한 논쟁은 대개 이 영역에서 벌어진다. 둘째, 교육 기회와 기타 발달 기회가 첫 번째 영역에서 경쟁하게 될 이들의 능력과 자격을 모양 짓는다.[2] 셋째, 많은 정의 개념에 따르면, 우리는 사람들이 생애 과정 전반에 걸쳐 누리는 기회를 전체론적으로 보아야 한다. 즉 모든 것을 고려할 때, 사람들이 삶에서 누리는 유리한 조건이나 기회가 어떤 식으로든 공정하거나 평등한

1　정원수에 비해 지원자가 많다는 혹은 그 밖의 다른 이유로 일정한 시험을 거쳐 지원자 중에서 학생을 선발하는 교육기관을 통칭한다. ―옮긴이

2　다음 부에서는 좀 더 자세하게 이런 발달 영역에 초점을 맞춘다.

지를 물어야 한다.

아마 가장 익숙한 기회균등 원리는 이른바 **공정한 시합** fair contest일 것이다. 이 원리는 특정한 결정이나 선택을 내리는 순간에, 오로지 지원자가 자신이 지원하는 자리에서 미래에 어떤 성과를 낼 것인지에 관련된 특성만을 바탕으로 판단을 해야 한다고 주장한다.[3] 공정한 시합 원리는 예상되는 성과를 측정하기 위해 선택하는 순간에 '평평한 경기장'을 만들고자 한다. 이런 인식은 여러 가지 방식으로 분석할 수 있겠지만, 가장 직관적인 분석은 시합의 규칙, 조건, 목표 등이 몇몇 사람에게 유리한 방식으로 기울거나 편향되어서는 안 된다는 것이다. 시합의 **목표**는 공정해야 한다. 아이리스 영Iris Young이 설득력 있게 주장한 것처럼, 우리는 종종 어떤 문화나 집단에 특수한 가정들을 성과 자체를 정의하는 방식으로 만들어버리기 때문이다.[4] 인종차별이나 성차별 같이 집단에 바탕을 둔 차별은 공정한 시합 원리를 위반하는 유일한 방법이 아니라[5] 표준 사례이다.

형식적인 기회균등 formal equal opportunity이라고 부를 수 있는 가장 단순한 기회균등 개념은 바로 이런 공정한 시합 원리에서 시작해서 여기서 끝난다. 이런 견해에서 보면, 기회균등이란 **오로지** 입사 지원 같

---

3 이런 인식은 채용이라는 맥락에서는 간단하다. 하지만 교육의 맥락에서는 더 많은 것이 필요하다. 어떤 교육기관의 사명을 누가 가장 잘 수행할지를 알려면 그 사명에 대한 설명을 들을 필요가 있다. 이 책 71쪽 주석 34를 보라.

4 Iris Marion Young, *Justice and the Politics of Difference*(1990), 201~206쪽을 보라. 영은 더 나아가 일반적으로 직무 성과를 정의하는 순전히 기술적이고 가치중립적인 방법은 **없다**고 주장한다. 앞의 책. 이 주장은 일정한 현실적 힘을 갖는다. 이 부에서 내가 논의하는 기회균등 이론들은 업적과 직무 성과에 관한 안정된 개념들에 어느 정도 의존하며, 따라서 지금 당장은 이런 심층적인 이의 제기를 잠시 유보해야 한다.

5 예를 들어, 정실주의nepotism는 어떤 개인을 선호하기 때문에 공정한 시합 원리에 어긋나지만, 어떤 분명한 집단에 대한 차별을 수반하지는 않을 수 있다.

은 경쟁 상황에서 업적 위주의 공정성을 의미할 뿐이다. 이 원리는 발달 기회나 전반적인 인생 과정에 관해서는 입을 다문다. 버나드 윌리엄스가 설명하는 전사 사회의 사례는 형식적인 기회균등의 한계를 극명하게 보여준다.[6] 윌리엄스의 이야기에서는 형식적인 기회균등은 달성되었지만, 이렇게 공정한 시합을 함에도 불구하고 부모가 전사가 아닌 아이들은 시험을 통과해서 전사가 될 방법이 없다. 물론 누구도 부모가 전사가 아니라는 이유로 배제되지 않는 것은 사실이다. 형식적 기회균등을 방해하던 카스트 제도는 사라졌다. 대신에 부모가 전사가 아닌 아이들이 배제되는 이유는 전사 자녀들만 누릴 수 있는 자원과 기회가 없이는 시합에서 승리할 수 없기 때문이다. 윌리엄스가 주장하는 것처럼, 이런 구분은 "대다수 사람들에게 별로 큰 의미가 없고 심지어 비관적으로 보일 것이다."[7] 기회균등 개념이 이것보다 더 실질적인 내용을 담으려면, 발달 기회상의 공정함이나 더 일반적으로 전반적인 인생 기회의 공정함에 관해 무언가 말을 해야 할 것이다.

다음 부에서 탐구하겠지만,[8] 놀랍게도 **동등한** 발달 기회라는 개념을 완전히 설명하기는 대단히 어렵다. 언젠가 케네디 대통령이 시민권에 관한 연설에서 말한 것처럼, 모든 사람이 "자기 재능과 능력과 동기를 발전시킬, 즉 성공할 동등한 권리"를 가져야 한다는 생각에는 대단히 큰 직관적 호소력이 있다.[9] (이 정식화가 암시하는 것처럼, 동기를 발

---

6 Bernard Williams, "The Idea of Equality", in 2 *Philosophy, Politics, and Society*(Peter Laslett and W. G. Runciman eds., 1962), 110, 126쪽. 이 책 29~30쪽을 보라.

7 앞의 글.

8 이 책 217쪽 이하 2부 "5장. '평등'의 문제점"을 보라.

9 President John F. Kennedy, Radio and Television Report to the American People on Civil Rights(June 11, 1963)(http://www.jfklibrary.org/Asset-Viewer/Archives/TNC-262-

전시키는 것은 재능과 능력을 발전시키는 것만큼이나 중요할 수 있다.) 하지만 동등한 발달 기회를 완전하게 개념화하는 일조차 무척 어렵다는 점이 드러난다. 서로 다른 사람들은 상이한 종류의 기회에 각자 다르게 반응한다. 게다가 서로 다른 사람들은 열망과 동기도 각자 다르기 때문에 다른 종류의 기회를 선호하게 마련이다. 하지만 지금 당장은 이런 많은 쟁점들은 잠시 제쳐두도록 하자. 오늘날 존재하는 세계에서는 절대적인 의미에서나 상대적인 의미에서나 많은 집단이 무척 제한된 발달 기회를 누린다. 그런 집단에 속한 이들의 기회를 넓히는 일은 분명 발달 기회의 불평등을 완화하는 데 도움이 될 것이다. 평등의 종착점이 어떤 모습일지 구체적으로 설명하지는 못하더라도 말이다.

기회균등에 관한 현대의 많은 이론은 **공정한 삶의 기회**fair life chances 라고 부를 만한 원대한 원리의 한 부분으로 발달 기회를 다룬다. 이것이 우리가 다루는 세 번째 영역, 즉 전체 인생 과정의 기회균등이다. 공정한 삶의 기회 원리에는 다양한 형태가 있지만, 거의 모든 입장이 최소한 한 가지 생각, 즉 사람이 삶에서 누리는 기회가 출생 환경에 좌우되어서는 안 된다는 생각을 지지할 것이다. 다음과 같은 식으로 이 생각을 생생하게 떠올려볼 수 있다. 어떤 병원에 신생아가 몇 명 있는데, 우리는 이 아기들의 인종, 성별, 부모의 소득, 앞으로 자랄 동네, 그밖에 비슷한 종류의 요소들에 관해서만 안다고 가정해보자. 가령 우리는 이 아기들이 현재나 미래에 어떤 개인적인 특성이나 재능을 가질지 전혀 모른다. 단지 출생 환경으로서 이런 인구학적·지리적 특징만을 볼 수 있다.[10] 삶의 기회가 공정하다면, 우리는 누가 인생에서 성

EX.aspx에서 접속 가능).

10 인종이나 성별을 출생 환경 목록에 포함시키는 게 이상해 보일지도 모른다. 이것들은

공을 하고 누가 실패할지 정확하게 예측할 수 없어야 마땅하다. 공정한 삶의 기회 원리는 또한 평평한 경기장이라는 비유를 통해서도 이해할 수 있다. 이 비유의 핵심 개념은 인생이라는 경기장 전체가 출생 환경 때문에 어떤 사람들에게 불리하게 기우는 게 아니라 모두에게 평평해야 한다는 것이다. (뒤에서 이야기하겠지만, 운 평등주의자들은 이런 주장보다 한층 더 나아간다. 그들이 말하는 공정한 삶의 기회 원리에 따르면, 성공의 기회가 순전한 운brute luck의 영향에 좌우되어서는 안 된다. 이런 순전한 운이 출생 환경의 형태를 띠든 그렇지 않든 말이다.)

공정한 시합 원리와 공정한 삶의 기회 원리는—흔히 공정한 삶의 기회를 구성하는 보조 역할을 하는 발달 기회의 공정성과 더불어—비단 철학자들만 관심을 기울이는 문제가 아니다. 새뮤얼 셰플러Samuel Scheffler의 말처럼, 이 두 원리는 기회균등의 의미에 관해 "대부분의 자유주의 사회에서 널리 통용되는 정치적 도덕률"을 반영한다.[11] 정치 지도자들은 툭하면 이 두 원리에 호소한다. 예를 들어, 대통령 조지 W. 부시는 첫 번째 취임 연설에서 "미국의 일부 국민이 부실한 학교와 감춰진 편견과 출생 환경 때문에 소망을 제한받고 있는" 현실을 시정하는 행동을 하겠다고 약속했다.[12] 이런 압축적인 정식화는 형식적

개인적 특성으로 보이기 때문이다. 하지만 피부색 같은 특성은 출생 환경이 아닐지 몰라도, 인종은 당연히 출생 환경이다. 인종은 어떤 사람이 태어나는 사회에 따라 달라지고, 또 어떤 사람의 신체적 특성 그리고/또는 혈통에 대한 사회의 반응에 따라서도 달라진다. 마찬가지로 생물학적 성의 여러 측면은 출생 환경이 아닐지 몰라도, 성별은 출생 환경이다.

11   Samuel Scheffler, "What is Egalitarianism", 31 *Philosophy and Public Affairs*(2003), 5~6쪽.

12   President George W. Bush, First Inaugural Address(Jan. 20, 2001)(http://avalon.law.yale.edu/21st_century/gbush1.asp 에서 접속 가능).

인 기회균등—"감춰진 편견"은 아마 형식적인 기회균등을 방해하는 차별을 가리키는 말일 것이다—만이 아니라 발달 기회의 공정성("부실한 학교"), 그리고 더 일반적으로 우리의 삶의 기회가 출생 환경에 좌우되는 문제까지 포착한다.

이 두 원리는 광범위한 사례에서 한 목소리를 낸다. 우리가 흔히 이 두 원리를 '기회균등' 개념으로 묶는 것은 이 때문이다. 공정한 시합 원리와 공정한 삶의 기회 원리는 각각 독자적으로 이 책 맨 앞에서 개괄적으로 서술한 평등주의적 변화를 지지한다. 기존에 배제되었던 집단에 교육기관을 개방하는 인종분리 철폐와 남녀공학, 세습 특권 폐지, 성·인종·계급에 상관없이 직업을 가질 권리 등이 그것이다. 이런 변화를 비롯한 다른 여러 변화는 공정한 삶의 기회 원리(여러 다양한 출생 환경에 따라붙는 불리한 조건을 완화해주기 때문에)와 공정한 시합 원리(전에는 부당하게 시합의 경쟁에서 배제되었던 이들에게도 시합을 개방하기 때문에) **둘 다**에 기여한다.

우리가 이 두 원리에 끌리는 이유는 여러 가지이다. 공정한 시합에 대한 첫 번째 정당화는 적어도 고용의 맥락에서는 효율성이다. 고용주의 관점에서 보면, 미래의 직무 성과를 공정하게 정의하고 정확하게 예측할 수 있다면, 그만큼 더 좋은 성과를 낼 노동자를 고용하는 일도 더 효율적이 된다. 공정한 삶의 기회와 발달 기회의 공정성 또한 효율성을 증진할 수 있다. 특히 사회가 사람들에게 기회를 열어주어 잠재적인 재능을 개발하고 인적 자본을 늘리는 결과를 낳을 때, 거시적 효율성이 증대한다.[13] 공정한 시합은 때로 다양한 자격 개념으로 정당

---

13 공정한 시합을 옹호하는 주장은 주로 미시적 효율성, 즉 개인적 기획 수준의 효율성에 대한 주장이다. 공정한 시합의 원리가 공정한 기회를 능가하는 경우에, 만약 어떤

화된다. 자격과 공정한 시합을 연결 짓는다는 게 언뜻 보기보다는 명쾌하게 이루어지진 않지만 말이다.[14] 공정한 삶의 기회 원리는 때로 사회적 협동의 배경이 되는 조건을 증진하거나 유지하는 한 방편으로 설명된다.[15] 아마 두 원리 모두에 대한, 그중에서도 특히 공정한 삶의 기회 원리에 대한 가장 흔한 정당화는 두 원리가 분배 정의를 증진한다는 주장일 것이다. 즉 철학자들이 말하는 이른바 **평등주의적 정의의 통화**currency of egalitarian justice를 분배하는 데서 공정성을 증진한다는 것이다.[16] 뒤에서 이야기하겠지만 마지막으로, 우리는 인간 행복을 증진하기 위해 이런 기회균등 원리를 장려할 수 있다. 인간 행복은 사람들이 제한된 기회에 의해 인생 계획을 규정받기보다는, 삶에서 어느 경로를 추구하기를 바라는지를 스스로 선택할 수 있을 때 생겨난다.[17]

이들이 삶의 기회가 제한된 때문에 인적 자본을 개발하지 못한다면 그 결과가 항상 **거시적으로** 효율적인 것은 아니다. 이 책 327쪽 이하 "병목현상, 효율성, 인간 자본" 절을 보라.

14　David Miller, *Principles of Social Justice*(1999), 156~176쪽을 보라. 밀러는 어떤 사람이 과거의 성과에 대해 보상을 받을 만하다는 점에서 보든, 상을 받을 만하다는 점에서 보든, 일자리를 얻을 자격이 있다고 말하는 것은 엄격한 의미에서 불가능하다고 설득력 있게 주장한다. 그럼에도 불구하고 밀러는 적임의 지원자는 일자리를 얻을 자격이 있다고 주장한다. 만약 나중에 해당 직무 **담당자**로서 성과에 대해 받게 될 보상을 누릴 자격이 충분하다면 말이다.

15　이런 유형의 정당화에 관한 논의로는 Seana Valentine Shiffrin, "Race, Labor, and the Fair Equality of Opportunity Principle", 72 *Fordham Law Review*(2004), 1643, 1653쪽을 보라.

16　Amartya Sen, "Equality of What?"(May 22, 1979), in 1 The Tanner Lectures on Human Values(Sterling M. McMurrin ed., 1980)(http://tannerlectures.utah.edu/_documents/a-to-z/s/sen80.pdf에서 접속 가능), 195쪽을 보라. 이 부분은 어떤 "통화"가 가장 좋은가―즉 분배 정의는 돈, 기초재, 자원, 역량, 혹은 다른 어떤 것 중 무엇과 관련되는가―하는 점을 둘러싸고 현재 진행 중인 커다란 논쟁의 조건을 정하는 내용을 담고 있다.

17　이 책 83쪽 이하 1부 "2장. 분배 정의를 넘어서"를 보라.

상이한 기회균등 개념이 이런 원리들의 세부 내용을 각각 다르게 채우며 다양한 방식으로 이 원리들을 결합한다. 앞서 살펴본 것처럼, 형식적인 기회균등은 단순히 공정한 시합이 기회균등의 전부라고 주장하며, 공정한 삶의 기회나 발달 기회의 공정성에 관해서는 아무 말도 하지 않는다. 다른 기회균등 개념들은 좀 더 복잡한 답을 제시한다. 1장의 나머지에서는 이런 개념들과 각각의 차이점을 검토한다. 롤스의 기회균등, 출발점 이론, 운 평등주의, 그리고 로널드 드워킨Ronald Dworkin의 독특한 접근법 등이 그것이다. 여기서 우리가 추구하는 목표는 이 견해들 중 어느 것이 가장 설득력 있는지를 결정하는 게 아니라, 2장과 3장에서 이어지는 논증들을 구성하기 위해 각각의 윤곽을 파악하는 것이다.

롤스의 기회균등과 출발점 이론

공정한 시합 원리와 공정한 삶의 기회 원리를 결합하는 한 가지 방법은 존 롤스의 영향력 있는 "공정한 기회균등" 개념이다.[18] 롤스는 삶의 기회가 출생 환경에 좌우되어서는 안 된다고 주장한다. 오로지 **재능**과 **노력**에 좌우되어야 한다는 것이다.[19] 이런 이유로 롤스는 내가 공정한 시합이라고 부른 원리(롤스는 이것을 "재능에 따른 성공"이라고 부른

---

18   Rawls, *A Theory of Justice*, 63쪽[존 롤스 지음, 황경식 옮김, 《정의론》, 이학사, 2003, 120쪽].

19   앞의 책을 보라. "각 개인이 유리한 지위와 그에 따른 보상을 획득할 기회가 전적으로 그의 재능과 노력에만 좌우되는 사회의 이상"을 옹호하는 비슷한 내용을 담고 있는 Miller, *Principles of Social Justice*, 177쪽도 보라.

다)가 불충분하다고 주장한다. 그 대신 우리는 또 하나의 원리를 추가해야 한다.

여기서 주된 사고는 지위가 단지 형식적 의미에서만 개방되어서는 안 되고, 모든 사람이 지위를 획득할 수 있는 공정한 기회를 누려야 한다는 것이다. 언뜻 보면 무엇을 의미하는지 분명하지 않지만, 비슷한 능력과 기능을 가진 사람들은 비슷한 삶의 기회를 누려야 한다고 말할 수 있다. 더욱 분명하게 말하면, 타고난 자산이 분배되어 있다고 가정할 경우, 같은 수준의 재능과 능력을 가지고 또 이런 재능과 능력을 사용하겠다는 동일한 의향을 가진 사람들은 사회체제 내에서 처음에 차지한 자리에 관계없이 동일한 성공의 가능성을 가져야 한다. 사회의 모든 계층에서 비슷한 동기와 타고난 능력을 가진 사람들은 대체로 동등한 수준의 교양이나 업적을 이룩할 것이라는 전망을 가져야 한다. 동일한 능력과 포부를 가진 사람들의 기대치가 그들이 처한 계급에 영향을 받아서는 안 된다.[20]

이 구절에서 롤스는 어떤 사람의 "성공"이나 지위 "획득", "교양이나 업적" 등의 전망에 영향을 미쳐야 하거나 미쳐서는 안 되는 여러 부류의 변수들을 언급한다. 한 사람의 전망에 영향을 미쳐서는 **안** 되는 것들 중 롤스가 표준으로 드는 사례는 분명 "사회계급적" 배경이지만, 그는 또한 "사회체제 내에서 처음에 차지한 자리"라는 좀 더 일반적인 예를 제시한다. 다른 곳에서 롤스는 이 표준 사례에서 더 나아가,

---

20 Rawls, *A Theory of Justice*, 63쪽[존 롤스 지음, 《정의론》, 120쪽].

우리가 사회의 기본 구조를 평가하는 데서 참고해야 하는 "적절한 사회적 지위"에는 "성별" 또는 "인종과 문화"에 의해 규정되는 것들도 포함된다고 주장한다.[21] 따라서 여기서 롤스가 주장하는 내용에 대한 가장 적절한 해석은, 어떤 사람의 성공—추구하는 지위의 획득—전망은 이 모든 출생 환경과 무관해야 한다는 것이다.[22]

다른 한편, 롤스는 어떤 요인들은 개인의 전망에 영향을 미치는 게 **합당하다**고 주장한다. 그러면서 몇 가지 대체 가능한 정식화를 제시한다. "능력과 기능", "재능과 능력을 가지고 …… 사용하겠다는 동일한 의향", "동기와 타고난 능력" 등이 그것이다. 이런 정식화 중 첫 번째에서는 노력이 빠진 것처럼 보이지만, 나머지를 보면 중요한 것은 재능과 노력의 결합(롤스가 다른 곳에서도 호소하는 정식화이다)이라고 분명하게 주장한다. 하지만 롤스가 "재능"이라는 말로 무엇을 이야기하는가라는 질문에는 중대한 모호성이 잠재해 있다.

이는 두 가지로 읽을 수 있다. 우선 문제가 되는 재능은 누군가 일자리를 찾는 성인의 삶의 순간에 **발전된 재능**이다. 이렇게 읽으면, "재능에 따른 성공"은 여전히 구직 지원을 지배하는 원리가 되어야 한다. 이런 견해에서 보면, 모든 사람에게 "공정한 기회"를 주기 위해 우리가 해야 할 일은 나이가 어린 단계에서 발달 기회를 제공하는 것이다. 그래야 사람들이 자격을 갖출 수 있기 때문이다.

---

21 앞의 책, 84~85쪽[존 롤스 지음,《정의론》, 149쪽].

22 사회계급적 배경은 여기서 롤스가 주로 초점을 맞추는 문제이며, 우리 각자가 태어나는 사회구조에 대한 그의 패러다임이다. (바로 앞에서 참고한 구절은 실제로 롤스가《정의론》에서 인종에 관해 언급하는 유일한 사례이다.) 하지만 이것은 엄밀히 말해서 강조의 문제이다. 이론의 논리라는 면에서 볼 때,《정의론》은 한 사람의 전망에 영향을 미칠 수 있는 모든 출생 환경에 동등하게 적용되어야 한다.

이렇게 읽으면, 롤스는 내가 말하는 이른바 '출발점starting-gate' 견해
를 제출하는 셈이다. 출발점 견해에서는 기회균등을 달성하는 길은
'출발점' **이전에**(16세나 18세에, 또는 노동력에 편입될 때) 발달 기회에서
일정한 공정성의 원리를 적용하고, 출발점 이후에는 일정한 공정한
시합의 원리를 적용하는 것이다. 이런 '출발점 롤스주의' 견해에서 보
면, '공정한 기회균등'은 발달 기회를 균등화할 필요가 있는 출발점 이
전의 나이가 어린 단계에 (어쩌면 개인들이 노동 세계에서 경쟁을 시작하
기 전인 교육 영역에) 국한된다. 이런 식의 독해와 일관되게 롤스는 다음
문단에서 이런 주장을 편다. 공정한 기회균등은 무엇보다도 "모든 사
람에게 균등한 교육 기회"를 주어야 하고, 또한 발달 기회를 더 균등하
게 만드는 데 도움이 될 변화들을 만들어내야 한다는 것이다.[23] 출발점
이후에는 재능에 따른 성공이 여전히 규칙이 된다.

하지만 롤스가 말하는 재능에 다른 의미가 있다는 증거도 충분하
다. 발달 기회상의 사회적 차이의 효과에 물들지 않은 **타고난 재능**이
그것이다. 롤스가 "타고난 능력endowed"이라는 단어를 사용하고 "타고
난 자산"을 거론하는 경우나 인용한 구절 바로 뒤에 "능력과 재능의
타고난 분배"를 언급하는 내용 등[24]을 보면, 발전된 재능보다는 타고
난 재능이 '공정한 기회균등'이라는 목표에서 중요하다는 어감이 강
하다. 이 구분은 중요하다. 타고난 재능에 관심이 있는 롤스식 평등주
의자는 출발점이라는 장치(이 장치의 심각한 결함에 관해서는 이 부 뒷부
분에서 이야기하겠다)에 의존하지 않을 것이다. 그 대신 우리는 공정한

---

23 앞의 책, 63쪽[존 롤스 지음, 《정의론》, 120쪽]. 여기서 롤스는 "학교 체제는 …… 계급
    장벽을 철폐하도록 설계되어야 하"고 부의 집중도 제한해야 한다고 주장한다.
24 앞의 책, 64쪽[존 롤스 지음, 《정의론》, 121쪽].

시합을 수정하는 방식으로 그 시합을 공정한 삶의 기회와 결합할 수 있다. 어떤 시합이 '공정한 기회균등'이라는 의미에서 공정한 것은—어떤 사람이 "사회체제 내에서 처음에 차지한 자리" 때문에 누리는 사실상 자의적인 유리한 조건이 아니라—오직 **타고난 재능에 더하여 노력까지** 공정하게 측정하는 경우뿐이다.[25] 이런 식의 롤스 독해를 '롤스적 평등주의' 견해라고 부르자. 이것이 유일하게 가능한 롤스 독해이기 때문이 아니라, 가장 설득력 있으면서 또 이어지는 문제들에 가장 분명하게 초점을 맞추는 독해이기 때문이다.[26]

롤스적 평등주의 견해와 형식적 견해의 차이를 이해하는 한 가지 방법은 두 견해가 상충하는 '업적' 정의를 제시한다고 보는 것이다. 여기서 우리가 말하는 업적이란, 어떤 사람이 특정한 일자리나 다른 높이 평가되는 희소한 지위를 획득할 전망에 영향을 미치는 그 사람에 관한 사실이다. 형식적 평등주의자가 보기에 업적은 단순하다. 단지 해당 직무를 수행하는 능력일 뿐이다. 우리는 이것을 '형식적 업적'이라고 부를 수 있다. 형식적 업적에는 전사 자녀의 힘 같이 출생 환경에서 유래한 유리한 조건의 결과인 발달된 능력이 포함된다. 따라서 형식적 견해에서 보면, 전사 자녀는 어려서부터 준비를 한 결과로 평민 자녀보다 업적이 더 많다. 전사 자녀들은 가장 뛰어난 전사가 될 수 있다. 우리는 이런 결과를 좋아하지 않겠지만, 형식적 평등주의자들은

---

25 이 책 110쪽 이하 "업적 문제" 절을 보라.

26 Clare Chambers, "Each Outcome is Another Opportunity: Problems with the Moment of Equal Opportunity", 8 *Politics, Philosophy and Economics*(2009), 374, 385~387쪽 참조. 이 부분은 "롤스가 실제로 무엇을 의도했든 간에, 우리는 적어도 재능에 따른 출세에 맞서서 롤스의 공정한 기회균등을 지지하는 정의 논증"은 내가 말하는 이른바 출발점 견해를 기각한다고 말할 수 있다고 결론짓는다.

원래 다 그런 거라고 말할 것이다. 전사 사회에 어떤 문제가 있든 간에, 그곳은 업적주의 사회이다. 이와 대조적으로 롤스적 평등주의자라면 전사 자녀가 반드시 업적이 더 많다는 데 동의하지 않을 것이다. 롤스적 평등주의자가 보기에, 업적은 재능과 노력으로 보는 게 맞고, 출생 환경에서 유래하는 특별한 유리한 조건은 배제하는 식으로 정의되어야 한다. 이 관점에서 보면, 전사 자녀가 부모에게 받은 특별한 훈련과 좋은 영양 때문에 얻은 추가적인 유리한 조건은 업적이 아니다.

아마 평등주의자라면 전사 자녀가 누리는 특별한 발달 기회를 더 광범위하게 분배해야 한다고 주장할 것이다. 이 사회의 기회구조를 감안할 때, 전사 기술은 더없이 중요하다. 모든 사람이 이 분야에서 훈련을 받아야 한다. 하지만 발달 기회를 균등화할 수 없다고 가정해보라.[27] 롤스적 평등주의자가 '공정한 기회균등'을 실행하려면, 시합 그리고/또는 시합 결과를 바꾸려는 일정한 노력을 지지해야 한다. 그 결과가 출생 환경의 효과를 포함하는 형식적 업적보다 롤스적 업적—타고난 재능과 노력—에 좀 더 밀접하게 부합하도록 말이다. 바로 이 마지막 지점에서 롤스적 평등주의자들은 출발점 이론가들과 결별한다. 출발점 이론가들은 **오직** 출발점 이전의 발달 기회를 균등화하기 위해 노력할 뿐, 그 뒤에는 형식적인 업적만을 바탕으로 공정한 시합을 조직하려 하기 때문이다.

앞서 나는 롤스를 제대로 읽으면 그는 출발점 이론가가 아니라고 이야기했지만, 다른 많은 롤스적 평등주의자들은 출발점 이론가이

---

27 현실에 존재할 법한 어떤 사회에서든, 심지어 아주 평등주의적인 사회에서도 발달 기회의 불평등은 여전히 존재할 것이다. 이 책 97쪽 이하 "가족 문제" 절을 보라.

다.[28] 여러 출발점 이론은 출발점 양쪽에 다양한 원리를 적용한다. 하지만 이 사고는 거의 언제나 출발점 이전 삶의 기회의 공정성을 다루고자 한다. 그리고 출발점 이후에는 일정한 방식의 공정한 시합이 지배한다. 이 접근법은 심각한 결함이 있음이 드러나는데, 여기에 관해서는 뒤에서 이야기할 것이다. 그렇지만 롤스적 평등주의 접근법은 그 자체의 심각한 문제를 제기한다. 정말로 타고난 재능을 출생 환경에서 유래하는 유리한 조건과 분리할 수 있는가? 그리고 노력의 경우도 분리할 수 있는가?[29]

시험, 편향, '형식적 가산점'

업적의 의미를 둘러싼 롤스적 평등주의자들과 형식적 평등주의자들의 견해차는 언뜻 보이는 것보다 더 심각하다. 형식적 평등주의자가 전사 자녀에게 평민 자녀보다 더 많은 업적이 있다고 주장했을 때, 이 견해는 사실에 입각한 전제에 의존한 것이었다. 전사 시험은 원래 해야 하는 내용대로 한 것이며 장래 전사의 성적을 정확하게 예측했다고 말이다. 만약 원래 내용대로 하지 않으면 어떻게 될까? 우리는 편향된 시험이 체계적으로 전사 자녀의 미래 성적을 부풀려 예측하거나, 평민 자녀의 미래 성적을 낮잡아 예측한 많은 사례를 생각해볼 수 있다.

나는 여기서 '편향bias'을 통계적 잡음이 아니라, 시험 성적과 미래

---

28 이 책 126쪽 이하 "출발점 문제" 절을 보라.
29 이 책 110쪽 이하 "업적 문제" 절에서 이 문제들을 다룬다.

성적에 대한 가능한 가장 정확한 예측 사이의 불일치라고 정의하고자 한다.[30] 전사 자녀에게 유리한 편향은 여러 가지 방식으로 생겨날 수 있다. 시험 과목 중에 이를테면 자세 같이 대체로 전사 자녀가 높은 점수를 받는 요소가 포함될 수 있다. 어떤 이들은 이런 요소가 미래 성적을 예측하는 데 도움이 된다고 생각할지 모르지만, 실제로는 도움이 되지 않는다. 그 대신 전사 자녀가 미래의 실제 성적을 향상시키는 게 아니라 시험 점수만 높여주는(또는 미래의 실제 성적에 비해 시험 점수를 더 향상시키는) 시험에 특화된 특별한 지도를 받을 수 있다. 또는 (심지어 시험 날 아침에도) 아침 식사를 제대로 하지 못하는 아이들은 완전한 잠재력을 발휘하지 못할지 모른다. 또는 일부 평민 자녀는 몸이 약하고 영양이 부족할 수 있다. 이런 약점은 아침 식사를 한 번 제대로 먹는다고 극복할 수 있는 게 아니라 전사가 되어 몇 달 동안 배식과 훈련을 받아야 극복 가능하며, 이렇게 되면 힘과 성적이 크게 오를 것이다.[31]

편향된 예측의 경우에, 형식적 평등주의자라면 누구든 시험의 정확성을 향상시키는 방안을 지지할 것이다. (예를 들어 시험에서 지도가 가능한 요소를 제거하는 게 도움이 될 것이다.) 하지만 (1) 완벽하게 정확한

---

30 물론 '가능한-가장-정확한-현재의-예측'이 대단히 정확하지 않을지도 모른다. 이러한 '편향' 정의는 시험이 '가능한-가장-정확한-현재의-예측' 기준에 부합하지 못하는 정도를 포착할 뿐이다.

31 또는 어쩌면 평민 자녀들은 '고정관념의 위협' 때문에 시험 성적이 좋지 못할 수도 있다. 고정관념의 위협이란 어떤 집단이 일정한 일에 적합하지 않다는 널리 퍼진 고정관념이 심리적 효과를 발휘하는 것을 가리킨다. 고정관념의 위협에 관한 고전적인 논문으로는 Claude M. Steele and Joshua Aronson, "Stereotype Threat and the Intellectual Test Performance of African Americans", 69 *Journal of Personality and Social Psychology*(1995), 797쪽이 있다.

시험은 찾기 힘들고, (2) 우리가 시험이 편향된 정도와 편향된 방향—즉 편향이 영향을 미치는 사람들의 특성—을 얼마간 정확하게 이해한다고 가정해보자. 우리가 '형식적 가산점' 그룹이라고 부를 수 있는 일부 형식적 평등주의자들의 소집단은 이에 대해, 시험 자체에 의해 미래 성적이 과소평가되는 이들에게 일종의 보상으로 가산점을 줄 것이다. 자, 분명히 해보자. 보상적인 가산점이라는 개념은 단순히 누가 미래에 실제로 가장 뛰어난 전사가 될 것인지에 관해 더 정확한 예측을 하자는 것이다.

실제 사회에 '형식적 가산점' 옹호자들이 있다. 형식적인 기회균등 개념의 옹호론자들 가운데 소수이긴 하지만 말이다. '형식적 가산점' 옹호론자 중 한 명으로 꼽히는 윈턴 매닝Winton Manning은 SAT 같은 대학입학시험을 관장하는 비정부기구인 교육평가원Educational Testing Service(ETS)의 선임 연구원이었다.[32] 1990년에 매닝은 교육평가원이 SAT 점수 외에 '학문재능평가Measure of Academic Talent(MAT)' 점수를 공표해야 한다고 제안했다. MAT 점수란 일정한 인구학적 '배경변수'를 설명하기 위해 SAT 점수를 조정한 수치였다. 매닝이 염두에 둔 목표는 SAT보다 대학 학업 성적과 더 상관성이 높은 MAT를 만들어내는 것이었다. 다시 말해, MAT는 형식적인 업적을 더 효과적으로 측정하기 위해 고안됐다.[33] 대학의 경우에 형식적인 업적을 정의하는 것은 애

---

32 SAT는 미국 대학 입학에서 활용되는 학업평가시험Scholastic Assessment Test이다. MAT에 관한 정보는 Nicholas Lemann, *The Big Test: The Secret History of the American Meritocracy*(rev. ed. 2000), 271~277쪽에서 얻었다.

33 앞의 책, 271~272쪽을 보라. 매닝은 MAT가 대학 학점과 더 밀접하게 연결된다고 믿었지만, 이 계획은 폐기되었고 MAT 점수 계산과 관련된 어떤 수치도 발표되지 않았다. 앞의 책 275~277쪽을 보라. 몇몇 외부의 경험적 연구들을 보면, 적어도 흑인 대학생들과 관련해서 SAT가 대학 학점을 과소 예측하지 않음을 알 수 있다. Christopher

초에 다소 복잡하고 논쟁적인 문제이다. 1학년 학점은 하나의 가능한 결과 측정치이지만, 확실히 유일한 측정치는 아니다.[34] 그렇지만 형식적 가산점의 핵심적인 목표는 분명하다. 시험의 편향을 상쇄해서 미래 성적에 대한 예측을 더 정확하게 만들자는 것이다.

정확한 예측이 목표라면, 형식적 가산점 견해는 논리적으로 설득력이 있어 보인다. 하지만 비非보상적인 형식적 견해가 현실 세계를 지배하기 쉽다. (1) 편향의 존재, (2) 편향을 측정하는 우리의 능력, (3) 확인 가능한 인구 전체에 이런 편향이 일률적으로 미치는 영향 등에 관한 인식론적 회의주의 때문이다. 또는 형식적 견해의 주창자들은 한 집단에 관한 확률적인 정보를 바탕으로 개인적 결정을 내리는 데 반

Jencks, "Racial Bias in Testing", in *The Black-White Test Score Gap*(Christopher Jencks and Meredith Phillips eds., 1998), 71쪽을 보라. 실제로 어떤 이들은 SAT 점수나 이런 점수와 다른 측정치의 조합을 보면, 흑인 학생들의 대학 학점이 **과대 예측된다고** 지적한 바 있다. Richard Sander and Stuart Taylor, Jr., *Mismatch: How Affirmative Action Hurts Students It's Intended to Help, and Why Universities Won't Admit It*(2012), 25쪽. 다른 한편 SAT 점수와 대학 학점 둘 다 결과변수를 어떻게 정의하는가에 따라, 흑인 내지 기타 집단이 미래에 인생에서 성공을 거둘 가능성에 대해 부정적으로 편향된 예측을 제공할 수 있다. 일반적인 내용으로 William G. Bowen and Derek Bok, *The Shape of the River: Long-Term Consequences of Considering Race in College and University Admissions*(1998)을 보라.

34 대학 입학의 경우에 정확히 어떤 결과 측정치가 적절한가라는 문제가 어려운 이유는, 대학이 비교 불가능한 여러 상이한 노력 분야를 준비하는 곳이기 때문이다. 1학년 학점 측정치는 쉽게 측정할 수 있다는 점 말고도, 첫해에 낙오하지 않고 적당한 성과를 내는 학생을 선발하는 데 집중하는 대학 입학 담당관들에게 잠재적인 호소력이 있다는 이유 때문에 시험 설계자들의 흥미를 끈다. 하지만 개념적으로 볼 때, 이런 단기적인 측정치는 지원자가 장기적으로 어떤 궤적을 보일지에 관한 어림짐작의 평가—기껏해야 불완전하고 최악의 경우에는 체계적으로 편향된 평가—로 여기는 게 최선이다. Susan Sturm and Lani Guinier, "The Future of Affirmative Action", in *Who's Qualified?*(Lani Guinier and Susan Sturm eds., 2001), 3, 7~10쪽; 일반적인 내용으로 Bowen and Bok, 앞의 책을 보라.

대할지 모른다. 그 집단 정보의 활용으로 개인의 성과 예측의 전반적인 통계적 정확성이 높아진다 할지라도 말이다.[35] 하지만 이런 식의 논증이 없는 상황에서는, 형식적 평등주의자는 성과를 예측하는 게 목표라면 형식적 가산점 입장을 채택해야 한다. '업적'을 순환론적으로 정의하는 것은 옹호하기 힘들다. 어떤 시험의 성적이든 우리 앞에 존재하기 때문이다.[36]

롤스적 평등주의자가 보기에 형식적 가산점 견해는 개선된 것이지만 여전히 심각하게 불만족스럽다. 물론 롤스적 평등주의자라면 시험의 정확성을 향상시키기 위해 할 수 있는 공정한 방법이 있다면, 편향을 줄인 시험을 고안하고 또 편향을 보상하는 가산점을 추가하는 게 좋은 생각이라고 말할 것이다. 하지만 롤스적 평등주의자가 보기에 미래 성과를 예측하는 것은 업적의 완전한 그림이 아니다. 우리는 개인들의 전망이―출생 환경의 축적된 유리한 조건이 아니라―각자의 참된 재능과 노력에 좌우되도록 보장할 필요가 있다.

전사 사회의 사례가 흥미로운 이유는, 이 사회의 조건에 따라 가장 뛰어난 미래 전사가 될 가능성이 제일 높은 전사 자녀가 시험과 관련된 책략을 통해 등장하는 것은 아니라는 점이다. 이 사례의 요점은 전사 자녀가 어린 시절에 유리한 조건이 축적된 결과로 가장 뛰어난 성인 전사로 자랄 가능성이 **실제로** 가장 **높은가** 하는 것이다. 형식적으로 업적주의적인 전사 시험이 카스트 제도를 영속화한다면, 이 사회

---

35 이런 반대론으로는 David Miller, *Principles of Social Justice*(1999), 168~169쪽을 보라. 하지만 흥미롭게도 밀러 자신은 이런 반대가 이 경우에 들어맞는다고 주장하지 않는다.

36 "가공의 업적"을 논하는 Sturm and Guinier, "Future of Affirmative Action", 7쪽을 보라.

에서 '업적주의'와 '기회균등'은 부정의하고 영원히 불평등한 사회질서를 감추기 위해 만들어진 연막 같은 단어처럼 보이기 시작한다.[37]

이 시점에서 롤스적 평등주의자는 출발점 이론가와 결별하며, 만약 발달 기회를 균등하게 만들지 못한다면 시험 제도를 재설계하거나 결과를 조정해서 **타고난 재능**과 **노력**을 측정하는 데 접근해야 한다고 주장한다. 이렇게 해야 하는 이유는 효율성이 아니라 정의이다. 전사 부모 같은 출생 환경이 사람들의 미래의 인생 전망을 좌우해서는 안 된다는 것이다.

운 평등주의와 타고난 재능

실제로 출생 환경은 사실상 임의적이다. 그런데 롤스가 "능력과 재능의 타고난 분배"이라고 지칭하는 결과를 초래하는 "타고난 복권natural lottery"에 관해서도 같은 이야기를 할 수 있지 않을까?[38] 다음 부에서 탐구하겠지만, 과연 우리가 능력과 재능의 타고난 분배에 관

37　마이클 영Michael Young은 형식적 업적주의가 바로 이런 카스트 제도로 발전하는 미래를 예측한 디스토피아 에세이-소설인《업적주의의 부상, 1870~2033 : 교육과 평등에 관한 에세이The Rise of the Meritocracy, 1870~2033 : An Essay on Education and Equality》(1958)에서 "업적주의"라는 단어를 만들어냈다. 영은 교육법Education Act이 통과되고 지능지수를 바탕으로 영국인을 분류하기 위한 최초의 진지한 시도인 일레븐 플러스 시험 제도가 시작되고 나서, 몇 년 뒤에 이 책을 썼다. 책에서 영은 노동당이 결국 물질적 조건의 평등 대신 업적주의 이데올로기를 받아들일 것으로 예상한다. 책의 말미인 2033년, "자신들이 모든 기회를 누렸음을 알고" 어떻게 보면 그렇게 된 것도 당연한 운명인 지능지수가 낮은 계급들이 유혈 봉기를 일으킨다. 앞의 책, 86쪽.

38　Rawls, *A Theory of Justice*, 64쪽[존 롤스 지음,《정의론》, 121쪽]. 여기서 롤스는 "공정한 기회균등"이 "타고난 복권의 자의적인 영향"을 그대로 내버려둔다는 점을 인정한다.

해 일관성 있게 말할 수 있는지에 대해 회의할 이유는 충분하다.[39] 하지만 지금 당장은 이런 이의 제기를 잠시 접어두고, 이런 타고난 분배가 존재한다고 가정해보자. 우리 인생의 결과가 출생 환경의 운에 좌우되는 것이 정의롭지 못하다는 데 동의한다면, 이런 결과가 타고난 복권이라는 행운에 좌우되는 것은 정의로운가?

'운 평등주의luck egalitarianism'라는 이름을 얻게 된 철학적 견해 그룹은 다음과 같은 단순한 답을 제시한다. "그렇지 않다." 운 평등주의자들은 인생의 기회가 타고난 복권이라는 행운을 비롯한 순전한 운에 좌우되어서는 안 된다고 주장한다. 운 평등주의에 따르면, 그 대신 삶의 기회는 오로지 각 개인이 책임을 질 수 있는 선택—"각자가 했거나 하고 있거나 하게 될 선택"—에 좌우되어야 한다.[40] 운 평등주의는 관련된 여러 가지 입장을 아우르는데, 그중 일부만이 기회균등 개념으로 지칭된다.[41] 우리는 여기서 이런 입장들의 세부적인 내용을 탐구할

---

39 더 현실적으로 보면, 재능은 모든 잠재력을 가진 어떤 사람과, 이런 잠재력을 해방시켜서 발달된 속성·능력·재능 등으로 실현시키는 다양한 발달 기회의 복잡한 상호작용의 소산이다. 이 책 170쪽 이하 2부 "2장. 본래적인 차이, 자연, 양육"부터 "4장. 인간 발달에 관한 반복 모델"까지를 보라.

40 G. A. Cohen, "On the Currency of Egalitarian Justice", in *On the Currency of Egalitarian Justice, and Other Essays in Political Philosophy*(Michael Otsuka ed., 2011), 3, 13쪽. 코헨을 비롯한 운 평등주의자들은 평등주의란 비자발적인 불리한 조건—상대적인 것이든 절대적인 것이든 간에—을 제거하는 문제라고 주장한다. 앞의 글, 14쪽과 주석 18; Richard J. Arneson, "Luck Egalitarianism and Prioritarianism", 110 *Ethics*(2000), 339, 340쪽 등을 보라.

41 Carl Knight and Zofia Stemplowska, "Responsibility and Distributive Justice: An Introduction", in *Responsibility and Distributive Justice*(Carl Knight and Zofia Stemplowska eds., 2011), 1, 18~19쪽. 이 부분은 운 평등주의의 기본적인 주장 가운데 일부는 운 평등주의를 "진정한 기회균등에 필요한 내용을 구체적으로 명시하는 것"으로 보았지만, 다른 형태의 운 평등주의는 이런 긴밀한 관계를 상상하지 않는다고 언급한다. 리처드 아네슨은 처음에 운 평등주의를 "복지 기회균등equality of opportunity for welfare"으

필요는 없다. 이 부에서 이야기하는 원리들의 측면에서 볼 때, 운 평등주의는 특히 강한 형태의 공정한 삶의 기회 원리이다. 운 평등주의자들은 삶의 기회가 재능이나 노력보다는 전적으로 우리의 책임 있는 선택에 좌우되어야 한다고 생각한다. 이 원리는 독특하고 요구하는 게 많은 기회균등 개념의 핵심이다.

운 평등주의자들은 삶의 기회에 영향을 미치는 게 정당한 유일한 복권은 어떤 사람이 스스로 책임지고 사기로 선택한 복권뿐이라고 주장한다. 따라서 운 평등주의자들은 **순전한** 운과 **선택한** 운의 구분에 의존한다.[42] 선택한 운은 "의도적이고 계산된 도박이 어떤 결과를 낳는가"라는 점에서 운이지만, 순전한 운은 우리가 떠맡기로 선택한 도박의 결과가 아니라 단순한 우연이다.[43] 운 평등주의자들이 보기에 우리 삶의 기회가 순전한 운에 좌우되어서는 안 된다.

운 평등주의는 공정한 삶의 기회 원리의 한 형태이며, 이 사상이 다루는 영역은 인생 과정 전체이다. 운 평등주의는 다른 두 영역, 즉 발달 기회 그리고 결정과 선택의 특정한 순간에 대해서는 간접적으로만

로 표현했다. Richard J. Arneson, "Equality and Equal Opportunity for Welfare", 56 *Philosophical Studies*(1989), 77쪽을 보라. 아네슨은 나중에 운 평등주의를 철회하면서 "책임 제공 약자우선주의responsibility-catering prioritarianism"로 돌아섰다. Richard J. Arneson, "Equality of Opportunity for Welfare Defended and Recanted", 7 *Journal of Political Philosophy*(1999), 488, 497쪽.

42 드워킨은 엄격한 의미에서 운 평등주의자는 아니지만, 자신의 저서에서 이런 구분을 발전시키고 유용한 설명을 제공한다. Ronald Dworkin, *Sovereign Virtue: The Theory and Practice of Equality*(2000), 73~78쪽[로널드 드워킨 지음, 염수균 옮김,《자유주의적 평등》, 한길사, 2005, 147쪽].

43 앞의 책, 73쪽[로널드 드워킨 지음,《자유주의적 평등》, 147쪽]. 거의 모든 선택이 일정한 위험을 수반하는 세계에서 이 두 형태의 운을 구별하는 데서 생겨나는 어려운 문제들을 탐구하는 문헌은 이제 상당히 많다.

이야기할 뿐이다. 하지만 운 평등주의의 공정한 삶의 기회 원리를 실행하기 위해서는, 이 두 영역이 일정하게 조합된 분야에서 엄청난 일을 해야만 한다. 우리는 발달 기회를 재분배하고, 계속해서 누가 특정한 일자리와 사회적 역할을 맡아야 하는지에 관해 결정을 내릴 필요가 있다. 유리한 조건과 불리한 조건(또는 우리가 선택한 평등주의적 정의의 어떤 통화든 간에)의 분배를 운에서 분리시켜 책임 있는 선택의 방향으로 움직이는 방식으로 말이다.

출발점을 운 평등주의에 접목하는 완전히 일관된 방법은 존재하지 않는다. 사람들은 평등주의적 정책 결정을 출발점 이전의 어떤 발달 기회 영역에 제한하고 싶어 하지만, 사실 순전한 운은 모든 연령과 인생 단계의 사람들에게 일어난다. 운 평등주의에서 보면, 이런 순전한 운의 영향이 사람들의 삶의 어떤 시점에서든 삶의 기회를 모양 짓는다면 부정의한 일일 것이다.[44]

타고난 재능은 사실상 자의적이라는 사고는 롤스와 운 평등주의자들이 동의하는 중요한 지점이다. 롤스는 자신의 전체적인 기획을 "타고난 재질이라는 행운이나 사회적 여건의 우연성을 정치·경제적인 유리한 조건을 추구하는 데서 패로 활용하는 것을 방지하는 정의 개념을 찾으려는" 시도로 설명한다.[45] 그럼에도 불구하고 롤스는 타고난 재능을—출생 환경과 달리—삶의 기회를 정당하게 모양 짓는 한 사람의 속성으로 간주한다. 언뜻 모순처럼 보이는 이런 생각의 이면에

---

44 실제로 일부 운 평등주의자들은 **출발점 이전의** 순전한 운의 영향을 중화하는 것만을 목표로 삼는 출발점 형태의 운 평등주의에 찬성한 바 있다. 이 책 126쪽 주석 121을 보라. 하지만 이런 구분을 정당화하기는 힘들다.

45 Rawls, *A Theory of Justice*, 14쪽[존 롤스 지음, 《정의론》, 50쪽].

있는 이야기는 롤스의 특별한 정의 개념이 '공정한 기회균등'보다 더 크다는 것이다. 롤스는 다른 장치, 주로 차등 원리difference principle를 활용해서[46] 사람들이 도덕적으로 자의적인 타고난 자산에서 끌어낼 수 있는 경제적·사회적·정치적으로 유리한 조건을 제한한다.[47] 다시 말해, 롤스는 공정한 삶의 기회 문제를 두 단계로 다룬다. 첫째, 그는 타고난 재능에 바탕을 둔 유리한 조건을 허용하는 '공정한 기회균등' 원리에 따라 기회를 배분할 것을 주장한다. 그다음에 그 결과로 생기는 소득과 부의 사실상 자의적인 차이를 완화하는 차등 원리를 주장한다.[48]

이와 대조적으로, 운 평등주의자들은 이 기획을 이렇게 두 단계로 구분하는 것을 받아들이지 않는다. 평등주의적 정의의 통화라는 측면에서 기회가 어느 정도 중요하든 간에, 운 평등주의자들은 사실상 자의적인 방식으로 기회를 배분해서는 안 된다고 주장한다. 운 평등주의자들은 기회의 배분이 타고난 복권의 영향에 좌우되게 내버려두는

---

46 이것이 롤스의 최소극대화 원리이다. 이에 따르면, 불평등이 허용되는 것은 불평등이 "가장 불리한 조건을 가진 사회 구성원들의"(절대적인) 지위를 개선하는 경우뿐이다. 앞의 책, 65~70쪽[존 롤스 지음,《정의론》, 123쪽].

47 기본적인 자유는 타고난 자산이 더 많은 사람들이 끌어낼 수 있는 정치적으로 유리한 조건을 억제한다. 차등 원리는 경제적으로 유리한 조건을 제한한다(그리고 정치적으로 유리한 조건을 줄이는 데도 도움이 될 수 있다). 롤스는 이런 몇몇 제한은 '공정한 기회균등'을 위한 선결 조건으로도 필요하다고 간략하게 언급한다. 앞의 책, 63쪽.

48 이런 구분이 자의적이라는 주장으로는 Matthew Clayton, "Rawls and Natural Aristocracy", 1 *Croatian Journal of Philosophy*(2001), 239, 248~250쪽을 보라. 내가 2부에서 펼치는 논증에 비춰볼 때, 어떤 이는 롤스가 자신의 '공정한 기회균등' 원리를 적용하는 일자리와 교육 공간 같은 상대적으로 협소한 '기회' 영역의 일관성에 의문을 제기할 수 있다. 기회에 관한 롤스의 정의를 우리가 얼마나 협소하게 읽어야 하는가는 불분명하다. Seana Valentine Shiffrin, "Race, Labor, and the Fair Equality of Opportunity Principle", 72 *Fordham Law Review*(2004), 1643, 1650쪽을 보라.

것은 부정의하다고 주장한다. 타고난 복권은 어쨌든 순전한 운의 다른 형태에 불과하기 때문이다.

사람들이 흔히 갖는 직관은 다른 길을 가리킨다. 그 직관은 다음과 같다. 어떤 의미에서는 우리 각자가 현재의 우리인 것은 운의 문제라는 게 맞을지 모른다(철학자들은 이런 운을 '구성적 운constitutive luck'이라고 부른다). 하지만 기회균등은 경기장을 평평하게 만드는 문제이다. 그런데 구성적 운은 경기장보다는 **선수**와 관련이 있다. 따라서 이런 직관이 통용된다면, 우리는 구성적 운에 관해 다른 형태의 순전한 운과는 다르게 생각해야 한다. 특히 다른 순전한 운이 아니라 구성적 운이 우리의 전망을 모양 짓게 내버려두어야 한다.[49] 이런 직관의 문제점은 우리에게 구성적 운과 다른 운 사이에 선명한 선을 그을 것을 요구한다는 사실이다. 그런데 이런 선을 긋는 게 불가능할 수도 있다. 확실히 어떤 원칙적인 방식으로도 구성적 운을 유전적 운이나 출생 이전 잠깐의 시기에 국한시킬 수 없다.[50] 인생 전체에 걸쳐 많은 종류의 기회가 한 사람의 발달 경로에 영향을 미친다. 경기장은 선수를 모양 짓고, 그 역도 마찬가지이다. 처음에만 그런 게 아니라 인생 전반에 걸쳐서 말이다. 이 상호작용에 관해서는 다음 부에서 탐구할 것이다.

---

49 사람들이 어느 정도 구성적 운의 결과물인 성과에 대해 보상을 받을 수 있어야 한다고 주장하는 David Miller, *Principles of Social Justice*(1999), 147쪽을 보라. 중화하는 운, 특히 구성적 운에서 정의를 찾아야 한다는 운 평등주의의 사고를 비판하는 S. L. Hurley, *Justice, Luck, and Knowledge*(2003), 106~129쪽도 보라.

50 구성적 운이 유전적 운을 넘어서 성격과 정체성을 모양 짓는 양육 변수까지 포함하도록 확대된다고 주장하는 Adam Swift, "Justice, Luck, and the Family: The Intergenerational Transmission of Economic Advantage from a Normative Perspective", in *Unequal Chances: Family Background and Economic Success*(Samuel Bowles et al., eds., 2005), 256, 263~265쪽을 보라.

재능, 운, 드워킨

어떤 요인들이 삶의 기회를 모양 짓는 게 공정한가라는 이 논쟁에서, 로널드 드워킨은 독특하고 미묘한 타협을 제시한다. 드워킨의 자원 평등 이론은 그 나름의 공정한 삶의 기회 원리인데, 이 원리는 "순전한 나쁜 운의 결과를 없애는 게 아니라" "빈틈없는 보험이 흔히 하는 방식과 정도로 그 결과를 완화하는 것"을 목표로 삼는다.[51] 드워킨은 인생의 결과가 우리가 처한 환경이 아니라 우리의 선택에 좌우되어야 한다고 주장한다.[52] 드워킨이 말하는 "환경"은 출생 환경만이 아니라 그가 말하는 이른바 "개인적 자원", 즉 한 사람의 "신체적·정신적 건강과 능력—그가 가진 부–재능wealth-talent을 비롯한 그의 일반적인 건강과 역량, 즉 다른 사람들이 돈을 내고 사는 재화나 서비스를 생산하는 그의 선천적인 역량"까지 의미한다.[53] 여기까지는 운 평등주의자도 동의할 것이다. 하지만 드워킨은 우리가 하는 선택이 우리의 삶의 기회를 모양 짓는 게 **당연하며**, 이 선택에는 "[우리의] 모든 취향과 선호와 확신", 우리의 소망과 목표, 그리고 또한 우리가 이런 목표를 달성하는 데 도움이 되는 우리 "인격"의 측면들—"열심, 정력, 근면, 끈기, 나중의 보상을 위해 지금 일하는 능력 ……" 등이 포함된다고 생각한다.[54] 순전한 운은 이런 각각의 요소들을 모양 짓는다. 그렇지만 드워킨이 보기에, 이 요소들이 삶의 기회를 모양 짓는 것은 **당연하다**. 이

---

51 Dworkin, *Sovereign Virtue*, 341쪽[로널드 드워킨 지음, 《자유주의적 평등》, 524쪽].

52 앞의 책, 322~323쪽[로널드 드워킨 지음, 《자유주의적 평등》, 500쪽].

53 앞의 책[로널드 드워킨 지음, 《자유주의적 평등》, 500쪽].

54 앞의 책, 322쪽[로널드 드워킨 지음, 《자유주의적 평등》, 500쪽].

요소들은 드워킨의 선택/환경 구분에서 '선택' 쪽에 해당한다.

　드워킨은 자신이 정의하는 선택과 환경이 아주 깊숙이 엉켜 있음을 인정한다. 특히 우리의 재능과 우리의 소망은 "서로에 대해서 …… 상호 영향"을 행사하며, 따라서 드워킨이 말하는 이른바 부-재능은 우리의 선택을 모양 짓는 동시에 그 선택에 의해 모양 지어진다. "재능은 만개한 상태로 발견되는 게 아니라 길러지고 발달된다"고 드워킨은 말한다. "사람들은 어떤 종류의 사람이 되는 게 최선인지에 관한 자신의 신념에 따라 어떤 재능을 발달시킬지를 선택한다."[55] 그렇다면 우리는 어떻게 삶의 기회를 선택과 소망에 민감하게 만들면서도, 재능과 역량과 기타 "개인적 자원"에는 민감하지 **않게** 만들 수 있을까?

　이런 심오한 문제에 대한 드워킨이 내놓은 대답의 본질은 공정한 삶의 기회 원리의 두 형태를 타협시키자는 것이다. 하나는 사람들에게 자기 재능과 역량에 따른 이익을 (설령 그것이 순전한 운의 결과물일지라도) 전부 거둬들이게 허용하는 형태이고, 다른 하나는 그런 것을 허용하지 않는 운 평등주의에 가까운 형태이다. 드워킨은 우리에게 가설적인 보험 시장을 상상해보라고 요청한다. 여기서는 사회의 모든 성원이 "부-재능"을 비롯한 다른 역량에서 불운하게 되는 위험에 대비해 보험에 든다. 성공을 가능케 하는 개인적 자원을 갖지 못할 위험에 대비해 보험에 가입하는 것이다.[56]

55　앞의 책, 91쪽[로널드 드워킨 지음, 《자유주의적 평등》, 172쪽]. 한편 우리의 소망과 선택 "자체도 우리가 선택하지 않은 가정과 문화의 영향력에 의해 크게 영향을 받는다." 앞의 책, 324쪽[로널드 드워킨 지음, 《자유주의적 평등》, 502쪽]. 게다가 사람들이 "자기가 가진 재능을 발달시키고 사용하기를 바라는" 이유 중 하나는 "재능을 행사하는 게 즐겁고, 어쩌면 또한 재능을 사용하지 않는 것은 낭비라는 인식이 있기 때문"이다. 앞의 책, 91쪽[로널드 드워킨 지음, 《자유주의적 평등》, 172~173쪽].

56　앞의 책, 92~93쪽.

물론 현실 세계에서는 어느 누구도 이런 종류의 개인 보험 증서를 작성하는 것으로 생계를 꾸릴 수는 없다. 우리 각자가 이미 우리 자신의 재능에 관해 아주 많이 알기 때문이다. 하지만 가설적으로 보면, 우리는 "처음에 동등한 자원을 가지고 진행하는 보조 경매를 상상할 수 있다. 우리는 어떤 사람이 그 경매에서 어떤 기능을 특정 수준으로 갖지 못할 가능성에 대비해서 얼마나 큰 액수의 보험에 가입했을 것인지"를 물을 수 있다.[57] 거기서부터 우리는 사회 정책상의 문제로서 많은 정부 정책—실업보험, 소득세, 상속세 등—을 평가할 수 있다. 해당 정책이 재능과 역량에서 불운했던 이들에게로 적절한 수준의 자원을 돌림으로써, 사회를 이런 가설적인 보험 체계에서 생겨나는 분배의 근사치에 **더 가깝게** 이동시키는지를 묻는 식으로 말이다.

이런 이전은 운 평등주의를 거의 만족시키지 못한다. 드워킨이 지적하는 것처럼, 더 많은 "부-재능"을 가질 만큼 운이 좋은 이들은 모든 이전 지출이 이루어진 뒤에도 불운한 이들보다 여전히 더 많이, 어쩌면 훨씬 더 많이 벌 것이다—그것은 어느 정도 순전한 운의 결과일 것이다.[58] 이것이 드워킨이 제시하는 타협이다. 드워킨은 운 평등주의 방식으로 순전한 운의 영향을 중화하려고 시도하는 대신, 이런 영향을 **완화**하려고만 할 뿐이다. 그의 생각은 개인들이 순전한 운의 결과로 갖게 되었을 재능과 역량의 과실을 전부가 아니라 일부만 갖게 하자는 것이다. 드워킨이 보기에, 이것은 과소 보상under-compensation이 아니라 공정한 분배의 독자적이고 설득력 있는 두 형태의 타협이다.[59]

57 앞의 책, 92쪽[로널드 드워킨 지음, 《자유주의적 평등》, 174쪽].
58 앞의 책, 104쪽.
59 앞의 책, 91쪽.

여기에 드워킨의 접근법과 롤스의 접근법 사이에 인상적인 유사점이 있다. 둘 다 심층적인 차원에서 우리가 가진 재능은 어느 정도 순전한 운의 문제임을 인정한다. 그럼에도 불구하고 둘 다 사회에서 일자리와 사회적 역할을 분배하는 가장 공정한 방식은 재능에 민감한 방식이라고 가정한다. 비록 드워킨은 그 나름의 공정한 시합 원리를 공공연하게 펼쳐 보이지 않지만, 부-재능에 관한 그의 설명을 보면, 재능이 더 많은 사람이 그런 재능이 특히 필요한 일자리와 사회적 역할을 맡을 것이고 또 상당 부분 그래야 한다는 게 분명하다. 드워킨이나 롤스의 관점에서 볼 때, 이런 식으로 일자리와 사회적 역할을 분배하는 경우의 문제는 결국 도덕적으로 정당화하기 힘든 분배 불평등으로 귀결된다는 것이다. 이런 불평등은 우리가 사람들에게 책임을 물을 수 있는 선택이나 노력의 소산이라기보다는, 대부분 재능 분배상의 순전한 운의 소산이다. 롤스와 드워킨 둘 다 소득과 부를 표준 사례로 받아들이면서도, 사람들이 자기 삶에서 원하는 것을 이루기 위해 필요로 하는 다른 종류의 외적 자원을 포착하기 위해 더 폭넓게 확대하는 방식으로 이런 커다란 분배 불평등을 평가한다.[60] 롤스의 차등 원리와 드워킨의 가설적 보험 시장은 각 개인이 자기 재능이 허용하는 수준까지 올라설 수 있는 어떤 체제에서든 생겨나는 분배 불평등을 완화하지만 완전히 중화하지는 않는다.

---

60 John Rawls, *Justice as Fairness: A Restatement*(Erin Kelly ed., 2001), 54~56쪽을 보라. 롤스는 개인들로 하여금 자신의 인생 계획을 추구하는 데 필요한 "자존감"을 갖게 해주는 사회 내 타인들의 존중을 이런 외적 자원에 포함시킨다. Rawls, *A Theory of Justice*, 155~156쪽.

2장
분배 정의를 넘어서 : 기회와 행복

분배 불평등을 완화하는 문제에 관한 이런 공통된 관심은 지금까지 간략하게만 이야기한 중요한 질문 하나를 제기한다. 평등주의자들은 왜 애초에 기회균등에 관심을 기울이는가? 앞선 논의의 많은 부분에 활기를 불어넣는 한 가지 핵심적 이유는 평등주의자들은 분배 정의에 관심이 있다는 사실이다. 더 구체적으로 말하자면, 평등주의자들은 사회 전반에 걸쳐 평등주의적 정의의 통화[61]가 어떻게 분배되는지에 관심을 기울인다. 이 통화는 돈일 수도 있고, 드워킨의 자원이나 롤스의 기초재처럼 더 광범위한 것일 수도 있다.[62]

여러 가지 이유 때문에 많은 평등주의자들은 이렇게 결론을 짓는다. 정의에 따르면, 사회의 상이한 지위—상이한 일자리, 직책 등등—마다 각기 다른 양의 관련된 통화가 수반되는 게 허용되거나 요

---

61 이 책 61쪽 주석 16을 보라.

62 물론 우리의 통화가 오로지 '기회'로만 이루어져 있다면, 왜 우리가 기회균등에 관심을 기울이는지를 설명하는 일은 사소한 문제가 될 것이다.

구된다고 말이다. 예를 들어 만약 롤스를 따른다면, 우리는 "소득과 부의 불평등과 권위와 책임 정도의 차등은" "평등의 기준점과 비교해서 모든 사람의 처지를 향상시키게 작용"할 것이며, 따라서 이런 불평등과 차등을 허용해야 한다고 결론지을지도 모른다.[63] 이런 분배 불평등이 정당화된다는 데 동의하지 않는 사람들조차도 그것이 불가피하다고 인정할지 모른다. 분배 불평등이 아예 존재하지 않는 사회는 상상하기도 쉽지 않다. 이런 불평등은 중대한 질문을 제기한다. 평등주의적 정의의 통화를 더 많이 수반하는 사회적 지위를 차지하는 것은 **누구**일까?

이 질문에 대한 거의 모든 대답이 일정한 기회균등 개념에 호소할 것이다. 공평한 견지에서 보면, 사회체제에서 일부에게 특권적이고 바람직한 자리를 따로 떼어주는 반면에 다른 이들에게는 그런 자리를 추구할 공정한 기회를 주지 않는 것을 정당화하기는 불가능해 보인다. 무엇이 공정한 기회인가 하는 점은 의견이 크게 갈리는 주제이지만, 만약 우리가 분배 평등을 이룬 정의로운 사회를 상상하고자 한다면, 공정한 기회나 균등한 기회에 관한 일정한 개념을 우리 계획의 일부로 삼을 필요가 있을 것이다.

비단 철학적 평등주의자들만 분배 불평등과 기회균등을 이렇게 연결하는 것은 아니다. 현대 정치에서 많은 보수주의자들은 사회적 이동성과 기회균등이 동반되는 한 소득과 부의 불평등은 문제가 아니라고—심지어 좋은 현상이 될 수도 있다고—주장한다. 불평등이 "업적과 노력"을 반영하면 된다는 것이다.[64] (이런 주장을 펴는 미국의 보수주

63 Rawls, *A Theory of Justice*, 130~131쪽[존 롤스 지음, 《정의론》, 213쪽].
64 예를 들어, Representative Paul Ryan, *Saving the American Idea: Rejecting Fear, Envy*

의자들에 따르면, 현재 미국이 다른 선진국에 비해 사회적 이동성이 떨어진다는 사실에 마땅히 관심을 기울여야 한다.)[65] 이런 관점에서 보면, 기회균등이 그토록 중요한 이유는 바로 그것이 우리 사회에서 분배 불평등을 어떻게 바라보아야 하는가를 모양 짓기 때문이다. 많은 정치적 보수주의자와 철학적 평등주의자 들은 노력의 차이—그리고 어쩌면 재능의 차이—를 반영하는 불평등한 결과는 기회 불균등을 반영하는 불평등한 결과와는 도덕적으로 다르다는 진술에 대체로 동의한다.

하지만 이것이 왜 우리가 기회균등을 소중히 여기는가라는 질문에 대한 유일한 답은 아니다. 그리고 아마 최선의 대답도 아닐 것이다.

어떻게 보면 그토록 많은 보수주의자들이 방금 설명한 방식으로 기회균등을 받아들이기 때문에, 기회균등은 때로 보수적 사고로 여겨진다. 그리고 어떤 의미에서는 사실이 그러하다. 만약 누군가 평등주의적 정의의 통화를 더 균등하게 분배할 것을 주장하는데, 이에 대해 다른 이들이 분배는 내버려두고 다만 모두가 더 많은 몫을 벌 수 있는 더 공정한 기회를 갖도록 기회를 넓히는 데만 집중하자고 주장한다면, 기회균등을 장려하는 것은 더 보수적인 접근법으로 보일지 모른다.

and the Politics of Division, Speech at the Heritage Foundation(Oct. 26, 2011)(http://blog.heritage.org/2011/10/26/video-rep-paul-ryan-on-saving-the-american-idea/에서 접속 가능)를 보라. 이 글은 "이 나라에서 계급은 고정된 칭호가 아니라는" 이유를 들면서 경제적 불평등을 줄이려는 노력에 반박하는 주장을 펼친다. "미국적인 사고는 우리가 출발점에서 경기장을 평평하게 만들면 정의가 이루어지는 셈이고, 보상은 업적 및 노력에 비례한다"는 것이다.

65 전반적인 내용으로 *From Parents to Children: The Intergenerational Transmission of Advantage*(John Ermisch et al., eds., 2012); Pew Charitable Trusts, *Does America Promote Mobility as Well as Other Nations?*(2011), 2쪽("모든 범주를 측정해볼 때, 대체로 미국에서 부모의 교육 수준과 자녀의 성과 사이의 연관성이 가장 강하다") 등을 보라. 이렇게 된 몇 가지 이유에 관한 논의로는 이 책 368쪽 이하 4부 "1장. 병목으로서의 계급"을 보라.

밑바탕에 놓인 분배 불균형을 건드리지 않기 때문이다.

하지만 다른 관점에서 보면, 기회균등은 분배 공정성보다 훨씬 더 급진적이다. 기회는 우리가 가진 것만이 아니라 우리 자신을 모양 짓는다. 기회는 우리의 선호, 우리의 소망과 계획, 우리의 능력과 재능을 모양 짓는다. 내가 다음 부에서 주장할 것처럼, 우리는 기회를 하나의 재료로 삼아서 우리 자신과 우리가 추구하는 목표, 세계 속 우리의 자리에 대한 인식을 구성한다. 분명 돈을 재분배하면 수혜자들이 인생에서 성취하기를 바라는 더 많은 목표를 달성하는 데 도움이 될지 모른다. 돈은 어느 정도 하나의 기회로 작용하기 때문이다. 돈은 그것이 없으면 하지 못하는 어떤 일들을 하는 데 도움이 된다. 하지만 더 넓은 범위의 기회—특히 발달 기회—를 열어주면, 단순히 분배 몫을 바꾸는 것보다 훨씬 더 원대하고 큰 변화를 낳는 영향을 미칠 수 있다.

그 이유를 알려면, 뒤로 크게 한 걸음 물러나서 **자유롭지 못한** 사회에서 평등주의의 주장이 어떤 자리를 차지하는지 생각해보자. 많은 인간이 살아가는 사회와 더 흡사하고 롤스나 드워킨이나 운 평등주의자들이 상상하는 정의로운 사회와 아주 다른 사회를 고찰해보자. 인간 역사의 대부분 시기 동안, 그럴싸한 평등주의적 정의의 통화는 대체로 분명하고 명백하게 불평등한 방식으로 분배되었다. 이런저런 유형의 평등주의자들은 때때로 이런 분배의 불평등을 줄여야 한다고 주장했다. 하지만 이런 분배 공정성 주장이 반드시 기회균등의 문제에 이르지는 않는다. 예를 들어, 어느 중세의 평등주의 개혁가가 영주가 수확물을 너무 많이 챙기고 백성에게는 아주 적은 양만을 나눠준다고 주장한다고 가정해보자. 이 개혁가는 공정성의 가치에 호소하면서 이렇게 주장할 수 있다. 영주에게는 수확물의 일정한 몫을 가질 자격이 있지만, 백성이 법률이나 전통에 따라 공정하게 가질 자격이 있는 몫의 일부를 영주가 강탈하는 것은 불공정하다고 말이다. 우리의 개혁가는 심지어 영주의 몫과 백성의 몫의 차등을 줄여서 분배의 형태를 더 평등하게 해야 한다는 평등주의적 주장을 공공연하게 펼 수도 있다. 우리의 개혁가는 한 발 더 나아가 백성 각자가 영주가 **될** 공정한 기회를 누려야 마땅하다는 기괴하고 어쩌면 터무니없는 요구를 하지 않으면서도 이런 주장을 할 수 있다.

이 마지막 요구는 분배 정의의 통상적인 장치 바깥에 있는 일정한 전제—우리가 당연히 받아들일 수 있지만 그래서는 안 되는 전제—에 의존한다. 특히 이 요구는 백성이 영주가 될 수 있다고 상상하는 것을 가능케 하는 인간의 가능성과 인간의 행위성에 의존한다.

사람들이 무엇을 할 수 있고 무엇이 될 수 있는지에 관한 이런 주장은 기회균등 문제를 둘러싸고 벌어진 대부분의 거대한 역사적 논쟁들의 핵심을 차지했다. 여성은 남성의 일을 할 수 있는가? 맹인은 글 읽는 법을 배울 수 있는가? 글을 모르는 가난뱅이의 자식들은 대학 교육을 받은 전문직 종사자가 될 수 있는가?

우리가 기회 불균등을 처음 보게 되는 것은 인간의 가능성을 처음 볼 때이다. 내가 말하는 인간의 가능성이란 어떤 사람이 특정한 직무나 임무를 성공적으로 수행하거나, 인간 발달이나 인간 행복의 어떤 특정한 이정표를 달성할 수 있는 가능성이다. 기회 불균등이 뚜렷이 드러나는 것은 한때 어떤 사람들에게는 고유하지만 다른 사람들에게는 그렇지 않다고 여겨졌던 어떤 성취나 성과가, 실제로는 '다른 사람들'도 만약 사회제도가 그들에게도 기회를 주는 방식으로 구조화되어 있다면 노력해서 이룰 수 있는 것임을 깨달을 때이다.

이런 식의 깨달음이 생기면 사회정의의 범위가 넓어진다. 이런 깨달음과 더불어 전에는 고유한 인간의 차이에 의해 배제된다고 여겨졌던 질문들이 사회정의의 영역으로 들어온다. 우리가 오랜 시간에 걸쳐 점차 기회균등에 흥미를 갖게 된 것은 분배 결과가 점점 더 불평등해지고 있기 때문이 아니다. 그보다는 시간이 흐르면서 인간의 가능성에 대한 우리의 이해가 커졌기 때문이다. 우리는 한때 사람들 사이의 고유하거나 타고난 차이에 의해 사회적 역할이 결정된다고 보았지만, 이제 점점 더 넓은 맥락에서 어느 정도는 각기 다른 개인들의 기회를 제약하는 힘들 때문에 사회적으로 우연한 결과의 차이가 생겨난다는 사실을 배우고 있다.

존 스튜어트 밀이 《여성의 종속》에서 말한 것처럼, "현대 세계의 독특한 특징"은 "인간이 이제 자신이 태어난 곳에서 평생을 살거나 태어나면서부터 짊어지게 된 운명의 굴레에 얽매여 죽을 때까지 꼼짝도 못한 채 살지 않아도 된다는 것이다. 이제 인간은 타고난 능력과 좋은 기회를 이용하여 자신이 원하는 목적을 달성할 수 있는 자유를 얻었다."[66] 밀은 다음과 같이 말한다. "이 원리가 맞는다면, 우리가 믿는 대로 행동해야 한다. 백인이 아니라 흑인으로, 또는 귀족이 아니라 평민으로 태어난다고 해서 평생 동안 그 사람의 지위가 결정되어서는 안 되는 것처럼, 남자가 아니라 여자로 태어났다고 해서 일평생 지위가 결정되어서는 안 된다."[67] 밀은 "사람들의 출생에 따라 평생 동안 어떤 영역에서 경쟁하지 못하게 만드는" 장벽을 없애버려야 한다고

---

66 John Stuart Mill, *The Subjection of Women*(Susan M. Okin ed., Hackett 1988)(1869), 17쪽 [존 스튜어트 밀 지음, 서병훈 옮김, 《여성의 종속》, 책세상, 2006, 40쪽].

67 앞의 책, 19쪽[존 스튜어트 밀 지음, 《여성의 종속》, 43쪽].

주장한다.[68]

이것은 일종의 기회균등의 원리이다. 특히 밀은 고용과 직책뿐만 아니라 발달과 교육의 영역에서도 여성들에게 열려 있는 여러 다른 종류의 기회의 범위를 크게 확대할 것을 주장한다. 밀이 보기에 여기서 문제가 되는 것은 단순한 분배 몫의 균등화를 넘어선다. 여성들에게 기회를 열어주는 진짜 목적은 그래야만 여성들이 온전히 자기 것인 삶, 밀이 다른 곳에서 말한 이른바 "개별성의 자유로운 발달"[69]로 특징지어지는 삶을 살 수 있기 때문이다. 이 삶은 "각자 나름의 방식으로 자신이 원하는 대로 삶을 추구할" 자유로 특징지어진다.[70]

여기서 핵심적인 사고는 기회에 대한 제약을 없애면, 사람들이 선택을 강요받는 게 아니라 삶에서 추구하고자 하는 목표를 스스로 선택할 수 있다는 것이다. 극단적인 경우에, 제한된 기회 때문에 삶의 형태가 협소해져서 인생의 주된 윤곽 자체가 스스로 선택하지 않은 모습을 띨 때, 한 사람에게 미치는 영향은 분배 몫이 줄어드는 정도를 훌쩍 넘어선다. 밀이 생생하게 묘사하는 것처럼, "정신 자체가 굴레에 묶여버려서 …… 자기 자신의 천성을 따르지 않다보니 마침내 따라야 할 각자의 천성까지 없어지고, 사람들이 지닌 인간의 역량이 시들고 죽어버리는 지경에 이르면" 개별성이 희미해진다.[71] 밀은 개별성

---

68 앞의 책, 20쪽[존 스튜어트 밀 지음,《여성의 종속》, 44쪽].

69 John Stuart Mill, *On Liberty*(Elizabeth Rapaport ed., Hackett 1978)(1859), 54쪽[존 스튜어트 밀 지음, 서병훈 옮김,《자유론》, 책세상, 2005, 109쪽; 박홍규 옮김,《자유론》, 문예출판사, 2009, 130쪽].

70 앞의 책, 12쪽[존 스튜어트 밀 지음,《자유론》, 책세상, 36쪽; 문예출판사, 48쪽].

71 앞의 책, 58쪽[존 스튜어트 밀 지음,《자유론》, 책세상, 116~117쪽; 문예출판사, 138쪽]. 여기서 밀이 사용하는 "천성nature"이라는 용어는 성에 바탕을 둔 타고난 차이라는 의미의 천성과 반대되는, 한 **개인의** 독특한 천성을 가리킨다.

은 인간 복지의 핵심 요소이자 행복한 삶의 필수적인 부분이라고 주
장한다.[72]

《정의론》에 등장하는 간략하면서도 설득력 있는 한 구절에서 롤스
는 "공정한 기회균등"의 요점은 외적인 보상의 분배 문제보다 더 큰
문제라고 주장한다.

> 만일 어떤 지위가 공정한 기반 위에서 모든 이에게 개방되지 않는다
> 면, 배제된 이들이 …… 불만을 제기하는 게 당연할 것이다. 왜냐하면
> 그들은 직책이라는 일정한 외적인 보상에서 배제되었을 뿐만 아니라,
> 사회적 의무를 유능하고 헌신적으로 수행하는 데서 오는 자아실현의
> 경험도 저지당했기 때문이다. 그들은 인간적인 가치의 주된 형태 중 하
> 나를 박탈당하게 된다.[73]

여기서 롤스가 도발적으로 내놓는 인간이 행복하기 위한 제안은,
우리 모두가 우리의 역량을 발전시키고 발휘할 수 있게 해주는 기회
를 필요로 한다는 것이다. 오직 이런 기회를 통해서만 우리는 여러 다
른 사회적 역할을 수행하는 데 본질적인 "자아실현을 경험할" 수 있
다. 롤스는 그가 말하는 이른바 아리스토텔레스적 원리, 즉 인간은 "자
신의 실현된 역량을 행사하는 것을 즐기"게 되어 있다는 원리를 통해
이 점을 발전시킨다.[74] 여기서 롤스가 펴는 주장은 규범적인 것으로 읽
을 수 있다. 즉 인간은 자신의 역량을 발전시키고 이 역량을 행사하는

---

72 앞의 책, 3장.

73 Rawls, *A Theory of Justice*, 73쪽[존 롤스 지음,《정의론》, 134쪽].

74 앞의 책, 374쪽[존 롤스 지음,《정의론》, 536쪽].

기회를 누려야 한다. 이런 기회야말로 "인간적 가치의 주된 형태의 하나"이기 때문이다.[75]

인간이 행복하기 위해서는 무엇이 필요한가에 관한 이 두 사고—첫째는 개별성, 둘째는 우리의 역량을 발전시키고 행사할 수 있는 기회—를 결합하면, 기회와 기회 배분에 관심을 기울여야 하는 독특하고 유력한 이유가 된다. 전에는 불가능했던 어떤 일을 하거나 어떤 것이 될 수 있는 기회가 주어지면, 우리는 다른 역량을 발전시키고 행사할 수 있으며, 또한 우리 스스로 선택한 다른 종류(그리고 여러 종류의 결합)의 인간 행복을 수반하는 삶을 추구할 수 있다.

그와 동시에 인간 행복에 바탕을 두는 이런 유형의 기회균등 정당화는 또한 왜 **균등**이 목표를 규정하는 올바른 방식이 아닐 수 있는지 몇 가지 이유를 제시한다. 남성과 여성을 별개의 영역으로 분리하고 각 성에게 제공되는 기회의 범위를 엄격하게 제한하는 사회를 생각해보자. 이 경계선의 어느 쪽에서든 '외적인 보상'의 면에서 기회가 똑같이 소중하다고 하더라도—그리고 지위, 권한, 그밖에 우리가 선택할 수 있는 어떤 평등주의적 정의의 통화라는 면에서도 기회가 균등하다고 할지라도—이 제한은 여전히 각 성에게 열려 있는 '사회적 의무'와 소명의 종류를 반으로 나눈다. 메리 앤 케이스Mary Anne Case는 사람들을 세습 "사제" 카스트와 "전사" 카스트로 나눈 카스트 제도의 비유를 제시한다. 두 카스트가 똑같은 가치를 지닌 일련의 기회를 제공한다 하더라도, 이런 제도는 여전히 각 카스트 성원들의 자율성을 제약하

---

75 롤스는 이 아리스토텔레스적 원리를 규범적인 주장이라기보다는 인간에 관한 실증적인 관찰이라고 지칭하지만, 무엇이 인간 행복을 구성하는가의 문제를 논의할 때는 실증적인 것과 규범적인 것의 구분은 흐릿할 수밖에 없다고 해도 과언이 아니다.

며 각 카스트에 닫혀 있는 방향으로 발달과 행복의 잠재력을 제한한
다.[76] 비록 불평등이 존재하지 않는다 해도, 성 역할은 "필연적으로 한
계를 부과한다—사람들이 할 수 있는 일이나 될 수 있는 존재를 제한
하는 것이다."[77] 우리가 기회균등을 소중히 여기는 이유 중 하나가 행
복과의 연관성 때문이라면, 모든 사람이 가진 기회의 묶음의 가치를
균등화하는 것(그 자체도 막중한—사실 불가능한—과제이다)만으로는 사
실 충분하지 않은 것처럼 보인다. 우리는 자율성과 행복을 제한하는
기회에 대한 제약을 제거하는 더 폭넓은 목표를 추구해야 한다.[78]

　　정치이론가들 중에 이례적으로 필리프 방 파레이스Philippe Van Parijs
는 균등화보다는 극대화라는 렌즈를 통해 기회를 바라보아야 한다고
주장한다.《모두를 위한 진정한 자유》에서 그는 자유로운 사회란 "각

76　Mary Anne Case, "'The Very Stereotype the Law Condemns': Constitutional Sex
　　Discrimination Law as a Quest for Perfect Proxies", 85 *Cornell Law Review*(2000), 1447,
　　1476쪽.

77　Richard A. Wasserstrom, "Racism, Sexism, and Preferential Treatment: An Approach to
　　the Topics", 24 *UCLA Law Review*(1977), 581, 614쪽. "한 성이 다른 성을 체계적으로
　　지배하지 않는" 성 역할 체제조차 "개인이 자신의 특성과 재능과 역량을 완전한 정도
　　로 발전시킬 능력을 필연적으로 손상시킨다는 이유로 반대를 받을" 것이다. Erik Olin
　　Wright, "In Defense of Genderlessness", in *Arguing About Justice: Essays for Philippe Van
　　Parijs*(Axel Gosseries and Yannick Vanderborght eds., 2011), 403, 412~413쪽도 보라. 이
　　글은 이제 "소득, 권력, 신분상의 불평등"이 "성별과 결부되지" 않는다 할지라도 "'그
　　릇된' 성향을 지닌 남성이나 여성 들의 경우에는 여전히 성별 관계가 동등한 행복 접
　　근권을 침해"할 것이라고 주장한다.

78　기회균등이 인간 행복을 증진하기 때문에 소중히 여겨야 한다는 사고는 중요한 점에
　　서 완전주의적이다. 이 사고는 인간이 행복한 삶을 영위한다는 것이 무엇인가에 관한
　　일정한 관념을 수반한다. 하지만 이것은 아주 희미한 형태의 완전주의—좋은 삶 또는
　　행복한 삶이 실제로 어떤 모습인가에 관한 심층적인 다원주의를 수용하며, 실제로 이
　　런 다원주의에 의존하는 완전주의—이다. 이 책 341쪽 이하 3부 "3장. 행복, 완전주의,
　　우선권"을 보라.

개인이 자기가 원하는 어떤 일이든 할 수 있는 기회를 최대한 많이 누리는 사회"라고 주장한다.[79] 이런 기회 극대화 또는 "진정한 자유" 구상에 따라, 방 파레이스는 모든 성원에게 지탱 가능한 가장 높은 수준의 기본소득을 무조건 제공하는 방식으로 사회가 조직되어야 한다고 제안한다. 이런 기본소득을 주면 모든 사람이 자기 삶을 가지고 하고자 하는 일을 할 최대한의 기회를 얻을 것이기 때문이다.[80] 방 파레이스의 중심적인 제안은 다원주의를 핵심 바탕으로 삼는 등 권할 만한 점이 많이 있다. 자유를 기회와 동일시하고 계속해서 기회를 돈으로 환산해서 분배하는 등의 유력한 행동 덕분에, 방 파레이스는 본질적으로 초자유주의적인 전제(자유 극대화)에서 재분배주의적 평등주의의 결론(기본소득)으로 나아갈 수 있다. 그의 논증은 보상으로서의 돈에 초점을 맞추는 데서 벗어나, 그 대신 기회로서의 돈을 바라보는 데 도움이 된다.

하지만 기회를 완전히 돈으로 뒤바꿔버리는 주장들을 의심할 만한 이유는 상당히 많다. 돈이 종종 하나의 기회로 작용하는 것은 사실이지만, 유일한 형태의 중요한 기회는 아니다. 그리고 다른 형태의 기회가 반드시 돈과 비교 가능한 것은 아니다. 게다가 우리가 이미 하기를

---

79 Philippe Van Parijs, *Real Freedom for All: What (If Anything) Can Justify Capitalism?*(1995), 25쪽. 방 파레이스는 개인 간 집합interpersonal aggregation의 문제를 최소최대화leximin 원리("가장 기회가 적은" 사람에게 가능한 한 최대의 일련의 기회를 주는 사회질서를 선택하는 것)로 다룬다.

80 앞의 책, 30~41쪽. 방 파레이스는 "내적으로 타고난 자질" 때문에 남들보다 못산다고 누구나 인정하는 제한된 부류의 개인들은 기본소득 이외에 추가 소득을 받아야 한다고 주장한다. 그 사람들이 누가 보아도 못산다고 인정하는 수준은 넘어설 때까지 추가 소득을 주어야 한다. 앞의 책, 72~84쪽. 다른 맥락에서 이런 접근법을 비판하는 이 책 349쪽 주석 117을 참조하라.

바라는 일을 할 수 있는 기회를 증대시키는 게 기회가 중요한 유일한 이유는 아니다. 기회는 또한 우리의 선호와 목표에도 영향을 미친다. 물론 방 파레이스는 기본소득이 전부 현금의 형태로 주어져야 한다고 주장하지 않는다. 일부 소득은 현물로, 즉 "교육이나 기반시설"의 형태로 지급될 수도 있다고 본다(이런 재화를 국가가 공급함으로써 생겨나는 "긍정적 외부효과" 때문이다).[81] 하지만 방 파레이스의 설명은 본질적으로 초자유주의적이고 경제적인 토대에 바탕을 두기 때문에, 그는 선호 형성에서 기회가 어떤 역할을 하는지를 포착하지 못하며, 또한 어떤 기회는 돈과 비교 불가능하다는 사실도 받아들이지 못한다.[82]

밀과 롤스가 다른 방식으로 암시하는 것처럼, 기회균등이 소중한 한 가지 이유는 기회가 사람들에게 행복한 삶을 만들기 위해 발전시키고 활용할 수 있는 여러 다른 활동과 기능과 역량에 접근할 수 있도록 해주기 때문이다. 발달 기회 덕분에 우리는 다른 식으로는 불가능한 어떤 일을 하거나 어떤 존재가 될 수 있는 자격을 얻는다. 발달 기회 덕분에 우리는 롤스가 말하는 이른바 '자아실현', 즉 세계 속에서 우리의 발달된 역량을 활용함으로써 얻는 자아실현을 경험할 수 있다. 돈은 많은 것을 할 수 있지만, 그것만으로는 이런 발달 과정을 똑같이 만들어내지 못한다. 게다가 기회는 우리의 선호와 목표를 모양짓는다. 기회 덕분에 우리는 우리 앞에 놓인 여러 다른 경로에서 무엇이 소중한지를 볼 수 있고, 따라서 기회는 우리가 추구할 목표와 세계

---

81 앞의 책, 43~43쪽.

82 방 파레이스는 적어도 자본주의와 사회주의 사회에서 사람들의 선호가 다른 정도만큼, 폭넓은 경제체제에 의해 어느 정도 선호가 모양 지어진다는 사실을 인정하기는 한다. 앞의 책, 56, 195~199쪽. 선호 형성에서 기회가 어떤 역할을 하는지에 관한 풍부한 논의로는 이 책 227쪽 이하 "선호와 목표의 내생성" 절을 보라.

안에서 우리가 차지한 자리에 대한 인식을 형성하고 수정하는 데 도움을 준다. 앞에서 언급한 카스트 제도에 속한 전사나 사제가 보기에, 문제는 단순히 그들이 사회가 다른 집단에게 할당한 역할을 추구하고 싶다는 꿈을 실행하지 못한다는 것이 아니다. 문제는 그들이 다른 역할에 대한 소망이나 관심을 형성할 아무 근거도 갖지 못하기 쉽다는 점이다. 밀이 《여성의 종속》에서 묘사한 여성들이 남성의 직업을 추구할 소망을 형성하지 못하는 것처럼 말이다. 이런 예는 극단적인 경우이지만, 보통의 경우도 다르지 않다. 우리는 대체로 실제로 우리 눈에 보이는 경로를 추구하려는 소망을 발전시킨다. 기회균등이 그렇게 유력한 이상인 한 가지 이유는 이 모든 것을 헤쳐나가는 데 도움이 되기 때문이다. 기회 덕분에 우리는 세계 안에서 행복을 추구하는 상이한 경로에 접근할 수 있고, 그중 어떤 길을 우리 스스로 갈 수 있다.

3장
기회균등을 위한 네 가지 문제

앞서 한 논의는 우리가 기회균등을 소중히 여겨야 하는 이유의 기나긴 목록에 더해지며 이 목록을 늘릴 뿐이다. 사실 기회균등의 가치는 과잉 규정된 것처럼 보인다. 우리가 기회균등을 소중히 여기는 여러 이유 중 하나 또는 일부분에 관심을 기울이면 충분할 것이다. 분배 공정성과 보상받을 자격, 효율성, 사회적 협동, 또는 앞에서 강조한 것처럼 인간 행복과 자율성 증진 등이 그것이다.

그렇지만 이 부 나머지 부분에서는 적어도 이제까지 논의한 방식으로 기회균등이 정의되는 한, 기회균등을 달성할 수 없는—그리고 아마 훨씬 더 번거롭겠지만, 어떤 면에서는 기회균등을 달성해서는 **안 되는**—네 가지 (상호 연결되어 있긴 하지만) 독자적인 이유를 논의하고자 한다.

가족 문제

롤스는 "공정한 기회균등"에 관한 논의에서 "기회균등의 원리는 가족이라는 일정한 형태가 존재하는 한 오직 불완전하게만 이루어질 수 있다"고 지적한다.[83] 롤스의 이런 강경한 발언은 틀린 구석이 하나도 없다. 오늘날 우리가 아는 가족이 공정한 기회균등의 달성을 불가능하게 만드는 것만은 아니다. 우리가 가족이라고 인식하는 상상 가능한 어떤 가족 형태에서도 적어도 상당 정도는 이런 문제가 생겨날 것이다.

부모라는 유리한 조건

기본적인 문제는 부모—와 더 일반적으로는 가족—가 자녀에게 유리한 조건을 부여하는 방식으로 행동하기 때문에 생겨난다. 부모마다 각기 다른 정도와 방식으로 이런 행동을 하기 때문에 생겨나는 기회 불균등은 이른 시기에 시작되어 면면히 흐르며 지속되기 쉽다. 부모는 자녀에게 직접 돈을 넘겨주는데, 어떤 자녀는 덕분에 돈이 없으면 불가능한 기회(대학 등록금 납부, 창업)를 추구할 수 있다. 금전적인 유리한 조건은 또한 더 미묘한 역할을 한다. 어떤 자녀들은 이런 조건 덕분에 위험을 무릅쓰면서 목표를 추구할 수 있다. 일이 뜻대로 되지 않을 때에도 가족이 경제적인 안전장치를 제공할 것임을 아는지라 안심하기 때문이다. 이런 직접적인 금전적으로 유리한 조건이 부모가 자녀에게 유리한 조건을 부여하는 주된 길이라면, 평등주의적 정책

---

83 Rawls, *A Theory of Justice*, 64쪽[존 롤스 지음, 《정의론》, 121쪽].

입안자들은 상당히 쉽게 기회균등을 증진할 것이다. 예를 들어, 사회는 소득세나 재산세를 통해 획득한 돈을 사용해서 모든 사람에게 기본소득을 제공하거나 새로 등장하는 세대마다 일정량의 부를 분배할 수 있다.[84] 하지만 부모와 가족이 자녀에게 제공하는 유리한 조건은 대부분 이런 단순한 조건과 전혀 다르며, 따라서 균등화하거나 심지어 완화하기도 훨씬 더 어렵다.

몇 가지 사례를 생각해보자. 부모(와 가족—문제를 단순화하기 위해 부모에게 초점을 맞추겠다)는 일자리와 교육 성적증명서를 둘러싼 경쟁에서 연줄을 이용해서 자기 자녀를 지원할 수 있다. 부모는 공립이든 사립이든 더 좋은 학교에 자녀를 보낼 수 있다. 이런 학교는 자녀의 교육적·직업적 전망을 크게 향상시켜 준다. 부모는 안전과 특별한 자원과 사회적 기회 등의 측면에서 유리한 조건을 제공하는 좋은 동네에 살기로 결정함으로써, 풍부한 기회를 제공하는 네트워크에 자녀를 연결시킬 수 있다. 이런 유리한 조건은 특권층인 또래와 **그들의** 가족에게서 유래한다. 또 부모는 책부터 교과과정 이외의 여러 활동과 여행에 이르기까지, 발달에 중요한 폭넓은 경험을 직접 제공하거나 주선해줄 수 있다. 부모는 (종종 그 자신이 본보기로서) 세계에 어떤 경로들이 존재하고 언젠가 자녀가 이 길을 추구할 수 있음을 보여줌으로써 자녀에게 유리한 조건을 부여한다. 반드시 의도하는 것은 아닐지라도 부모는 겉모습과 어휘, 말하는 방식 등의 버릇과 기타 특징을 자녀에게 전해준다. 이런 특징은 나중에 가치 있는 특성의 **대리물**로 이해되어 자녀에게 상당히 유리한 조건으로 작용할 수 있다. 부모는 자녀의 지

---

84 이 책 407쪽 주석 82를 보라.

적인 관심을 끌고, 세상에 관해 가르쳐주고, 특히 자녀에게 자존감과 자신감을 불어넣음으로써 유리한 조건을 부여한다. 부모는 상호작용과 보살핌을 통해 자녀가 일 처리 기능과 기본적인 사교 기술, 그밖에 유능한 성인이 되는 데 필수적인 역량을 발전시키도록 도와준다.

부모의 이런 모든 행동이 제공하는 유리한 조건은 너무나도 분명하기 때문에, 그중 일부를 단순히 좋은 양육이 아니라 특별히 유리한 조건으로 간주하는 것은 이상하고 심지어 비뚤어져 보인다. 앞의 목록에서 맨 아래쪽에 있는 이들의 경우에 특히 그러하다. 하지만 모든 아이들이 좋은 양육을 경험할 만큼 운이 좋은 것은 아닌 세상에서, 그런 양육은 **분명** 특별히 유리한 조건이다. 부모가 자녀에게 일정한 유형의 유리한 조건을 제공할 때 정확히 얼마나 그런 조건을 주어야 하는지에 관해서는 문화에 따라 여러 가지 경합하는 질문이 제기되지만, 대부분의 부모는 보통 자녀의 발달을 촉진하기를 바란다. 많은 부모가 이것을 삶의 주요한 목표로 여긴다. 어떤 부모는 자녀가 성장해서 자신의 잠재력을 완전히 실현하는 사람으로 발전하게 돕는 것이야말로 자기 책임이라고 믿는다.

우리는 여기서 두 가지 동기를 구분할 수 있다. 물론 앞으로 이야기할 이유들 때문에 실제로는 이 두 가지는 종종 하나로 수렴한다.[85] 한편으로 부모는 자녀가 인생에서 성공하기를, 즉 다른 아이들보다 더 잘하기를 바랄 수 있다. 이런 관점에서 보면, 아이들은 미래의 사회적 역할과 그에 따르는 보상을 놓고 경쟁적인 싸움, 어쩌면 궁극적인 제로섬 투쟁에 몰두하며, 부모는 자녀가 결국 승자가 될 가능성을 높이

---

85 Adam Swift, *How Not to Be a Hypocrite: School Choice for the Morally Perplexed*(2003), 21~33쪽을 보라. 이 책 268~272쪽도 보라.

고자 한다. 다른 한편, 부모는 자녀가 잠재력을 발전시키고, 상대적이 아니라 절대적인 의미에서 자아를 실현한 재능 있고 행복한 사람이 될 가능성을 높이기를 (또는 심지어 극대화하기를) 바랄 수 있다. 이 두 번째 부모에게는 다른 아이들이 어떤 특별한 기회를 갖는가 하는 문제는 (다른 아이들의 기회가 어떤 기회가 존재하는지에 관한 정보를 제공하는 경우를 제외한다면) 중요하지 않을 것이다. 어떤 경우에는 이 두 범주의 동기에 따라 부모가 다른 종류의 행동을 하겠지만, 다른 경우에는 그 결과가 구별되지 않는다. 가족이 존재하는 한 이런 부모의 동기 가운데 적어도 한 가지 형태—어느 쪽이든 유리한 조건을 물려주는 결과를 낳을 수 있다—는 인간 생활의 일부로 남을 것이라는 불가지론적 전제에서 출발해보자. 게다가 부모가 어떤 특별한 의도를 갖지 않더라도 부지불식간에 자녀에게 많은 유리한 조건을 전달한다는 사실을 인정하는 게 중요하다.

부모라는 유리한 조건 때문에 공정한 삶의 기회 원리를 달성하는 것은 불가능해진다. 모든 부모가 똑같이 유리한 조건을 넘겨줄 생각을 하거나 그럴 능력이 있는 것은 아니다. 가족 제도나 양육을 둘러싼 규범을 아무리 철저하고 대폭적으로 바꾸더라도 이 문제는 해결되지 않는다. 가족이 어떤 면에서 서로 다르고 어떤 부모는 다른 부모보다 유리한 조건을 넘겨줄 자원이나 능력이 좀 더 많은 한, 공정한 삶의 기회는 달성할 수 없다.

이론상 우리는 가족 제도를 완전히 없애버림으로써 이 문제를 해결할 수 있다. 하지만 이것은 진지한 생각이 아니다. 가족이 자녀에게 유리한 조건을 넘겨주는 방식으로 계속 존재하게 내버려두어야 하는 유력한 이유는 여러 가지가 있다. 이런 이유 중 몇 가지는 타산적이지만,

많은 이유는 도덕적이다. 모든 부모는 자녀를 낳고 특정한 방식으로 기르기로 선택할 수 있는 자유와 자율성의 이해를 갖는다.[86] 물론 이런 이해에는 여러 가지 한계가 있지만, 많은 사람들에게 양육의 다양한 측면이 행복한 삶의 중요한 차원이라는—더 나아가 바로 이것이 그들이 선택한 삶이라는—사실을 인식하는 게 중요하다. 만약 우리가 (기본적인 재생산의 자유는 말할 것도 없고) 행복과 자율성을 소중히 여긴다면, 사회가 부모라는 유리한 조건을 제거할 수는 없다.

완화와 보상

사회는 부모가 다양한 방식으로 자녀에게 유리한 조건을 넘겨주는 결과로 생겨나는 기회 불균등의 규모를 줄일 수 있다. 국가는 유리한 조건을 넘겨주기 힘든 부모의 자녀들을 대상으로 하는 특별 프로그램을 지휘할 수 있다. 또는 모든 어린이에게 일정한 기본적인 발달 기회(가령 모든 이를 위한 유치원 교육이나 보편적인 아동 의료보험)를 대규모로 제공해서 불평등을 완화하는 효과를 발휘할 수 있다.

이런 접근법은 둘 다 큰 도움이 될 수 있지만, 여기서 우리가 논의하는 기회 불균등을 중화하지는 못한다. 원론적으로 보아도, 만약 어

---

86 "가족의 자율성"을 논의하는 James S. Fishkin, *Justice, Equal Opportunity, and the Family*(1983), 35~43쪽; "자녀와 일정한 종류의 친밀한 관계를 가질" 근본적인 권리에 입각해서 부모 권리의 제한된 영역을 주장하는 Harry Brighouse and Adam Swift, "Parents' Rights and the Value of the Family", 117 *Ethics*(2006), 80, 102쪽 등을 보라. 이런 이해를 자율성의 이해라고 부르는 것은 부모가 가족 안에서 완전한 자율성의 영역을 누려야 한다고 주장하는 것과는 다르다. 부모의 이해는 자녀의 이해와 균형을 이뤄야 하는데, 이것은 복잡한 문제이다. 전반적인 내용으로는 Matthew Clayton, *Justice and Legitimacy in Upbringing*(2006) 48~123쪽; Brighouse and Swift, 앞의 글, 101~106쪽 등을 보라.

떤 국가가 우리가 용인하는 수준 이상으로 가족의 삶과 양육에 훨씬 더 간섭하고 통제한다고 상상한다 할지라도 그 차이는 여전히 무척 크다. 자녀에게 유리한 조건을 넘겨주고 인생의 경쟁에서 승리하는 데 필요한 형식적인 업적을 부여하는 기관으로서 가족은 정말로 훨씬 더 효율적이다.[87]

일부 평등주의자들은 **보상**이라는 다른 접근법을 답으로 내놓을지 모른다. 이 접근법에서는 부모 운이 좋지 않은 아이들이 그 보상으로 다른 자원과 유리한 조건을 받는다. 우리는 일정한 형태의 불운―이 경우에는 부모 및 출생 환경상의 불운―의 영향을 완화하기 위해 자원을 재분배한다. 이런 접근법의 한 형태는 드워킨의 가설적인 보험 시장이다. 그리고 드워킨이 주장하는 것처럼, 우리는 말 그대로 이런 보험 체계를 세울 필요는 없고, 그 대신 세금 정책과 소득 이전 정책, 보건 정책 등의 다른 정책들을 평가해서 우리가 정의롭다고 결론짓는 종류의 보상에 얼마나 근접한지를 판단할 수 있다.[88]

보상적 접근법은 확실히 도움이 될 수 있다. 하지만 원론적으로 보아도 이 접근법은 기회 불균등의 효과를 완전히 중화하지는 못한다. 문제를 단순화해서 부모 운이 좋지 않은 아이들에게 소득이나 부를 직접 재분배하는 계획을 가정해보자.[89] 이 계획을 실행하면 그 어린이의 복지가 향상되고 기회가 늘어날 것이다(소득과 부는 많은 기회를 창출하기 때문이다). 하지만 사회가 광대한 보상 자원을 제공하기 위해 극단

---

87   이 책 233~234쪽을 보라.

88   이 책 79~82쪽을 보라.

89   방 파레이스의 접근법이 이런 식이다. 다만 그의 설명에서 추가 자원을 받는 개인은 오직 모든 사람이 못산다고 동의한 이들뿐이다. 이 책 93쪽 주석 80과 본문을 보라.

적인 수준으로 과세를 하기로 선택했다 할지라도, 이런 보상은 더 유리한 조건을 가진 아이들이 누리는 발달 과정을 그대로 되풀이하지는 못한다.

다음 부에서는 이런 발달 과정을 더 자세히 검토할 것이다. 지금 당장 말하고자 하는 요점은 단지 앞에서 언급한 내용이다. 즉 보상 접근법은 롤스가 말하는 이른바 "외적 보상"을 제공하고 실제로 일정한 기회를 제공하지만, 반드시 "인간 가치의 주된 형태의 하나"인 "자아실현"으로 가는 문을 열어주지는 않는다는 것이다. 보상적 원조를 받는 사람들은 돈으로 살 수 있는 일련의 기회를 상당히 얻겠지만, 이런 기회들과 완전히 비교 가능하지는 않은 다른 많은 기회를 얻지 못할 것이다. 어떤 사람에게 돈을 준다고 해서, 외적 보상에 국한되지 않는 이유 때문에 바람직한 사회적 역할을 맡거나 일을 할 능력이나 자격이 생기는 것은 아니다.

이런 주장에 대한 한 가지 반응은 소득과 부에 국한되지 않는 더 폭넓은 형태의 재분배가 필요하다고 주장하는 것이다. 돈뿐만 아니라 특정한 일자리와 사회적 역할을 바람직한 것으로 만드는 다른 몇몇 특징들도 재분배되도록 바꾸고자 하는 정책의 경우는 어떨까? 폴 곰버그Paul Gomberg는 "복잡한 능력을 발전시키고, 이런 발전된 능력을 사회에 제공하고, 이런 사회적 공헌으로 존경을 받을" 기회를 더 폭넓게 배분하기 위해, 사회가 노동 자체의 구조를 바꿔야 한다고 주장한다. "사람들의 일하는 삶이 틀에 박힌 노동에 의해 소비되는 일이 없도록" 하기 위해서 말이다.[90] 보상과 마찬가지로 이런 접근법에도 어느

---

90 Paul Gomberg, *How to Make Opportunity Equal: Race and Contributive Justice*(2007), 1~2쪽.

정도 희망이 있다. 본질적으로 이 접근법은 자원뿐만 아니라 일부 일자리를 다른 것보다 보람 있고 훌륭하게 만드는 많은 특징들을 더 고르게 재분배할 것을 역설한다. 곰버그의 말처럼, 성인조차 아직 지니고 있지 않은 몇몇 복잡한 능력을 발전시킬 수 있으며, 일자리의 구조가 사람들이 이런 발전을 이룰 수 있는 기회에 영향을 미치는 것은 사실이다.

하지만 실제적으로나 심지어 이상적인 이론에서도 이 제안을 어디까지 밀어붙일 수 있는지에 대해서는 현실적인 한계들이 존재한다. 전문화는 많은 현실적인 이점이 있다. 그리고 이상적인 이론에서 보더라도, 설령 일자리의 구조에서 위계와 전문성을 약화시킨다해도, 우리 모두가 어떤 사람이 되는지를 모양 짓는 초기 발달 기회의 불평등을 시정하는 데는 별 도움이 되지 않을 것이다. 모든 일자리와 사회적 역할이 동일하지 않은 한, 발달 기회는 결국 누가 어떤 일을 하는지를 규정할 것이다. 가족은 단지 미래의 어떤 병원에서 누가 외과의사가 되고 누가 간호조무사가 되는지의 측면에서 유리한 조건을 제공하는 것이 아니다(물론 분명 그런 조건을 제공하기는 한다). 가족은 우리의 능력과 소망, 심지어 우리의 인생 목표에도 심대한 영향을 미치는 방식으로 우리를 모양 짓는다. 가족은 우리가 승자가 되는지 여부뿐만 아니라, 우리가 어떤 시합에 **참여하는지** 여부에도 영향을 미친다.

가족과 공정한 삶의 기회 원리

따라서 만약 가족을 없애버리고 플라톤이 《국가Republic》에서 고찰한 형태나 초기 이스라엘의 키부츠 실험 같은 신화화된 형태의 집단 육아 체제로 옮겨갈 생각이 없다면, 삶의 기회를 출생 환경과 완전히

104

분리할 도리는 전혀 없다. 공정한 삶의 기회 원리를 비롯한 그 어떤 기회균등 개념의 성취도 가족에 의해 제약을 받는다. 이 문제를 이해하는 한 가지 방법은 이상적인 이론의 **트릴레마**trilemma의 일부로 보는 것이다. 우리는 다음 세 가지 중 두 가지는 달성할 수 있지만, 셋 전부를 달성하지는 못한다. (1) 공정한 시합 원리, (2) 공정한 삶의 기회 원리, (3) 유리한 조건을 자녀에게 넘겨주는 가족.[91] 현존하는 우리의 사회·경제 질서는 대략 형식적 기회균등과 유리한 조건을 자녀에게 넘겨주는 가족의 결합, 즉 (1)과 (3)의 결합으로 특징지어진다. 어린이들의 삶의 기회는 출생 환경에 크게 좌우된다.

이론상 우리는—부모의 자율성을 크게 침해하면서—가족 제도를 없애버림으로써 공정한 시합과 공정한 삶의 기회, 즉 (1)과 (2)를 성취한 사회를 상상할 수 있다.[92] 가족 제도를 유지하면서 공정한 삶의 기회 원리의 예를 제시하고자 한다면, 즉 (2)와 (3)을 달성하고자 한다면, 남은 전략은 역차별 방식을 활용하는 것이다. 그런데 이런 역차별 방식은 출생 환경에 따른 불리한 조건에 직면한 사람들을 형식적인 자격이 부족하더라도 교육 지위와 일자리에 앉힘으로써 형식적 기회균등을 침해한다. 극단적으로 보면, "역차별 전사 사회"는 (2)와 (3)을

---

91 Fishkin, *Justice, Equal Opportunity, and the Family*, 44쪽. 이 트릴레마는 사회에 다른 지위보다 더 매력 있는 지위가 존재하는 경우에는 언제나 적용된다. 구별되는 일자리와 사회적 역할이 존재하는 어떤 사회나 마찬가지이다. '공정한 삶의 기회fair life chances'는 이 트릴레마의 원래 형태에 등장하는 **"균등한 삶의 기회**equal life chances"를 내가 변형시킨 것이다. 설령 삶의 기회가 타고난 재능에 좌우되어야 한다—그리고 그런 의미에서 '균등'해서는 안 된다—고 생각할지라도, 우리는 여전히 이 트릴레마의 세 요소를 모두 성취할 수 없다.

92 사실 가족 폐지만으로는 공정한 삶의 기회를 달성하는 데 충분하지 않을 것이다. 가족이 유일한 출생 환경은 아니기 때문이다. 인종차별, 성차별, 그밖에 출생 환경에 입각한 기회 불균등의 원천 역시 제거해야 할 것이다.

달성하는 한편 가족이 무제한적인 유리한 조건을 넘겨주는 것을 용인할 수 있다. 하지만 공정한 시합을 소중히 여길 타당한 이유들—효율성부터 시작해서—이 존재한다. 적어도 개인의 발달된 기능이나 기타 직무 관련 특징과 거의 관계가 없는 방식으로 사회적 역할이 할당되는 극단적 상황을 피할 만한 타당한 이유가 있는 것처럼 보인다.[93]

가족이 자녀에게 넘겨주는 유리한 조건을 완화하는 많은 정책은 매우 타당성이 있다. 이런 정책이 상향평준화 방식으로 불평등을 줄이는 경우는 특히 그러하다. 이런 정책은 우리에게 일정한 책략의 여지를 제공한다. 하지만 약간의 책략을 넘어서는 것이 필요하다. 모든 현대사회에서, 특히 미국에서는 삶의 기회가 출생 환경에 현저하게 좌우된다.[94]

가족 문제는 롤스의《정의론》이라는 기계장치에서 심각한 결함이다. 이 결함은 롤스의 특별한 정의 개념이라는 기계장치를 이상하고 불만족스럽게 멈추게 만든다. 이 결함을 보려면 롤스의 특별한 정의 개념이 어떻게 작동하는지를 좀 더 깊이 파보아야 한다. 롤스는 그가 말하는 이른바 직관주의, 즉 어느 것이 우선하는지의 문제를 해결하지 못할 때 생겨나는 정의의 제1원리들의 경합을 비교 평가하는 사고를 강하게 거부한다.[95] 롤스가 내놓는 답은 사전적(절대적) 우선성 규칙을 중심으로 구조화된 이론이다. 즉 기본적인 자유는 '공정한 기회균등'에 대해 사전적으로 우선하며, 다음에 '공정한 기회균등'은 차등원리에 대해 사전적으로 우선한다. 그렇다면 '공정한 기회균등'을 달

---

93 앞의 책, 55쪽.

94 이 책 85쪽 주석 65에서 인용한 자료들을 보라.

95 Rawls, *A Theory of Justice*, 30~40쪽을 보라.

성할 수 없다면, 그것은 무엇을 의미할까? '공정한 기회균등'의 사전적 우선성은 그것의 달성에 **가깝게** 다가가는 것이 차등 원리를 비롯한 이 이론의 어떤 추가적인 요소들보다 항상 우선해야 한다고 암시하는 것처럼 보인다. '공정한 기회균등'의 달성에 가깝게 다가가는 것이 가능한 한, 차등 원리는 작동조차 하지 않는다. 혹자는 어느 시점에서는 '공정한 기회균등'의 증대보다 차등 원리에 따른 기초재 배분상의 변화가 더 중요할 수 있다고 상상할지 모르지만, 롤스는 아주 분명하게 이런 비교를 거부하면서 우선성 규칙 없는 정의 개념은 "반 토막 개념"일 뿐이라고 말한다.[96]

롤스는 그가 말하는 이른바 **질서정연한 사회**well-ordered society—모든 구성원이 함께 공유하고 일련의 정의 원리에 따라 움직이는 정의로운 제도를 갖춘 사회—에서는 이런 문제들이 생기지 않을 것이라는 주장으로 이 문제들을 회피할 수 없다.[97] 질서정연한 사회에서도 가족은 존

---

96 앞의 책, 37쪽. 나중 저술에서 롤스는 '공정한 기회균등'이 차등 원리에 대해 사전적으로 우선한다는 확신이 약해졌다. 그렇다 하더라도 그는 대안적인 비교 규칙을 제안하지도 않았고, 제도주의적 접근법을 공공연하게 지지하지도 않았다. John Rawls, *Justice as Fairness: A Restatement*(2001), 163쪽 주석 44. "현재로서는 여기서 무엇이 최선인지 모르겠으며, 단지 나 자신이 확실히 알지 못한다는 사실을 적어둔다." 하지만 모종의 변화가 필요하다. (1) 차등 원리에 대한 '공정한 기회균등'의 사전적 우선성의 약속, (2) '공정한 기회균등'이 완전히 달성될 수 없는 가족 자율성의 충분한 영역의 약속, (3) 차등 원리에 대한 실질적인 약속을 유지할 수는 없다. 롤스 이론의 이런 측면을 재구성하려는 앤드루 메이슨의 시도는 '공정한 기회균등'의 우선성을 거부하는 것이 최선의 경로임을 암시한다. Andrew Mason, *Levelling the Playing Field: The Idea of Equal Opportunity and its Place in Egalitarian Thought*(2006), 82~88쪽을 보라. 새뮤얼 프리먼은 '공정한 기회균등'은 운 평등주의의 사촌들과는 거리가 먼 더 제한된 원리이자, "훨씬 더 신중한 조치, 즉 모든 이가 자신의 역량을 완전히 발전시킬 수 있게 해주는 교육 기회나 보편적인 의료 제공 등"만을 요구하는 원리로 읽어야 한다고 주장한다. Samuel Freeman, *Rawls*(2007), 98쪽.

97 Rawls, *A Theory of Justice*, 4~5쪽을 보라.

재한다.[98] 그리고 질서정연한 사회에서도 가족마다 (다른 면에서도 그렇겠지만) 소득과 부가 다르다.[99] 이 두 가지가 사실인 한, 어린이들의 출생 환경은 필연적으로 다를 것이다. 어린이들은 "사회체제 내에서" 서로 다른 "처음에 차지한 자리"에 태어날 것이다.[100] 바로 이 때문에 롤스는 애초에 '공정한 기회균등'을 필요로 한다. 그리고 앞선 논증에 비춰볼 때 '공정한 기회균등'을 완전히 실현할 수 없는 것도 이 때문이다. 아마 질서정연한 사회에서는 자기 자녀에게 유리한 조건을 주려는 부모의 동기가 몇몇 중요한 측면에서 제한될 것이다. 하지만 그렇다고 해서 이 문제의 해결에 접근하는 것은 아니다. 부모들은 애써 노력하지 않을지라도 수많은 유리한 조건과 불리한 조건을 넘겨주며, 질서정연한 사회에서도 분명 존재할 동기에서 다른 조건들을 넘겨준다. 따라서 가족 문제는 롤스 이론에 심각한 난점들을 야기하는데, 이는 사전적 우선성 규칙의 결과로 극복할 수 없게 된다.

가족 문제는 덜 극적인 방식이긴 하나 다른 정의 이론들도 교란시킨다. 운 평등주의자들이 보기에 가족은 순전한 운의 요소에 불과하며, 삶의 기회에 영향을 미쳐서는 안 된다. 하지만 가족은 삶의 기회에 영향을 미친다―그리고 이런 영향을 완화할 수는 있어도 없애버릴 수

---

98   앞의 책, 405쪽을 보라[존 롤스 지음,《정의론》, 595쪽]. 그는 다른 맥락에서 다음과 같이 말한다. "나는 질서정연한 사회의 기본 구조에는 모종의 형태를 지닌 가족이 포함된다고 가정할 것이다." 실제로 **모종의** 형태의 가족은 질서정연한 사회든 그렇지 않든 간에 어느 사회에서든 분명 존재한다. 가족 구성을 금지하는 사회는 예외겠지만, 이것은 명백하게 기본적인 자유를 침해하는 것이다.

99   우리는 사회의 모든 지위가 반드시 동일한 양의 소득이나 부를 동반하는 것은 아니라는 사실에서 이 점을 추론할 수 있다. 차등 원리의 필요성을 낳는 것은 바로 이런 불평등이다.

100 실제로 소득과 부의 차등이 **없는** 사회에서도 서로 다른 가족은 각기 다른 유리한 조건을 넘겨줄 것이다.

는 없다(그래서도 안 된다). 드워킨의 이론은 상이한 자원의 자질을 자녀에게 넘겨주는 가족 문제를 완화할 수 있다. 그의 이론의 결론은 가설적인 보험 시장의 작동과 흡사한 방식으로 자원을 재분배하는 사회제도를 건설할 필요가 있다는 것이다. 이 접근법은 도움이 된다. 하지만 더 심층적이고 구성적인 종류의 불평등—부모가 자녀에게 넘겨주는 유리한 조건 가운데 자원의 형태를 띠지는 않지만 그 대신 자녀의 소망과 성격과 선택을 모양 짓는 조건상의 불평등—은 그대로 남겨둔다. 이런 유리한 조건이 사실 무엇보다도 중요한 것일지 모른다. 롤스가 모든 기초재 가운데 가장 중요한 것은 "자존감"이라고 주장하는 것과 같은 이유에서 말이다.[101]

이런 유리한 조건은 자녀와 부모가 조기에 풍부하고 반복적으로 상호작용을 한 결과물이다. 사회가 이런 상호작용에 간섭하는 것은 어려울 뿐만 아니라 어떤 경우에는 도덕적으로 문제가 되기도 한다. 그리고 돈을 비롯한 자원은 이런 상호작용의 보상으로서는 다소 공허한 형태로 보인다. 돈은 그 수혜자를 부유하게 만들 것이며, 많은 돈은 수혜자를 틀림없이 훨씬 더 부유하게 만들 것이다. 하지만 돈이 그 수혜자를 완전히 다른 발달 조건 아래서 되었을 법한 사람으로 만들어주지는 못한다. 돈을 준다고 해도 그 수혜자가 할 법한 모든 일을 할 자격이 생기거나 될 법한 존재가 되지는 못할 것이다. 또한 돈을 준다고 해도 그 수혜자가 다른 식으로 갖게 되었을 성격, 소망, 목표, 가치관 등을 주입하지는 못할 것이다.

가족에 뿌리를 두는 기회 불균등은 평등주의자들이 쓸어버릴 수 있

---

101 Rawls, *A Theory of Justice*, 386쪽.

는 것이 아니다. 현실 세계의 모든 사례에서, 그리고 **심지어 이상적인 이론에서도** 상당 정도, 평등주의자들은 바로 이런 불균등이라는 고르지 않은 지반 위에 건물을 지어야 한다. 이런 고르지 않은 지반은 이어지는 모든 것에 영향을 미친다. 기회균등 기획은 발달 기회가 완벽하게 균등하지 않은 세계에서 진행되어야 한다. 이런 과제는 다음의 두 가지 문제를 작동시킨다.

업적 문제

평등주의자들이 발달 기회를 완전히 균등하게 만들지 못한다면, 동시에 다른 접근법을 추구하는 것을 고려해야 마땅하다. 공정한 시합 원리를 수정해야 하는 것이다. 언제나 **형식적인** 업적이 가장 많은 사람들에게 높이 평가되는 일자리와 사회적 역할을 부여하는 대신, 우리는 업적에 대한 다른 정의를 채택해야 한다. 롤스적 평등주의자들이 보기에, 업적의 정의는—출생 환경에 따른 유리한 조건이 아니라—**재능과 노력**을 같이 추적해야 한다. 이런 전략을 추구하고자 하는 운 평등주의자들은 한 사람의 책임 있는 선택을 포착하는 한편, 출생 환경뿐만 아니라 순전한 운에 뿌리를 두는 다른 모든 요소까지 배제하는 업적의 정의를 요구한다. (출발점 이론가들은 이런 접근법을 거부한다. 그들은 출발점 이후에는 오로지 형식적인 업적주의만을 목표로 삼는다. 드워킨은 또한 절대 이런 접근법을 받아들이지 않는다. 그는 이 절에서 내가 개략적으로 설명한 문제를 일정한 형태로 인정한다. 하지만 롤스주의자와 운 평등주의자 들 모두에게 이 전략은 가족이라는 유리한 조건 문제에 대한 자연스러운 반응이다.)

우선 이 전략의 롤스적 평등주의 형태를 살펴보도록 하자. 이 형태는 직관적으로 그럴듯한 사고를 포착한다. 즉 전사 자녀들이 전사 시험을 압도할 수 있게 만든 것처럼 출생 환경 때문에 불로소득으로 얻는 많은 유리한 조건이 아니라, 재능과 노력에 입각해서 일자리와 사회적 역할을 부여해야 한다는 것이다. 롤스적 평등주의자들이 말하는 "재능"이란—"사회체제 내에서 처음에 차지한 자리"에서 유래하는 축적된 유리한 조건이 아니라—**타고난** 재능을 의미한다는 유념하자. 여기서 전제는 다른 현실에서는 동일한 개인이 (어떤 의미에서) 다른 환경—사회경제적 지위나 교육 수준이 상이한 부모, 심지어 그가 속한 사회가 보기에 다른 인종이나 성별 정체성을 가진 부모 밑—에서 태어났을 수 있다는 것이다.[102] 롤스적 업적은 이 모든 요소들과 그 영향을 잘라낸다. 롤스적 평등주의자들은 다음과 같이 업적을 정의하고자 한다. 업적은 (1) 타고난 재능과 노력의 반영물이며 동시에 (2) 출생 환경과 그 환경이 낳은 유리한 조건의 반영물이 **아니다**.

롤스적 평등주의자들의 걱정거리는 이런 것은 존재하지 않는다는 사실이다. 한 사람에 관해 (1)인 적어도 많은, 아니 거의 모든 사실은 또한 (2)이기도 하다. 이제 한 사례를 통해 이 문제를 검토해보자.

---

102 이 책 58쪽 주석 10을 보라. 무지의 베일 뒤에서 보면, 인종, 성별, 유전적 특징 등 사람이 자기 자신에 관해 알지 못하는 많은 것들이 있다. 롤스는 이런 변수들을 그가 말하는 이른바 "타고난 자산"과 "출생 환경"으로 구분한다. 타고난 자산에는 많은 인간의 특성과 더불어 몇 가지 유전적 소질이 포함되며, 출생 환경에는 사회가 우리에게 강제로 부여하는 인종이나 성별 범주 같은 변수들이 포함된다.

입학의 사례

당신과 내가 어느 의과대학의 입학 심사위원이라고 가정해보자.[103] 우리 앞에는 존과 리사라는 두 명의 지원자가 있고, 우리는 입학자로 한 명을 선택해야 한다. 지난해에는 선택이 쉬웠을 것이다. 그때는 입학 심사위원회의 성원 모두가 형식적인 평등주의자였다. 우리는 입학 시험으로 측정한 모든 지원자의 의학 관련 능력을 살펴보고 가장 점수가 높은 지원자를 골랐다. 그런데 어떤 탐사보도 전문 언론인이 우리의 입학 심사 과정을 폭로하면서, 작년에 우리가 입학시킨 모든 학생이 부유층 집안 출신임을 보여주었다. 우리는 충격을 받았다. 이 보도에 대응하여 우리는 형식적 가산점 방향으로 움직이는 쪽을 선택해서 입학시험의 편향을 바로잡으려고 할 수도 있다. 하지만 우리가 시험은 편향되지 않았다고 확신한다고 가정해보자. 시험은 비교적 제대로 장래의 의학 성적을 예측하는 내용이다. 그럼에도 불구하고 우리는 부유층 자녀만을 입학시키는 것은 용납할 수 없다고 믿는다. 이제 우리는 롤스적 평등주의자들이고, 지금부터는—지원자의 부모가 사주거나 다른 식으로 제공할 수 있는 특별히 유리한 조건이 아니라—오직 재능과 노력에 입각해서만 지원자를 평가하기로 결정했다. 이제 우리는 미래의 성적이 가장 뛰어나리라고 예상되는 학생들만을 받지는 않지만, 그렇다 하더라도 시험을 무용지물이라고 내팽개치지는 않는다. 단지 일부 지원자들이 가족에게서 받는 여러 층위의 유리한 조건의 영향을 제거하고자 할 뿐이다.

우리 앞에 있는 두 후보자 가운데 리사는 지난해라면 우리가 입학

---

103 이 사례는 윌리엄스Bernard Williams가 〈평등의 이념The Idea of Equality〉에서 펼친 논증에 바탕을 둔다.

시켰을 법한 학생이다. 리사는 존보다 입학시험 점수가 더 높다. 하지만 리사의 돈 많은 부모는 자녀를 교육하는 데 비용을 아끼지 않았다. 그리고 대학 동문 연줄을 이용해서 아이가 명문대에 입학하게 도와주었다. 리사는 이 학교에서 존이 자기가 다니는 3등급 대학에서 받는 것보다 훨씬 더 훌륭한 과학 교육을 받았다. 시험 점수의 차이는 재능이나 노력의 차이보다는 대학의 차이로 설명할 수 있다. 존은 리사보다 잠재적인 재능이 더 많을 수도 있지만, 그 재능을 발전시킬 기회는 똑같이 누리지 못했다. 다른 한편, 리사가 겉으로 드러나는 것처럼 실제로 재능이 더 많을 수도 있다. 우리는 선택을 하기 위해 반反사실적counterfactual 질문에 답을 하고 싶다. 출생 환경이 미치는 영향을 제거하고, 또 두 사람이 같은 대학에 다녔다면, 과연 둘은 어떤 점수를 받았을까?

다행히도 우리는 일반적인 입학 심사위원회가 아니다. 지난해에 추문이 터진 직후에 우리는 타임머신을 구입했기 때문에, 과거로 돌아가서 이런 명쾌한 반사실적 질문에 대한 답을 구할 수 있다. 우리가 과거로 돌아가서 리사가 다닌 학부 대학의 입학 심사위원회에 상황을 설명했고, 해당 위원회는 정중하게 존을 입학시키는 데 동의한다. 우리는 현재로 돌아와서 결과를 살펴본다. 격차가 줄어들긴 했지만 그래도 리사가 점수가 더 높다. 리사는 존보다 대학에서 더 열심히 공부를 했고, 또 세상에 태어난 날부터 과학적 능력이 더 많은 것처럼 보였다. 그렇다면 문제는 해결된 걸까? 아마 아닐 것이다. 지난해에 타임머신이 있어서 이런 반사실적 실험을 했어도 당혹스러운 결과는 분명하게 바뀌지 않았을 것이라는 사실 때문에 불편한 느낌이 든다.

우리는 반사실적 질문이 더 필요하다고 결정한다. 존도 리사처럼 값비싼 중등학교에 다녔다면 어떻게 됐을까? 이 학교는 열심히 공부하는 습관을 주입하고 리사가 보여주는 과학적 재능을 발전시키는 것으로 유명한 학교니까 말이다.[104] 우리는 다시 과거로 돌아가서 존을 리사가 다니는 중등학교에 입학시킨다. 물론 학비는 장학금으로 대준다. 다시 현재로 돌아와 보면, 격차가 줄어들기는 했지만 여전히 리사가 성적이 더 좋다. 중등학교 때에도 리사가 존보다 더 열심히 공부한 것 같다. 리사는 또한 중등학교에 입학한 시점에도 더 열심인 학생이었다.

이제 이 타임머신의 잠재력을 알았으니까 여기서 멈춘다면 독단적인 짓이 될 것이다. 존이 어렸을 때, 그의 부모가 과학박물관에 데려갔다면 어땠을까? 여덟 살짜리 리사가 무척 큰 인상을 받은 그곳에 말이다. 그의 부모가 침대 머리맡에서 책을 더 많이 읽어주었더라면, 또는 리사가 공간 기능을 발달시키는 데 도움이 된 블록 세트를 사주었더라면? 리사는 블록 세트 덕분에 수학적 재능을 꽃피울 수 있었다. 우리의 반사실적 가정이 문지기인 입학 심사위원들의 가부 결정을 중심으로 삼은 중등학교나 대학의 경우와 달리, 여기서는 어떤 요인이 중요했는지를 알아내기 위해서 리사와 존의 인생 이야기 전체를 면밀하게 조사할 필요가 있을 것이다. 간단히 말해 만약 존이 리사네 부모 밑에서 태어났다면 어땠을까?

---

104 학교가 열심히 공부하는 습관을 주입할 수 있다는 명제, 즉 학교가 학생에게 노력을 하려는 동기를 더 많이 부여할 수 있다는 명제를 뒷받침하는 증거는 많이 있다. 예를 들어, 외부의 개입이 동기 부여와 자기 조절에 영향을 미칠 수 있음을 보여주는 증거를 논하는 Birgit Spinath, "Development and Modification of Motivation and Self-regulation in School Contexts: Introduction to the Special Issue", 15 *Learning and Instruction*(2005) 85~86쪽을 보라.

이런 질문에 답하는 것이 무슨 의미일지, 또는 어떤 의미에서 리사네 부모 밑에서 태어난 존이 우리가 아는 그 존과 같은 사람일 것인지는 분명하지 않다. 어떤 사람이 완전히 다른 환경에서 태어나 전혀 다른 삶을 산다면 얼마나 재능 있는 사람이 될 것인가, 또는 얼마나 많은 노력을 기울일 것인가라는 가설적인 질문은, 우리가 분리하고자 노력하는 재능과 노력이라는 개념과는 거의 아무런 관계가 없다. 우리가 원한 것은 **현재의** 재능 및 노력과 닮았지만 출생 환경에서 생겨난 유리한 조건에 좌우된 요소들을 배제하게끔 조정된 어떤 것이었다. 타임머신을 사용할 때마다 출생 환경에서 생겨난 유리한 조건은 한 겹씩 벗겨지지만, 그때마다 존과 리사—우리 앞에 서 있는 현실의 발전된 개인이자 출생 환경을 바로잡기 위해 조정된 그들의 속성을 우리가 추적 중인 주인공—의 실재와 우리의 연관성도 약간씩 벗겨진다. 실제로 드러나는 것처럼, (타임머신을 갖고 있더라도) 가능한 유일한 방식으로 일단 조정이 이루어지면, 우리가 평가할 재능이나 노력은 거의 남지 않을 것이다.

이 사례가 난해해 보일 수도 있지만, 그 함의를 생각해보자. 입학 심사위원으로서 당신과 나는 정말로 존과 리사 중에서 선택을 해야 한다. 그것도 타임머신의 도움을 받지 않고서 말이다. 결정의 순간에 완전히 발전된 현재의 재능에 따라 지원자들을 평가해야 할까? 이러한 접근법—형식적인 기회균등—은 분명 어느 정도 매력이 있지만, 많은 경우에 그 결과는 무척 정의롭지 못한 것 같다. 어쨌든 이것이 전사 사회의 접근법이다. 이것보다 더 나은 방법을 찾지 못한다면, 우리는 공정한 삶의 기회 원리를 실현하는 데 접근하지 못할 것이다. 하지만 출생 환경과 분리된 재능과 노력을 찾으려는 롤스적 평등주의의 시도는 공허할 수밖에 없다. 존재하지 않는 것을 찾으려는 시도이기 때문이다.

운 평등주의자들을 위한 업적

공정한 삶의 기회 원리에 비추어 공정한 시합 원리를 수정하고자 하는 운 평등주의자들에게 이 과제는 훨씬 더 어렵다. 재능과 노력을 출생 환경에서 분리하는 대신, 운 평등주의자들은 책임 있는 선택을—출생 환경상의 운**과** 타고난 재능을 포함하는—순전한 운의 영향에서 분리해야 한다. 이런 접근법을 실행하려고 하는 입학 심사위원회는 가령 의과대학생이나 의사가 되기 위한 여러 가지 활동에 부지런히 몰두하기로 선택한 지원자들을 찾는다—한편 그와 동시에 순전한 운에서 유래한 그런 선택의 부분에 대해서는 보상을 주지 **않는다.**[105]

이런 구분은 불가능하다. 출생 환경에서 분리할 수 있는 재능과 노력이라는 핵심이 없는 것처럼, 둘 중 어느 쪽으로부터 분리할 수 있는 책임 있는 선택이란 핵심은 존재하지 않는다. 새뮤얼 셰플러의 말처럼, 선택과 기회 사이에 선을 긋기 위해서는 "자아의 어떤 측면"이 각 선택의 원천인지를 판단할 필요가 있을 것이다. 즉 "한편으로는 개인이 의지로 한 공헌과, 다른 한편으로는 재능과 개인적 환경이라는 선택과 무관한 특징으로 인한 공헌을 각각 분리할" 필요가 있다.[106] 우리

---

105 입학의 사례는 하나의 개별적인 경우로 구성된 것이지만, 우리는 이 문제를 대규모의 차원에서도 똑같이 이야기할 수 있다. 운 평등주의자들은 책임 있는 선택을 보상하고 순전한 운의 영향은 보상하지 않는 제도를 만들어야 한다. 이 경우에도 많은 측면에서 문제는 똑같다.

106 Scheffler, "What is Egalitarianism", 21쪽. Samuel Scheffler, "Choice, Circumstance,

의 모든 선택과 노력은 우리를 모양 짓는 경험 및 우리가 눈앞에서 보는 기회와 무척 밀접하게 연결되기 때문에, 이렇게 분리하는 것은 불가능하다. 드워킨 역시 나름대로 선택과 재능을 구분하면서 약간 다른 형태로나마 이 문제를 인정한다. 그의 말을 들어보자. "샤일록이 피한 방울 흘리지 않고서 살 1파운드를 떼어가지 못한 것처럼, 선택에서 유래하는 부의 차이를 일부 지우지 않은 채 재능상의 불균등에서 유래하는 부의 차이를 전부 지우기란 불가능하다."[107] 실제로 바로 이런 문제 때문에 드워킨은 재능을 선택에서 완전히 분리하려는 시도를 포기하며, 그 대신 자원 이전과 가설적인 보험 시장을 통해 차등적인 재능의 영향을 완화하고자 한다.

여기서 우리가 이야기하는 논점과 관련해서 분리 문제(롤스적 평등주의, 운 평등주의, 그리고/또는 드워킨적 형태)가 직접적으로 갖는 함의는, 이 문제가 공정한 삶의 기회를 달성하기 위해 공정한 시합을 수정하는 전략에 난점을 가져온다는 것이다. 운 평등주의자들에게 이 문제는 상당히 깊게 지속되며, 결국 운 평등주의 기획 전체에 대한 강력한 반대로 귀결된다. 운 평등주의적 정의를 달성하려는 어떤 시도도 결국 선택에서 유래하는 유리한 조건과 운에서 유래하는 유리한 조건을 구분해야 한다. 이런 구분은 불가능한 일이다.

G. A. 코헨G. A. Cohen은 이런 반대 의견에 대해 다음과 같이 대답한다. 즉 운 평등주의자들은 "진정한 선택의 존재와 부재 사이의 절대적 구분"을 추구하는 게 아니다. 그보다는 배경이 되는 순전한 운의 공헌

---

and the Value of Equality", 4 *Politics, Philosophy and Economics*(2005), 5쪽도 보라.

107   Ronald Dworkin, *Sovereign Virtue*(2000), 341쪽[로널드 드워킨 지음, 《자유주의적 평등》, 524쪽].

과 진정한 선택의 공헌은 "정도의 문제이며, 평등주의적 교정은 불리한 조건이 진정한 선택을 반영하지 못하는 **정도만큼**" 나타난다.[108] 코헨은 "분리" 문제를 예상한다. 그렇지만 이런 난점이 있다고 해도 "논증을 따르지 않을 이유는 되지 못한다"고 대답한다.[109]

모든 행동과 모든 유리한 조건은 기회와 선택 **둘 다**의 소산임을 인정하는 코헨 같이 세련된 운 평등주의자들이 보기에, 이 모델은 수학의 분해와 비슷한 것이다. 즉 선택이나 노력의 공헌을 구성적 운이나 다른 형태의 순전한 운의 영향에서 분리하는 것이다. 마치 적어도 이론상으로 보면, 전사 자녀가 가진 힘 중에서 60퍼센트는 아이가 한 노력 때문이고, 40퍼센트는 아이의 사회적 지위에 수반된 식단이나 지도 같은 특별한 유리한 조건 때문임을 알 수 있는 것과 같다.

하지만 인간 발달은 이런 식으로 작동하지 않는다. 다음 부에서 주장하는 것처럼, 우리의 모든 특성과 역량은 시간이 흐르면서 개인과 환경의 다양한 측면 사이에서 지속적·반복적·진행적으로 이루어지는 상호작용의 결과물이다. 우리는 대개 장래에 기회를 얻을 것처럼 보이는 방향이나 우리가 재능이 있다는 말을 듣는 방향으로 노력을 기울이기 쉽다. 이런 상호작용 때문에 대부분의 유리한 조건은 60퍼센트 선택과 40퍼센트 기회에서 유래하는 게 아니라, 100퍼센트 선택과 100퍼센트 기회에서 유래한다.[110]

---

108 G. A. Cohen, "On the Currency of Egalitarian Justice", in *On the Currency of Egalitarian Justice, and Other Essays in Political Philosophy*(Michael Otsuka ed., 2011) 3, 32쪽.

109 앞의 글.

110 물론 예외는 있다. 가령 어린아이가 유산을 받을 때는 선택은 전혀 없고 기회만이 존재한다.

로머의 '기회균등' 제안과 업적의 한계

최근 몇 년 사이에 이 문제를 극복하려 한 가장 혁신적인 시도는 존 로머John Roemer가 제안한 "기회균등Equal Opportunity(EOp)" 개념이다.[111] 로머의 제안은 공정한 삶의 기회라는 문제 전반을 다루기 위해 고안된 게 아니다. 그보다는 상대적으로 뚜렷이 정의된 결과 척도(의료, 소득 등등)를 지닌 더 협소하게 명시된 분배 영역에서 활용하기 위해 고안된 것이다. 로머의 생각은 평등주의 사회라면 개인의 통제 밖에 존재하지만 개인이 관련된 영역에서 내리는 선택(이나 노력)에 강하게 연관되기 쉬운 변수들을 일일이 열거해야 한다는 것이다.[112] 영역에 따라 이 변수들에는 성, 인종, 계급 배경(소수의 구별된 범주들로 나뉜다) 등이 포함될 수 있다. 로머의 '기회균등' 함수는 계속해서 개인들을 '유형'별로 분류한다. 각각의 유형에 속한 모든 개인들은 열거된 모든 변수들과 관련하여 동일하다. '기회균등' 함수는 일정한 형태의 노력—이나 개인들에게 공정하게 책임을 물을 수 있는 일정한 형태의 선택—을 배경 변수와 분리하는 간접적인 수단으로 이 유형들을 활용한다.

로머의 제안이 현명한 점은 확인된 배경 환경 탓으로 돌릴 수 있는

---

111 John E. Roemer, *Equality of Opportunity*(2000)을 보라. John E. Roemer, "Defending Equality of Opportunity", 86 *Monist*(2003), 261쪽도 보라. 유용한 요약과 논평으로는 심포지엄 내용인 "Equality and Responsibility", 20 *Boston Review*(Apr.-May 1995)도 보라.

112 수전 헐리는 로머의 '기회균등' 함수는 다른 방식에서도 운 평등주의 기획보다 더 협소하다고 지적한다. 로머의 '기회균등' 함수는 일반적인 의미에서 '노력'에 보상을 하지 않는 대신, 사회가 보상하겠다고 약속하는 특정한 방향이나 노력의 유형을 확인한다. Susan Hurley, "Roemer on Responsibility and Equality", 21 *Law and Philosophy*(2002), 39, 54~55쪽.

노력의 부분을 나머지로부터 분해하려고 하지 않는다는 사실이다. 그의 제안은 이런 분해가 가능하다고 가정하지 않는다. 그 대신 '기회균등'은 각 개인을 같은 유형의 다른 사람들과 비교한다. '기회균등' 함수는 계속해서 **같은 유형의 다른 사람들에 비해** 커다란 노력을 기울인 것처럼 보이는 이들에게 최선의 결과를 배분한다. 이런 식으로 '기회균등'은 최종적인 결과 변수가 유형을 정의하는 데 투입된 각각의 배경 변수들과 통계적으로 독립되게 만든다. '기회균등'은 이론상으로는 개인의 책임을 배경 및 경험과 구별하는 것이 불가능하겠지만, 실제로는 이런 구별의 공정한 근사치를 찾아낼 수는 있다고 제안한다. 적당하게 비슷한 배경을 가진 개인들을 다른 사람들과 비교하는 대신 서로 비교하면 된다는 것이다.

운 평등주의자들은 '기회균등'으로 대표되는 제한적이고 현실적인 타협에 완전히 만족할 수 없다. 그들은 '기회균등' 함수가 확인하는 출생 환경에 특히 초점을 맞추고, 그만큼 임의적인 다른 출생 환경에는 초점을 맞추지 **않을** 도덕적인 이유가 전혀 없다. 두 사람이 있다고 생각해보자. 둘 다 어려운 삶을 살았고, 대단한 개인적인 노력으로 엄청난 장애물을 극복했다. 한 사람은 가난해서 '기회균등' 함수에서 확인하는 범주에 속한다. 다른 사람은 부유하지만 어린 시절 내내 학대하는 부모 밑에서 고생했다. 이런 학대 경험은 비록 특이하고 어쩌면 비교 불가능한 성격이겠지만, 가난한 사람과 똑같이 심각하게 불리한 조건에 해당한다. 운 평등주의자들에게는 이 두 사람을 다르게 다룰 타당한 이유가 없지만, 학대 변수는 다루지 않지만 가난 변수는 자세히 열거하는 '기회균등' 함수 아래서는 가난이라는 장애물을 겪은 사람이 훨씬 더 가치 있게 보일 것이다. 운 평등주의자라면 '기회균등'

120

함수를 운 평등주의 전략의 하나로 구제하기 위해서 단순히 부모 학대라는 새로운 변수를 포함시키자고 제안할지 모른다.[113] 하지만 실제로 우리는 서로 다른 갖가지 기능 장애와 학대에 대해 규약을 만들어야 할 것이다. 아마 모든 불행한 가족은 나름의 방식으로 불행할 것이다. 게다가 사람들은 각자 나름의 특성과 특징 때문에 같은 환경에 대해 각기 다르게 상호작용하는데, 이런 상이한 상호작용에 대해서도 규약을 만들어야 할지 모른다. 로머의 제안을 운 평등주의와 좀 더 일관성 있게 만들려고 노력하면서, 우리는 원칙적인 중단점 없이 계속 유형을 추가한다. 이렇게 추가하다 보면 각 유형에 한 사람만이 포함되고, '기회균등'은 작동하지 못한다.

이런 식으로 운 평등주의를 실행하는 것은 로머가 의도하는 목표가 아니다. '기회균등'은 일정한 출생 환경이 커다란 유리한 조건과 불리한 조건을 야기하는 세계에서 공정성에 접근하는 방향으로 나아가는 하나의 "경험 법칙"으로 작동하게끔 되어 있다.[114] (예를 들어, 로머는 '기회균등'을 활용해서 정부 정책을 평가하는 나중의 경험적 연구에서, 아버지의 교육적 배경이라는 단일한 변수에 입각해서 세 유형만을 검토한다.)[115] 어떻게 보면, '기회균등'은 운 평등주의보다는 롤스적 평등주의의 공정한 삶의 기회 개념의 아주 제한된 형태와 비슷하다. 삶의 결과물이 **일정**

---

113 로머는 사회가 어떤 변수를 포함시킬지를 민주적으로 결정하자고 제안한다.

114 "기회균등"을 "경험 법칙"으로 활용하는 것을 설명하는 Roemer, "Defending Equality of Opportunity", 276~277쪽; "'기회균등' 덕분에 현대사회가 현존하는 것보다 정의에 **더 가깝게** 이동할 것"이라고 주장하는 앞의 글, 280쪽 등을 보라.

115 John E. Roemer et al., "To What Extent Do Fiscal Regimes Equalize Opportunities for Income Acquisition among Citizens?" 87 *Journal of Public Economics*(2003), 539, 553~554쪽.

하게 열거된 출생 환경과 무관해야 한다는 사고 말이다.

'기회균등'은 일종의 교육적인 제안이다. 업적 문제를 특히 선명하게 부각시키기 때문이다. 하지만 '기회균등'이 이 문제를 해결하지는 못한다. 우리의 입학 심사위원회가 '기회균등'을 중심으로 입학 체제를 세우려 한다면, 아예 리사를 존과 비교하지도 못할 것이다. 그 대신 우리는 두 사람이 각자의 유형에 속한 다른 이들과 비교해서 얼마나 많은 (관련된 종류의) 노력을 기울였는지를 물을 것이다. 만약 우리가 몇 가지 기본적인 변수들—소득 분위, 상대적으로 단순한 인종 문제, 성별, 그밖에 한두 가지—을 넣는다면, 유형의 총수는 수백 개에 달하게 된다.[116] 우리는 지원자들을 각자가 속한 유형 바깥의 사람들과 비교하지 않기 때문에, 우리의 입학 심사위원회는 터무니없이 정교한 할당제를 만들어야 할 것이다. 각 유형에 속한 가장 뛰어난 지원자들 중 일부 소수를 받아들이는 식으로 말이다. 출생 환경에서 유래하는 유리한 조건과 불리한 조건의 완전한 그림을 상당 부분 포착하기 위해 이 모델에 충분한 변수들을 추가하기 한참 전에, 이미 너무 많은 유형이 생겨나서 각 유형에서 소수를 입학시키는 관행이 기본적인 신빙성을 잃기 시작할 것이다. 해마다 특정 유형의 지원자 수가 변동하면 개인의 입학 가능성도 크게 영향을 받는다. 또한 유형의 수가 늘어나면, 로머가 말하는 어떤 형태의 "자선의 추정assumption of charity"—우리가 궁극적으로 추구하고 보상하고자 하는 업적 변수가 상이한 유형들 전체에 고르게 배분된다는 전제—이든 그 타당성이 압박을 받는다.[117]

---

116 '유형'의 총수는 이 변수들의 가치를 **조합한** 수이다. '기회균등'은 현명한 방식으로 복잡한 교차성의 문제를 회피한다.

117 로머 자신은 이제 더 이상 옹호하지 않는 자선의 추정을 설명하는 Roemer, *Equality of*

이런 난점들이 있다고 해도 일부 기관이 대학 입학 영역에서 로머가 내놓은 제안과 현실 세계에서 가장 가까운 유사물—텍사스 10퍼센트 계획Texas Top Ten Percent Plan 같은 퍼센트안[118]—을 실행하는 것을 멈추지는 않았다. 이런 안을 실행하는 주에서는 그에 속한 각 고등학교 졸업반의 상위 X퍼센트는 선택된 주립대학에 입학할 수 있다. 이런 식으로 원래 대학에 진학하지 못했을 가난한 가정 출신의 많은 학생들이 대학에 입학한다. 어떻게 보면 이런 안에서는 '기회균등' 함수와 아주 비슷한 과정 속에서 각 **학교**를 하나의 유형으로 다룬다고 할 수 있다.[119] 인종 및 계급 분리 때문에 학교는 종종 몇 가지 중요한 인구학적 변수의 측면에서 상대적으로 균일하다. 로머의 표현을 빌리면, 상위 성적은 어떤 사람이 자기가 처한 환경 안에서 가장 높은 수준의 노력을 기울였다는 표시이다. 물론 학교는 그만큼 균일하지 않다. 각 학교 안에서 출생 환경상의 차이가 성취에 크게 영향을 미친다. 따라서 수백, 수천 가지 유형(해당 주에서 각 학교당 한 유형)으로 나눈다 하더라도, 이러한 접근법은 아주 무딘 도구일 뿐이다. 개인의 삶에 영향을 미치는 모든 출생 환경은 차치하고, 사회경제적인 불리한 조건의 영향조차 실제로 상쇄하는 데에도 미치지 못하는 도구인 것이다.

만약 '기회균등' 함수를 활용하는 대신, 입학심사 계산에서 다양한 불리한 배경 출신의 학생들에게 보상적인 보너스 점수를 부여하는 식으로 다른 종류의 대략적인 정의에 착수한다면, 이런 문제들을 피할 수 있다. 하지만 그런 식의 접근법은 '기회균등' 기획을 포기하는 것이

Opportunity, 15쪽을 보라.
118 이 책 452쪽 이하를 보라.
119 Roemer, "Defending Equality of Opportunity", 277~278쪽을 보라.

다. 이 접근법은 '기회균등'이 가까스로 피한 바로 그 방식, 즉 선택을 환경으로부터 분리하는 방식—예를 들어 어떤 사람의 시험 성적 중 어느 만큼을 가난 탓으로 돌릴 수 있는지를 결정하는 방식—에 암묵적으로 의존한다.

업적과 자아

이 절에서 다룬 입학심사 사례는 인간 발달의 복잡한 과정을 근원에서부터 추적하려는 하나의 시도였다. 우리는 출생 환경에서 유래하는 유리한 조건의 연속적인 층위를 벗겨내면서 재능과 노력(또는 운 평등주의자들에게는 오로지 노력)이라는 핵심을 찾고자 했다. 하지만 이 기획은 결국 양파 껍질 벗기기와 다를 바가 없음이 드러났다. 리사의 부모 밑에서 태어난 가설적인 형태의 존을 추적하려고 시도하면서, 우리는 점차 우리 앞에 있는 발달한 인간인 존 자체를 벗겨 없앴다. 세계를 상대로 일련의 기나긴 반복적인 상호작용—출생 이전에 시작되어 생애 내내 지속되는 상호작용—을 한 결과물인 그 사람을 제외하고는 어떤 사람도 없었다. 우리의 능력과 재능은 말할 것도 없고, 우리의 모든 선택은 우리의 경험과 떼려야 뗄 수 없는 것이다.[120]

이렇게 말한다고 해서 반드시 결정론을 지지하거나 자유의지의 형이상학에 관한 어떤 입장을 받아들이는 것은 아니다. 단지 선택을 하는 자아의 부분이 분리된 핵심, 즉 끊임없이 발달하는 인간 정신의 나

---

120 우리가 하는 선택과 우리를 둘러싼 기회구조의 다양한 요소들의 복잡한 관계에 관한 사려 깊은 사례연구로는 Diego Gambetta, *Were They Pushed or Did They Jump? Individual Decision Mechanisms in Education*(1996)을 보라. 이 책은 이탈리아 10대들이 학교를 계속 다닐지 여부에 관해 내린 결정을 검토한다.

머지 부분 및 세계와의 상호작용과 완벽하게 차단된 핵심이 아니라는 사실을 인정하는 것이다. 우리가 어떤 행위성을 가졌든 가지지 못했든 간에, 그런 행위성을 행사하는 자아는 경험에 의해 모양 지어진다. 어떤 사람과 그 사람이 처한 환경과의 상호작용이 낳은 축적된 영향을 분리할 수는 없다. 그런 축적된 상호작용의 산물이 **바로** 그 사람이기 때문이다.

그렇다면—형식적인 기회균등을 넘어서는—기회균등을 어떻게 달성할 수 있을까? 공정한 삶의 기회를 달성하기 위해 공정한 시합 원리를 수정하려고 할 때, 우리는 금세 환경에서 선택(그리고/또는 재능)을 분리하는 문제에 말려들어 있음을 깨닫는다. 앞선 단계에서—그러니까 사람들이 경쟁적인 시합에 휘말려 옴짝달싹 못하기 전에—기회균등을 실행하고 손을 떼는 게 훨씬 더 쉬워 보일 것이다. 이것이 출발점 접근법이다. 물론 가족 문제는 우리가 초기의 발달 기회를 균등화하는 데서 어디까지 나아갈 수 있는지를 제한할 것이다. 우리는 여전히 그런 불균등한 지반 위에 꼼짝없이 갇혀 있다. 그렇다 하더라도 아마 이 출발점 접근법은 이제까지 본 것보다 더 자세히 살펴볼 가치가 있을 것이다. 이 접근법 덕분에 우리는 적어도 업적을 거저 얻은 유리한 조건과 분리하는 문제에서 벗어날 수 있기 때문이다. 이 문제는 완전히 발달한 사람들이 이미 경쟁적 시합에 갇혀 있는 상황에서 공정한 삶의 기회를 실행하려고 하면 생겨난다.

출발점 문제

출발점 이론들은 기회균등에 관한 일반적인 정치적 토론과 철학적 저술 양쪽 모두에서 널리 인기가 있다. 그 이유는 자명하다. 출발점 이론들은 공정한 삶의 기회와 공정한 시합 둘 다를—순차적으로—달성하는 방법을 제공하는 것처럼 보인다. 출발점은 우리가 발달 기회를 균등화하는 일을 끝내고 이제 형식적으로 공정한 시합으로 나아갈 수 있는 결정적 순간을 표시하기 때문이다. 각기 다른 이론들은 다양한 정도의 구체성을 가지고 출발점을 특정 시기에 자리매김한다. 예를 들어, 리처드 아네슨은 모든 개인이 "성인기가 시작되는 시점에" 안녕을 위한 동등한 일련의 기회에 직면해야 한다고 주장한 바 있다.[121] 아네슨의 이론 같은 일부 출발점 이론들은 내용상 운 평등주의적이지만 다른 이론들은 그렇지 않다.[122] 롤스의 《정의론》은 어떻게 읽으면 출발점 이론이다. 그렇지만 나는 이런 독해가 최선은 아니라고 주장한

---

121 Richard Arneson, "Rawls, Responsibility, and Distributive Justice", in *Justice, Political Liberalism, and Utilitarianism: Themes from Harsanyi and Rawls*(Marc Fleurbaey, Maurice Salles and John A. Weymark eds., 2008), 80, 101쪽(1996년에 쓴 글). 아네슨은 이 견해에서 후퇴해서 나중 단계에서 순전한 운을 바로잡는 일정한 기제를 제안했다. Richard Arneson, "Equality of Opportunity for Welfare Defended and Recanted", 7 *Journal of Political Philosophy*(1999) 488, 490쪽.

122 예를 들어, 다음과 같은 글들을 보라. Peter Vallentyne, "Brute Luck, Option Luck, and Equality of Initial Opportunities", 112 *Ethics*(2002), 529쪽에서 발렌타인은 운 평등주의보다 더 우월하다고 주장하는, 유리한 조건을 균등하게 누릴 기회의 한 형태를 논한다(그러면서도 둘 다 출발점 이론으로 보아야 한다고도 주장한다). Andrew Mason, *Levelling the Playing Field: The Idea of Equal Opportunity and Its Place in Egalitarian Thought*(2006), 4쪽에서는 출발점 이전에는 적정성 원리principle of adequacy에 따라 발달 기회를 배분하고, 출발점 이후에는 업적주의적인 공정한 시합 접근법이 지배하는 출발점 이론을 제안한다.

바 있다. 하지만 나중의 저술에서 롤스는 기회균등의 열쇠는 사람들이 "태어나서 **이성 연령**age of reason까지 발달하는" 바탕이 되는 환경의 영향을 균등하게 만드는 것이라고 말하면서, 일종의 출발점 이론을 지지한다.[123] 논의의 밑바탕에 놓인 직관에 따르면 기회균등은 각각의 두 영역에서 서로 다른 것을 의미한다. 첫 번째는 "인생 초기의 가족과 교육제도를 통한 개인들의 역량과 능력의 형성"이고, 두 번째는 "성인기 초기부터 고등교육, 일자리 시장, 사회생활 일반에서 사람들에게 주어지는 기회"이다.[124] 클레어 체임버스Clare Chambers는 그녀가 말하는 이른바 "균등한 기회의 순간"—나는 출발점이라고 부른다—에 뚜렷한 선을 긋는 이런 식의 사고를 하는 평등주의 정치이론가들의 긴 목록을 늘어놓으며 비판한다.[125]

사전적인 관점이 갖는 한계

전사 사회를 다시 떠올려보자. 이번에는 더욱 매력적이고 심지어 유토피아적인 모습의 전사 사회라고 해보자. 평등주의 개혁가들이 전사 기능 학교를 만드는 데 성공해서, 이 학교에서 모든 사람이 전사 기능을 발전시킬 수 있는 확고하고 균등한 발달 기회를 제공한다고 생각해보자. 우선은 누가 이 학교에 들어가는지의 문제는 걱정하지 말자. 모든 이를 위한 자리가 있다고 가정하자. 또 어린이들마다 각기 다

---

123 John Rawls, *Justice as Fairness: A Restatement*(2001), 44쪽(강조는 인용자). "이성 연령"을 언급하는 것은《정의론》에서는 분명하지 않은, 출발점으로 작용할 수 있는 뚜렷한 선을 그리려는 시도이다.

124 David Miller, *Principles of Social Justice*(1991), 181쪽.

125 Clare Chambers, "Each Outcome is Another Opportunity: Problems with the Moment of Equal Opportunity", 8 *Politics, Philosophy and Economics*(2009), 374쪽.

른 능력과 무능력의 조합을 지니고, 주어진 일련의 기회에 대응하는 방식도 다르다고 할 때, **균등**이란 무슨 뜻인지에 관한 질문도 잠시 제쳐두자. 마지막으로, 이 학교들이 전사 자녀들을 태어날 때부터 받아들이는 고아원이기도 하다고 가정하는 방식으로 가족 문제도 완전히 제쳐두자.

이 근본적으로 **균등한 교육 전사 사회**는 출발점 형태의 공정한 삶의 기회 원리를 성공적으로 실행한다. 열여섯 살—전사 시험을 치르는 시기—이 됐을 때의 가능성은 출생 환경에 좌우되지 않는다. (운 평등주의식으로 변형된 이 이야기에서는 전사 기능 학교가 차등적인 타고난 재능의 영향을 어쨌든 추가로 지우며, 따라서 전사 시험 날 아침에 열여섯 살 청소년들의 가능성은 전적으로 각자의 노력에 좌우된다.) 정선된 소수가 열여섯 살에 공정한 시합에서 승리해서 전사가 된다. 전사 집단은 이제 더 이상 전사 자녀들만으로 이루어지는 게 아니라, 재능, 노력, 운(또는 운 평등주의적 변형물에서는 오로지 노력)의 일정한 조합으로 특징지어지는 사회의 대표적인 단면도처럼 보인다.[126]

이 사회는 공정한 시합을 공정한 삶의 기회와 조화시키고 있다. 시험에서 떨어진 이들은 시험이 형식적인 의미에서 공정했을 뿐만 아니라 자신들이 모든 가능한 기회를 누렸다고 생각하면서 스스로를 위로할 수 있다—사실 나쁜 결과를 낳은 것은 그들 자신의 재능과 노력(또는 단지 그들의 노력)이다. 어떻게 보아도 그들은 공정한 대우를 받았다.

이런 전사 사회의 규범을 내면화하고 어쨌든 자기를 둘러싼 사회체

---

126 나의 논증은 여기에 큰 비중을 두지 않지만, 순전한 운은 모든 시합이나 다른 분류 방식의 불가피한 특징이다. 나는 이 이야기의 철저한 운 평등주의적(그리고 철저한 비현실주의적) 형태라면 여기서도 어쨌든 운을 제거할 것이라고 가정한다.

제의 정의를 신봉하기 쉬운 열여섯 살 청소년 대부분에게 이 상황은 모두 충분히 공정해보일 것이다. 패자들은 자신에게 크게 실망할 테지만 반드시 사회에 실망하지는 않을 것이다. 하지만 이 중요한 시험에서 떨어진 이들 중 일부가 몇 년이나 몇 십 년 동안 이 문제를 숙고한 뒤 다른 느낌을 품기 시작한다고 가정해보자. 그들은 속았다고 느끼기 시작한다. 그들은 시험의 공정성을 문제 삼지 않은 채, 당시 자기들은 어린애에 불과했다고 주장할지 모른다. 확실히 시험에서 탈락하게 만든 이런저런 작은 실수들—약간의 게으름, 사춘기의 조그만 반항, 전사가 되는 것이 아닌 다른 목표에 대한 약간의 관심—의 결과가 이토록 철저하고 항구적으로 우리 삶의 기회를 줄이는 영향을 미치지 않아야 한다.

이 사람들이 인생에서 경쟁하고 더 많은 목표를 추구할 기회를 더 가져야 한다는—열여섯 살의 나이에 **모든** 문이 닫히지 않는다면, 어떤 식으로든 더 나았을 것이라는—사고에는 직관적인 설득력이 있다. 그런데 이런 생각이 어떻게 도덕적 주장의 수준까지 올라갈까? 이 개인들이 직면한 사전적인ex ante 삶의 기회는 공정했고, 공정한 삶의 기회 원리를 충족시켰다. 그들이 경험한 발달 기회는 거의 초자연적으로 공정했다. 게다가 시합 자체도 공정했다. 사전적으로 보면, 기회는 균등했다—사실 현실의 삶에서 불가능할 정도로 균등한 기회였다. 그렇다면 무엇이 문제일까?

아마 여기서 제기되는 반대는 운 평등주의 비판자들이 더러 내놓는 '가혹함'에 대한 반대의 일종일 것이다. 운 평등주의는 잘못된 선택(또는 비참한 선택적 운)[127] 때문에 특히 비참한 곤경에 빠진 이들에게 너무

---

127   이 책 74~75쪽을 보라.

가혹하다는 것이다. 이런 반대에 대해 일부 운 평등주의자들은 전적으로 자신에게 책임이 있는 선택 때문에 불리한 조건에 처한 사람들에 대해서도 최소한의 것을 제공하도록 이론을 재정식화하는 식으로 대답한다.[128] 또는 어떤 운 평등주의자는 운 평등주의 자체는 어쨌든 잘못된 선택을 하는 사람들에게 그렇게 비참한 결과물을 안겨주어야 한다고 요구하지 않는다고 주장할 수 있다. 어느 누구도 그렇게 비참한 결과물을 얻지 않도록 결과물의 전체적인 범위를 더 좁혀야 한다—결과물을 더 촘촘하게 모아야 한다—고 주장하는 것은 운 평등주의와 양립 가능하다.[129] (이런 사고를 한층 더 밀어붙일수록 결국 기회균등보다는 분배의 평등을 주장하게 된다.) 어쨌든 전사가 아닌 성인은 이런 운 평등주의의 대답 한두 가지를 적용하면서, 자신들도 부의 분배에서 더 많은 몫을 받거나 기타 복지의 기본적인 개선을 누릴 자격이 있다고 주장할 수 있다. 설령 전적으로 그들 자신의 선택 때문에 이런 궁지에 빠졌다 할지라도, 사회는 그들이 처한 곤경의 비참함을 덜어주어야 한다. 이것은 직관적으로 설득력 있는 생각이며, 또한 롤스의 차등 원리 같은 수많은 평등주의적 분배 정의 원리와 관련하여 다시 언급될 수 있는 생각이다.

그렇지만 이런 생각은 불만의 핵심을 건드리지 못한다. 전사 시험에서 떨어진 이들이 요구하는 것은 돈보다는 **기회**—자신의 삶으로 무

---

128 Kristin Voigt, "The Harshness Objection: Is Luck Egalitarianism Too Harsh on the Victims of Option Luck?" 10 *Ethical Theory and Moral Practice*(2007), 389, 404~406쪽을 보라.

129 이런 식의 조치는 레슬리 제이콥스가 말하는 이른바 "판돈 공정성stakes fairness", 즉 경쟁에 걸린 **판돈**의 공정성에 호소한다. Lesley A. Jacobs, *Pursuing Equal Opportunities: The Theory and Practice of Egalitarian Justice*(2004), 15~17쪽에서는 판돈 공정성을 갖춘 기회균등 개념을 기회균등의 핵심적인 차원의 하나로 제시한다.

언가를 만들 기회—일 것이다. 그들은 "인간 가치의 주된 형태의 하나"를 놓쳤다. 이런 잘못을 바로잡기 위해, 그들은 곤경의 비참함을 덜어주는 것 이상을 필요로 한다. 그들에게는 자신들의 역량을 발전시키고 활용할 기회가 필요하다. 그들은 목표를 정식화하고, 그런 목표로 이어지는 경로를 추구할 기회가 필요하다.

이제 어떤 이가 그들에게 그런 기회가 있었는데 그들 스스로 탕진했다는 이의를 당연히 제기할 수 있다. 하지만 그런 사전적 관점—그들이 그 순간까지 가졌던 기회를 평가하는 전사-시험-이전의 관점—이 왜 여기서 유일하거나 가장 중요한 관점인지는 분명하지 않다. 시험에서 떨어진 성인들이 보기에 그들의 주장을 정식화하는 한 가지 방법은, 그들이 현재 기울이는 노력에 대해 보상을 받고 자신들의 재능을 활용할 기회를 **지금**, 즉 현재에 원한다는 것이다. 30세나 50세가 된 지금, 전사 시험에서 받은 성적이 과거로 사라짐에 따라, 그들이 당한 낙제는 성과에 대한 평가라기보다는 일종의 벌점이나 카스트처럼 보이게 될지 모른다. 그렇다. 그 카스트는 그들이 태어나면서 속한 게 아니라 그들 스스로 낙제했기 때문에 속하게 된 것이다. 그게 중요하다. 그렇다 하더라도 암울한 기회밖에 없는 30세나 50세의 사람이 보기에 **현재의 재능과 노력**으로 얻을 수 있는 게 그토록 적고, 재능이나 노력을 아무리 기울여도 16세—그때는 여러 가지 차원에서, 특히 인격과 동기의 측면에서 그가 다소 다른 사람이었을 수 있다—에 벌어진 일의 영향을 정정할 수 없다는 것은 정의롭지 못한 일이다.

전사 사회 대신에 이제 좀 더 현실적인 **중요한 시험 사회**로 바꿔보자. 이 사회에는 사람이 추구할 수 있는 다양한 직업과 인생 경로가 존재하지만, 사람들이 바라는 경로를 추구하려면 16세에 시험에서 좋은 성적을 받아야 한다. 문제를 단순화하기 위해 이 시험을 통해 일부 학생들은 대학에 진학하는데, 좋은 일자리를 얻으려면 대학 학위가 있어야 한다고 가정해보자. 다른 이들은 모두 미숙련 노동과 볼품없는 보수를 할당받는다. 성인이 대학에 가거나 경력 전망을 확장할 방법은 전혀 없다. 이런 이원적인 결과는 터무니없이 지나친 단순화이지만, 이야기의 나머지 부분은 흔히 예상할 수 있는 것보다 더 현실적이다. 많은 나라의 실제 교육제도가 정해진 연령에 치러지는 종합 시험에 압도적인 비중을 둔다.[130]

사회는 왜 중요한 시험 사회의 경우처럼 하나의 시험을 중심으로 한 기회구조를 만드는 걸까? 타고난 유전적인 지능지수 같이 두뇌의 어떤 단일한 고정적 속성이 존재해서, 그것이 모든 일에서 누가 잘하고 누가 못하는지를 결정한다고 가정해보자. 이런 속성이 존재하고 바뀌지 않으며 측정 가능하다면, 중요한 시험은 효율성의 측면에서 타당할 수 있다. 이 속성은 '적성'을 발견할 수 있고, 우리는 최대의 적성이 있는 사람이 아닌 다른 사람을 훈련시키느라 자원을 허비하는 일을 피할 수 있다.[131] 2부에서 논의하는 이유들 때문에, 이런 생각은

---

130 교육 평가 시험으로 향하는 추세는 나폴레옹 시대와 고대 중국으로까지 거슬러 올라가지만, 20세기에 부쩍 가속화되었다. 그렇지만 이 추세는 정점에 달한 것일지 모른다. Max A. Eckstein and Harold J. Noah, *Secondary School Examinations: International Perspectives on Policies and Practice*(1993), 2~14쪽을 보라.

131 SAT는 원래 학업적성시험Scholastic Aptitude Test이었다. 하지만 교육평가원이 이 시험이 '적성'을 측정하지 못한다고 결론을 지었다. 1994년 교육평가원은 공식적인 시험 명칭을 다소 중복되는 이름인 학업평가시험Scholastic Assessment Test으로 바꾸었다. 그 후 일부 사회과학자들은 SAT가 여전히 본질적으로 지능지수 검사임을 증명하고자 했다. Christopher Shea, "What Does the SAT Test? The SAT Tests... A) General Intelligence B) Academic Aptitude C) Test-Taking Skills D) Nobody Really Knows", *Boston Globe*, July 4, 2004, G1쪽을 보라.

환상이다. 그와 같은 타고난 속성이란 존재하지 않는다. 여러 다른 일을 할 수 있는 우리의 역량은 일생을 통해 바뀐다. 세계가 제공하는 기회와 상호작용을 하면서, 우리가 이런 역량을 발전시키기 때문이다. 하지만 설령 적성이 바로 이런 종류의 본래적이고 부동하며 변함없는 변수라 할지라도, **다른** 아주 타당한 변수들—노력, 소망, 관심 같은—을 16세나 21세에 확실하게 측정할 수 있고, 그 후로 절대 변하지 않는다고 믿을 수 있으리라는 기대는 받아들이기 힘들다. 전사 사회의 경우처럼, 중요한 시험 사회에서는 사회가 기회를 구조화하기 위해 선택한 방식의 임의적인 측면들 때문에, 시험에 떨어진 성인에게는 극히 제한된 가능성밖에 남지 않는다. 성인으로서 얼마나 많은 노력을 기울이든 간에 말이다. 16세에 모든 이가 공정한 대우를 **받는다 할지라도** 이런 현실은 문제가 되어야 마땅하다. 그리고 물론 모든 사람이 16세에 공정한 대우를 받지 못한다면 훨씬 더 문제가 되어야 한다.

인간 행복의 관점에서 보면, 전사 사회나 중요한 시험 사회와 유사한 어떤 방식으로든 사회를 조직하면 적어도 두 가지 종류의 손해가 생긴다. 시험에서 떨어진 이들에게 그 손해는 명백하다. 그들이 사전에 어떤 기회를 가졌든 간에, 성인으로서 그들은 자기 역량을 발전시키고 행사할 기회나 자신이 선택한 다른 방식으로 행복한 삶을 영위할 기회가 극히 제한된다.

앞의 경우만큼 뚜렷하지는 않지만, 기회를 구조화하는 이런 방식은 또한 성공한 이들에게도 영향을 미친다. 중요한 시험으로 이어지는 아동기 내내 어렴풋이 보이기 시작하는 시험은 아이들의 소망과 목표를 제약하고 그 방향을 돌리면서 자기 자신에 대한 인식과 인생에서 무엇이 성공인지에 대한 인식을 제한한다. 중요한 시험이 아닌 다른 목표에 초점을 맞추는 것은 비합리적인 (그리고 어쩌면 파멸을 초래하는) 일이기 때문이다.[132] 출발점 이론들이 중요한 시험을 중심으로 기회를 구조화하는 데 따르는 문제를 보지 못하는 것—또는 어쨌든 이런 문제들을 일종의 가혹함에 대한 반대 이상으로 보지 못하는 것—은 이론의 진정한 도덕적 맹점이다.

출발점 접근법은 기회를 균등화하는 실천적 전략으로서 훨씬 더 심각한 문제들에 직면한다. 앞선 논의에서 우리는 가족 문제와 업적 문제를 잠시 미뤄둔 채 출발점 문제를 따로 검토했다. 출발점을 이런 다른 문제들과 **함께** 검토하면, 출발점 접근법의 비뚤어진 사고방식이 선명하게 드러난다. 앞선 문단들을 읽고도 전혀 흔들리지 않는 독자라도 아마 가족들이 존재하는 사회, 즉 모든 사회에서는 주로 출발점 장치에 의지하는 기회균등화 접근법이 심각한 문제가 있고 심지어 자멸적임을 인식할 것이다.

배가된 유리한 조건과 기회의 연쇄

문제는 이런 것이다. 출발점이라고 정당하게 정할 수 있는 지점이란 없다. 클레어 체임버스의 말처럼, "각각의 결과물은 또 다른 기회"이기 때문이다.[133] 어떻게 정의되든지 업적에 보상을 주는 식으로, 즉 누군가를 채용하거나 입학시키는 식으로 공정한 시합 원리를 실행할

---

132 판돈이 높은 시험high-stakes testing을 비판하는 교육이론가들의 많은 주장에는 바로 이런 비판이 바탕에 깔려 있다. 예를 들어, Alfie Kohn, *The Schools Our Children Deserve: Moving Beyond Traditional Classrooms and "Tougher Standards"*(1999)를 보라.

133 Chambers, "Each Outcome is Another Opportunity". 업적의 "눈덩이 효과"를 다루는 Robert K. Fullinwider and Judith Lichtenberg, *Levelling the Playing Field: Justice, Politics, and College Admissions*(2004), 21~22쪽도 보라.

때마다, 우리는 그 사람에게 더 많은 업적을 발전시킬 기회를 주게 된다. 책임이 늘어나고 더 높은 수준의 기능을 필요로 하는 지위는 우리를 변화시킨다. 이러한 지위 덕분에 우리는 기능과 재능을 발전시키고 다듬을 수 있다. 모든 사람이 모든 일자리나 학교 환경에서 성공을 거두는 것은 아니다. 하지만 성공을 거두는 경우에, 우리는 보통 처음 들어올 때에 비해 더 많은 업적과 더 나은 미래 가능성을 가지고 떠난다. 이런 동학은 학교에서와 마찬가지로 일에서도 적용된다. 존 듀이가 오래전에 지적한 것처럼, 모든 교육은 경험이고 모든 경험은 교육이다.[134]

이런 사실은 문지기, 즉 출발점 관리자들의 결정이 미치는 영향을 배가시킨다. 입학이나 채용 여부 선택은 원대한 반향을 일으키며, 이 반향은 선택받은 이들과 탈락한 이들 사이의 차이를 더욱 벌린다. 각각의 선발 결정은 앞선 결정의 영향을 확대하기 때문에, 출생 환경의 유리한 조건은 여러 차례 확대될 수 있다. 가족이 특별한 교육 기회—가령 업적에 따라 학생을 뽑는 선발제 학교—를 둘러싼 경쟁에서 아이를 도와줄 때, 나중에 결정이나 선발의 순간에 이를 때쯤이면 아이는 가족 덕분에 **더 많은 업적을 발전시킬** 수 있다. 이런 과정은 여러 가지 방식으로 작동한다. 선발제 학교에 다니거나 인기가 높은 직위에서 일하면 기능이 향상될 수 있다. 다음에 어떤 시험을 보든 통과할 가능성이 높아지는 것이다. 동시에 이런 경험이 일종의 성적증명서, 즉 종종 어떤 시험 못지않게 큰 비중이 주어지는 (그리고 실제로 성과를 예견하는) 위임장으로 작용할 수 있다.

---

134 John Dewey, *Experience and Education*(1938), 25쪽[존 듀이 지음, 강윤중 옮김, 《경험과 교육》, 배영사, 2004].

그리하여 가족이 존재하고 기회가 완벽하게 균등하지 않은 현실적인 조건에서 출발점으로 정할 공정한 자리란 존재하지 않는다. 어떤 출발점이든 간에 과거의 기회 불균등을 확대하는 영향을 미칠 것이다. 게다가 기회의 연쇄는 출생 환경과는 전혀 별개로 순전한 운이 훨씬 큰 영향을 미칠 수 있음을 의미한다. 어린 시절에 어떤 방향으로든 누린 행운은 여러 차례 확대될 수 있다. 그 반향이 미래의 경쟁에서 필요한 개인의 자격에 영향을 미치기 때문이다.[135]

출발점 문제는 미묘하면서도 유력한 방식으로 업적 문제와 상호작용한다. 앞 절에서 논의한 의과대학 같이 롤스적인 기회균등 개념과 비슷한 개념을 장려하려는 기관은 아마 다른 목표—형식적인 기회균등을 활용해서 가장 많은 형식적 업적을 지닌 지원자를 선발하는 식으로 충족될 수 있는 목표—도 추구할 것이다. 이런 노력은 명백한 이율배반으로 이어진다. 만약 이전에 다른 예비 교육기관들이 불리한 배경 출신의 사람들을 더 많이 선발하고 교육하려는 노력을 기울여서, 그들이 우리 기관에 지원할 무렵이면 다른 모든 이들처럼 거의 형식적 자격을 갖추게 되었다면, 이런 식의 이율배반에 직면한 어떤 기관이든 이 과제는 더 쉬울 것이고 이율배반의 규모는 줄어들 것이다.

이런 동학은 미시건대학교의 소수자 우대 정책을 지지하는 2003년 미국 연방대법원 판결에서 중요한 역할을 했다.[136] 이 사건에서 연방대법원은 이례적인 두 법정 조언자 집단이 제출한 의견서를 논의하고

135　Chambers, "Each Outcome is Another Opportunity", 383쪽을 보라. 이 글은 두 지원자가 본질적으로 똑같은 자격을 갖춘 흔한 상황에서 대체로 한 사람이 무작위로 선택될 것이라고 지적한다. 이 결정의 영향은 시간이 흐르면서 확대될 수 있다.

136　*Grutter v. Bollinger*, 539 U.S. 306(2003), 330~331쪽.

설득력이 있다고 판단한 것으로 유명하다. 두 집단은《포춘》선정 500대 기업과 전 고위 미군 장교들이었다. 이 사건의 논의는 출생 환경 일반이 아니라 단지 인종에 관한 것이었지만, 군 장교들은 의견서에서 이 문제의 틀을 간결하게 제시했다. 이전 단계, 특히 졸업생들이 장교가 될 수 있는 미시건대학교 같은 곳에서 소수자 우대 정책을 시행하지 않는다면, "현재로서 군은 훌륭한 자격을 갖춘 **동시에** 인종적으로도 다양한 장교단을 구성할 수 없다."[137]《포춘》선정 500대 기업들도 다양하면서도 자격 있는 노동력을 채용할 수 있는지 여부는 미시건대학교를 비롯한 대학의 소수자 우대 정책에 달려 있다고 비슷한 주장을 펼쳤다.[138] 다양한 노동력을 확보하려는 이 고용주들의 노력은 삶의 기회가 출생 환경에 좌우되지 않게 만들고자 하는 롤스적인 목표와 정확히 일치하지는 않는다. 하지만 일정하게 겹치는 부분이 있다. 이 고용주들이 깨달은 것은 누구를 받아들일지에 관한 각 기관의 결정이 다음 시합에서 **누가 자격이 있는지를 모양 짓는다**는 사실이다.

따라서 의과대학은 학부 과정에서 비범한 재능과 동기를 갖춘 불리한 배경 출신의 지원자들(대학에 지원하는 시점에서 이 지원자들이 다른 이들만큼 형식적 업적을 갖추지 못했을지라도)을 찾아내는 일을 하는 쪽을 더 선호할 수 있다. 한편 학부 과정은 중등학교에서 이런 일을 맡는 쪽을 선호할 테고, 중등학교는 초등학교에 맡기려고 할 것이다. 이런 각

---

137 Brief for Lt. Gen. Julius W. Becton et al. as Amici Curiae Supporting Respondent, 5쪽, *Grutter v. Bollinger*(http://www.vpcomm.umich.edu/admissions/legal/gru_amicus-ussc/um/MilitaryL-both.pdf에서 접속 가능) (강조는 원문).

138 Brief for 65 Leading American Businesses as Amici Curiae Supporting Respondents, 5~10쪽, *Grutter v. Bollinger*(http://www.vpcomm.umich.edu/admissions/legal/gru_amicus-ussc/um/Fortune500-both.pdf에서 접속 가능).

각의 교육 환경에서 공정한 시합의 원리는 적어도 일정한 힘을 발휘한다—이 원리는 형식적인 업적이 더 많은 학생을 받아들인다는 기관의 중요한 목표에 기여한다. 게다가 어떤 기관도 형식적 업적이라는 면에서 크게 뒤떨어져서 결국 탈락할 학생을 받아들여야 하는 것은 아니다. 따라서 각 단계에서 어떤 기관이 출생 환경의 측면에서 다양한 집단을 선발하기를 원한다면, 자격 있는 지원자 집단이 이미 관련된 측면에서 다양하게 존재하면 훨씬 쉬울 것이다. 그러면 이 기관은 다른 목표를 훼손하지 않은 채 마치 출발점에 자리한 것처럼, 또는 출발점 이후에 자리한 것처럼 더 자유롭게 행동할 것이다—즉 형식적인 업적만을 바탕으로 (더 많은) 결정을 내릴 것이다.

가장 어린 사람에게 집중할 것인가

업적 문제와 출발점 문제의 이런 상호작용에 대한 평등주의의 한 대답은 발달 기회를 균등화하려는 우리의 노력을 최대한 이른 단계—어린이집과 기타 유치원 이전 프로그램—까지 밀어붙이는 것이다. 어린 시절로 거슬러 올라갈수록 공정한 시합 원리는 힘을 많이 잃는 것처럼 보인다. 가장 업적이 많은 네 살짜리 아이에게 어린이집에서 가장 인기 있는 자리를 주는 문제를 걱정하는 것은 불필요하고 약간 어리석어 보인다.[139] 따라서 아마 이 단계에서는 단순히 삶의 기회를 공정하게 만들기 위한 정책을 추구할 수 있다.

하지만 바로 이런 초기 단계에서 가족 문제를 제어하는 게 가장 어렵다. 나중에 비해 이런 어린 시기에 부모가 자녀의 환경과 경험을 더

---

139 하지만 뉴스 보도를 보면, 적어도 뉴욕 시의 최상층 주거지에서는 이런 귀류법reductio ad absurdum이 이미 벌어지고 있음을 알 수 있다.

많이 좌우한다. 이것은 어느 정도 우연한 사회적 사실—3세 아동이 아니라 6세 아동의 학교 교육을 의무화한 결정 등—의 결과이다. 하지만 의무교육을 시행하는 모든 사회는 학교에 입학하는 **일정한** 연령을 정한다. 이상적인 이론에서 보면, 자녀를 어떻게 기를 것인지에 관한 부모의 자유는 상당하지만 무제한적이지는 않다. 정확한 경계가 어떻든 간에, 아이가 성장함에 따라 부모의 자유에 불리하게 작용하는 상쇄 요소가 힘을 얻는다.[140] 그래서 우리는 보통 부모가 큰 아이보다는 어린아이의 경험과 기회를 더 많이 좌우할 것이라고 생각한다. 어쨌든 실제로 모든 현실 사회에서 부모는 자녀가 초등학교에 입학하기 전 시기에 대단히 많은 유리한 조건을 넘겨준다—그리고 이런 유리한 조건은 평등주의 정책이 건드리기 가장 어려운 문제이다.[141]

더욱이 현실적으로 볼 때, 주어진 교육기관에 누구를 입학시킬 것인가 하는 문제에 평등주의 교육 개혁가들이 영향을 미칠 수 있는 힘은 어린이들이 가장 어린 시기에 제일 약한 경향이 있다. 넓은 지역에서 많은 지원자가 몰리는 대학은 할 수 있는 일이 훨씬 많다. 초등학교의 경우에는 현실적인 이유로 지리적인 범위가 훨씬 좁기 때문에 통합과 균등화 작업이 더 어렵다. 이 책 4부에서 논의하는 것처럼, 평등주의 정책 입안자들은 계급과 인종으로 통합을 강제하려는 시도를 할 수 있지만, 잘사는 부모가 자신이 바라는 곳에 자유롭게 살고 원하면 자녀를 사립학교에 보낸다고 가정할 경우, 평등주의 정책에도 불구하

---

140 예를 들어, 아이 자신의 선호를 생각해보라. 어린아이보다 큰 아이의 선택과 선호를 더 존중해야 하는 타당한 이유들이 존재한다. 아이가 시민교육의 혜택을 받을 수 있게 됨에 따라, 시민교육에 대한 사회의 관심 또한 힘을 얻는다.

141 이 책 233~236쪽을 보라.

고, 또는 이런 정책에 대한 직접적인 대응으로 잘사는 부모들끼리 자녀를 데리고 고립적으로 사는 일은 무척 쉬울 것이다.

이 모든 이유들 때문에 출발점은 기회균등을 달성하려는 시도로서 그릇된 방법이다. 이상적인 이론에서도 출발점은 결함이 있지만, 현실 세계의 정책으로서는 특히 잘못된 것이다. 앞선 시기의 유리한 조건을 강화하지 않는 출발점을 정할 방법이 없기 때문이다. 기회균등 주창자들은 다른 혼합된 접근법을 필요로 한다. 한 구체적인 지점에 출발점을 만드는 대신, 모든 단계에서 불평등을 시정하거나 완화하는 작업을 할 필요가 있다. 기회의 연쇄 때문에 이 과제는 쉽지 않을 것이다.

가진 자들은 얻을 것이고[142]

이 매듭은 풀기 어려워 보인다. 각 시합—공정하든 그렇지 않든—의 결과는 다음 시합을 모양 짓는 배경의 유리한 조건을 만들어낸다. 승자는 더 많은 것을 얻고, 패자는 더 적은 것을 손에 넣는다. 각 단계마다 신중하게 선의로 개입한다고 하더라도, 앞선 단계에서 유리한 조건을 얻은 이들이 나머지 사람들을 압도하게 만드는 확대 효과 때문에 궁지에 몰릴 수 있다.

그런데 과연 시합을 이런 식으로 만들어야 하는 걸까? 완전히 다른 방식으로 다양한 경쟁을 배치할 수 있지 않을까? 1라운드의 패자에게 다음 라운드에서 승자가 될 기회를 주도록 말이다.

우리는 이제까지 논의를 하면서 몇 가지 중요한 가정들을 설명하지 않았다. 우리는 모든 개인이 학문이나 직업의 피라미드에서 더 높은

---

142 Billie Holiday, 〈God Bless the Child〉(Okeh 1941)의 가사. "가진 자들은 얻을 것이고 / 없는 자들은 잃을 것이니 / 성경 말씀처럼 / 지금도 그런 뉴스가 나오지."

층에 있는 희소한 자리를 차지하려고 경쟁하기를 **원한다고** 가정했다. 우리는 각 층에 있는 탐나는 자리─교육의 자리와 궁극적인 일자리─가 희소하다고 가정했다. 또 각 단계마다 우리가 활용한 재능과 노력의 정의가 어느 정도 동일하다고, 즉 단 한 종류의 재능이나 노력만이 중요하다고 가정했다. 이 각각의 점에서 우리가 한 가정들이 완전히 비현실적인 것은 아니지만, 동시에 이 가정들 때문에 우리는 사고에 제약을 받아서 중요한 시험 사회의 다단계 변종, 즉 몇 단계에 걸쳐 중요한 시험을 치르는 사회를 대상으로 삼을 수밖에 없었다. 이 모든 제약 때문에 우리가 논의하는 문제들은 더욱 악화되었다. 따라서 해답을 얻으려면 이런 가정들을 전면으로 이동시킬 필요가 있을 것이다. 이런 가정들이 기술한 사회와는 다른 사회를 건설하면, 이 제약들을 느슨하게 만들 수 있다.

개별성 문제

앞서 1부 2장에서 나는 애초에 우리에게 기회균등이 중요한 이유 중 하나는, 사람들이─우리가 타고난 능력을 발전시켜 행사하고 자신이 세운 목표를 추구하는 결과로 생겨나는 행복을 달성하기 위해─"각자 나름의 방식으로 자신이 원하는 대로 삶"을 추구하도록 도울 힘이 있기 때문이라고 주장했다. 이런 사고는 기회균등에 대한 네 번째이자 더 심오한 비판을 조명하는 데 도움이 된다. 또한 해답의 단초, 즉 앞서 논의한 세 가지 상호 연결된 문제들을 개선하는 수단을 제공해준다.

전사 사회의 이상한 점 중 하나는 단 하나의 전문직만이 존재한다는 사실이다. 이 사회에서는 오직 한 가지만이 높이 평가되고, 단 하나의 기능만이 업적으로 간주되며, 열망할 만한 결과물도 하나뿐이다. 전사 사회는 결코 어떤 사회의 현실적인 묘사를 의도한 것은 아니지만, 그럼에도 불구하고 이와 같은 사회가 어떤 종류의 인간을 만들어 낼 것인지를 생각하는 데 도움이 된다. 떠오르는 모습은 황량하다. 하거나 되기를 열망하는 대상이 하나뿐이고 삶을 축조하는 바탕으로 삼을 본보기도 하나에 불과한 경우에, 개별성이란 알 수 없는 것이다. 중요한 시험 사회에서는 성공하는 사람들이 전사보다 더 폭넓은 일련의 기회를 갖지만, 여전히 우리는 기회구조가 심오하고 문제적인 영향을 미칠 것이라고 예상한다. 부모들은 중요한 시험에 자녀의 에너지를 집중시키기 위해 최선을 다할 것이고, 아이들은 밝게 빛나고 뚜렷하게 보이는 그 단일한 통로를 중심으로 소망을 쌓아올릴 것이다. 바로 이 통로가 아이들의 열망과 무엇이 성공인가에 관한 사고를 모양 지을 것이다.

1967년의 고전적인 글에서 존 샤John Schaar는 기회균등이 "모든 사람이 일정한 시기에 일정한 사람들이 높이 평가하는 그런 재능을 발전시킬 균등한 기회"를 의미하는 한, "간접적으로 매우 보수적인 것"이라고 주장했다.[143] 기회와 보상 구조가 협소하고 유연하지 못한 상황에서는, 기회균등을 달성한다고 해도 사람들에게 열려 있는 삶의 계획이 확장되는 게 아니라, 모든 이가 협소하고 사회적으로 사전에

---

143 John H. Schaar, "Equality of Opportunity, and Beyond", in *Nomos IX: Equality*(J. Roland Pennock and John W. Chapman eds., 1967), 228, 230쪽.

결정된 일련의 계획 및 목표를 향해 노력의 방향을 돌릴 뿐이다. 실제로 기회균등은 이런 목표들을 강화할 수 있다.

형식적인 기회균등만큼 미국 사회질서의 지배적인 제도와 가치, 목적을 훌륭하게 강화하기 위해 고안된 정책 공식은 없다. 형식적 기회균등은 **모든 이에게** 그 질서 안에서 자리를 찾을 수 있는 공정하고 균등한 기회를 제공하기 때문이다. …… 간편한 기회균등 공식은 …… 점점 더 많은 사람들이 대중 사회, 관료 사회, 기술 사회, 사유화 사회, 군사주의 사회, 지루한 사회, 스릴 추구 사회, 소비 지향 사회—방탕한 원숭이들이 첨단 기계와 섹스 토이에 둘러싸인 채 잘 먹으면서 서로 어울려 사는 사회—를 실현하는 쪽으로 점점 더 많은 에너지를 쏟을 기회를 점점 더 많이 열어준다.[144]

어떤 면에서 샤는 기회균등에 너무 많은 것을 요구하는 것처럼 보인다. 기회균등은 하나의 중요한 원리일 뿐, 완벽한 정의 이론이 아니다. 기회균등은 분명 좋은 사회에 관한 완벽한 이론이 아니다. 확실히 우리는 사회가 얼마나 소비 지향적·스릴 추구적·군사주의적으로 바뀌어야 하는지를 결정하기 위해 기회균등 말고 다른 원리들이 필요하다. 하지만 다른 면에서 보면 이런 비난은 반박하기 어려워 보인다. 전사 사회와 중요한 시험 사회에서 볼 수 있는 것처럼, 기회균등은 분명한 사회의 "지배적인 제도와 가치, 목적을 강화"하는 경향이 있다. 모든 사람에게 기회구조에서 보상하는 방식으로 자신의 가치와 목표를

---

144 앞의 글, 230~231쪽.

규정하려는 강한 유인을 제공하기 때문이다. 실제로 어떤 기회구조든—'균등'하든 그렇지 않든—이런 유인을 제공한다. 하지만 기회를 더 균등하게 만들면 이런 지배적인 유인이 **모든 사람에게** 확대되기 쉽다. 즉 과거의 카스트 제도에서는 아마 전사가 아닌 부모의 자녀 중 일부가 사회의 지배적인 가치 체계에 동의하지 않았을지 모르지만,[145] 그들 또한 전사가 될 수 있는 공정한 기회를 갖게 되면 상황이 다르게 보일 수 있다. 우리는 세계 속에서 우리 주변에 실제로 존재하고 또 어느 정도 우리에게 열려 있는 것처럼 보이는 기회를 바라보면서, 무엇을 하고 어떤 존재가 되고 싶은지에 관한 우리의 소망과 목표, 관념을 형성한다.

그렇다 하더라도 우리는 다소 비판적인 눈으로 우리 사회의 지배적인 제도와 가치를 바라볼 수 있다. 샤의 비판 중 일부는 사실 **이데올로기로서의** 기회균등에 대한 비판이다. 샤는 기회균등 이데올로기가 "일정한 시기에 일정한 사람들이 높이 평가하는 그런 재능을 발전시킬" 기회와 강한 동기를 모든 사람에게 제공함으로써, 우리로 하여금 그런 가치를 내면화하게 만드는 한편 그 가치에 의문을 제기하는 능력을 무디게 만든다고 주장한다.

샤의 비판이 얼마나 깊이 폐부를 찌르는가 하는 문제는 애초에 우리가 기회균등을 소중히 여긴 이유에 좌우된다. 우리의 유일한 목표가 효율성이라면, 기회균등은 여전히 효율성을 달성하는 데 안성맞춤

---

145 실제로 카스트 사회에서는 각기 다른 집단이 아주 다른 가치와 신념을 신봉하는 게 당연하다. 부문 집단 사이를 가로막는 장벽이 낮은 더 정의로운 사회질서로 전환할 때, 그리고 궁극적으로 아예 카스트가 존재하지 않는 사회질서로 전환할 때, 이런 다양성이 살아남을 수 있는가 하는 점은 흥미로운 질문이다. 밀의 관련된 주장을 다루는 이 책 250~251쪽을 참조하라.

의 도움을 주는 듯이 보일 것이다. 마찬가지로 우리의 유일한 목표가 불균등한 보상이 돌아가는 사회의 자리를 각기 다른 사람들에게 할당하기 위한 공정한 근거를 찾는 것이라면, 제대로 길을 가고 있는 것 같다. 우리는 다른 이유들 때문에 사회의 지배적인 제도와 가치에 관심을 기울일 수 있지만, 그렇다 하더라도 기회균등은 제 몫을 할 것이다.

하지만 기회균등의 핵심 중 상당 부분이 개인들이 "각자 나름의 방식으로 자신이 원하는 대로 삶을 추구하게" 돕는 데 있다면, 샤의 비판은 꽤 통렬해 보인다. 우리의 원리가 원래 의도한 것과 정반대로 작용하기 때문이다. 그 목표를 달성하기 위해서는 기회를 균등화하는 것으로는 충분하지 않고, 또 심지어 올바른 접근법도 아닌 것 같다. 우리는 헤게모니적인 일련의 제도, 가치, 목표를 강화하는 대신, 개인들이 더 광범위한 인생 계획을 추구하고 각자가 소중히 여기는 형태의 행복을 찾도록 해주는 기회구조를 세울 필요가 있다.

지금까지 이 부 전체에 걸쳐 우리는 은연중에 단 한 종류의 재능이나 노력만이 중요하다고 가정하는 재능과 노력 개념을 사용했다. 때로는 마치 발달 기회의 불균등을 현금의 불균등과 흡사한 것처럼 규정했다. 다른 종류의 발달 기회의 문제가 아니라, 일부는 더 많은 것을 갖고 일부는 더 적은 것을 갖는 문제로 본 것이다. 무엇보다도 우리는 모든 사람이 하나같이 높이 평가하고, 그 때문에 전부 희소한 똑같은 일자리나 사회적 역할, 학교의 자리를 놓고 빡빡한 제로섬 경쟁을 벌인다고 가정하는 경향이 있었다. 그런데 이런 가정을 바꾸면 다른 그림이 나타난다.

그리고 아마 이런 가정을 바꾸는 것이 현실을 더 잘 반영할 것이다. 어쨌든 우리는 전사 사회나 중요한 시험 사회에 살고 있지 않다. 현실의 어떤 사회에서든 성공으로 가는 경로는 하나 이상이다. 소망과 인생 계획은 어느 정도 다양하게 존재한다. 우리 모두가 동일한 상을 놓고 경쟁하는 것은 아니다. 하지만 이상하게도 평등주의자들보다는 기회균등 **비판자들**에게서 이런 희망적인 논점을 찾는 게 더 쉽다. 로버트 노직Robert Nozick은 "인생은 경주가 아니"라는 이유에서 기회균등 개념—심지어 형식적인 개념조차—자체에 비판적이다.

기회균등에 관한 논의에서는 상을 받기 위한 경주라는 모델이 흔히 사용된다. 일부가 다른 이들보다 결승선에 더 가까운 곳에서 출발한 경주는 불공정할 것이며, 일부가 무거운 추를 달고 뛰거나 운동화 안에 자갈을 넣고 뛰어야 하는 경주 역시 마찬가지이다. 하지만 인생은 누군가 제정한 상을 타기 위해 우리 모두가 경쟁하는 경주가 아니다. 누군가 속도를 재는 통일된 경주란 존재하지 않는다. …… 사람들이 자신에게 주어진 기회를 어떻게 사용하는지를 판단하는 어떤 중앙집중식 과정이 있는 것도 아니다. 사회적 협력과 교류의 과정은 그런 것을 **위해** 존재하는 게 아니다.[146]

근본적으로 탈집중화된 다원주의라는 노직의 전망은 어떤 면에서 무척 매력적이지만 또한 비현실적이다. 현실의 사회는 모두 그 사이 어딘가—중요한 시험 사회와 노직의 꿈 사이의 연속체 위 어딘가—에 존재한다. 현실 사회에서 인생을 단일한 경주로 환원할 수 없는 것은 사실이지만, 대학 입학과 같이 "사람들이 자신에게 주어진 기

---

146 Robert Nozick, *Anarchy, State and Utopia*(1974), 235~236쪽[로버트 노직 지음, 남경희 옮김,《아나키에서 유토피아로》, 문학과지성사, 1997, 294쪽].

회를 어떻게 사용하는지"를 판단하는 중앙집중식 과정이 **존재한다**. 비록 사회에 의해 우연적으로 결정됐더라도 흔히 무척 합리적인 이유로, 우리 다수나 심지어 대부분이 바라고 또 차지하기 위해 경쟁하는 상이나 결과물은 **존재한다**. 기회구조를 어떻게 세우는지에 따라 이런 논점들은 정도는 달라도 사실일 수 있다. 동시에 상이한 전문적 직업과 활동, 하위문화 등이 엄청나게 다양해짐에 따라 현대사회가 복잡하다는 사실 자체 때문에, 적어도 각기 다른 경주를 달려야 한다는 점에서 어느 정도 상당한 다원성이 존재할 것이다.

하지만 대부분의 평등주의 정치이론을 읽거나 정치 영역에서 대다수 기회균등 주창자들의 말을 들어보아도 이런 사실을 접하지는 못한다. 지난 반세기 동안 이 둘 모두 오히려 걸핏하면 단일한 경주나 운동 시합에 인생을 비유했고, 더불어 '평평한 경기장' 같은 관련된 비유를 동원했다. 이 부에서도 버나드 윌리엄스의 전사 사회에서 벌어지는 운동 시합을 강조하긴 했지만, 린든 존슨 대통령이 1965년에 시민권에 관해 한 연설을 활용해도 마찬가지로 적절했을 것이다—그리고 사실 노직이 그 연설에 대답한 것도 당연하다. 존슨은 이렇게 선언했다. "오랫동안 족쇄에 묶여 있던 사람을 데려와서 풀어주고는 경주의 출발점에 세워놓고, '이제 다른 모든 이들과 자유롭게 경쟁해도 됩니다'라고 말해서는 안 됩니다. 그러고선 완벽하게 공정하다고 믿을 수는 없는 노릇입니다."[147]

인생을 경주에 빗대는 것은 유력한 비유이며, 단순화 장치로서 현

---

147 President Lyndon B. Johnson, To Fulfill These Rights, commencement address at Howard University(June 4, 1965)(http://www.lbjlib.utexas.edu/johnson/archives.hom/speeches.hom/650604.asp에서 접속 가능).

실적인 가치가 있다. 이 비유는 풍부하고 복잡하며 심각하게 불평등한 우리의 현대사회를 특징짓는 여러 상이하고 중첩되는 부정의를 다루기 쉽게 만드는 데 도움이 된다. 이 비유가 그토록 유용한 하나의 이유는 기회균등의 여러 상이한 개념들을 생생하게 보여준다는 점이다. 형식적 평등주의자들은 공정한 시합 원리를 주장하기 위해 이 비유를 사용하지만, 존슨 대통령이 이 비유를 사용한 데서 (그리고 노직이 거론하는 몇 가지 사례를 통해) 알 수 있듯이, 불균등한 발달 기회에 관심을 환기시키고 공정한 삶의 기회를 주장하기 위해서도 이 비유를 사용할 수 있다. 실제로 '공정한 삶의 기회' 개념 자체는—한 가지 척도로 결과물이나 보상을 측정하는—경주가 존재하고, 누군가의 인생에 대한 평가는 그 사람이 결국 그 척도에서 어디에 위치하는가로 정해진다는 사고와 일정하게 연결된다.

하지만 인생을 이렇게 단일한 경주라고 생각하면 다른 더 미묘한 해악이 가려진다. 인생이 **정말로** 완전한 제로섬 경쟁이 벌어지는 가운데 모든 사람이 같은 상을 놓고 다투는 경주와 같은 식으로 기회가 구조화되는 정도만큼, 그 기회구조는 이 부에서 논의한 모든 문제를 악화시킨다. 그러한 기회구조는 개인들이 각자 나름의 방식으로 행복할 수 있는 기회를 크게 제약한다. 또한 이 기회구조 때문에 가족 문제가 특히 심각해진다. 가족마다 자기 자녀가 경주에서 승리하게 만들려고 유리한 조건을 모두 활용하게 하는 유인이 무척 커질 것이기 때문이다. 이러한 기회구조는 각각의 경쟁 단계나 시합에 걸린 판돈이 많아지게 하기 때문에, 모든 이가 시합에서 이기려고 노력해야 한다. 시합에서 받는 상이 다음 경쟁 단계에서 승리할 자격을 얻을 가장 좋은 기회를 부여하기 때문이다. 이 때문에 업적 문제와 출발점 문제가 더 악화된다.

평등주의 정치이론가들이 경주와도 같은 삶이나 평평한 경기장, '삶의 기회' 등에 관해 이야기한다고 해서, 반드시 엄청나게 큰 판돈이 걸린 제로섬 경쟁 사회의 모습을 염두에 두는 것은 아니다. 또한 그런 방향으로 사회를 이동시키려는 것도 아니다. 그들의 구상은 좀 더 추상적이고 다원주의적이다. 어떤 사회제도가 정의로운지를 결정하려면 평등주의적 정의의 통화를 정의하고, 그 통화—기초재, 유리한 조건, 자원 등등—의 배분을 측정할 수 있어야 한다는 것이다. 이런 통화들은 어떤 사람이 "자신의 의도를 실행하고 …… 어떤 목적이든 간에 목적을 진척시키기" 위해 필요로 하는 종류의 재화나 도구를 측정하기 위한 것이다.[148] 다시 말해, 일부 자유주의적 다원주의 개념은 통화 자체에 반영된다. 하지만 이런 다원주의가 번성하기 위해 필요한 현실의 조건—사람들이 각자의 목적을 정식화하고 그 목적을 추구할 수 있게 해주는 기회구조—은 정치이론가들이 기회균등에 관해 생각하고 글을 쓰는 방식의 틀 바깥에 있다.

다른 종류의 기회균등을 향하여

예외가 몇 가지 있다. 샤는 "사회에서 실제로 벌어지는 일은 하나의 시합이 아니라 여러 종류의 시합"이라는 생각에서 자신의 이의 제기에 대한 답을 찾을 수 있는지 잠깐 고찰한다.[149] 샤에게 답하는 글을 쓴 어떤 이는 이런 제안을 부연 설명하면서 "한 경기에서 패자가 다른 경기에서 앞설 수 있도록 충분히 많은 수의 '도보 경주'가 생길 가능성"

---

148 Rawls, *A Theory of Justice*, 79쪽[존 롤스 지음, 《정의론》, 142쪽].

149 Schaar, "Equality of Opportunity, and Beyond", 235쪽.

에 해결책이 있을 것이라고 주장한다.[150] 하지만 샤는 이런 해법이 작동하리라고 생각하지 않는다. 어떤 사회든 몇 가지 재능만을 장려하며, 더 나아가 "사회가 장려하는 재능, 미덕, 시합 등에도 가치의 위계"가 존재하기 때문이다.[151]

이런 가치의 위계는 피할 수 없는 걸까? 데이비드 밀러David Miller는 업적주의와 공적에 관한 글에서 "단일한 업적의 피라미드"를 중심으로 세워진 업적주의 대신에 "다른 종류의 업적의 다원성을 인정하고 보상하는 방식으로 사회관계 전체를 구성해야 한다"고 주장한다.[152] 이런 사회에서는 서로 다른 영역들마다 다른 형태의 업적이 중요할 것이다. "절대적으로 중요한 경제적 공적" 대신에 몇몇 다른 영역들—"예술적 성취", "공공사무", "교육과 학문" 등—각각이 "나름의 방식으로 보상을 할 것이다."[153] 밀러는 이런 식으로 업적 개념을 산산조각냄으로써 우리가 "마이클 왈저Michael Walzer가 주창한 식의 평등주의"를 달성할 수 있다고 주장한다. "왈저에 따르면, 우리는 모든 유리한 조건을 균등하게 분할하는 방식이 아니라, 상이한 사람들이 서로 다른 사회 영역에서 앞서나갈 수 있게 해주는 방식으로 평등에 도달한다."[154]

이런 사회에서는 왜 모든 사람이 동시에 동일한 목표를 추구하기로 결정해서 기회구조를 "단일한 업적의 피라미드"로 돌려놓지 않을까?

---

150 John Stanley, "Equality of Opportunity as Philosophy and Ideology", 5 *Political Theory*(1977), 61, 63~64쪽.

151 Schaar, "Equality of Opportunity, and Beyond", 236쪽.

152 David Miller, *Principles of Social Justice*(1999), 200쪽.

153 앞의 책.

154 앞의 책.

그 답을 보면 가치 다원주의와 기회 다원주의 사이의 심층적인 연계가 드러난다. 기회의 영역에서 왈저가 말하는 "복합적 평등complex equality"과 같은 것을 달성하려면,[155] 사람들이 각자가 소중히 여기는 것과 하고 싶거나 되고 싶은 것에 대해 의견이 갈려야 한다.

왈저의 복합적 평등은 어떤 면에서는 기회 영역에 완전하게 들어맞지 않는다. 왈저는 각기 다른 종류의 이성이 상이한 영역—정치, 복지, 의료 등등—에서의 분배를 관장해야 한다고 제안한다. 그의 주장에 따르면, 우리는 어떤 재화는 무상 교환을 통해 배분해야 하고, 다른 재화는 공적에 입각해서, 또 다른 재화는 필요에 근거해서 배분해야 한다.[156] 하지만 기회는 보통 사람들이 하나 이상의 경로를 추구하도록 돕는다. 우리는 기회를 특정한 영역의 일부로 깔끔하게 분류할 수 없다. 게다가 기회 다원주의는 한 사회의 상이한 사회적 형태, 활동, 직업의 지도가 끊임없이 수정되어야 하며, 개인들이 사회가 정의한 어떤 영역에도 들어맞지 않는 새로운 경로를 스스로 정의할 수 있어야 한다는 점을 강조한다. 그럼에도 불구하고 기회 다원주의는 밀러나 왈저와 마찬가지로 다원주의를 통해 "단일한 업적의 피라미드"에 고유한 몇 가지 문제들을 완화하는 일종의 비非지배non-dominance를 달성할 수 있다고 생각한다.[157]

---

155   Michael Walzer, *Spheres of Justice: A Defense of Pluralism and Equality*(1983), 16~17쪽[마이클 왈쩌 지음, 정원섭 외 옮김,《정의와 다원적 평등》, 철학과현실사, 1999].

156   앞의 책, 21~26쪽.

157   레슬리 제이콥스는 비슷한 맥락에서 하나의 거대한 경쟁보다는 여러 개로 분리된 경쟁으로 기회를 배치해야 하고, 하나의 경쟁이 낳은 결과물이 다른 결과물까지 압도하지 않도록 해야 하며, 몇 가지 기회는 비경쟁적이어야 한다고 주장한 바 있다. Lesley A. Jacobs, *Pursuing Equal Opportunities: The Theory and Practice of Egalitarian Justice*(2004), 23~24쪽.

기회 다원주의가 이런 목표를 달성하려면, 우리는 **기회구조**에 관심을 돌릴 필요가 있다. 서로 다른 기회들이 어떻게 서로 일치하는지, 어떤 역할과 제도가 다른 역할과 제도의 선결 조건인지, 어떤 특성이나 특징, 성적증명서가 병목으로 작용하는지 등을 질문해야 한다. 이런 일련의 질문들은 기회균등에 관한 통상적인 철학적 논의에 속하지 않는다. 그런 논의는 대부분 어떤 틀 안에서 진행되는데, 우리는 이 틀 안에서 어떤 종류의 재능과 어떤 방향의 노력이 중요한지 알고 있고, 모든 관련된 사람들은 똑같은 희소한 일자리나 다른 재화를 얻으려고 하며, 우리가 할 일은 누가 그것을 얻는지를 결정하는 것이다. 이제까지 전반적인 논의는 여기에 머물렀다.

이런 일반적인 양상을 깨뜨리는 흥미로운 한 구절로 1971년 찰스 프랭클Charles Frankel이 기회균등에 관해 쓴 글의 결론이 있다.[158] 프랭클은 공정한 시합 원리의 요구와 공정한 삶의 기회 원리의 요구의 충돌 문제를 해결하려고 고심했다. 이 문제가 다루기 쉽지 않음을 깨달은 그는 이 책의 핵심적 주장을 예시한 답을 제시했다.

그러므로 현실적으로 '기회균등'은 환경이나 성취가 획일적이어야 한다고 요구하지 않는다. 기회균등은 기회를 다양화하고, 학교와 일터에서 관심을 개별화하며, 사람들이 방향을 바꾸어 새로운 일자리나 새로운 환경에서 스스로를 시험해보는 게 용이하도록 해주는 조건을 만들고, 실현 가능한 만큼 가치 기획의 다원성을 관용하는 전반적인 분위

---

158 Charles Frankel, "Equality of Opportunity", 81 *Ethics*(1971), 191, 210쪽. 프랭클은 그가 말하는 이른바 "업적주의적"(형식적) 개념과 발달 기회에 초점을 맞추는 "교육적" 개념 사이에 균형을 맞춰야 한다고 주장한다.

기를 조성할 것을 요구한다. 이런 현실적인 정책은 협소한 업적주의 개념을 넘어선다. 그리고 이 정책은 사회적 조건을 한층 더 균등화하는 것을 필요로 하고, 그런 결과로 이어질 것이다. 그렇지만 불리한 환경에 처한 이들이 유리한 환경에 처한 이들과 똑같이 어떤 욕구든 쉽게 충족시킬 수 있는 상태를 약속해주지는 않는다.[159]

프랭클은 자신이 이 구절에서 주창하는—그리고 내가 이 책에서 주창하는—방향으로 나아가는 것을 어렵게 만드는 개념적 장애물 두 가지를 확인한다. 하나는 종착점을 생생하게 보여주기가 훨씬 더 어려워진다는 것이다. 우리는 완벽한 평등을 목표로 삼지 않기 때문에 개선의 방식으로, 즉 이상적인 상태보다는 개량의 측면에서 사고해야 한다. 프랭클이 지적하는 것처럼, 우리는 기회균등을 "완전히 달성해야 할 목표가 아니라 노력의 방향"으로 사고해야 한다.[160] 분명 우리는 어쨌든 이 질문들에 관해 이런 식으로 생각했어야 한다. 상이한 여러 현실적·잠재적 기회구조들의 상대적 장점을 비교·평가하는 것이 세계의 현 상태와는 동떨어진 이상화된 전망보다 더 유용할 수 있다.[161] 또 하나의 개념적 장애물은 우리의 결과물을 평가하는 단일하고 분명한 측정 기준—평등주의적 정의의 통화의 배분—을 부득이하게 더 복잡한 기준을 위해 포기해야 한다는 것이다. "삶의 기회"를 어떤 하나의 성공이나 실패의 척도로 개념화하는 것은 내 제안(과 프랭클의 제

---

159 앞의 글, 209~210쪽.
160 앞의 글, 209쪽.
161 정의 문제에 관해 "초월적" 접근보다 비교적 접근을 주장하는 Amartya Sen, *The Idea of Justice*(2009), 8~18쪽을 참조하라.

안)의 핵심에 있는 다원주의와 일치하지 않는다.

그렇지만 프랭클이 약간 에둘러서 말하는 것처럼, 기회를 다원주의적으로 재구조화하는 것과 "사회적 조건을 한층 더 균등화하는 것"은 심층적으로 연결된다. 우리는 기회구조를 더 다원주의적으로 만듦으로써 판돈을 줄이고, 가족 문제, 업적 문제, 출발점 문제 등의 규모를 줄일 수 있다. 이런 과제를 실행하고 또 개인의 기회를 가장 크게 제약하는 특정한 병목현상을 확인하고 시정함으로써, 우리는 사회적 조건의 불평등을 줄일 것이다. 또한 동시에 마찬가지로 중요한 점으로서, 우리는 개인들이 상이한 목표들의 조합과 각기 다른 인간 행복 형태들의 조합을 중심으로 조직된 삶—더욱더 정말로 자기 나름의 것인 삶—을 추구하는 게 더 가능하도록 만들 것이다.

3부에서는 이런 구상들을 좀 더 체계적인 방식으로 탐구한다. 그리고 이 절에서 개략적으로 설명한 무척 다른 선들을 따라 기회균등의 새로운 개념을 축조할 것이다. 나는 이 새로운 개념을 **기회 다원주의**라고 부른다. 이 개념이 추구하는 목표는 모든 기회를 균등하게 만들려는 게 아니라, 사람들이 추구할 수 있는 경로의 다원성을 더욱 크게 확대하는 것(그리고 경로가 더 제한된 이들에게 더 큰 우선성을 부여하는 것)이기 때문이다.

하지만 우선 하나 더 중요한 일이 남아 있다. 나는 많은 독자들이 이 첫 부를 읽고 난 뒤에도 여전히 가족의 유리한 조건 같은 일부 중요한 난점들을 외면한 채, 우리가 **적어도 이론상으로는** 모든 이의 기회를 균등하게 만들 수 있다고—그리고 만약 그렇게 한다면 타고난 재능이 가장 많은 이들과 또한 가장 많은 노력을 기울이는 이들이 꼭대기에 오를 수 있다고—믿을 것이라고 예상한다. 이런 생각은 이 부에서 논의한 많은 평등주의 이론들의 기본 전제이다. 마찬가지로 출발점 이론을 비롯한 여러 평등주의 이론은 우리가 적어도 이론상으로는 **발달** 기회를 균등화할 수 있고, 이것이 기회균등 기획의 토대가 될 수 있다는 사고를 기반으로 한다.

나는 2부에서 이런 견해들이 잘못된 생각이라고 주장할 것이다. 이 견해들은 인간의 발달이 어떻게 작동하는가에 관한 그릇된 전제 위에서 있다. 그 결과, 이런 식으로 정의된 기회균등은 이론상으로도 불가능하다. 아마 이 점이 기회균등에 관한 우리의 통상적인 사고방식에서 가장 심각한 문제일 것이다. 따라서 3부의 이론 축조 작업으로 나아가기에 앞서, 다음 장에서는 인간 발달 과정, 그리고 특히 우리 각자가 현재의 모습으로 만들어지는 과정에서 발달 기회가 어떤 역할을 했는지에 관해 더 심층적으로 살펴볼 것이다. 다음 부에서 내가 펼치는 주장과 바로 앞에서 제시한 네 가지 문제점을 결합시켜보면, 폭넓게 이해된 기회균등 기획을 완전히 다른 토대 위에서 재구성하는 것 말고는 선택의 여지가 없다. 다음 부에서는 또한 기회가 우리 삶에서 **어떻게** 중요한지를 설명함으로써 이런 재구성 기획의 토대를 닦고자 한다.

2부
—

기회와 인간 발달

이 부는 인간이 어떻게 지금의 우리 같은 사람들로 발달하는 가—그리고 이 과정에서 기회가 어떤 역할을 하는가—에 관한 내용이다. 이 부의 취지는 이중적이다.

첫째, 여기서는 앞 부에서 논의한 문제들을 야기하는 바탕이 되는 동학을 좀 더 체계적으로 설명하고자 한다. 이 부에서는 출발점 이전이든 아니든 간에 모든 사람의 발달 기회를 '균등'하게 만드는 것이 이론상으로도 불가능한 이유를 보여줄 것이다. 또 사람들이 노력이나 타고난 재능이 허용하는 정도까지 올라갈 수 있게 하는 조건으로 기회균등을 개념화하는 것이 왜 타당하지 않은지를 설명하고자 한다. 문제는 우리의 출생 환경을 비롯한 세계가 우리에게 제공한 기회에 의해 중재되지 않은 '타고난' 재능이나 노력 같은 것은 없다는 점이다. 이런 논증들은 앞 부에서 제시한 비판적인 기획을 더욱 심화한다. 이 논증들은 앞 부의 논증들과 더불어 우리가 기회균등 기획을 다른 토대 위에서 재구성해야 함을 보여준다.

이 부에서는 또한 다른 좀 더 적극적인 목표도 추구한다. 기회가 우리 삶에서 중요한 여러 상이한 방식을 보여줌으로써, 이 부에서는 단지 누가 더 많은 기회를 누리고 누가 적은 기회를 누리는지에 관해서만이 아니라, **어떤** 기회나 **어떤 종류**의 기회가 사람들에게 열려 있는지에 관해서도 관심을 기울여야 하는 이유를 설명하고자 한다. 다른 종류의 기회는 사람들로 하여금 상이한 종류의 재능—과 각기 다른 소망과 목표—를 발전시키게 이끈다. 이 이야기는 이 책의 나머지 주장, 즉 사람들이 행복한 삶으로 이어지는 길을 추구할 기회를 더 폭넓게 열어준다는 목표를 중심으로 기회균등 기획을 재구성하자는 제안의 토대를 마련한다.

이 두 목표를 모두 달성하려면 이 부에서는 대부분의 현대 정치이론이 건드리지 않는 몇 가지 지반—인간 본성과 인간의 차이의 기원—에 발을 들여놓아야 한다.

1장

정치이론에서 본 타고난 차이

한때 인간 본성과 인간의 차이에 관한 여러 주장이 기회균등에 관한 논쟁의 중심을 차지했는데, 그럴 만한 충분한 이유가 있었다. 기회균등에 관한 모든 논쟁은 불완전한 지식이라는 환경에서 벌어진다. 우리는 일정한 기회가 주어졌을 때 사람들이 어떻게 되었는지를 알 수 있지만, 다른 기회가 있었더라면 그들이 어떻게 되었을지는 알지 못한다. 따라서 기회균등에 관한 논쟁은 다른 조건에서라면 사람들이 무엇을 하거나 무엇이 될 **수 있는지**에 관한 반反사실적 주장—흔히 인간 본성과 인간의 차이에 관한 다른 주장들에 의지하는 주장—을 필요로 한다.

평등주의자들은 오랫동안 이 논쟁에서 특별한 태도를 취했다. 그들은 현재의 불평등과 차이는 '본성'의 결과가 아니라 우연한 사회적 환경에 기인하며, 사회는 이런 환경을 바꾸기로 선택할 수 있다고 주장했다.[1] 존 스튜어트 밀의 1869년 저서인 《여성의 종속》은 아마 이런 견해를 가장 유력하게 표명한 예일 것이다. 밀은 책의 상당 부분을 할애해서 여성의 '본성'에 관한 널리 퍼진 견해를 반박하면서, "누구든지 여성의 본성이 어떻다면서 여성이 이러니저러니, 할 수 있느니 없느니 떠들어대는 것은 적절하지 않다"고 이야기한다.[2] 이 책에서 밀은 공식적 제도, 법적 제한, 교육의 차등, 여성에게 열망하도록 가르치는 합의된 이상, 그리고 무엇보다도 여성에게 열려 있는 다른 기회가 극히 적기 때문에, 여성이 삶에서 누리는 기회가 결혼에 크게 좌우된다는 기본적인 사실 등을 검토한다. 이 모든 것을 검토한 결과, 밀은 이렇게 주장한다. "오늘날 여성의 본성이라고 말하는 것은 완전히 인위적인 결과물—일정한 방향으로 강제로 억압하고 또 어떤 방향으로는 부자연스럽게 자극을 준 결과물—이다."[3]

선별적인 억압과 자극이라는 이런 사고에 입각해서, 밀은 남성이 반은 온실에서 반은 혹한에서 키우기로 선택한 나무를 상상한다. 그러면서 남성은 "그 나무가 자신들이 정해놓은 방식대로 저절로 자란다고, 그리고 그 절반은 따뜻한 증기탕에서 나머지 절반은 눈보라치는 데서 자라지 않으면 죽고 만다고 안일하게 믿는다"고 주장한다.[4] 이 흥미로운 상상에 담긴 뜻은, 여성에게 열려 있는 발달의 방향이 사람들이 여성의 '본성'이라고 생각하는 특성과 특징을 모양 지었다는 것이다. 이런 논증에 입각해서, 밀은 사회가 남성에게 주어진 기회의

---

1   이런 한에서 적어도 논증을 위해서는, 평등주의자들은 대개 사회적 환경이 아니라 본성이 차이를 **유발한다면**, 사회적 환경은 그런 차이를 바로잡을 수 없다는 암묵적인 가정을 받아들이는 것처럼 보일 것이다. 뒤에서 이야기할 것처럼, 이 가정은 잘못된 것이다.

2   John Stuart Mill, *The Subjection of Women* (Susan M. Okin ed., Hackett, 1988)(1869), 61쪽 [존 스튜어트 밀 지음, 서병훈 옮김, 《여성의 종속》, 책세상, 2006, 114쪽].

3   앞의 책, 22쪽[존 스튜어트 밀 지음, 《여성의 종속》, 48쪽].

4   앞의 책, 23쪽[존 스튜어트 밀 지음, 《여성의 종속》, 49쪽].

범위 전체를 여성에게도 열어주어야 한다고 주장한다.

본성이 아니라 사회적 환경이 겉으로 드러난 불평등의 근원에 있다고 주장하고, 이런 주장을 활용해서 일정한 기회균등 개념을 정당화한 것은 밀이 처음이 아니었다. 18세기에 교육 접근권 확대를 주장한 어떤 이는 이 논점을 이런 식으로 주장했다. "귀족 자녀와 농민 자녀는 차이가 있을 수 있다. 하지만 같은 작물에서 모아서 다른 땅에 뿌려 얻은 열매 사이에도 불평등이 있지 않을까? 그렇다. 하지만 그 불평등은 인위적인 것이지 자연적인 게 아니다."[5] 한 세기 뒤, 프레더릭 더글러스Frederick Douglass는 똑같은 주장을 다른 형태로 제시하면서 인종적 열등 문제를 다루었다. "나는 우리가 몇 가지 면에서 당신네보다 열등하다는 걸 안다." 그렇지만 "나는 우리가 원래, 또는 나면서부터" 열등하다는 것은 "완전히 부정한다."[6]

흥미롭게도 타고난 차이(또는 타고난 차이의 부재)에 관한 이런 평등주의의 주장은 '본성'과 '양육'의 근대적인 이분법보다 앞서는 것처럼 보인다. 이런 근대적 이분법은 19세기 말에 프랜시스 골턴Francis Galton을 비롯한 이들이 오늘날 우리가 말하는 유전학을 이론화하기 시작하고 나서야 완전히 구체화되었다.[7] 하지만 '본성'에 관한 평등주의적 주장의 조숙한 등장은 놀라운 일이 아니다. 특정한 영역에서 기회를

5　Robert Coram, *Political Inquiries: To Which is Added, a Plan for the General Establishment of Schools Throughout the United States*(1791), 88쪽. J. R. Pole, *The Pursuit of Equality in American History*(rev. ed. 1993), 141~142쪽을 보라.

6　Frederick Douglass, "What the Black Man Wants"(1865), in *Selected Addresses of Frederick Douglass*(2008), 24, 27쪽.

7　Evelyn Fox Keller, *The Mirage of a Space Between Nature and Nurture*(2010), 20~27쪽[이블린 폭스 켈러 지음, 정세권 옮김,《본성과 양육이라는 신기루》, 이음, 2013]을 보라.

재분배하거나 균등화할 것을 주장하려면, 우선 듣는 이들에게 이런 기회가 중요하다는 점을 설득할 필요가 있다. 문제가 되는 영역에서 모든 차이를 만들어내는 것이 토양보다는 고귀한 혈통이라면, 기회균등에 관한 많은 주장이 순조롭게 출발하기가 어려워진다.

이 모든 문제 때문에 현대 정치이론가들은 현실적인 딜레마에 빠졌다. 한편으로, 기회와 본래적인 인간의 차이에 관한 문제—즉 본성과 양육의 문제—가 기회균등에 관한 논쟁에 너무나도 깊숙이 뒤섞여 있어서, 이 둘을 연루시키지 않고는 기회균등에 관해 주장을 펼칠 수가 없다. 다른 한편, 이 문제들은 정확히 정치이론의 학문 영역 외부에 속하는 것처럼 보인다. 분명 타고난 차이나 본래적인 차이에 대해 무엇을 **할** 것인가에 관한 문제는 정치이론의 문제이다. 하지만 현대인에게 차이 자체에 관한 문제는 다른 어떤 곳에—정치이론이나 정치철학 외부에, 그리고 아마 인문학 전체의 외부에—속하는 문제처럼 들린다. 항상 이랬던 것은 아니다. 《여성의 종속》은 타고난 차이에 관한 주장을 핵심에 담은 정치철학 저술이다. 하지만 밀의 시대 이래 학문 분과가 계속 늘어나서 현대의 비평가는 이렇게 물을 수 있게 됐다. 타고난 차이나 본래적 차이에 관한 문제는 유전학, 발생생물학, 신경과학, 진화심리학 등을 연구하는 이들의 몫으로 남겨두는 것이 최선 아닌가? 정치이론가들과 정치철학자들은 당연히—경제학, 사회학, 심리학, 생물학 또는 어떤 것이든—다른 학문 분야 내부의 일치된 견해에 의존하는 것처럼 보이는 경험적 토대 위에 주장을 축조하는 것을 의심한다. 이런 의심은 본성과 양육 문제에만 국한되지 않지만 이 문제에서 특히 날카롭다.

이런 이유로 유전자와 기회와 성취의 관계라는 현대의 뜨거운 문제에 직면할 때, 정치이론가들은 무척 신중한 태도를 보이면서 정치이론에 외재적이라고 여기는 어떠한 사실적 전제—우리의 재능이나 능력이 우리의 유전자 안에 기호화되어 있는지, 또는 만약 그렇다면 어느 정도인지에 관한 전제—에도 의지하지 않은 채 가능한 결론을 세우려고 하는 경향이 있다. 예를 들어, 앤드루 메이슨Andrew Mason은 책한 권 분량으로 기회균등에 관해 논증한 글에서, 양육이 실제로 자녀에게 상당히 유리한 조건을 만들어내는가라는 "경험적" 문제에 대해 중립적 입장을 표명하기까지 한다.[8] 대부분의 사람들보다 더 솔직하게 이 문제를 직시하는 토머스 네이글Thomas Nagel은 정의와 본성의 관계에 관한 글에서, 사회정의에 관한 의무론적 설명은 대부분의 "타고난" 불평등을—그리고 심지어 "본성"과 사회의 상호작용의 결과로 생긴 대부분의 불평등도—받아들여야 하며 조정하려는 시도를 하지 말아야 한다고 주장한다.[9] 이 과정에서 네이글은 양성의 어떤 차이가 실제로 사회적으로 만들어진 것과 반대되는 의미로 "자연적인" **것인가**라는 질문에 대해 어떤 입장도 취하기를 거부한다. 그는 다만 "어느 것도 자연적인 게 아니라면 놀라울 것"이라고 말할 뿐이다.[10]

　나는 이 부에서 인간 본성과 인간의 차이에 대한 이러한 '불개입' 접근법은 기회균등에 대한 우리의 이해를 축조하는 데 허약한 토대라는 점—그리고 우리는 더 나은 시도를 할 수 있다는 점—을 보여주고

8　예를 들어, *Andrew Mason, Levelling the Playing Field: The Idea of Equal Opportunity and its Place in Egalitarian Thought*(2006), 107쪽 주석 22.

9　Thomas Nagel, "Justice and Nature", 17 *Oxford Journal of Legal Studies*(1997), 303, 313~320쪽. 하지만 네이글은 이 주장을 양성 불평등 정당화라는 자연스러운 결론까지 밀어붙이는 것은 주저한다.

10　앞의 글, 320쪽.

자 한다. 특히 우리는 정확히 인간 발달에 관한 설명에 입각해서 기회 균등에 관한 우리의 주장을 축조하는 식으로 더 나은 시도를 할 수 있다. 여기에는 두 가지 이유가 있다.

첫째, 인간 본성과 인간 발달에 대한 진정한 불개입 접근법 같은 것은 존재하지 않는다. 예를 들어, 정치이론가들은 어떤 인간의 차이가 '타고났'고 어떤 것이 사회적으로 만들어졌는지에 관한 견해를 모두 거부할 수 있다. 하지만 이렇게 거부하는 이들은 명확하게 표현되고 검토되지 않은 일정한 전제—이 경우에는 인간의 차이를 '타고난' 요소와 '사회적으로 만들어진' 요소로 (적어도 이론상) 분류하거나 분해할 수 있다는 전제—를 강화할 뿐이다.[11] 실제로 타고난 재능과 노력에 따라 성공 가능성이 좌우되는 조건이라는 측면에서 기회균등에 대해 생각하는 많은 기회균등 개념 — 가령 롤스의 '공정한 기회균등'—의 핵심에 이런 분해의 가능성이 존재한다.

어떻게 보면 정치이론가들이 이런 분해 전제에 의존하는 것도 앞에서 논의한 학문 분야의 불안에 비춰볼 때 이해가 된다. 정치이론에 외부적인 블랙박스처럼 다뤄야 하는 어떤 타고난 차이가 있다는 생각에서 시작하면, 두 번째 시도도 해야 한다. 이런 타고난 차이가 논의 전

---

11 예를 들어, Hillel Steiner, "On Genetic Inequality", in *Arguing About Justice: Essays for Philippe Van Parijs*(Axel Gosseries and Yannick Vanderborght eds., 2011), 321, 322쪽 주석 3을 보라. 그는 주장을 시작하는 부분에서 능력과 무능력은 "(1) 그 사람들 자신이 한 기여, (2) 다른 사람들이 한 기여, (3) 대자연의 기여" 등과 같은 요소들의 산물이라고 가정하고, 다음과 같이 언급한다. "본성과 이 각각이 한 기여의 상대적 비율을 발견하는 것은 수많은 분야—특히 사회과학과 생명과학—의 무수히 많은 연구자들이 하는 일이다." 보기 드문 반증으로는 Lesley A. Jacobs, *Pursuing Equal Opportunities: The Theory and Practice of Egalitarian Justice*(2004), 54쪽을 보라. 그는 "모든 불평등은 사회적 제도와 관습에 의해 중재되어야 하며" 따라서 "본성에서 비롯되지 않는다"고 주장한다.

체를 집어삼키는 일이 없도록, 어쨌든 이런 차이를 가둬두어야 하는 것이다. 이 차이를 가둬두는 가장 분명한 방법은 인간의 차이를 타고난 요소와 사회적으로 만들어진 요소 두 가지로 분해할 수 있다는 점을 전제로 받아들이는 것이다. 어쨌든 이런 전제는 익숙하다. 현대의 대중적 담론에서 익숙하며, 우리가 말하는 이른바 가볍고 대중적인 유전학에서 핵심을 차지한다.

문제는 이 전제가 분명하게 잘못되었다는 점이다. 유전학 또는 어떤 과학에 따라 어떤 특성은 '유전학' 상자에 속하고, 다른 특성은 '환경' 상자에, 그리고 나머지 다른 특성은 '기회'나 '선택' 상자, 또는 이 상자들의 일정한 조합—이를테면 한 상자에 30퍼센트, 다른 상자에 70퍼센트—에 속한다고 결정된다는 생각은 근본적으로 잘못된 것이다. 이 부에서 주장할 것처럼, 인간 발달은 그런 식으로 작동하지 않는다. 게다가 여기서 보이는 오해는 경험적인 것이 아니라 철학적인 것이다. 이런 오해가 생겨난 것은 정치이론가들이 아마 미처 깨닫지 못한 채, 현대의 대중적 담론에서 인간 본성과 인간의 차이에 관한 일련의 전제를 정치이론에 들여오고 이 전제들을 진지하게 조사하지 않고 있기 때문이다. 이런 태만은 우리가 기회균등에 관해 생각하는 방식에 상당한 영향을 미친다는 사실이 드러난다.

기회균등에 관한 우리 사고의 기초를 인간 발달에 관한 설명에 두어야 하는 두 번째의 더 폭넓은 이유도 있다. 인간 발달에 관한 지나치게 단순하고 제대로 이론화되지 않은 설명에 암묵적으로 의존하거나 인간 발달을 전혀 설명하지 않은 채로 나아가려고 하면, 기회가 개인의 삶에서 **어떻게** 중요한지를 충분히 생각하지 못하게 된다. 지나치게 단순하고 너무 협소한 인간 발달 개념은 기회가 어떻게, 왜 중요한지,

그리고 기회의 배분에서 무엇이 문제가 되는지에 대해서도 지나치게 단순하고 너무 협소한 관념을 낳기 쉽다. 앞 부에서 논의한 주요한 기회균등 이론들은 기회균등을 본질적으로 공정한 분류 방식으로 규정한다. 우리는 모든 사람이 일정하게 합의된 척도로 성공을 추구하며, 출생 환경(또는 전반적인 환경) 같은 게 아니라 선택이나 재능과 노력 같은 것들에 따라 성공이 좌우될 때 균등한 기회가 존재한다고 생각한다. 이런 지나친 단순화 때문에, 우리는 기회가 중요하게 되는 여러 가지 풍부한 방식을 제대로 보지 못한다. 기회가 중요한 이유는 그것이 각각의 사람이 일정한 성공의 척도에서 얼마나 높이 올라가는지에 영향을 미칠 뿐만 아니라, 한 사람이 발전시키는 상이한 종류의 정신적·신체적 역량과 재능, 그가 형성하는 소망, 그가 추구하는 성공의 종류에도 영향을 미치기 때문이다.

이 부의 나머지 부분에서는 기회가 중요한 의미를 갖게 되는 이런 폭넓은 일련의 방식을 보여주는 인간 발달에 관한 설명을 전개하고자 한다. 이것이 인간 발달에 관한 어떤 종류의 설명인지를 분명히 밝혀 둘 필요가 있다. 한마디로 말해, 이 설명은 철학적이다. 이 설명은 유전학이나 발생생물학, 또는 다른 어떤 분야의 과학 연구의 현 상태에 관한 요약이 아니다. 그보다는 우리가 이런 연구를 해석하고 그 연구가 규범적인 기회균등에 대해 갖는 함의를 이해하는 데 필요한 렌즈를 제공한다.

G. A. 코헨은 모든 건전한 규범적 주장은 결국 "사실에 둔감한fact-insensitive" 규범적 원리에 의존한다고 설득력 있게 주장한 바 있다.[12] 규

---

12 G. A. Cohen, "Facts and Principles", 31 *Philosophy and Public Affairs*(2003), 211쪽. 이 논점은 우리가 규범적 원리를 채택하는 이유가 아니라 논증 구조와 관련된 것이다. 코

범적 주장의 기본 구조의 문제로서는 이 말이 옳아 보인다. 하지만 사실에 둔감한 원리가 도움이 되는 것은 거기까지일 뿐이다. 비교적 높은 추상 수준에서라도 현실적인 함의를 갖는 정치이론을 구성하려면, 궁극적인 원리들과 세계에 관한 일정한 사실들을 뒤섞어야 한다.[13] 다시 말해, 사실은 응용을 빚어내는 것 이상의 일을 한다. 사실은 가장 궁극적인 원리 이외의 모든 것의 형태에 영향을 미친다. 분명 사실은 기회균등 같은 원리의 형태에 영향을 미친다.

따라서 우리는 몇 가지 사실에 관해 이야기할 필요가 있다. 하지만 이것들은 아주 기본적인 사실들이다. 지난해에 밝혀지고 다음해에는 바뀔 수 있는 첨단 연구 결과가 아니라, 인간이 어떻게 발달하고 성장하는지에 관한 상대적으로 기본적이고 논쟁의 여지가 없는 사실들인 것이다. 다소 놀라운 점은, 이 사실들의 상대적으로 기본적이고 논쟁의 여지가 없는 성격을 감안할 때, 현대의 많은 기회균등 이론들의 밑바탕에 공공연하거나 암묵적으로 깔린 인간 본성에 관한 설명들에 이 사실들이 빠져 있다는 것이다.

헨이 인정하는 것처럼, 우리의 규범적 신념은 보통 세계의 사실들과의 상호작용과 그 사실들에 대한 이해에서 생겨난다. 앞의 글, 231쪽을 보라.

13 코헨은 이 점을 인정한다. 앞의 글 235쪽 이하를 보라.

2장
본래적인 차이, 자연, 양육

먼저 인간 발달—그리고 특히 인간의 능력과 차이의 발달—에서 본성과 양육이 어떤 역할을 하는지에 관한 몇 가지 주장을 검토하면서 간략하게 개념적 영역의 지도를 그려보자. 이 지도는 기회균등과 관련되는 본성과 양육에 관한 논쟁에서 무엇이 문제가 되는지를 분명히 밝히는 데 도움을 줄 것이다.

본래적인 차이에 관한 주장들

나는 롤스의 '공정한 기회균등'을 통해 '타고난' 재능이라는 사고를 소개한 바 있다. '공정한 기회균등'은 개인들 사이의 일정한 차이는 타고난 것이라는 전제를 활용하는 기회균등 개념 중 가장 유명하다. 이것은 개인들 사이의 본래적이거나 타고난 차이라는 주제를 소개하는 다소 이례적인 방식이다. 기회균등에 관한 논쟁에서 이런 주장이 더

170

전형적으로 등장하는 자리는 반대편이다. 기회균등 주장의 범위를 제한하거나 이런 주장을 완전히 차단하기를 바라는 이들의 주장이 그런 경우이다.

특히 기회균등에 관한 논쟁에서 평등주의자들은 종종 자신이 다음과 같은 형태의 논증에 반론을 펴고 있음을 깨닫는다. "X차원을 따라 사람 A와 B에게 주어지는 불균등한 결과물—평등주의자들이 기회 불균등 탓으로 돌리기를 원하는 결과물—은 사실 A와 B의 재능이나 능력의 본래적인 차이의 결과이다." 이런 형태의 주장을 본래적인 차이 주장intrinsic difference claim이라고 부르고, 이런 주장에 의지하는 논증을 본래적인 차이 논증이라고 하자.

이런 형태의 주장은 원인론에 관한 주장이다. 이것은 그 자체로 규범적이기보다는 실증적이다. 규범적인 결론을 끌어내리려면 한 걸음 더 나아가야 한다.[14] 본래적인 차이 논증이 나아갈 한 가지 길은 사회정의의 고유한 영역에 관한 규범적인 전제에 의지하는 것이다. 사회정의의 영역을 사회적 기원에서 생긴 불평등을 조정하거나 문제를 고치는 데 제한해야 한다면, A와 B의 불균등한 결과물을 다루는 것은 사회정의의 범위 밖의 일이 된다.[15] 이런 견해에서 보면, 과거에 사회가 하지 않았고, 할 필요가 없고, 해서도 안 되는 것은 고치는 일이다. 이런 견

---

14 초기의 중요한 논문에서 성차가 "타고난" 것이라는 주장과 성 역할 구분은 정당하다는 주장 사이에 핵심적인 단계가 빠져 있다고 주장하는 Richard A. Wasserstrom, "Racism, Sexism, and Preferential Treatment: An Approach to the Topics", 24 *UCLA Law Review*(1977), 581, 609~615쪽; 장애에는 사회적 기원이 있다는 원인론적 주장과 어떤 규범적 정책 결론 사이에는 개념적 공간이 있다고 주장하는 Adam M. Samaha, "What Good Is the Social Model of Disability?" 74 *University of Chicago Law Review*(2007), 1251쪽 등을 참조하라.

15 이런 견해를 옹호하는 Nagel, "Justice and Nature"를 보라.

해의 한 변형은 개인 간의 본래적인 차이는 당연한 것이며, 따라서 A와 B의 불균등한 결과는 그들이 마땅히 받을 만한 결과라고 주장한다.[16] 이런 견해들 중 어느 것도 일반적이지 않다.

훨씬 더 널리 퍼진 본래적인 차이 논증은 원인론의 목록에서 슬며시 빠져나와 치료 불가능성의 목록으로 들어가면서, 사회가 야기하지 않은 것을 사회가 고칠 **수는 없다**고 주장한다. 이런 식의 논증은 기회를 재분배함으로써 결과물을 더 균등하게 만들고자 하는 평등주의 정책은 "제대로 작동할 가능성이 없고" 따라서 포기해야 한다고 주장한다.[17] 이러한 논증이 그 주창자들에게 갖는 호소력의 한 부분은, 그것이 본질적으로 실증적이며 규범적이지 않다고 그럴듯하게 주장할 수 있다는 점이다. (이 논증의 유일한 규범적인 요소는 논쟁의 여지가 없다. 예를 들어, 우리는 제대로 작동하지 않는 값비싼 정책을 추구해서는 안 된다.) 이런 식의 본래적 차이 논증을 주창하는 일부 사람들은, 평등주의자들이 나쁜 정책을 옹호할 뿐만 아니라 타고난 차이를 중재하거나 균등화하려고 시도함으로써 "본성에 대한 반역", 또는 좀 더 신랄하게 "생물학적 사실에 대한 반역"에 관여한다고 비난하면서 회심의 미소를 짓는다.[18]

이 모든 것은 약간 기묘하다. 원칙적으로 원인론 자체는 치료 가능

---

16 롤스는 《정의론》에서 이 입장에 반론을 제기한다. George Sher, *Approximate Justice*(1997), 65~77쪽을 보라. 이 책 78쪽 주석 49와 구성적 운에 관해 이야기하는 본문도 보라.

17 Richard J. Herrnstein and Charles Murray, *The Bell Curve*(1994), xxiii쪽.

18 예를 들어, "생물학적 사실에 대한 평등주의의 반역"에 대해 초자유주의적인 집중적 비판을 제시하는 Murray N. Rothbard, "Egalitarianism as a Revolt Against Nature", in *Egalitarianism as a Revolt Against Nature and Other Essays*(2d ed., 2000), 1, 17쪽을 보라.

성에 관해 아무것도 말해주지 않는다. 누군가 사회에서 야기한 환경적 병원균 때문에 천식에 걸렸든, 선천적인 '본성' 때문에 천식에 걸렸든 치료법은 똑같다. 천식 치료약을 먹으면 된다. 본성 때문에 생긴 문제를 사회가 고칠 수 있는 경우는 다반사이다. 현대 의학의 대부분은 이런 전제에 입각한 것이다.

그렇지만 원인론에서 슬며시 치료 불가능성으로 옮겨가는 것도 아주 흔한 일이다. 평등주의자들은 종종 원인론과 치료 불가능성을 가르는 이런 논리적 간극을 지적하는 게 아니라, 문제가 되는 특정한 차이가 사실은 애초에 '타고난' 것이라는 전제를 공격함으로써 여기에 대답한다.

본래적인 차이 논증이 언제나 앞에서 개략적으로 설명한 조잡한 형태의 치료 불가능성에 의지해야 하는 것은 아니다. 더 미묘한 전제 한 쌍을 결합해도 같은 효과를 낼 수 있다. 가령 (1) A와 B가 각자 특정한 재능이나 능력을 서로 다른 양만큼 타고났다고 가정해보자. 또한 (2) 교육, 훈련, 그리고/또는 다른 사회적 요인이 이 특정한 영역에서 사람들의 타고난 재능이나 능력을 증대시킬 수 있지만, 결정적으로 교육이나 훈련의 **균등한 기회**가 A와 B를 같은 정도로 도와줘서 A와 B 모두 절대적인 면에서는 향상된다 할지라도, 이 재능이나 능력의 측면에서 A와 B의 차이가 항상 일정하게 유지된다고 가정해보자. 이 두 전제가 맞는다면, 본래적인 차이 논증은 논리적으로 옳을 것이다. 실제로 이 경우에 우리는 A와 B의 격차가 '타고난' 격차와 일치할 때 기회가 균등했음을 알 것이다.

이 전제 둘 다 옳지 않다. 사실 꼼꼼하게 검토해보면 두 전제 모두 말이 되지 않는다. 이 전제들이 가정하는 방식으로 정말로 '타고난' 재능이나 능력이란 존재하지 않는다. 그 이유를 이해하려면 유전, 환경, 인간 발달 과정에 관해 좀 더 체계적으로 생각해야 한다.

본성 모델과 양육 모델

지금 우리는 유전학의 시대에 살고 있다. 이제까지 수십 년 동안 대중적 담론에는 우리 존재와 행동의 많은 부분을 우리 유전자의 내용 탓으로 돌리는 주장들이 난무했다. 각종 언론 보도는 흡연, 텔레비전 시청, 기업가 정신, 소득, 투표 행태 등의 특성과 행동, 심지어 특정한 소비재에 대한 선호조차도 "유전된다"는 소식을 숨 가쁜 목소리로 전해주었다.[19] 분명 이런 보도들의 바탕을 이루는 연구들은 뒤에서 간략하게 논의할 특정한 기술적 의미에서 "유전된다"는 말을 사용한다. 연

---

19 예를 들어, Scott Shane, *Born Entrepreneurs, Born Leaders: How Your Genes Affect Your Work Life*(2010), 10쪽, "여러 연구에 따르면, 일에 대한 관심, 일에 대한 가치관, 직업 만족도, 직업 선택, 지휘부 교체, 직무 수행, 소득 등 고용과 관련해서 조사한 거의 모든 측면에서 사람들 사이의 차이 가운데 3분의 1 이상이 유전성이라고 한다."; 흡연의 유전성을 주장하는 K. S. Kendler et al., "A Population Based Twin Study in Women of Smoking Initiation and Nicotine Dependence", 29 *Psychological Medicine*(1999), 299~308쪽; 정치적 당파성의 강도에서 유전적인 요소를 발견하는 Jaime E. Settle et al., "The Heritability of Partisan Attachment", 62 *Political Research Quarterly*(2009), 601, 605쪽; 일정한 소비자 행동과 초콜릿, 재즈음악, 과학영화, 하이브리드 자동차 등의 특정 제품에 대한 선호에서 유전적 요소를 발견하는 Itamar Simonson and Aner Sela, "On the Heritability of Consumer Decision Making: An Exploratory Approach for Studying Genetic Effects on Judgment and Choice", 37 *Journal of Consumer Research*(2011), 951쪽; 당시만 해도 훨씬 적었던 문헌을 조사한 Stanton Peele and Richard DeGrandpre, "My Genes Made Me Do It", *Psychology Today*(July-Aug. 1995) (http://www.psychologytoday.com/articles/199507/my-genes-made-me-do-it에서 접속 가능) 등을 보라.

구자들은 문제가 되는 행동을 자극하는 어떤 구체적인 유전 기제가 반드시 발견되었다는 뜻으로 말하지 않는다. 그럼에도 불구하고 많은 대중적 담론에서는 이런 유전성 연구를 특성과 행동이 유전자에 의해 고정된다는 명제를 의미한다고 받아들인다. 행동유전학에 관한 대중적인 책을 쓴 저자의 말처럼,

> 우리는 우리가 자녀를 기르는 방식으로 자녀의 성격과 가치관을 모양 짓는다고 생각한다. 우리는 우리가 많은 것이 될 수 있고 무한정 다양한 방식으로 행동할 수 있는 잠재력을 가지고 태어났고, 이른바 자유의지라는 능력을 통해 …… 의식적으로 하나의 길을 헤쳐나간다고 생각한다. 하지만 …… 행동유전학은, 주로 쌍둥이 연구를 통해, 우리가 해야 하는 것이라고는 우리 유전자에 씌어 있는 대본을 실행하는 일뿐이라는 …… 관념으로부터 우리 정체성의 많은 부분이 우리에게 각인된다는 설득력 있는 주장을 펼쳤다.[20]

이 견해를 **강한 유전자 결정론**strong genetic determinism이라고 부르자. 특성과 행동은 본질적으로 유전자에 의해 결정된다는 견해이다. 기회 균등에 관한 논쟁을 촉발하는 특성과 행동, 즉 능력, 기능, 그밖에 '업적'에 핵심적인 변수들도 여기에 포함된다. 강한 유전자 결정론 주창자들은 설령 업적의 형태가 사회에 의해 정의되고 만들어졌다 할지라도, 대부분의 업적 형태가 원래는 유전적이라고 주장한다.

강한 유전자 결정론은 20세기 중반 내내 서구에서 폭넓은 지지를

---

20 Lawrence Wright, *Twins: And What They Tell Us About Who We Are*(1998), 143~144쪽.

누렸는데, 나치 우생학에 대한 반발 속에 적어도 잠시 동안 어느 정도 지반을 잃었다.[21] 강한 유전자 결정론은 어떤 연령에서든 측정할 수 있다고 여겨진 선천적인 지능지수 변수—오늘날까지 이어지는 지능지수 검사가 원래 의도한 목적의 심각한 왜곡이다—를 바탕으로 어린이들을 분류하고자 한 영국의 일레븐 플러스 시험 같은 제도를 낳았다.[22] 일레븐 플러스 같은 조기 시험 체제가 시행된 결과로 열악한 초등교육을 받은 무수히 많은 가난한 어린이들은 선천적인 능력이 워낙 부족해서 가장 열악한 중등학교보다 나은 어떤 교육도 받을 자격이 없다고 여겨졌다. 이런 낙제 예언은 종종 자기 충족적인 결과를 낳았다.

20세기에 우리는 또한 정반대 견해를 신봉하는 지지자들도 목도했다. 인간의 모든 특징(업적을 포함한)은 오로지 환경적 영향의 결과라는 견해가 그것이다. **강한 환경 결정론**strong environmental determinism이라고 할 만한 이 견해에 따르면, 새로 태어나는 모든 사람은 한 명 한 명이 '빈 서판'이며, 경험이 그 서판에 개인의 윤곽을 모두 그리게 될 것이다. 강한 환경 결정론은 강한 유전자 결정론만큼 인기를 누린 적이 없다. 아마 그 때문이겠지만, 피해도 덜 끼쳤다. 강한 환경 결정론의 주된 주창자들은 심리학자였는데, 가령 그들 때문에 이 견해는 자폐아 부모에게 쓸데없는 고통을 주었다. 지난 세기에 이 부모들은 자신의 양육 때문에—당시 유행한 심리학의 정설에 따라 지나친 애정 때

---

21 Richard Lewontin, *The Triple Helix: Gene, Organism, and Environment*(2000), 16쪽[리처드 르원틴 지음, 김병수 옮김,《3중 나선》, 잉걸, 2001]을 보라.

22 원래 알프레드 비네Alfred Binet는 선천적인 능력을 결정하는 방법이 아니라 특별한 교육을 필요로 하는 어린이들을 확인하는 방법으로 지능지수 검사를 고안했다. Stephen Jay Gould, *The Mismeasure of Man*(rev. ed. 1996), 182쪽[스티븐 J. 굴드 지음, 김동광 옮김,《인간에 대한 오해》, 사회평론, 2003]을 보라.

문이든 지나친 거리감 때문이든—자녀에게 장애가 생겼다는 말을 여러 차례 들었던 것이다.[23] 오늘날 거의 모든 사람이 유전자와 환경 둘다 우리의 존재와 우리의 행동을 결정하는 데 역할을 한다는 점에 동의한다. 현대의 논쟁은 바로 여기서 시작된다.

유전자와 환경 둘 다 역할을 한다는 것은 무슨 의미일까? 가장 단순하면서도 아마 가장 흔한 대답은 이른바 **약한 유전자 결정론**과 **약한 환경 결정론**을 결합하는 것이다. 강한 유전자 결정론과 대조적으로, **약한** 유전자 결정론은 유전자가 그 자체로 어떤 주어진 특성의 타고난 재질의 **전부가 아니라 일부**, 또는 특정한 행동의 전부가 아니라 일부를 결정한다고 주장한다. 약한 환경 결정론은 환경이 똑같은 역할을 한다고 주장한다. 원칙적으로 약한 유전자 결정론과 약한 환경 결정론은 독립적이다. 우리는 둘 중 하나나 둘 다를 믿으면서, 동시에 그에 더해 임의적인 우연이나 개인의 행위성 같은 제3의 요소가 어떤 특성이나 행동의 일정한 부분의 원인이 된다고 믿을 수 있다.

약한 결정론 입장이 다른 가능한 견해와 구분되는 점은 유전자와 환경이 분리되고 독립적인 인과 요인으로 작용한다는 사고이다. 유전자와 환경은 각각 그 자체로 작용한다. 약한 유전자 결정론에서 보면, 유전자는 그 자체로 특성이나 행동을 완전히 결정하지 않지만, 특정한 유전자형은 그런 특성이나 행동에 일관된 영향을 미친다. 이런 유전자형은 환경과 무관하게 다른 유전자형보다 특정한 특성과 행동을 더 많이 만들어낸다. 약한 환경 결정론은 개인의 유전적 구성이나 이

---

23 빈 서판 옹호론자들이 저지른 이 죄와 다른 잘못들의 목록으로는 Steven Pinker, *The Blank Slate: The Modern Denial of Human Nature*(2002)[스티븐 핑커 지음, 김한영 옮김, 《빈 서판》, 사이언스북스, 2004]를 보라.

구성과 관련된 다른 사실들과 무관하게 특정한 환경이 비슷하게 예측 가능한 영향을 미친다고 주장한다. 나는 약한 유전자 결정론 그리고/또는 약한 환경 결정론을 비롯한 견해들을 고립주의isolationist라고 규정할 것이다. 이 견해들은 실제 특성과 행동은 유전자나 환경, 그리고 어쩌면 함께 추가된 다른 인과 요인들의 복합적인 결과임을 인정함에도 불구하고, 유전자 그리고/또는 환경을 분리되고 고립된 인과 요인으로 보기 때문이다.

만약 고립주의적 견해가 옳다면, 그리고 옳은 경우에만, 이론상 변수들을 분리하는 게 가능하다. 일부 특성과 행동은 기원상 대체로 유전적이고 다른 것들은 대부분 환경적임이 밝혀질 것이다. 그리고 어쩌면 과학은 우리에게 무엇이 유전에 의한 것이고 무엇이 환경에 의한 것인지를 말해줄 수 있을 것이다. 행동유전학에서 시작되어 이제 경제학만큼 광범위한 분야에 진출하고 있는 연구 방법론은 특정한 특성의 '유전성'의 추정치를 내놓는다. 쌍둥이와 입양 형제 연구를 활용해서 주어진 표현형phenotype('P') 가운데 얼마만큼이 유전heredity('H')이나 환경environment('E')의 산물인지에 대한 통계적 추정치에 도달하는 것이다. 단순하게 말하면 P=H+E이다. 유전과 환경이 각각 주어진 결과에 일정한 양을 기여한다면, 원칙상 쌍둥이나 입양과 관련된 자연 실험을 활용해서 그런 상대적 기여의 크기를 결정할 수 있다. 하지만 유전이나 환경이 어떤 특성이나 행동을 결정하는 데 상대적으로 크거나 작은 역할을 한다는 것이 과연 정확히 어떤 의미일까?

자세히 검토해보면, 이 질문은 타당하지 않음이 드러난다.[24] 환경이

---

24 내가 읽은 책 가운데 이 문제를 가장 사려 깊고 솔직하게 설명한 내용은 역사학자이자 과학철학자인 이블린 폭스 켈러의 최근 저서에서 찾을 수 있다. Evelyn Fox Keller, *The*

없이는 유전자는 아무것도 하지 않는다. 유전자가 없다면 환경이 영향을 미칠 만한 어떤 사람도 존재하지 않는다. 현실의 어떤 유기체가 발달하고 성장하는 동안에든 수많은 복합적인 과정이 일어나서 그 유기체의 발달을 모양 짓는다. 이 과정들은 **모두** 유전자와 환경 둘 다를 필요로 한다. 따라서 제대로 이해한 유전과 환경은 각각 최종 결과에 독자적으로 기여하는 별개의 두 인과 요인들이기는커녕 분리되지도 않는다.[25]

분리되지도 않는다

그 이유를 이해하려면, 우리가 유전학이나 유전에 관해 이야기할 때 무엇을 의미하는지에 관해 생각해보는 게 도움이 된다. 그리고 여기서 미래의 어떤 사람을 구성하기 위한 청사진이라 할 수 있는 유전자 이미지 같은 대중적인 문화적 이미지의 층을 몇 겹 벗겨내는 게 유용하다.[26] 유전자 자체는 유전암호의 단편에 불과하다. 유전자가 작용을 하기 위해서는 "발현되거나" 활성화돼서, 세포가 실제로 그 유전자에 포함된 정보에 입각해서 어떤 단백질이나 다른 유전자 산물을 만들어야 한다.[27] 모든 유전자가 어느 때든 발현되는 것은 아니다. 오히

Mirage of a Space Between Nature and Nurture(2010).

25 앞의 책, 6~7쪽.

26 Lewontin, *Triple Helix*, 5~7쪽을 보라.

27 일부 유전자는 다른 유전자의 활성화를 조절하는 것 같은 더 복잡한 역할을 한다. 전반적인 내용으로는 Anthony J. F. Griffiths et al., *Introduction to Genetic Analysis*(9th ed. 2008), 11~12장을 보라. 결국 인간 발달 과정에서 중요한 것은 유전자 자체가 아니라

려 발현은 세포 환경에서 벌어지는 현상에 대응해서 벌어지며, 이 현상은 해당 유기체 전체에서 벌어지는 현상과 관련이 있다.[28] 흔히 유전자 발현을 일으키는 과정은 해당 유기체 외부의 환경 조건에 좌우된다. 예를 들어, 호르몬은 보통 유전자 발현을 촉발하고, 유기체 외부의 환경 조건은 종종 호르몬 생산을 촉발한다.[29]

유전자 산물이 만들어진 뒤에도 아직 이야기는 시작점일 뿐이다. 이후의 과정들—추가적인 유전자 활성화, 환경 조건, 임의적인 "발생 잡음developmental noise"[30] 등—에 따라 한 유기체가 이 단백질들과 다른 분자들을 가지고 어떤 작용을 **하는지**가 결정되며, 이 과정에서 어떤 것들은 중요한 역할을 하고 어떤 것들은 파괴된다.[31] 그렇지만 관찰 가능한 특성과 행동을 만들어내기 위해서는 더 많은 상호작용 단계가 필요하다. 이런 반복적인 상호작용 과정들은 유기체 자체의 기원, 즉 세포 분화의 최초의 순간들과 함께 시작되어 전 생애 동안 이어진다. 관련된 과정들의 어떤 시점에서도 유전자나 환경이 홀로 작용하지 않는다.

이 모든 것은 약간 전문적인 내용이다. 여기서 우리가 생각하는 취지상 중요한 것은 유기체들이 발생하고 변화하는 상호작용 과정의 세

유전자의 활성화나 발현이다.

28 앞의 책, 10장; Gilbert Gottlieb, "On Making Behavioral Genetics Truly Develop-mental", 46 *Human Development*(2003) 337, 348쪽을 보라.

29 Gottlieb, "On Making Behavioral Genetics Truly Developmental", 348~349쪽.

30 발생이 진행되는 동안 세포의 성장과 분화에서 나타나는 임의적인 변이.—옮긴이

31 초기의 작은 발생 잡음이 많은 상호작용을 반복하면서 상당히 장기적인 영향을 미칠 수도 있다. Griffiths et al., *Introduction to Genetic Analysis*, 24~26쪽; Lewontin, *Triple Helix*, 36~37쪽 등을 보라. 유전자 산물에 무슨 일이 생기는지를 결정하는 과정들에 관한 이해하기 쉬운 논의로는 Lenny Moss, *What Genes Can't Do*(2003), 95, 186쪽을 보라.

부 내용이 아니라, 이런 과정의 존재와 반복적인 성격이다. 유전자와 환경은 분리할 수 있는 독자적인 영향을 미치지 않기 때문에, 어떤 주어진 특성이나 행동이 이를테면 70퍼센트는 유전에서, 30퍼센트는 환경에서 기인한다고 말하는 것은 타당하지 않다. 모든 특성과 행동은 100퍼센트 유전에서, 100퍼센트 환경에서 기인한다.

과학철학자 네드 홀Ned Hall은 이 점을 간단하고 유용한 그림으로 설명하는데, 이블린 폭스 켈러가 최근 저서《본성과 양육이라는 신기루》에서 이 그림을 개작했다. 내가 방금 말한 모든 내용과 정반대로,

〈그림 1〉 양동이 모델. 여기 양동이가 하나 있다. 빌리가 양동이에 물 40리터를 붓는다. 다음에 수지가 물 60리터를 붓는다. 따라서 양동이 물의 40퍼센트는 빌리 덕분이고, 60퍼센트는 수지 덕분이다.

네드 홀이 그린 만화를 개작. Evelyn Fox Keller, *The Mirage of a Space Between Nature and Nurture*(Duke University Press 2010), 8쪽[이블린 폭스 켈러 지음,《본성과 양육이라는 신기루》, 23쪽]에서 허락을 받고 재수록.

유전자와 환경이 각각 어떤 특성에 분리된 기여를 할 수 있다고 생각해보자. 빌리와 수지가 각각 조금씩 양동이에 물을 붓는 경우처럼 말이다(〈그림 1〉).

이 모델은 고립주의적 견해를 보여준다. 하지만 특성과 행동을 만들어내는 실제 과정에는 유전자와 환경 **둘 다** 필요하다. 따라서 더 정확한 모델은 〈그림 2〉와 비슷할 것이다.

유전성을 조사하는 연구자들이 신중하게 이야기할 때, 그들은 어떤 특성을 만들어내는 데서 H나 E 중 어느 것이 더 큰 역할을 하는가라

〈그림 2〉 원인들이 상호작용하는 경우. 하지만 대신 이런 일이 벌어졌다고 생각해보자. 수지가 양동이까지 호스를 가져왔다. 그다음에 빌리가 수도꼭지를 틀었다. 이제 얼마나 많은 물이 빌리 덕분이고, 수지 덕분일까? 답: 이 질문은 이제 타당하지 않다.

네드 홀이 그린 만화를 개작. Evelyn Fox Keller, *The Mirage of a Space Between Nature and Nurture*(Duke University Press 2010), 9쪽[이블린 폭스 켈러 지음, 《본성과 양육이라는 신기루》, 23쪽]에서 허락을 받고 재수록.

는 식으로 질문의 틀을 짜지 않는다. 대신에 그들은 변이의 측면에서 질문의 틀을 구성한다. 그들은 주어진 인구에서 우리가 관찰하는 표현형적 특성 가운데 어느 정도의 **변이**가 유전자 변이의 결과이고, 어느 정도가 환경적 변이의 결과인지 묻는다. 다시 말해, 어떤 개인의 경우든 H와 E는 분리할 수 없다. 하지만 여기서 중요한 점은 우리가 키, 지능지수 등등이 각기 다른 일정한 집단의 사람들을 훑어보면서, 이 집단 내에서 보이는 변이가 어느 정도까지 집단 내의 유전적 차이 때문인지, 아니면 이 집단의 구성원들이 경험한 상이한 환경 때문인지를 물을 수 있다는 것이다.

하지만 이제 우리는 무척 신중해야 한다. 우리가 던지는 질문의 범위가 미묘하면서도 중요한 방식으로 바뀌었다. 지금 우리가 묻는 것은 특정한 수준의 유전적·환경적 변이를 지닌 특정한 집단에 특유한 질문이다. 언젠가 철학자 사이먼 블랙번Simon Blackburn이 말한 것처럼, "클론의 세계에서는 속성이 유전될 가능성이 0이다. 환경이 완전히 똑같은 세계에서는 그 가능성이 100퍼센트까지 높아진다."[32] 이런 점 때문에 우리가 반드시 유전자와 환경의 복합적인 상호작용을 인정해야 하는 것은 아니다. 사실 유기체를 이야기할 필요도 없다. 생명이 없는 물건의 경우에도 문제는 분명하다. 블랙번이 설명하는 것처럼, "만약 쇠를 균일한 환경에 놔둔다면 녹의 차이는 100퍼센트 성분 차이 때문이지만, 동일한 쇠 표본을 다양한 환경에 놔둔다면 녹의 차이는 100퍼센트 환경 때문이다."[33]

---

32 Simon Blackburn, "Meet the Flintstones", *The New Republic*, Nov. 25, 2002(스티븐 핑커 의 《빈 서판》 서평).

33 앞의 글.

다시 말해, 유전성 연구는 사실 다음과 같은 질문을 던지는 것이다. H와 E, 이 두 형태의 변이 중 어느 것이 우리가 연구하는 특성이나 속성에 영향을 미치는 방식으로 이 특정한 표본에서 더 많이 나타나는가? 우리가 살펴보는 집단은 유의미한 종류의 유전적 변이는 많지만, 환경은 유의미한 방식으로 무척 유사한 집단인가? 아니면 유의미한 방식으로 유전적으로는 비교적 균일하지만, 유의미한 환경은 무척 다양한 집단인가? 그 질문에 대한 답에 따라 우리가 유전이나 환경을 우리 앞에 나타나는 변이의 주된 동인으로 볼지가 결정될 것이다.

우리가 환경을 조작하거나 환경에 개입하는 방식을 발견하는 경우에, 그 질문에 대한 답은 극적으로 바뀔 수 있다. 즉 우리가 현실에서 가능한 환경의 범위를 바꾸는 경우에, 원래 순전히 유전이던 특성이 이제 환경의 영향을 받기도 한다. 여전히 가장 흔한 지적 장애의 생화학적 원인인 유전성 질환 페닐케톤뇨증PKU을 예로 들어보자.[34] 1934년에 처음 발견되었을 때, 페닐케톤뇨증은 관련된 유전자 변이의 존재와 다양한 끔찍한 결과—인지 결함, 떨림, 발작 등—사이에 완벽한 일대일 관계가 존재한다는 의미에서 순전히 유전성 질환이었다. 어떤 환경에 있는 어린이든 페닐케톤뇨증에 걸리는 것 같았다. 그런 의미에서 이 병은 관찰된 변이를—페닐케톤뇨증에 걸린 불운한 소수와 다른 모든 사람들 사이에서—순전히 유전 탓으로 돌릴 수 있는 질환의 고전적 사례였다. 환경은 아무 관계가 없었다. 그런데 1950년대에 연

---

34 유아 1만 명당 1명 정도가 페닐케톤뇨증에 걸린다. David S. Moore, *The Dependent Gene: The Fallacy of "Nature vs. Nurture"*,(2001), 144~148쪽을 보라. 이 질환이 어떻게 작동하는지에 관한 설명으로는 Griffiths et al., *Introduction to Genetic Analysis*, 54쪽을 보라.

구자들이 페닐케톤뇨증과 관련된 생화학적 기전을 이해하기 시작했다. 그들은 이 증후군이 특정한 환경 요인, 즉 많은 식품에서 발견되는 페닐알라닌이라는 아미노산에 좌우된다는 사실을 발견했다. 어린이에게 페닐알라닌을 엄격하게 낮춘 식이요법을 실천하게 하면, 페닐케톤뇨증의 영향을 완전히 제거해서 정상적인 발육이 가능하다. 부모들이 식이요법을 실천할 수 있도록, 요즘은 보통 식료품 라벨에 "페닐케톤뇨증: 페닐알라닌 함유"라는 문구가 들어간다. 한때 순전한 유전성 질환이던 것이, 이제는 유전 인자와 환경 인자의 상호작용을 수반하는 인간 성장 과정의 교과서적 사례가 되었다.

그렇다고 해서 1930년대에 페닐케톤뇨증이 순전히 유전성 질환이라고 말했던 어떤 연구자가 틀렸다는 말은 아니다. 정반대이다. 당시에 이 병은 순전히 유전성 질환**이었다**. 당시 존재한 모든 환경에서 관련된 유전자 변이를 가진 어린이들은 그 질환의 증상을 겪었다. 페닐알라닌을 줄인 식이요법이 물리적으로 가능했지만, 연구 가능한 어떤 집단에서든 존재하는 보편적인 환경의 일부가 아니었다.

의심 많은 독자라면 이 시점에서 페닐케톤뇨증이 너무 쉬운 사례라고 이의를 제기할 법하다. 모든 질병이나 질환이 페닐케톤뇨증과 비슷한 것은 아니다. 많은 경우에 문제는 우리가 페닐알라닌을 줄인 식이요법에 해당하는 것을 아직 발견하지 못했다는 사실이 아니다. 오히려 문제는 발견할 만한 그런 것이 전무하다는 점이다. 하지만 페닐알라닌을 줄인 식이요법과 유사한 대규모 환경 개입이 존재하지 않는 경우에도, 특정 대상을 겨냥한 다른 개입 형태가 똑같은 역할을 할 수 있다. 약리학적 개입으로 없어진 유전자 산물을 대체하거나 유전자 발현을 촉발할 수 있다. 극단적인 예로, 유전자 치료는 때로 환자의 일부 세포에서 유전자 암호를 변경함으로써 유전자 발현에 더 직접적으로 영향을 미친다. 오늘날 이런 식의 다양한 개입 범주에 막대한 연구 에너지를 쏟아붓고 있다. 유전자 발현과 관련된 질병이나 상태에 있는 환자에게서 하나의 유전자 서열을 다른 서열로 대체하기 위해 특별히 설계한 바이러스가 대표적인 예이다.[35]

유전자 치료는 아직 걸음마 단계이다. 하지만 인간 발달에 대한 우리의 이해라는 측면에서 이 치료가 갖는 철학적 함의는 분명하다. 장래에 어떤 환경적 개입—어쩌면 식이요법이나 약물, 또는 유전자 치료—으로도 바꾸지 못한다고 확신할 수 있는 유전성 질환 같은 것은 존재하지 않는다는 것이다. 개념적으로 보면, '순전한' 유전성 질환 범주는 우리가 아직 그런 개입이나 치료법을 발견하거나 개발하지 못한 질환의 잔여 범주일 뿐이다. 어떤 질환이 순전히 유전성이라는 것은 바로 그런 **의미**이다.

어떻게 보면, 유전자 치료를 포함하는 의미로 '환경'을 정의하는 것은 속임수처럼 보일지 모른다. 유전을 환경에서 분리하려고 한다면, 대개 그림을 모호하게 만들기만 하는 기제를 논의에서 배제해야 한다고 생각할 것이다. 하지만 유전자 치료는 유전을 환경에서 분리하려는 기획 전체가 헛고생이라는 사실을 특히 분명하게 보여주는 하나의 사례에 불과하다. 유전자가 작용하는 공간인 유전자 발현은 항상 유전자, 유기체, 환경을 모두 필요로 하는 반복적 과정의 산물이다. 유전자 치료는 분명 이런 익숙한 반복적 과정에서 새로운 종류의 움직임이다. 유기체가 의사에게 가서 특히 직접적인 방식으로 유전자 발현

---

35 이 한 하위 분야의 연구를 추적하기 위해 몇 개의 전문적인 과학저널이 생겨나고 있다. 가령 *Cancer Gene Therapy*, 1999~현재를 보라.

에 작용하는 (환경적) 치료법을 받는 것이다. 하지만 개념적으로 보면, 유전자 치료는 페닐알라닌을 줄이는 식이요법이나 질병을 저지하는 약물, 또는 심지어 안경과도 무척 흡사하다. 이 모든 환경적 요인들은 한 사람과 특정한 형태의 치료와 요법을 제공하는 현대적인 사회·의료 체제 사이의 상호작용의 결과이다. 이런 치료는 일반적인 목적의 구체적인 사례이다. 개인들이 하거나 되는 것은 언제나 유전자 활성화와 해당 개인과 환경 사이의 상호작용을 필요로 하는 다양한 과정의 산물이다. 각기 다른 이 요인들의 기여를 분리할 방법은 없다. 애초에 이것들은 분리되지 않기 때문이다.

이 모든 사실은 온갖 부류의 기회균등 개념, 즉 전체적으로든 부분적으로든 기회균등을 각 개인의 '타고난' 재능이 완전히 발전하거나 자신의 완전한 발현을 발견할 수 있는 조건으로 정의하는 개념에 대해 근본적인 문제를 하나 제기한다. 이런 견해에 따르면, 각 개인이 자신의 '타고난' 재능이 허용하는 정도까지 성공할 수 있을 때, 우리는 기회가 균등하다고 말할 수 있다. 앞서 논의한 기회균등 개념들 가운데 롤스의 기회균등이 가장 분명한 사례이다. 롤스가 보기에는 타고난 재능과 출생 환경의 영향을 구별하는 것이 무엇보다도 중요하다.[36] 마찬가지로 드워킨은 그가 말하는 이른바 "부-재능"—성공한 사람과 성공하지 못한 사람의 관점에서 가장 중요한 재능—은 "어느 정도, 그리고 아마 상당 정도 선천적"이라고 가정한다. 그렇지만 드워킨의 이론에서는 이런 생각이 롤스의 이론에서만큼 핵심적인 역할을 하지는 않는다.[37] 앞 부에서 논의한 이론들 외에도, 기회균등에 관한 광범위한

---

36 이 책 62쪽 이하 "롤스의 기회균등과 출발점 이론" 절을 보라.
37 Ronald Dworkin, *Sovereign Virtue: The Theory and Practice of Equality*(2000), 345쪽[로

일반인의 이해 역시 비슷한 전제에 호소한다. 평평한 경기장의 뜻은, 어쨌든 경기장이 평평하다면 제일 뛰어난 선수가 승리한다는 것이다. 인생 경로 전체에 걸친 기회균등을 설명하기 위해 그 비유를 사용할 때, 우리는 거의 필연적으로 '가장 뛰어난' 선수가—만약 그 선수가 환경과 무관한 이유로 '가장 뛰어나다면'—타고난 선천적인 재능을 지녔다고 생각하는 게 분명하다.

그런데 타고난 혹은 선천적인 재능 같은 게 존재하지 않는다면 어떨까? 각기 다른 특성과 잠재력의 조합을 가진 서로 다른 개인들만이 존재한다면? 그리고 이 특성과 잠재력 **하나하나가** 개인과 환경 사이의 과거 상호작용의 산물이고, 발달 기회가 이 상호작용에서 중심적인 역할을 한다면?

널드 드워킨 지음, 염수균 옮김,《자유주의적 평등》, 한길사, 2005, 530쪽]. 이 책 73쪽 이하 "운 평등주의와 타고난 재능" 절을 보라.

3장
'정상'의 문제점

인간 발달에 관한 대중적이지만 잘못된 견해 중 하나는, 개인이 발달하고 성장하기 위해서는 '정상적인' 환경이 필요하다고 주장한다. 심하게 나쁜 환경은 모든 것을 잘못되게 만드는 반면, 정상적인 조건에서는 각 개인의 유전적 잠재력이 발현된다는 것이다. 이 견해는 강한 유전자 결정론에서 벗어난 것이지만, 약간 벗어났을 뿐이다. 이 견해는 "범죄적 방치criminal neglect,[38] 신체적·성적 학대, 열악한 고아원 유기" 같은 환경은 "상처를 남긴다"는 점을 인정한다.[39] 하지만 이 견해에서 보면, 그렇게 비정상적으로 나쁜 환경이 없다면 개인들이 선천적인 잠재력에 걸맞게 살 것으로 예상된다.[40]

---

38 아동, 장애인, 노인 등 보호가 필요한 가족을 의도적으로 방치하는 행위로 형법의 처벌을 받는다. —옮긴이

39 Pinker, *The Blank Slate*, 379~380쪽[스티븐 핑커 지음, 《빈 서판》, 665쪽].

40 핑커는 입양과 쌍둥이 연구에서 나온 결과를 보면, 이런 나쁜 환경이 없다면 적어도 중간계급 가정에서는 양육의 차이가 인간 발달에 "무시해도 좋은" 영향을 미친다고 주장한다. 앞의 책.

이 견해의 문제점은 모든 인간의 '정상적인' 발달을 촉진하는 단일한 '정상적인' 환경이란 존재하지 않는다는 것이다. 1형 당뇨병이 있는 아이는 정상적인 기능을 하려면 인슐린 주사를 맞아야 한다. 페닐케톤뇨증이 있는 아이는 페닐알라닌을 줄인 식이요법을 해야 한다. 이런 환경 조건 중 어느 것도 '정상적인'이라고 말하기 힘들다. 어떻게 보면 이런 조건은 무척 특이하다. 하지만 **이** 특별한 아이들이 제대로 발달하고 성장하기 위해 필요로 하는 것은 바로 이런 조건이다.

'정상'이란 없다

여기서 말하고자 하는 요지는 더 일반적이다. 아킬레아Achillea(서양톱풀)라는 꽃식물의 각기 다른 유전자형을 비교하는 방식으로 유전자와 환경의 상호작용을 탐구한 초기의 중요한 일련의 실험을 검토해보자.[41] 연구자들은 각기 다른 유전자형을 구해서 각 형의 표본을 고도가 다른 세 곳에 심었다. 그 결과, 〈그림 3〉에서 보이는 대로 일곱 가지 유전자형 중에서 모든 고도에서 일관되게 가장 크게 자란 유전자형은 하나도 없음을 발견했다. 사실 세 환경의 전체 범위를 고려할 때, 유전자형과 고도 사이에는 상관관계가 거의 없었다. 상이한 환경 조건에서 각기 다른 유전자형이 더 크게 자랐다.[42] '정상적인' 환경에서 어느

41 Jens Clausen, David D. Keck and William M. Heisey, *Experimental Studies on the Nature of Species Ⅲ: Environmental Responses of Climatic Races of Achillea*(1948), 80쪽. Griffiths et al., *Introduction to Genetic Analysis*, 648쪽을 보라.

42 Lewontin, *Triple Helix*, 20쪽을 보라.

유전자형이 가장 큰 식물을 만드는가 하는 질문에는 답이 없다. 이 환경 조건들 중 하나를 '정상'이라고 정의하고, 나머지는 정상이 아니라고 할 만한 타당한 근거가 전혀 없기 때문이다.

　유전학자들은 때로 '반응 기준'이나 '반응 범위' 같은 개념을 사용해서 유전과 환경의 단순한 상호작용을 설명한다. 이 개념들은 매우 간단하다. 이 개념들이 뜻하는 바는, 주어진 유전자 형질을 가진 유기체는 일정한 범위의 환경에서 이를테면 예상되는 기준에 가까운 높이까

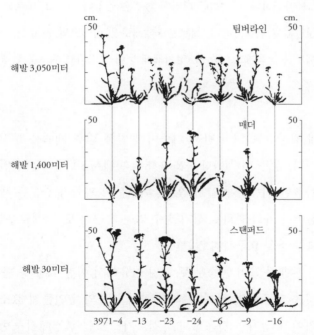

〈그림 3〉 상호작용의 한 사례. 이 일곱 개의 아킬레아 표본은 해발고도가 다른 세 곳의 환경 조건과 상호작용하면서 각기 다른 높이까지 자랐다. 어떤 하나의 유전자형도 세 환경 모두에서 일관되게 더 크거나 작게 자라지 않았다.

Clausen et al., *Experimental Studies on the Nature of Species Ⅲ : Environmental Responses of Climatic Races of Achillea*(Carnegie Institution for Science 1958), 80쪽에서 허락을 받고 재수록.

지, 또는 예상되는 범위 안의 높이까지 자라리라고 기대할 수 있다는 것이다. 이런 주장의 범위를 설명하는 게 중요하다. 위대한 유전학자 테오도시우스 도브잔스키Theodosius Dobzhansky가 1955년에 말한 것처럼,

한 유전자형의 반응 기준은 기껏해야 불완전하게 알려져 있을 뿐이다. 반응 기준을 완전히 알려면 어떤 유전자형 보유체들을 가능한 모든 환경에 놓아두고 발달하는 표현형을 관찰해야 할 것이다. 이것은 현실적으로 불가능하다. 현존하는 다양한 환경은 엄청나게 많고, 새로운 환경이 끊임없이 만들어진다. 새로운 약, 새로운 식이요법, 새로운 주거 유형, 새로운 교육제도, 새로운 정치체제 등이 발명되면 새로운 환경이 생겨난다.[43]

이렇게 말한다고 해서 반응 기준이나 반응 범위 개념을 부정하는 것은 아니다. 많은 맥락(가령 작물 수확 예측)에서 이 개념들이 얼마나 필수 불가결한지는 쉽게 알 수 있다. 대부분의 과학적 질문은 새로운 과학 발전이나 사회 변화로 생겨날 수 있는 가능한 모든 '새로운 환경'을 개념화할 것을 요구하지 않는다.

하지만 본래적 차이 논증은 두 가지 이유에서 이런 '새로운 환경'을 고려할 것을 요구한다. 첫째, 본래적 차이 논증의 원인론적 요소는 A와 B의 차이가 생기는 것은 A의 유전자가—모든 환경에서—항상 B의 유전자보다 관련된 특성이나 역량을 더 많이 만들어내기 때문이라

---

43 Gilbert Gottlieb, "Some Conceptual Deficiencies in 'Developmental' Behavior Genetics", 38 *Human Development*(1995), 131, 139쪽에서 재인용한 도브잔스키의 말.

는 주장이나 마찬가지이다. 이런 결과가 뒤집히는 환경이 존재하고 B 가 결국 관련된 특성을 더 많이 또는 심지어 똑같이 부여받는다면, 본래적인 차이 주장은 산산조각이 난다. A와 B의 차이 중 어떤 것도 순전히 유전적인 원인 때문이라고 말할 수 없게 된다.

훨씬 더 심각한 문제가 생기는 것은 본래적 차이 논증이 원인론에서 슬며시 치료 불가능성으로 옮겨갈 때이다. 치료 불가능성을 주장하는 본래적 차이 논증은 사회가 제공할 수 있는 환경 조건—약, 식이요법, 교육제도, 정치체제 등등—이 결함을 치료하거나 다른 식으로 A와 B의 격차를 줄일 방도는 없다고 주장한다. 그러므로 치료 불가능성 주장을 평가하기 위해서는 현존하는 환경뿐만 아니라 잠재적인 '새로운 환경'도 검토해야 한다. 바로 여기서 본래적 차이 논증은 좌초하기 쉽다. 우리가 현재 과학적·사회적 진보의 종점에 살고 있다고 믿는 게 아니라면, **가능한 어떤** 환경도 A와 B의 차이를 치료할 수 **없다고** 진지하게 주장하기는 힘들다.

오늘날 같은 유전자 시대에 뉴스를 소비하는 독자들은 "새로운 약, 새로운 식이요법, 새로운 주거 유형, 새로운 교육제도, 새로운 정치체제" 등이 새로운 환경을 만들어낸다는 도브잔스키의 경고를 직관적으로 무시하기 쉽다. 대신 우리는 한 개인의 본래적이거나 유전적인 특징이 '정상적인' 환경 조건에서 어떤 특성의 비교적 예측 가능한 '정상적인' 수준이나 범위를 낳을 것이라고 직관적으로 믿을 공산이 크다. 지금으로서는 지능지수 검사에서 좋은 점수를 받는 역량으로 정의되는 지능지수를 생각해보자. 정상적인 교육과 양육을 가정할 때, 유전자만을 근거로 어떤 사람이 결국 어느 정도의 지능지수를 갖게 될 것이라고 말할 수 없는 걸까?

플린 효과 : 환경의 역할에 관한 객관적 교훈

그 질문에 답하는 유용한 방법은 제임스 플린James Flynn이 수집한 데이터를 검토하는 것이다. 플린은 관련 데이터가 존재하는 모든 산업국가의 경우에 10년마다 평균 지능지수가 통계적으로 상당히 높아졌음을 보여준 바 있다.[44] 상승 정도는 상당히 크다. 플린은 영국의 경우에 시간이 흐르면서 상승한 정도가 워낙 커서, 1877년에 태어난 집단에서 90분위를 기록한 남성—즉 동시대인 10명 중 9명보다 지능지수가 높은 남성—은 1977년에 태어난 집단과 비교하면 5분위—즉 지능지수 검사 응시자 20명 중 19명보다 **낮은** 최하위—에 해당한다는 사실을 발견했다.[45]

이런 '플린 효과'는 여러 가지 중요한 함의를 갖는다. 우선 한 세기 전 사람들이 데이터가 나타내는 것처럼 놀라울 정도로 머리가 나빴다고 믿기는 힘들어 보이기 때문에, 플린 효과는 지능지수 검사 점수와 우리가 흔히 '지능'으로 한데 뭉뚱그리는 광범위한 일련의 특성들 사

---

44 James R. Flynn, "Massive IQ Gains in 14 Nations : What IQ Tests Really Measure", 101 *Psychological Bulletin*(1987), 171쪽; James R. Flynn, "IQ Gains Over Time", in *Encyclopedia of Human Intelligence*(Sternberg ed., 1994), 617쪽; James R. Flynn, "IQ Trends Over Time : Intelligence, Race, and Meritocracy", in *Meritocracy and Economic Inequality*(Kenneth Arrow et al. eds., 2000), 35~60쪽 등을 보라. 이 추세가 1990년대 이후에도 계속되었는지에 관해서는 상충하는 데이터가 존재한다.

45 Flynn, "IQ Trends", 37~40쪽과 〈그림 3.2〉. 1877년 출생 집단은 1977년 출생 집단보다 늦은 나이에 지능지수 검사를 치렀는데, 아마 이런 이유 때문에 검사 연령이 동일하게 유지되었을 경우에 비해 차이가 훨씬 더 극명하게 드러났을 것이다. (플린과 마찬가지로 나 역시 지능지수가 성인 연령에서 변하지 않는다는 주장에 회의적이다.) 그렇다 하더라도, 이런 10년 단위 변화의 근사치는 테스트 연령을 동일하게 유지한 수많은 데이터 기록에서 비슷하게 나타났다. 앞의 글.

이의 관계에 의문을 제기한다.[46] (지능지수는 시간이 흐르면서 극적으로 높아졌지만, 아마 지능지수 점수로 제대로 포착되지 않는 다른 정신적 역량은 높아지지 않았을 것이다.) 그런데 여기서 우리가 이야기하는 논점과 관련해서 더 중요한 함의는 지능지수 점수가 무엇을 측정하는지와 무관하게, 유전자와 지능지수 점수 사이의 관계에 관한 것이다.

규모가 큰 인구 집단의 유전자 형질이 10년마다 변하는 일은 거의 없다. 그러므로 플린 효과가 보여주는 것은 이런 사실이다. 현재 인구 집단에 속한 개인들 사이의 차이를 압도할 만큼 지능지수에 극적인 영향을 미치는 방식으로 환경을 바꾸거나 새로운 환경을 만들어내는 게 가능하다는 것이다. 우리는 환경상의 변화가 이런 일을 할 수 있음을 안다. 지금까지 이런 일을 **했기** 때문이다. 환경상의 변화는 새로운 범위의 지능지수 점수가 노인들과 거의 전혀 겹치지 않게 할 정도로 극적으로 점수를 바꿀 수 있고 바꾸어왔다.

플린 효과 같은 변화는 사람들이 자신의 유전적 잠재력을 '완전히' 발달시키는 '정상적인' 환경이라는 개념을 다소 극적인 방식으로 허물어뜨린다. 환경이 '정상'인 것은 19세기 말일까, 20세기 후반일까, 아니면 지금일까? 이 질문에는 뚜렷한 의미가 부족하다. 그리하여 쌍둥이 연구나 입양 연구를 통해, 현재 어느 곳의 일정한 인구에 관한 간단한 정보로부터 지능지수에 대한 H와 E의 추정치를 만들어낼 수는 있지만, 이런 추정치는 해당 연구 표본에 존재하는 환경의 범위와 유전적 변이의 범위에만 적용될 뿐이다. 이 표본에 비교적 다양한 일정한 환경이 포함된다 하더라도—그런데 이런 경우는 드물다. 이러한

---

46 앞의 글, 37쪽을 보라.

많은 연구가 대략적인 사회경제적 지위를 공유하고 특정한 지리적 지역에 국한되는 인구 집단을 상대로 수행되기 때문이다—우리는 표본에 존재하는 지능지수 차이의 범위가 장래 환경 변화의 영향에 의해 압도될 공산이 크다는 점을 예상해야 한다.

이것은 과학소설이나 미래주의가 아니다. 플린 효과에서 드러나는 것처럼, 이것은 이미 벌어진 사실이다. 미래의 관점에서 보면, 현재 통용되는 이른바 '정상적인' 환경 조건에 의해 만들어진 지능지수 점수나 다른 어떤 특성의 범위는 성장을 방해받고 제한된 것처럼 보일 수 있다—우리와 어느 정도 똑같은 유전자를 가진 미래의 인간들에게서 "자연이 만들 수 있고 만들어낼" 존재의 그림자에 불과한 것이다.[47]

47　John Stuart Mill, *On Liberty*(Elizabeth Rapaport ed., Hackett 1978)(1859), 56쪽[존 스튜어트 밀 지음, 서병훈 옮김, 《자유론》, 책세상, 2005, 113쪽; 박홍규 옮김, 《자유론》, 문예출판사, 2009, 134쪽].

4장
인간 발달에 관한 반복 모델

기회균등이라는 맥락에서 인간 발달에 관해 이야기할 때, 우리의 관심은 한 사람에 관한 어떤 종류의 사실이 무엇보다도 고등교육이나 직업 기회 같이 인생에서 중요한 경로를 추구할 가능성에 영향을 미치는가 하는 점이다. 이런 사실은 어떻게 생겨날까? 어떻게 한 사람은 결국 특정한 직업에 걸맞은 자격을 갖추는 반면 다른 사람은 그러지 못할까? 그 답은 여러 단계에 걸친 반복적인 개인과 환경의 상호작용 과정이다. 이 상호작용에서 발달 기회가 핵심적인 역할을 한다.

역량의 발달

우리 이야기에서 중요한 것은 어떻게 사람들이 **역량**을 발달시키는가 하는 점이다. 기능적인 방식으로 역량을 정의해보자. 즉, 각각의 역량은 어떤 구체적인 일을 할 수 있는 역량이다. 우리는 종종 특정한 특성과 특정한 역량 사이에 인과관계를 설정할 수 있지만, 둘은 같은 것이 아니다. 예를 들어, 수학 방정식을 능숙하게 처리하는 역량이 있음을 예상하게 해주는 어떤 특성을 확인할 수 있다고 가정해보자. 유전자와 환경 사이의 정확히 어떤 상호작용이 이런 특성을 만들어내는지 구체적으로 설명할 필요는 없다. 이제 이런 특성을 가진 세라라는 사람이 우리 앞에 있다고 생각해보자. 하지만 세라는 21세기 산업국가에서 태어나는 대신, 수학적 추상 개념을 알지 못하고 문자도 모르는 고대 메소포타미아의 농촌 공동체에서 태어났다.

세라는 수학적 추상 개념을 절대 경험하지—또는 이 세계를 이해하기 위한 개념적 장치를 발달시키지—못할 것이다. 경험만 한다면 이 세계에서 특정한 적성을 발달시킬 수도 있겠지만 말이다. 이 말은 세라가 자신의 역량을 **활용할** 기회를 전혀 누리기 못할 것이라는 이야기와는 다르다. 세라는 절대 역량을 발달시키지 못할 것이다. 세라가 가진 관련된 특성 가운데 일부가 유전적 고립주의자들이 상상하는 것과 같은 '순전히 유전적인' 원인—모든 환경에서 작동하는 특정한 유전적 변이를 수반하는 과정—때문임이 사실이라 할지라도, 역량의 경우도 마찬가지인 것은 아니다.

이 점을 이야기하는 또 다른 방식은 장애의 세계에서 빌려온 것이다. 사회적 장애 모델social model of disability을 주창하는 사람들은 오래전부터 실제로 **장애가 만들어지는** 것은 대부분 장애가 있는 개인과 그를 둘러싼 사회 사이의 상호작용을 통해서라고 지적해왔다.[48] 인간 역량

---

48 장애를 전적으로 개인 안에 자리매김하는 이해와 대조되는 사회적 장애 모델이라고 불리게 된 이 견해를 설명하는 Michael Oliver, *The Politics of Disablement: A Sociological Approach*(1990)[마이클 올리버 지음, 윤삼호 옮김,《장애화의 정치》, 대구DPI, 2006]

의 경우도 마찬가지이다. 즉 우리는 사회적 **능력** 모델social model of ability에 관해서 생각할 필요가 있다. 어떤 역량—방정식 풀기, 자동차 운전, 언어 구사—이든 간에, 필연적으로 개인과 그가 속한 사회나 환경 사이의 일정한 상호작용에서 생겨난다.

인간 역사 이야기의 한 주제는 사회의 복잡성이 전반적으로 늘어난 다는 것이다. 시간이 흐르면서 우리는 더 많고 다양한 인간 노력 분야 를 창조했다. 새로운 활동과 사회적 형태를 고안할 때, 우리는 거기에 상응하는 인간의 역량도 고안한다. 진보는 직선적이지 않다. 그 과정 에서 잃는 것도 있기 때문이다.[49] 이런 진보는 불균등하게 배분된다. 우리가 이야기하던 사례로 돌아오면, 아주 순진한 관찰자만이 오늘을 사는 모든 인간—또는 심지어 오늘날 산업국가에서 사는 모든 사 람—이 세라가 갖지 못한 특정한 발달 기회를 완전히 누린다고 믿을 것이다. 세라와 마찬가지로, 오늘날 많은 사람들이 이런 수학적 역량 의 개념적 장치를 축조하는 기초가 되는 말과 개념 들을 보거나 듣지 못하는 사회 세계에서 살아간다. 인간 사회는 어느 때보다도 넓은 범 위의 발달 기회를 제공하지만, 모든 사람에게 제공하진 않는다.

인간 사회는 또한 일정한 특성과 무능력 사이의 인과관계를 단절하 는 방식을 발전시켰다. 페닐케톤뇨증이나 당뇨병 같은 건강 상태 때 문에 무능력해지는 일이 없도록 식이요법과 치료법을 발견한 것처럼, 우리는 일정한 특성과 무능력 사이의 연결고리를 깨뜨리는 안경, 보 청기, 휠체어, 브라유 점자 등의 조력 기술을 발전시켰다. 이런 기술

를 보라.

49 예를 들어, 대부분의 현대사회에서 아마 사람들은 서사시를 암기해서 다른 방식으로 이야기하는 역량을 잃어버렸을 것이다.

덕분에 무능력이 줄어들게 되었다. 레이저 시력 교정 수술 같은 몇몇 기술은 관련된 특성 자체를 바꿔버린다. 안경 같은 다른 기술은 이 특성을 그냥 내버려둔다. 하지만 두 기술 모두 완전한 정도의 시력을 제공할 수 있다. 따라서 특성 자체가 유전자 활성화와 해당 개인과 환경 사이의 상호작용의 결과인 것처럼, 역량은 다양한 특성(이를테면 근시)을 지닌 개인과 환경의 추가적인 특징(이를테면 시력 교정 렌즈) 사이의 **더 많은** 층위의 상호작용에서 생겨난다. 또한 어떤 역량이 있어야만 다른 역량을 발달시킬 수 있다. 좋은 시력은 전형적인 교실 환경에서 제공하는 발달 기회를 활용하는 데 특히 중요할 수 있다. 이 때문에 때로는 학교 수업에 지장이 되고 나서야 어떤 어린이의 시력 문제가 발견되기도 한다.

인간 역량을 발달시키는 과정은 식물을 키우는 과정과 같지 않다. 사람들은 발달 기회를 활용하기 위해 노력을 기울인다—때로는 엄청난 노력을 기울인다. 어떤 사람이 단지 지켜보는 정도의 일만을 하는 것처럼 보이는 상황에서도, 수동적인 관찰은 자신이 지켜보는 것에 대해 적극적으로 사고하는 것과 동일한 인식 효과를 발휘하지 않는다.[50] 인과적 화살표는 또한 다른 방향을 가리킨다. 우리의 발달된 역량과 재능은 우리 노력의 방향과 크기에 영향을 미치는 것이다. 우리는 자신이 할 수 있다고 생각하는 일을 시도할 가능성이 크다. 우리는 특히 자신이 특별히 잘한다고 생각하는 기획을 추구하게 마련이다.

로널드 드워킨은 "재능과 소망이 서로에게 행사하는 상호 영향"에

---

50 예를 들어 Thomas R. Bidell and Kurt W. Fischer, "Between Nature and Nurture: The Role of Human Agency in the Epigenesis of Intelligence", in *Intelligence, Heredity, and Environment*(Robert J. Sternberg and Elena Grigorenko eds., 1997), 193, 203쪽을 보라.

관해 이야기하면서 이 동학을 생생하게 포착한다.[51] 드워킨은 "재능은 만개한 상태로 발견되는 게 아니라 길러지고 발달되는 것"이라고 주장한다. "사람들은 어떤 종류의 사람이 되는 것이 가장 좋은지에 대한 믿음에 대응해서 어떤 재능을 발달시킬 것인지를 선택한다."[52] 나는 "어떤 종류의 사람이 되는 것이 가장 좋은지에 대한 [사람들의] 믿음" 역시 "만개한 상태로 발견되는" 게 아니라는 점을 덧붙이고 싶다. 오히려 이런 믿음은, 사람이 갖는 소망과 자신의 잠재력에 대한 믿음과 더불어, 사람과 환경 사이의 역동적인 상호작용의 산물이다.

우리는 이 동학을 〈그림 4〉와 같은 식으로 시각화할 수 있다.

이 과정은 반복적이다. 만약 어떤 어린이가 이른 나이에 보기 드문 역량을 보여준다면, 이런 사실은 흔히 몇 가지 방식으로 그 아이의 기회에 영향을 미칠 것이다. 첫째, 어른들이나 사회제도는 때로 그 아이에게 특별한 기회를 제공해서 그런 높이 평가되는 역량을 한층 더 발전시킬 수 있게 할 것이다. 게다가 어떤 어린이는 스스로 노력해서 이런 기회를 찾을 수도 있다. 어떤 경우에 운동이나 음악, 수학 등에 일찍부터 가능성을 보이는 어린이는 다른 많은 아이들이 받는 것과 비슷한 한 묶음의 전형적인 기회 말고도 특별한 기회와 격려를 받을 것이다. 다른 경우에는 일찍부터 가능성을 보이면 실제로 다른 기회가 협소화하는 결과로 이어질 수 있다. 문제가 되는 특정한 역량의 발달에 초점을 맞춘 특수학교나 훈련 프로그램에 아이를 집어넣으면, 다

---

51 Dworkin, *Sovereign Virtue*, 91쪽[로널드 드워킨 지음, 《자유주의적 평등》, 172쪽].

52 앞의 책. Ronald Dworkin, *Justice for Hedgehogs*(2011), 359쪽[로널드 드워킨 지음, 박경신 옮김, 《정의론》, 민음사, 2015, 559쪽]도 보라. "우리의 선호는 우리가 발달시키고 싶어 하는 재능을 모양 짓는 동시에 우리가 갖고 있다고 믿는 재능에 의해 모양 지어진다."

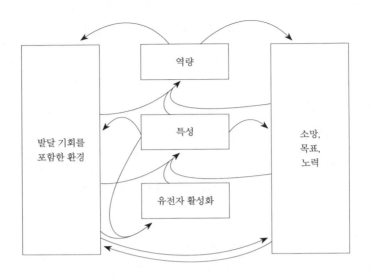

〈그림 4〉 지금까지의 모델

른 발달 기회가 무시되기 때문이다.

마찬가지로 특정한 **무능력**을 비롯한 특성은 어떤 사람이 누릴 수 있는 발달 기회의 범위를 축소할 수 있다. 교실에서 요구되는 기준에 행동을 맞추는 역량이 부족한 아이는 다른 교육기관으로 이전될 수 있는데, 이런 기관은 목표가 제한되고 따라서 발달 기회도 제한되기 쉽다. 어떤 경우에 이 아이는 아예 학교에서 쫓겨날 수도 있다. 많은 교육 체제에서는 시험에서 좋은 점수를 받는 아이의 역량에 따라, 그 아이가 어떤 교육 경로를 밟을 것인지가 영원히 결정될 수 있다. 그런데 각기 다른 경로마다 아주 다른 발달 기회를 제공한다.

앞 부에서 논의한 몇 가지를 포함한 온갖 부류의 기회균등 개

202

념—그중 가장 유명한 것은 운 평등주의와 롤스의 '공정한 기회균등'
이다—은 어떤 사람이 스스로 책임 있게 한 선택이나 노력을 배경적
환경에서 분리하는 데 결정적으로 의존한다. 우리는 앞에서 이미 이
분리가 불가능하다는 점에 관해 이야기했는데,[53] 〈그림 4〉에 나타난
동학을 보면 왜 그런지 알 수 있다. 우리 앞에 놓인 기회에 대한 우리
의 인식—과 우리의 역량에 대한 우리의 인식—은 우리가 기울이는
노력의 **양**뿐만 아니라 그 노력의 **방향**도 모양 짓는다. 어떤 아이가 자
신은 한 분야(이를테면 학문 분야)에는 재능이 없지만 다른 분야(이를테
면 스포츠)에는 재능이 있다는 사실을 직접 알게 되거나 어른들한테 듣
는다고 가정해보자. 앞으로 그 아이가 스포츠에 더 많은 노력을 기울
이고 학문에는 노력을 기울이지 않는다고 해도 놀라울 게 전혀 없다.
또는 한층 더 문제적인 경우를 예로 들자면, 한 아이가 (실제 경우든 아
니든 간에) 어떤 두드러진 차원에서[54] **자기 같은** 사람 중에 고등교육으
로 향하는 경로를 따라가는 사람은 하나도 없음을 분명히 깨닫게 된
다고 생각해보자. 대신에 자기 같은 사람들이 일정한 성공을 거두게
되는 경로들은 범죄와 관련되는 것처럼 보인다. 과연 그 아이가 여기
에 맞게 노력의 방향을 잡는다면 정말 놀랄 일일까?

　우리는 모두 세계에서 우리가 처한 자리를 깨달을 필요가 있다. 즉
우리는 모두 어떻게 우리가 사회조직에 들어맞게 되는지에 관해 각자
나름의 판단을 내리고, 또 이 판단을 수정해야 한다. 우리는 자신에게
어떤 종류의 역할이 열려 있는지, 그리고 자신의 재능과 역량에 근거
해서 그중에서 어떤 것이 마음에 들고 어떤 것이 적합한지에 관해 결

53　이 책 110쪽 이하 "업적 문제" 절을 보라.
54　여기서 두드러진 차원에는 무엇보다도 동네, 계급, 인종 등이 포함된다.

정해야 한다. 다른 사람들의 판단은 이런 문제에 관한 우리의 판단에 영향을 미치면서 우리 자신의 재능과 행동, 잠재력에 대한 우리의 인식을 모양 짓는다―그리고 그렇게 해서 우리의 소망과 노력에 형태를 부여하는 데 불가피하게 도움을 준다.

가족 및 사회와의 상호작용

평등주의자들이 불평등의 세대 간 전이에 관심을 기울인다는 점을 감안할 때, 우리는 종종 모든 어린이들이 속하여 자라는 각 가정이나 가족을 하나의 단일한 환경이라고 생각한다. 하지만 사실 이런 사고는 심각할 정도로 지나치게 단순화한 것이다. 두 형제가 같은 가정에서 자라거나 같은 학교에 다닌다는 이유만으로 똑같은 발달 기회를 경험하리라고 생각하는 것은 잘못이다.

두 형제가 가정을 공유한다 할지라도 그들이 겪는 많은 경험은 동일하지 않다. 우선 각자에게는 자기가 처한 환경의 주요한 한 부분인 상대방이 존재한다. 한편 둘이 똑같은 위험을 겪는다고 해도 서로 전혀 다른 경험이 될 공산이 크다. 두 아이가 폭력이 판치는 동네에 사는 것 같은 위험 요인을 안고 자라는데, 한 명은 실제로 폭행을 당하는 불운을 겪는다고 가정해보자.[55] 게다가 두 아이 각각의 행동과 외모와 성별 등의 요인에 따라 부모를 비롯한 어른들이 두 아이에게 각기 다르게 상호작용을 할 수 있다. 학대하는 부모는 때로―아이의 특징이나

---

55 Eleanor Maccoby, "Parenting and its Effects on Children : On Reading and Misreading Behavior Genetics", 51 *Annual Review of Psychology*(2000), 1쪽을 보라.

가족의 역학관계, 우연 등의 이유로―한 아이에게 부정적인 관심을 집중시킨다.

행동유전학자들은 종종 자신들이 관찰하는 변이를 설명하는 데서 "공유된 환경"보다 "공유되지 않은 환경"이 훨씬 더 많은 작용을 하는 것처럼 보인다고 보고한다. 이런 결과에 관한 무성의하고 불충분한 보고를 접하는 독자는 결국 "부모의 소득이나 교육, 부모의 질병 여부, 부모 사이의 화합이나 갈등의 수준, 가족이 거주하는 동네 같은 요인 들은 아이가 학교에서 얼마나 좋은 성적을 받는지, 사회적으로 얼마 나 유능한 사람이 될지 등등의 문제에 거의 영향을 미치지 않는 게 분 명하다"고 믿을 수 있다.[56] 하지만 사실 양육, 거주하는 동네, 기타 유

---

56 이런 주장을 논의하고 비판하는 앞의 글, 14쪽. 예를 들어, 스티븐 핑커는 모든 행동 적 특성에 대해 유전자가 변이 원인의 40~50퍼센트, "공유되지 않은" 환경이 절반 정도, 그리고 양육 같은 "공유된" 환경은 기껏해야 10퍼센트이거나 "종종 0퍼센트" 를 차지한다고 주장한다. Pinker, *The Blank Slate*, 379~381쪽[스티븐 핑커 지음,《빈 서판》, 665~666쪽]. H=G+E 방법론을 사용하는 연구에서 이 비율이 일관되게 되풀 이되며, 따라서 "행동유전학 법칙"이 될 정도라고 지적하는 Eric Turkheimer, "Three Laws of Behavior Genetics and What They Mean", 9 *Current Directions in Psychological Science*(Oct. 2000), 160~164쪽도 보라. 터크하이머는 핑커와 달리 이 '법칙'이 어느 정 도는 방법론과 정의의 가공물임을 인정한다. 앞의 글. 행동유전학자들은 공유된 환 경 요인과 공유되지 않은 환경 요인이 아니라, "공유된" **영향**과 "공유되지 않은" **영향** 에 관해 이야기한다. 엘리너 매코비가 설명하는 것처럼, 행동유전학자들은 "한 가족 의 모든 아이들이 경험한" 어떤 일(가령, 아버지의 실직, 어머니의 우울증, 더 좋은 동네로 옮기는 이사 등) 때문에 생긴 영향일지라도, 그것이 두 아이에게 다른 방식으로 영향을 미친다면 "공유되지 않은" 영향으로 간주한다. Maccoby, "Parenting and its Effects on Children", 16쪽. "공유된'이라는 단어의 간단한 의미에 대한 이런 유감스러운 왜곡은 …… 행동유전학자들의 연구 결과에 대한 심각한 오해로 이어질 수 있다." 앞의 글. 기 회균등에 관한 논의에 유감스러운 영향을 미칠 수 있다는 점을 여실히 보여주는 이런 특정한 오해의 사례에 관해서는 N. Gregory Mankiw, "Defending the One Percent", *Journal of Economic Perspectives*(근간, draft of June 8, 2013), 8쪽[이후 해당 잡지 v27 n3(201308), 21~34쪽에 수록―옮긴이]을 보라. 이 글은 한국계 입양인 연구를 바탕 으로 "공유된" 환경이 일정한 경제적 결과 변수에 미치는 영향이 11퍼센트라는 수치

사한 요인들은 한 지붕 아래서 자라는 두 아이에게 이른바 '공유되지 않은' 영향을 크게 미친다. 그 이유 중 하나는 각 개인과 환경—우리 각자에게 다른 방식으로 반응하면서 각기 다른 일련의 발달 기회와 영향력을 제공해서 우리의 미래 발달을 모양 짓는 부모, 교사, 또래 등—사이에 역동적인 상호작용이 벌어진다는 점이다.

우리는 이 마지막 논점을 좀 더 일반적으로 이야기할 수 있다. '1기' 에 우리가 가진 특성과 역량은 사회가 우리를 바라보고 우리에게 반응하는 방식에 영향을 미치며, 그것은 다시—일부분 우리 자신의 선택과 노력의 방향에 영향을 미침으로써—'2기'에 우리가 발전시킬 특성과 역량에 영향을 미친다. 우리가 '2기'에 도달할 무렵이면 그 과정은 이미 되풀이되는 중이다. 이런 반복을 여러 차례 거친 뒤, 사람은 원래 시작점에서 꽤 떨어진 자리에 서게 된다.

개인과 그의 환경을 구성하는 다른 사람들 사이의 상호작용이라는, 기본적으로 사회적인 과정이자 발달하는 사람이 상당한 행위성을 행사하는 과정의 측면에서 인간 발달에 관해 생각하는 것에는 새로운 내용이 거의 없다. 존 듀이는 한 세기 전에 이런 측면에서 교육을 사고했다. 듀이는 교육자들에게 어린이를 지식을 채워 넣어야 하는 그릇이 아니라, "능력"이나 "성장하는 **힘**"을 지닌 생명체로 보아야 한다고 강조했다. "성장은 남이 어린이에게 해주는 일이 아니라 어린이 스스로 하는 일이다."[57] 따라서 듀이는 교육은 기본적으로 상호작용하는

를 거론하면서, 다음과 같은 결론을 내린다. "11퍼센트라는 이 수치가 대략적으로 정확하다면, 가족 환경이 유전성 및 가족과 무관한 환경 요인에 비교해서 경제적 결과의 변화에서 낮은 비율만을 차지한다"는 의미에서 "우리는 그럴듯한 기회균등 정의에서 멀리 떨어져 있지 않다."

57 John Dewey, *Democracy and Education*(1916), 50쪽[존 듀이 지음, 이홍우 옮김, 《민주

사회적 과정이라고 주장했다. 어린이는 "타인들의 협력적인 관심을 구할" 진정한 "힘"이 있으며 이 힘을 사용한다. 동시에 타인들의 관심은 어린이의 발달 능력뿐만 아니라 어린이의 관심과 노력의 방향도 모양 짓는다.[58]

이런 몇몇 사회적 과정의 여지를 제공하기 위해, 우리는 우리 모델을 약간 세련되게 다듬어야 한다. 지금까지 나는 역량을 기능적으로, 즉 어떤 특정하고 명확한 일을 할 수 있는 역량으로 정의했다. 사회 역시 선택적으로 역량을 정의하고 인정하지만, 항상 그렇게 간단하고 기능적인 방식으로 하는 것은 아니다. 사회가 어떤 역량을 인정할 때, 우리는 때로 "언어 능력", "대인 관계 기술", "음악 재능", "지능지수" 같은 명칭으로 그 역량을 구체화한다. 그 역량에 이름을 부여하든 않든 간에, 우리는 종종 어떤 특수한 일에 속박된 기능적 변수가 아니라 어떤 사람의 특징으로 그것을 개념화한다. 때로는 모호한 사회가 인정하는 역량들의 이런 집합을 나타내기 위해 **인정받는 역량**recognized capacities이라는 표현을 사용하도록 하자.

분류하고 정의하는 이러한 과정은 보통 주목을 받지 못한다. 이 집합은 상식적이고 양호해 보이기 때문이다. 하지만 '지성'이라 불리는 하나의 실체를 생각할 것인지, 아니면 각기 다른 종류의 지성들에 관해 생각할 것인지 여부와 같은 선택에는 상당한 결과가 감춰져 있을 수 있다. 여러 가지 역량을 하나로 묶는 경우에, 우리는 그 묶음에 속하는 항목 중 많은 것을 가진 사람들의 역량을 인정하게 된다. 우리가 개념화한 범주에 부합하지 않는 다른 역량들의 조합을 가진 사람들은

주의와 교육》, 교육과학사, 2007, 95쪽].
58   앞의 책, 51쪽[존 듀이 지음, 《민주주의와 교육》, 96쪽].

배제되는 것이다.

집단 소속 여부를 비롯한 다른 특성들도 우리가 누구의 역량을 인정하는가 하는 문제에 영향을 미친다. 자신감 있고 단호하며 어쩌면 약간 공격적인 남자는 사회에서 지도자 역량을 인정받을 수 있는 반면, 똑같은 특성과 역량을 가진 여자는 오히려 거슬리고 어쩌면 적절한 사회규범에 행동을 일치시키지 못하는 사람으로 보일지 모른다.[59] 사회심리학과 고용차별금지법 두 분야에서 점점 축적되는 인지 편향cognitive bias과 무의식적인 고정관념에 관한 많은 문헌들은, 타인의 역량에 대한 우리의 평가와 인정이 종종 고정관념에 의해 틀 지어지거나 중재된다는 사실을 증명하고 있다.[60]

예를 들어, 고용주들이 인종이나 성별을 근거로 차별을 할 때, 대개 그들은 그런 식의 행동을 하려고 의도하는 게 아니라 오히려 어느 지원자나 직원이 가장 유능한지를 정직하게 평가하고자 한다. 문제는 그런 평가에서 어떤 집단에 소속되어 있는가에 따라 누구의 역량이 인정받는지가 영향을 받는다는 점이다. 예를 들어, 구직 신청자의 이력서 맨 위에 있는 이름을 조작하는 연구들에서 드러난 증거를 보면, 대부분의 고용주가 성별이나 인종에 중립적인 방식으로 채용을 하려

---

59 예를 들어, 기술記述적이고 규범적인 젠더 규범이 어떻게 남성과 여성의 지도력에 대한 서로 다른 인식을 낳는지를 설명하는 Alice H. Eagly and Steven J. Karau, "Role Congruity Theory of Prejudice Toward Female Leaders", 109 *Psychological Review*(2002), 573쪽을 보라.

60 예를 들어, M. R. Banaji, "Stereotypes, social psychology of", in *International Encyclopedia of the Social and Behavioral Sciences*(N. Smelser and P. Baltes, eds., 2002), 15100쪽; Linda Hamilton Krieger, "The Content of Our Categories : A Cognitive Bias Approach to Discrimination and Equal Employment Opportunity", 47 *Stanford Law Review*(1995), 1161쪽 등을 보라.

고 한다 할지라도 남자 이름인지 여자 이름인지, 흑인 이름인지 백인 이름인지에 따라 지원자의 역량을 매우 다르게 평가한다는 사실을 알 수 있다.[61] 이런 이유와 그밖에 다른 이유들 때문에, 어떤 일이나 직무를 할 수 있는 기능적 역량과 사회가 바라보는 인정받는 역량의 개념적 구분을 유지하는 게 도움이 된다.[62]

인정받는 역량은 업적과 똑같은 게 아니다. 인정받는 역량은 사회가 바라보는 것이지만, 업적은 사회가—일자리, 사회적 역할, 그리고 때로는 특별한 추가적인 발달 기회에 대한 접근권 등으로—**보상을 주는** 것이다. 고용주는 자신이 추구하는 목적을 위해 무엇을 업적으로 간주할지를 결정하는 문지기로서, 종종 어떤 인정받는 역량을 업적으로 간주하고 그것을 어떻게 측정할지에 대해 직관과 반대되는 선택을 한다. 그렇게 하는 이유는 효율성이나 특이한 성격, 불쾌함 등 다양하다.

---

61 예를 들어, Rhea E. Steinpreis et al., "The Impact of Gender on the Review of the Curricula Vitae of Job Applicants and Tenure Candidates: A National Empirical Study", 41 *Sex Roles*(1999), 509쪽을 보라. 이 글은 이력서 맨 위에 있는 이름의 성별에 따라 교수진이 지원자의 자격을 어떻게 평가하는지가 영향을 받는다는 사실을 밝힌다. 남성과 여성 평가자 모두 '남성' 지원자가 자격이 있다고 보고 그를 채용해야 한다고 결론지을 공산이 컸다. 또한, 자녀가 없는 남녀에 비교해서 자녀가 있는 여성은 "능력"과 "헌신성"이 부족하다고 여겨지며 채용될 가능성도 낮은 반면에, 그와 대조적으로 자녀가 있는 남성은 직무에 **더** 헌신적이라고 여겨진다는 점을 밝히는 Shelley J. Correll et al., "Getting a Job: Is There a Motherhood Penalty?" 112 *American Journal of Sociology*(2007), 1297쪽; 같은 연구 결과를 담은 Kathleen Fuegen et al., "Mothers and Fathers in the Workplace: How Gender and Parental Status Influence Judgments of Job-Related Competence", 60 *Journal of Social Issues*(2004), 737쪽; 인종에 대해 유사한 연구 결과를 담은 Marianne Bertrand and Sendhil Mullainathan, "Are Emily and Greg More Employable than Lakisha and Jamal? A Field Experiment on Labor Market Discrimination", 94 *American Economic Review*(2004), 991쪽 등도 보라.

62 '사회'가 인정하는 역량을 이야기하는 것은 다소 지나친 단순화이다. 한 사람이 어떤 역량을 가졌는지에 관해서는 종종 서로 다른 문지기들 사이에 의견 불일치가 존재한다. 때로 사회질서에서 다른 위치에 있는 사람들은 서로 다른 인정 규칙을 사용한다.

고용 세계와의 상호작용

1971년의 획기적인 시민권 소송인 〈그릭스 대 듀크전력회사Griggs v. Duke Power Company〉 사건에서 미국 연방대법원은 전력회사가 인기 있고 급여가 좋은 모든 직책을 맡기를 원하는 직원은 고등학교 졸업장을 보유하고 "표준화된 전반적인 지능검사"를 통과해야 한다고 규정한 것은 차별이라고 판결했다.[63] 이 요건에 따르면, 이런 인기 있는 직위를 원하는 흑인 지원자들은 거의 전부 배제될 수밖에 없었다. 회사 부사장의 말을 빌리자면, "이 요건을 시행하게 된 것은 그렇게 하면 노동력의 전반적인 질이 향상될 것이라고 회사가 판단했기 때문이다."[64] 하지만 이 요건이 실제 직무 성과와 관련이 있는지는 밝혀지지 않았다. 그저 "직무 수행 능력과의 관련성에 대한 유의미한 연구"가 이뤄지지 않은 채 채택되었을 뿐이다.[65] 〈그릭스〉 같은 사건에 대해 생각하는 한 가지 방법은, 회사가 일부러 대부분의 흑인이 충족하지 못할 것임을 알면서 요건을 선택함으로써 의도적으로 흑인을 차별했는지 판단하는 방식일 것이다. 이런 식의 사고는 고용주의 동기에 초점을 맞춘다. 하지만 대법원은 이런 식으로 문제를 규정하지 않았다.

대신에 대법원은 다른 종류의 질문을 던졌다. 이 책의 기획에서 핵심을 차지하는 질문이 바로 이것이다. 대법원은 듀크전력회사가 채택한 정책이 "인위적이고 자의적이며 불필요한 고용 장벽"을 만들어내

---

63 *Griggs v. Duke Power Co.*, 401 U.S. 424(1971), 425~427쪽. 〈그릭스〉 사건에 관해서는 이 책에서 여러 차례 언급할 것이다.

64 앞의 판례, 431쪽.

65 앞의 판례.

는 영향을 미치는지, 그리고 더 나아가 이것이 한 인종 집단에게 불리한 효과disparate effect를 발휘하는지를 물었다.[66] 즉 대법원은 오늘날 불리효과방지법이라고 알려진 새로운 분석 모델을 개발했다. 첫째, 우리는 어떤 정책이 인종 같은 보호받는 특징에 입각해서 불균형적인 영향을 미치는지를 판단해야 한다. (〈그릭스〉 사건에서 그 답은 "그렇다"였다.) 둘째, 만약 그렇다면 우리는 그 정책이 입증 가능한 어떤 사업적 필요성에 의해 정당화되는지를 판단하기 위해 정책 자체를 평가해야 한다. (〈그릭스〉 사건에서 그 답은 "아니다"였다.) 따라서 대법원은 이 정책이 1964년 시민권법Civil Rights Act에 위배된다고 판결했다. 대법원은 판결을 통해 듀크전력회사가 업적의 정의를 수정해서 자의적이고 불필요한 장벽을 제거하라고 요구했다.

〈그릭스〉 사건에서 문제가 된 것과 같은 일반적인 적성검사나 지능검사는 어떤 주어진 직무의 실제 수행과 완전한 상관관계가 없다. 어떤 직무의 경우에는 일정한 검사가 직무 수행과 아무런 식별 가능한 관계도 없을 수 있다. 다른 직무의 경우에는 정도가 다양한 상관관계가 존재할 것이다. 고용주나 학교를 비롯한 문지기들은 행정적 편의나 비용, 해당 직무나 역할의 내용에 관한 믿음(사실이든 아니든), 그 직무나 역할을 맡기고 싶어 하는 사람들에 관한 믿음 등 여러 가지 이유에서 이런 검사를 시행한다. 문지기들은 무엇을 '업적'으로 간주할지를 결정하면서 어떤 사람들에게 어떤 경로가 열리는지에 영향을 미친다.

사람과 환경 사이의 상호작용은 반복적인 성격을 띠기 때문에, 문지기들의 결정은 또한 적어도 두 가지 방식으로 사람들이 발달하는

---

66 앞의 판례.

방향에도 영향을 미친다. 첫째, 새로운 일자리를 얻는 사람은 새로운 환경에 속하게 된다. 이 사람은 직무와 관련된 새로운 기능을 비롯한 여러 역량을 발전시킬 새로운 기회를 가지며, 일을 하는 자연스러운 과정을 통해 일부 역량은 향상되고 다른 역량은 위축될 것이다. 이것은 노동 세계에 관한 아주 기본적인 사실이다. 바로 이 때문에 초보적인 수준을 넘어선 일자리에 취업 지원을 하는 경우에는 어떤 직종이든 간에 관련된 업무 경험이 그토록 중요한 역할을 하는 것이다. 지원자가 관련된 일을 하면서 관련된 기능을 발전시켰음을 보여주는 대리물이기 때문이다. 그러므로 어떤 문지기가 무엇을 업적으로 간주해야 하는지에 관해 결정을 내릴 때, 그 결정은 이 일자리를 얻는 사람뿐만 아니라 장래에 관련된 업무 경험과 기능을 가지고 다른 일자리에 지원할 사람에게도 영향을 미친다.

업적의 정의는 또한 애초에 특정한 기능과 재능, 기타 역량을 발전시키기 위해 우리 모두가 가져야 하는 사전적인 동기에도 영향을 미친다. 만약 어떤 아이가 대학 장학금을 받으려면 어떤 스포츠 종목에서 계속 성공을 해야 한다는 사실을 안다면, 그 아이는 보상이 분명하지 않은 다른 활동으로 관심을 돌리기보다는 시간과 정력을 쏟아부어 그 종목의 역량을 발전시키려는 동기를 갖게 마련이다. 설령 아이가 장학금을 받지 못한다 해도, 장학금에서 정의하는 업적의 내용은 장래에도 아이의 발달 궤적에 영향을 미칠 것이다.

우리 이야기에는 한 가지 단계가 더 있다. 누군가 관련된 문지기들이 정의하는 대로의 '업적'을 갖고 있다고 해서, 그것이 바로 일자리나 사회적 역할을 보장해주지는 않는다. 그는 또한 기회라는 단어의 가장 평범한 의미 그대로 기회를 필요로 한다. 기회균등에 관한 수많은 논의가 매년 널리 홍보되고 수천 명이 지원하는 대규모 과정인 경쟁적인 대학 입학 같은 사례를 중심으로 진행되기 때문에, '업적'을 일자리나 사회적 역할로 전환하는 대부분의 기회가 이러한 사례와는 전혀다르다는 사실은 쉽게 간과된다. 대부분의 취업 기회는 훨씬 덜 분명하다. 취업 기회를 찾으려면 종종 특별한 지식이나 사회적 연계가 필요하다. 이러한 변수들―젊은이가 초보적인 일자리를 찾는 것을 도와줄 수 있는 친구의 부모나 부모의 친구, 다른 곳에 더 나은 기회가 있음을 귀띔해줄 수 있는 일을 통해 만들어진 연줄―이 아주 중요할 수

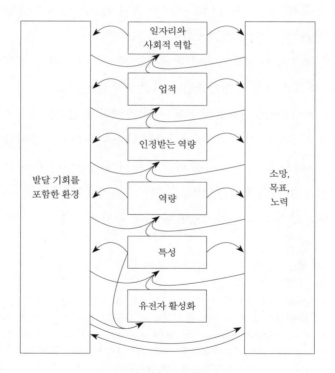

〈그림 5〉 인간 발달 이야기

있다.[67]

우리는 일자리를 비롯한 사회적 기회의 배분을 궁극적으로 결정하는 상호작용의 층위를 다음과 같이 시각화할 수 있다(〈그림 5〉).

이 그림이 포착하고자 하는 내용의 한 부분은 우리의 환경, 그리고 환경이 제공하는 많은 발달 기회가 이야기의 다른 요소들에 의해 영향을 받는다는 점이다. 사람들은 우리의 특성, 인정받는 역량, 우리의 일자리와 사회적 역할에 근거해서 우리에게 다르게 반응한다. 이런 반응은 우리 환경의 일부분이다. 한편 우리는 각자 가진 역량 덕분에 우리 환경을 바꾸고, 그 결과로 우리 자신의 발달에 다시 영향을 미칠 수 있다. 일자리와 사회적 역할 자체는 우리 환경의 중요한 측면이 되고 결정적인 발달 기회를 제공한다.

어떤 특성이나 역량도 이런 반복적인 과정에서 자유롭지 못하다. 정신적 특성은 다른 특성만큼이나 이런 반복적인 상호작용에 영향을 받는다. 자기공명영상MRI을 비롯한 뇌 스캔이 유전적이거나 선천적인 정신적 특성을 들여다보는 창이라는 다소 납득하기 힘들지만 널리 퍼진 믿음에도 불구하고, 사실 약간의 정신적 활동이나 훈련, 스트레스, 그밖에 어떤 경험이든 MRI나 다른 뇌 스캔에서 나타나는 물리적인 변화를 야기할 수 있다.[68] 중요한 삶의 경험은 뇌에 영구적인 영향

67 기회의 배분에서 네트워크가 어떤 역할을 하는지에 관한 논의로는 이 책 387쪽 이하 "분리와 통합" 절을 보라.

68 예를 들어, 연구자들이 젖먹이기, 뇌 손상, 노화, 훈련, 스트레스 등의 결과로 MRI 스캔상의 변화가 생긴다는 사실을 관찰한 바 있음을 지적하는 Bruce S. McEwen, "Effects of Adverse Experiences for Brain Structure and Function", 48 *Biological Psychiatry*(2000) 721, 721~726쪽을 보라. 사회경제적 지위가 가령 뇌전도상에서 나타나는 뇌 기능 양상에 미치는 영향의 범위를 설명하는 Daniel A. Hackman and Martha J. Farah, "Review: Socioeconomic status and the developing brain", 13 *Trends*

을 미치며, 때로는 뇌의 각기 다른 부분의 물리적 크기를 바꾸기도 한다. 오랫동안 스트레스를 겪으면, 기억과 관련된 뇌의 부분인 해마의 크기가 작아지는 것처럼 보인다. 또 사회경제적 지위가 낮은 가정에 태어나면, 시간이 흐르면서 집행 기능과 관련된 뇌의 부분인 전두엽 피질이 작아지는 것으로 보인다.[69] 과학자들은 기근이나 전쟁 같은 타고난 경험이 미치는 영향에 관한 역학 연구를 활용해서, 환경이 물리적 뇌에 미치는 영향의 많은 부분은 단순히 상관적인 게 아니라 인과적인 것임을 입증했다.[70] 만약 우리가 뇌가 아닌 다른 신체 부위에 관해 이야기하는 것이라면, 이런 이야기는 특별할 것이 전혀 없는 문제이다. 갓난아이가 걷고 뛰는 능력을 발전시키면 이내 걷고 뛰기 시작하며, 이런 실행을 통해 금세 힘과 근육이 붙는다는 건 누구나 알 수 있다. 하지만 지금 우리는 뇌에 관해 이야기하고 있기 때문에, 우리의 정신적 능력 역시 자아와 환경 사이의 상호작용이라는 지속적인 연쇄의 결과라는 점은 강조할 만하다.

우리의 소망과 목표와 노력이 인간 발달의 반복적인 상호작용의 일부임을 인정한다고 해서, 반드시 결정론을 지지하는 것은 아니다. 여기서 개략적으로 설명한 모델은 결정론과 자유의지라는 철학적 질문들에 관한 광범위한 견해와 양립 가능하다. 이 모델은 이런 질문들에 대한 어떤 구체적인 답에 의지하는 게 아니라, 특별히 논쟁적일 필요가 없는 다음과 같은 훨씬 더 협소한 명제에 의지한다. 즉, 우리의 소

in Cognitive Science(2009), 65쪽도 보라.

69 Jack P. Shonkoff et al., "Neuroscience, Molecular Biology, and the Childhood Roots of Health Disparities", 301 *Journal of American Medical Association*(2009), 2252, 2254~2255쪽.

70 앞의 글, 2254쪽.

망과 목표와 노력은 하늘에서 완전히 만들어져서 뚝 떨어지는 게 아니라, 우리가 살면서 겪는 경험의 산물이다. 또한 이런 소망과 목표와 노력은 우리가 특성과 역량을 발전시키고, 우리의 역량을 인정하도록 다른 사람들을 설득하며, 우리의 '업적'을 증명하고, 일자리를 비롯한 사회적 역할을 확보하는 과정의 다른 측면들에 영향을 미친다. 우리의 노력을 어떻게 지휘할 것인지에 관해 우리가 내리는 결정은 어느 정도 각 단계마다 우리 앞에 놓인 일련의 경로와 선택지의─그리고 다른 이들의 결론에 중재를 받아 우리의 업적과 잠재력에 관해 우리 자신이 내린 결론의─작용이다.

5장
'평등'의 문제점

발달 기회에 초점을 맞추는 평등주의자들은 종종 다른 제약들이 있다고 가정할 때 발달 기회를 **균등화해야** 한다는 그럴듯한 규범적인 입장을 취한다. 이 주장은 모든 이의 발달 기회를 똑같게 만들어야 한다는 뜻은 아니다. 그런 일은 가능하지 않다(의심스럽기는 하지만, 설령 그게 좋은 생각이라 할지라도 말이다). 세상에는 지나치게 많은 여러 종류의 기회가 존재하는데, 그중 일부는 특이하고 심지어 유일무이하기도 하다. 어떤 두 사람의 인생에도 그런 기회를 똑같이 조합해서 담을 수 없다. 예를 들어, 개인마다 부모와 형제자매가 다른 한, 모두 적어도 약간씩은 다른 발달 기회를 갖게 마련이다.[71] 하지만 그건 별 문제가 아니다. 이 문제에 관한 한 우리는 동일성이 아니라 평등을 목표로 하기 때문이다. 발달 기회를 균등화한다는 것은, 각기 다른 어린이에게 일정한 척도에 따라 상이한 한 묶음의 발달 기회를 제공해야 함을 의미

---

71   이 책 97쪽 이하 "가족 문제" 절을 보라.

한다. 그런 다음에 모든 사람이 그런 척도에 따라 동등한 가치, 또는 최대한 동등한 가치에 가까운 한 묶음의 기회를 누리는 상태를 목표로 삼게 된다.

이것은 기회균등 개념을 발달 기회에 응용하기 위한 그럴듯하고 평범한 규범적 출발점이다. 하지만 인간 발달을 구성하는 반복적 상호작용을 더욱 면밀하게 생각할수록 '균등한' 발달 기회가 과연 무엇을 의미하는지는 더욱 흐릿해진다. 일부 환경이 다른 환경에 비해 더 풍부한 기회를 제공하는 것은 사실이다. 그렇지만 능력과 무능력의 온갖 조합을 갖추고 상이한 환경과 기회에 대해 각자 다르게 반응하는 어린이나 심지어 어른을 생각할 때, 어떤 단일한 척도에 따라 각기 다른 기회의 묶음을 배열하거나 모든 이를 위한 공정한 균등의 기준선으로 기능할 수 있는 한 묶음의 발달 기회를 발견하기란 불가능해진다.

단순한 균등화 문제

어떤 아이는 안경이 필요하고 다른 아이는 필요 없다고 생각해보자. 이 두 아이의 발달 기회를 어떻게 균등화할 수 있을까? 가장 좋은 답은 균등화를 위해서는 필요한 아이에게 안경을 주어야 한다는 것이다. 우리는 두 아이가 경험하는 실제 발달 기회를 균등화한다는 이름 아래 두 아이에게 불균등한 자원을 소비한다. 이제 안경이 필요한 대신에 아이 A가 교실에서 진행되는 상황을 이해하고 거기에 참여하기 위해 1 대 1 도우미가 필요하다고 생각해보자. 도우미가 없으면 A의 학습과 발달이 심각하게 손상된다. 이번에도 역시 발달 기회를 균등화하려면 A에게 도우미를 붙여주어야 하는 것처럼 보인다. 도우미가 없으면 A의 발달 기회는 도우미 없이도 수업 활동을 이해하고 참여할 수 있는 아이 B의 발달 기회와 동등하지 못하다. A에게 도우미를 붙여준 뒤, 이제 A가 학업 성취에서 B를 앞지른다고 생각해보자. (학업 성취를 측정하는 단일하고 누구나 동의하는 척도라는 개념에 관한 질문은 잠시 유보하자.) 계속해서 만약 B에게도 도우미가 붙여준다면 B가 다시 A를 능가할 것이라고 생각해보자. 도우미 덕분에 B도 남보다 많이 공부를 할 것이기 때문이다.

이 시점에서 B는 모종의 정당한 불만을 갖는 것처럼 보인다. 기회 균등화라는 이름 아래 A는 추가적인 자원을 얻어서 B를 앞지를 수 있었다. A는 도우미를 '필요로 하'지만 B는 필요로 하지 않는다는 이유에서였다. 교육제도는 특별한 편의를 필요로 한다고 여겨지는 학생과 그렇지 않은 학생 사이에 끊임없이 선을 그어야 한다. 일반적으로 학교는 진단 가능한 장애 여부를 근거로 이런 선을 긋는다. (아마 A가 청각장애가 있고 도우미가 교사가 하는 말을 알려주는 역할을 한다면 A에게 도우미를 붙여줄 테지만, 어떤 진단까지 받을 정도가 아닌 이유로 수업에 집중하지 못한다면 도우미를 붙여주지 않을 것이다.) 하지만 '장애'와 두 개인 사이의 전형적인 변이를 구분하는 정확한 경계선은 무척 모호하며, 이런 선을 긋는 근거에 대한 규범적인 정당화는 기껏해야 흐릿할 뿐이다. 현실적인 차원에서 이런 선을 긋는 과정은 자기 자녀의 기회를 극대화하고자 하는 부모의 교묘한 조작에 휘둘리기 쉽다.[72]

---

72 예를 들어, 자기 자녀가 장애 진단을 받아서 표준화된 시험에서 초과 시간 편의를 받기를 원하는 부모를 생각해보라. Rebecca Zwick, *Fair Game? The Use of Standardized Admissions Tests in Higher Education*(2002), 100쪽; 사립학교 학생이 공립학교 학생에

이런 문제에 대한 한 가지 반응은, 우리가 정말로 해야 하는 일은 A 와 B에게 자원의 측면에서 똑같이 값비싼 기회를 제공하는 것이라는 더 단순한 전제로 돌아가는 것이다. 하지만 실제 목표가 발달 기회를 균등화하는 것―즉 〈그림 5〉에서 보여주는 것처럼 A와 B가 각자의 역량을 발전시키는 과정에서 유용하게 활용할 경험을 균등하게 부여하는 것―이라면, 이런 반응은 완전히 부적절하다. 많은 경우에―A 에게 안경이 필요한 간단한 경우부터 훨씬 더 복잡한 경우에 이르기까지―A에게 기회를 제공하는 것은 B에게 제공하는 것보다 비용이 더 많이 든다. 두 아이가 각자 사정이 달라서 발달 요구도 다르고, 또 사회의 사정상 A의 요구가 더 값비쌀 수밖에 없기 때문이다.

우리는 한 걸음 더 물러나려는 시도를 할 수도 있다. 즉 A와 B의 특별한 요구나 특징과 무관하게 기회균등을 정의해야 한다고 가정하는 것이다. 이런 견해에서 보면, 우리는 단지 많은 사람들이 활용할 수 있는 일정한 기회를 제공할 뿐이며, A가 칠판을 보지 못하는데 아무도 A 에게 안경을 주지 않았기 때문에 이 기회를 활용하지 못한다면, 그건 분명 유감스러운 일이지만 문제는 우리가 제공하는 균등한 기회가 아니라 A에게 있는 것이다.

이렇게 물러나면 우리는 무척 허약한 지반 위에 서게 된다. 우리가 기회균등 정책을 채택한 이유가 무엇이든 간에, 이런 식의 행동으로는 목표를 달성하지 못한다. A와 B 둘 다에게 시간이 흐르면서 발달하고 성장할 수 있는 기회를 제공하는 대신, 우리는 사실상 B에게만 그

비해서 이런 편의를 받을 확률이 4배 높다는 사실을 발견한 캘리포니아의 한 연구를 다루는 Robert K. Fullinwider and Judith Lichtenberg, *Levelling the Playing Field: Justice, Politics, and College Admissions*(2004) 90쪽 등을 보라.

런 기회를 주고 A에게는 훨씬 더 제한된 기회를 줄 뿐이다. 사람들로 하여금 어느 정도 스스로 선택한 행복한 삶을 이끌게 하기 위해서는, 혹은 설령 우리의 유일한 목표가 노동력의 생산성을 극대화하는 것이라 할지라도, 기회균등이 어떤 도구적인 가치를 가지려면 이런 기회균등 이상의 의미를 가져야 한다.

다시 말해, 우리는 사람들에게 그들이 실제로 이용할 수 있는 기회를 주어야 한다. 〈그릭스〉 사건에서 연방대법원이 말한 것처럼, "우화에서 황새와 여우에게 우유를 주는 것과 같은 의미의 기회균등"이 아닌 더 많은 기회균등이 필요하다.[73] 사람들은 서로 다르기 때문에 발달하고 성장하기 위해서 각기 다른 기회를 필요로 한다.

때로 사람들은 〈그림 3〉에서 묘사한 아킬레아와 비슷하다. 서로 다른 발달 환경에서 자라나는 것이다. 체육을 크게 강조하는 교육제도는 다른 분야에서는 별다른 성취를 하지 못했을 특정한 아이의 잠재력을 해방시키는 계기가 될 수 있다. 그렇지만 바로 이런 강조가 다른데 관심이 있는 아이에게는 좌절을 안겨줄 수 있다. 사교적인 아이는 그룹이나 팀을 이루어 일하는 기회가 주어지면 잘 자랄 수 있지만, 다른 아이는 이런 상황에서는 성장을 멈추며 혼자 일할 수 있을 때 역량을 가장 잘 발달시킬 것이다. 이런 사례는 도식화한 것이지만, 요지는 간단하다. 우리는 모두 똑같지 않다. 일단 각기 다른 개인의 요구와 상황을 고려하면, 발달 기회를 엄격하거나 정확히 **균등하게** 만든다는 것

---

73 *Griggs*, 401 U.S., 431쪽. 우화에서 여우는 황새를 저녁식사에 초대해서 얕은 그릇에 수프를 대접한다. 부리가 긴 황새는 그 수프를 먹지 못한다. 그러자 황새는 여우를 초대해서 길고 좁은 병에 수프를 담아내는데, 부리가 없는 여우는 먹지 못한다. *Aesop's Fables*(Laura Gibbs trans., 2002), 81쪽[이솝 지음, 천병희 옮김, 《이솝 우화》, 숲, 2013].

은 명확한 의미가 없는 개념임이 드러난다.[74] 서로 다른 두 사람에게 어떤 일련의 기회를 제공하더라도, 두 사람은 각기 다른 방식과 다른 정도로 발달할 수 있다. 비용을 균등화하는 것은 적절한 답이 아니다. 때로는 한 사람의 발달 요구가 다른 사람의 요구보다 단지 더 값비싼 것일 수 있다.

우리 모두가 동일한 목표를 추구하지 않는다면

앞서의 논의에서 우리는 발달의 방향이나 목표가 분명하다고, 즉 학교에서 성취를 이루는 것이라고 가정한다. 그런데 일단 학교 밖으로 나가면—그리고 심지어 학교 안에서도 사실 일단 저학년을 넘어서면—모든 사람이 동일한 성취나 목표를 추구하는 데 관심이 있는 건 아님이 분명해진다. 이 문제는 결국 '균등한' 발달 기회라는 개념을 조작 가능하게 만드는 것과 관련된 두 번째의 더 심층적인 문제에 이른다. 모든 가능한 발달 기회 묶음을 (순서대로는 아니고 나열식으로라도)

---

74 발달 기회의 균등화와 관련된 이런 난점들을 생각하다 보면 고전적인 논문이 떠오른다. Christopher Jencks, "Whom Must We Treat Equally for Educational Opportunity to be Equal?" 98 *Ethics*(1988), 518쪽. 젱크스는 교사의 시간과 관심 같은 단일하고 대체 가능한 자원과 관련된 순수한 자원 할당 문제를 검토하면서, 이런 자원의 '균등한' 배분이란 여러 가지 다른 의미를 가질 수 있으며, 그중 어느 것도 완전히 만족스럽지는 않음을 보여준다. 여기서 내가 말하고자 하는 요지 중 하나는 일단 문제가 단순히 단일한 자원을 어떻게 배분할 것인가라는 점이라는 (유용하지만 제한적인) 가정을 제거하면, 훨씬 더 근본적인 개념적 곤란이 생겨난다는 것이다. 어떤 학생들은 다른 학생들과 달리 참여하고 발달하고 성장하기 위해 특별하고 독특한 종류의 편의를 필요로 한다. 게다가 자원 제약이 아닌 다른 이유들 때문에 서로 다른 학생들의 편의가 충돌하거나 양립 불가능할 수도 있다.

정렬시킬 수 있는 공통의 척도에 도달하려면, 어떤 경로, 즉 어떤 발달 방향이 더 소중하거나 덜 소중한지를 결정하는 객관적인 방법이 필요할 것이다.

이런 공통의 척도에 어떻게 도달할 수 있는지—또는 우리가 이런 척도에 도달한다면 그것이 무슨 의미일지—는 두 가지 이유에서 분명하지 않다. 선호의 통약 불가능성incommensurability과 내생성endogeneity이 그것이다. 내가 말하는 통약 불가능성이란 각기 다른 발달 기회는 서로 다른 이유 때문에 소중하며, 그런 이유 중 몇 가지는 서로 통약 불가능하다는 문제를 말한다. 우리는 서로 다른 발달 기회 때문에 상이한 방식으로 발달하며, 결국 여러 다른 이유 때문에 소중하게 여기는 상이한 특징을 지닌 서로 다른 가능한 삶을 살게 된다. 한 사람이 언젠가 패션 디자이너가 될 수 있게 해주는 어린 시절의 기회는 무척 소중하다. 언젠가 성직자나 소설가, 군 장교나 부동산 거물이 될 수 있게 해주는 기회도 소중하다.

어떤 개인들은 자기 앞에 놓인 가능한 미래를 내다보면서 이런 몇 가지 경로를 추구하는 데 도움이 될 기회의 가치를 완전히 무시해버린다. 이런 경로를 추구할 생각이 없기 때문이다. (어떤 부모들도 똑같은 생각을 하면서, 자기 자녀 앞에 놓인 잠재적인 궤적으로서 이런 몇 가지 경로에 0의 가치 혹은 심지어 마이너스 가치를 부여한다.) 하지만 물론 사람들은 이 경로들 가운데 **어떤** 것이 가치가 있고 어떤 것이 없는지에 관해 의견이 갈린다. 설상가상으로 이런 의견 불일치에 관한 개인들의 견해—그리고 더 일반적으로 미래의 어떤 경로를 언젠가 추구하기를 원하는지에 관한 각자의 견해—는 종종 당연히 불완전하다. 더욱이 특정한 발달 기회를 경험하면 때로 선호가 바뀌기도 한다. 추상적으로 생각할 때는 특별히 매력적이지 않던 어떤 경로가 갑자기 유망해 보이기 때문이다.

공통된 척도 문제는 의견 불일치라는 단순한 사실이나 어떤 사람들의 견해가 불완전하거나 바뀔 수 있다는 사실보다 더 심층적이다. 어떤 사람에게 가장 좋은 일련의 기회는 미래에 그의 안녕을 가장 증진해주는 것이라는 점에 우리 모두가 동의한다고 가정해보자.[75] 적어도 이론상으로는 이것이 어느 경로가 최선이며 또한 순서나 척도 같은 결과에 도달하는 길인지에 관한 의견 불일치를 관통하는 길처럼 보인다. 하지만 안녕에 관해 신중하게 생각하다 보면, 금세 우리가 벗어나려고 애쓰는 문제에 더 깊이 빠져든다. 요세프 라즈Joseph Raz는《자유의 도덕성》에서 이 문제에 관한 아주 유용한 설명을 제공한다. 라즈는 만약 우리의 안녕 개념이 한 개인 자신의 관점에서 볼 때 삶이 얼마나 성공적인지를 포착하는 것이라면, 그것은 각 개인의 관점에 그 자신의 헌신이나 애착도 포함된다는 사실을 해명해야 한다고 주장한다.[76] 그리하여 라즈는 안녕을 제대로 이해한다면, 각 개인이 자신의 목표와 기획을 성공적으로 추구하는지 여부에 민감해야 한다고 주장한

---

75 이 정식화가 제기하는 수많은 추가적인 난점들은 잠시 제쳐둘 것이다. 첫째, 우리는 어떤 기회가 나 자신의 안녕을 희생하면서도 다른 사람들의 안녕에 기여할 수 있게 해줄 것이기 때문에 내게 소중하다고 믿을 수 있다. 둘째, 일련의 기회가 완벽하게 예측 가능한 안녕의 수준으로 이어지지 않는 문제가 있다. 오히려 기회는 어떤 사람이 상황에 따라 각기 다른 수준의 안녕을 누리는 가능한 상태의 확률 배분을 함축한다. 이런 확률 배분 사이의 개인의 선호는 여러 변수 가운데서도 그 사람의 위험 회피 수준에 좌우될 것이다. 하지만 위험 회피 수준은 **또한** 뒤에서 논의하는 선호 형성 과정에 내생적일 수 있다. 이런 추가적인 난점들은 잠시 제쳐두자. 이런 난점들이 쉽게 해결되기 때문이 아니라, 통약 불가능성이라는 더 심층적인 문제가 이 난점들을 미결 상태로 만들기 때문이다.

76 Joseph Raz, *The Morality of Freedom*(1986), 289~290쪽.

다.[77] 바로 이렇게 "목표와 헌신을 받아들여서 이런저런 일에 관심을 기울임으로써, 사람은 점차 자기 삶을 모양 짓고, 무엇이 성공적인 삶이고 무엇이 실패인지를 결정한다."[78] 특정한 목표, 기획, 헌신, 애착 등은 우리의 안녕에 기여한다. 우리는 이런 것들을 "기꺼이 끌어안기" 때문이다.[79] 그리하여 라즈는 자율성이 안녕의 핵심이며, 우리가 삶에서 소중히 여기는 많은 다른 것들이 상당 부분 우리의 안녕에 기여한다고 주장한다. 우리가 그것들을 소중히 여기게 되었기 때문이다.[80]

이 책의 도입부에서 간략하게 이야기한 것처럼, 기회균등의 독특한 매력 중 하나는 그것이 사람들로 하여금 주어진 제한된 기회에 의해 지시를 받는 게 아니라, 상당 부분 각자의 것인 삶에서 목표를 추구할 수 있게 해준다는 점이다. 기회 불균등은 특히 카스트 제도나 계급 제도, 젠더 역할 체계 같은 사회구조의 형태를 띨 때, 사람들이 영위할 수 있는 삶의 종류를 분명하게 제한한다. 이런 구조는 우리로 하여금

---

77 앞의 책, 290쪽.

78 앞의 책, 387쪽.

79 앞의 책, 369쪽. 라즈는 "기꺼이 끌어안기"가 때로 자유롭고 의도적인 선택에 미치지 못한다고 주장한다. 우리는 다양한 애착을 기꺼이 끌어안는다. 예를 들어, 부모님에 대한 애착은 우리가 선택한 것은 아니지만 그럼에도 불구하고 우리의 안녕에 기여한다. 어떤 사람들과 어떤 사회 전체는 이런 식으로 그들의 주된 목표와 헌신과 애착을 스스로 선택하지 못하는 환경에서 살아간다. 그들은 일정한 형태의 안녕을 성취할 수는 있지만, 라즈가 말하는 자율성은 누리지 못한다.

80 이 점에 관해서는 어느 정도 논쟁이 있지만, 라즈는 자율성은 "자율성을 향상시키는" (현대)사회에서만 안녕의 **필요조건**이라고 주장하는 것처럼 보인다. 이런 생각은 《자유론》의 자율성 주장의 보편성에서 상당히 벗어난 것이며, 또한 나 자신의 견해나 라즈에게 전반적으로 동의하는 현대의 다른 몇몇 독자들의 견해와도 어긋난다. Jeremy Waldron, "Autonomy and Perfectionism in Raz's *Morality of Freedom*", 62 *Southern California Law Review*(1989), 1097, 1120~1123쪽을 보라. 이 점에 관한 라즈의 모호한 견해에 관한 논의로는 David McCabe, "Joseph Raz and the Contextual Argument for Liberal Perfectionism", 111 *Ethics*(April 2001), 493, 494쪽 주석 3을 보라.

사회가 우리 같은 사람들에게 적합하다고 간주하는 각본을 실행하게 만든다(그리고 극단적인 경우에는 이 각본을 강요한다). 이런 관점에서 보면, 기회균등의 독특한 매력의 한 부분은 그것이 우리 각자에게 이런 각본에서 벗어날—라즈의 용어로 하자면, 우리 각자가 "자기 삶의 공저자"가 될—기회를 더 많이 준다는 점이다.[81]

하지만 바로 이런 기회균등의 특징이야말로 우리가 객관적인 방식으로 각기 다른 일련의 기회를 평가하고—예를 들어, 패션 디자인 분야에서 성공으로 이어지는 기회와 성직자의 삶으로 이어지는 종교적 발달과 성장의 기회 사이에서처럼—어떤 것이 가장 좋은가를 결정하려고 할 때 통약 불가능성 문제를 야기한다. 문제는 단순히 객관적인 관찰자가 어느 것이 가장 좋은가를 결정하기 어렵다는 사실이 아니라, 어떤 사람에게 이 경로들이 갖는 가치는 그 사람 자신이 각기 다른 목표와 헌신을 끌어안는 것에 좌우된다는 사실이다. 우리가 그 사람 바깥에서 객관적으로 어느 경로와 기회가 그 사람에게 가장 좋은지를 결정할 수는 없는 노릇이다—우리가 그 답을 알아낼 수 없기 때문이 아니라, 이 질문에는 사실 정답이 없기 때문이다.

이 문제를 어디까지 추적할 수 있는지와 관련해서는 일정한 한계가 존재한다. 어떤 사람에게 어느 경로가 더 좋거나 나쁜지에 관해 **무언가** 말하는 것은 언제나 가능하다. 어떤 경로는 누가 추구하든 간에 객관적으로 나쁘며—예를 들어, 객관적으로 볼 때 자멸적이기 때문에—다른 어떤 경로는 어떤 특정한 사람의 관심과 능력에 너무나도 명백하게 맞지 않아서 우리는 이 사람이 그 경로를 선택하지 않을 것

---

81 Raz, *The Morality of Freedom*, 370쪽.

이라고 다소 자신 있게 예상할 수 있다. 하지만 많은 경우에 한 사람에 대해서조차, 그리고 그 사람의 미래의 안녕을 극대화한다는 목표에 동의한다 할지라도, 두 가지 발달 기회 중에서 어느 것이 더 나은지 객관적으로 말하기는 불가능하다.

선호와 목표의 내생성

이런 통약 불가능성 문제는 두 번째 문제와 연결되는 동시에, 그에 의해 더욱 악화된다. 사람들로 하여금 이런저런 목표를 끌어안게 만드는 선호의 내생성이 바로 그 두 번째 문제이다. 일반적으로 사람들은 어느 날 아침 일어나서 들어본 적도 없는 어떤 일을 하거나 어떤 존재―이 일이나 존재는 알아볼 수 있는 익숙한 것의 변형조차 아니다―가 되겠다고 결심하지 않는다. 그보다 사람들은 자기 주변의 재료들, 즉 자신이 접근할 수 있는 "사회적 형태들"을 가지고 소망과 목표와 헌신을 형성한다.[82] 예를 들어, 아마 오늘날 자라는 어린이 가운데 투자은행가가 되는 게 소망이라고 말하는 아이들이 적어도 소수일 것이다(이런 아이들의 부모는 아마 대부분 투자은행가일 것이다). 다른 많은 아이들의 경우에는 이런 말을 하는 것이 가령 고대 메소포타미아에서 세라가 자기 소망은 수학 교수가 되는 것이라고 선언하는 것만큼이나 가능성이 없는 일일 것이다. 만약 세라가 이런 말을 한다면 의도가 무엇인지는 분명하지 않다. 세라가 이 말이 무슨 의미라고 생각

---

82 이것은 라즈가 사용하는 표현이다. 이 책 250~253쪽도 보라.

하는지를 확인하기 위해서는, 그녀가 이 말을 어디서 들었는지를 재구성하는 게 유용할 것이다. 그리고 어떻게 보면 바로 이 점이 중요하다. 세상에 우리가 추구할 어떤 경로가 있는지에 관한 우리의 생각은 어딘가로부터 오는 게 분명하다. 실제로 우리에게는 단순한 말이나 어구, 어떤 경로가 존재한다는 덧없는 생각 이상이 필요하다. 우리는 이 경로에서 무엇이 소중한지, 그리고 왜 우리가 그 경로를 추구하기를 원하는지를 어느 정도 (적어도 부분적으로나마) 이해할 근거가 필요하다.

어떤 경우에는 이러한 이해가 상당히 부족하고, 개인적인 경험과 무관한 원천에서 나올 수 있다. 어떤 이는 변호사에 관한 텔레비전 프로그램을 보면서, 이 직업은 주장을 펼치는 능력이 필요하고, 좋은 양복을 살 만큼 급여가 많으며, 사람에게 일정한 권위를 부여한다는 사실을 하나하나 알 수 있다. 때로는 그런 어렴풋한 인식으로도 충분할 수 있다. 하지만 우리는 흔히 훨씬 더 두꺼운 지식 형태를 통해, 우리가 삶에서 추구하기를 바라는 종류의 역할에 관한 개념을 형성한다. 라즈가 주장하는 것처럼, 중요한 사회적 형태들은 대부분 "조밀하다. 이런 형태들은 그에 대해 경험이 있는 개인들이 분명하게 설명할 수 있는 것 이상을 필요로 하기 때문이다."[83] 우리는 "숙고"보다는 "습관화"를 통해서 이러한 역할을 수행하는 법뿐만 아니라 그 역할을 하기를 원하는 이유도 배운다.[84] 예를 들어, 우리는 어린 시절에 경험한 부모-자식 관계를 바탕으로 부모가 된다는 것이 무엇인지에 관한 초기의 (희미한) 인식을 얻는다. 대부분의 경우에 노동 세계에서 우리가 갖

---

83 Raz, *The Morality of Freedom*, 311쪽.
84 앞의 책.

는 열망은 엉성한 인상들에서 얻은 얄팍한 지식과 개인이 지속적으로 직접 마주친 경험에서 얻은 두터운 지식 사이의 어딘가에 속할 공산이 크다.

예를 들어, 미국 학교에서 인종 통합을 요구한 〈브라운〉 사건[85]이 50년 동안 어떤 영향을 미쳤는지를 연구한 저서에서 엘리스 코즈Ellis Cose는 퇴역 해군 제독 J. 폴 리즌J. Paul Reason을 인터뷰했다. 흑인인 리즌은 〈브라운〉 사건 이후 얼마 뒤에 워싱턴 D.C.에서 인종분리가 폐지된 기술고등학교를 다녔다.[86] 그는 그 고등학교를 다니면서 자기 소망과 인생 경로가 바뀌었다고 말했다. 거기서 해군 장교 출신의 물리학 교사를 만났는데, 그의 말을 빌리자면 그 교사 덕분에 "해군이 존재한다는 사실을 처음 알게" 되었기 때문이다. 그의 말은 매우 인상적이다. 리즌은 그전에 해군이 존재한다는 사실을 말 그대로 모르지는 않았지만, 해군이 어떤 곳인지는 정말로 몰랐다고 설명한다. "공학자, 물리학자, 화학자 등이 해야 할 일이 있는 매우 기술적인 환경"이라는 사실은 몰랐다는 것이다. 그는 이런 경험을 통해 과학과 공학의 세계가 열리고, 해군에 입대해서 이런 분야에서 자신의 기능을 활용하고 발전시키는 동시에 생산적인 방식으로 이 기능을 활용할 수 있는 경로가 드러나면서, 자신의 "인생이 바뀌었다"고 말한다.[87] 리즌은 이미 고등학생 때부터—학교의—발달 기회에 몰두하면서, 이런 기술적 주제에 역량이 있고 그 주제를 즐긴다는 사실을 깨닫게 되었다. 하지만 그

---

85 공립학교에서 인종을 차별하는 것은 위헌이라고 판결한 1954년 〈브라운 대 교육위원회Brown v. Board of Education〉 사건을 가리킨다.—옮긴이

86 Ellis Cose, *Beyond* Brown v. Board : *The Final Battle for Excellence in American Education*(2004), 28쪽.

87 앞의 책.

교사를 만나지 못했더라면 아마 해군 장교가 되겠다는 소망을 발전시키지 못했을 것이다. 이 이야기가 학교 통합에 관한 책에 등장한 것은 우연이 아니다. 4부에서 이야기하겠지만, 통합의 핵심적인 기능은 일종의 사회적 혼합을 허용해서 사람들에게 더 넓은 범위의 잠재적 경로를 열어주는 것이다.

우리는 접근 가능한 재료를 가지고 소망과 목표를 세우기 때문에, 누군가에게 주어진 발달 기회를 바꾸면 그 사람의 목표와 역량, 자신의 열망과 잠재력에 대한 인식에 원대한 영향을 미칠 수 있다. 이런 변화가 다른 식의 발달 기회 변화보다 더 나은지가 항상 분명하진 않다. 특정한 한 아이가 서로 다른 두 가족 환경을 경험할 수 있는 발달 기회를 생각해보자. 아버지와 함께 사는 경우에 교외의 학교에 다니는데, 동급생이 거의 모두 대학에 진학을 한다. 아이는 주말에 학교에서 열리는 운동경기에 참여하거나 아버지와 야외 답사를 다니며 시간을 보낸다. 반대로 어머니와 함께 인근 도시의 아파트에 살면, 더 규모가 크고 다양성이 높으며 획일적으로 대학에 진학하지는 않지만 과학 분야에서 색다른 경험을 할 수 있는 학교에 다닌다. 아이는 과학 박람회와 로봇공학 반에 참여하고 프로그래밍 언어를 배우지만, 운동경기 참여는 전혀 없고 주말에는 어머니가 다니는 교회에 열심히 다니게 된다. 아이가 이 두 환경에서 경험하게 될 발달 기회는 무척 다르다. 한 가지 이유는 아이가 속한 세계의 사람들이 다를 것이라는 사실이다. 다른 교사, 다른 부모, 그리고 아마 특히 또래의 다른 아이들이 한 사람의 발달에서 커다란 차이를 만들어낼 수 있다.

이 두 발달 기회 중 어느 쪽이 아이의 경험을 모양 짓는지에 따라 아이가—역량뿐만 아니라 목표, 가치관, 세계 속 자기인식 등의 측면에서도—상당히 다른 사람이 되리라고 가정하는 것은 그럴듯하다. 아이의 미래 자아는 자신이 선택한 경로가 가장 좋은 길이었다고 단언할 수 있다. 하지만 만약 아이가 다른 길을 갔다면, 다른 미래 자아도 마찬가지로 그 경로가 가장 좋은 길이었다고 확신할 수 있다. 그리고 두 미래 자아 모두 옳을 것이다. 어쨌든 두 경우 모두에서 모든 게 잘 된다면, 아이는 자기가 소중히 여기는 삶으로 이끌어준 구체적인 발달 기회—다른 쪽 부모와 함께 살기로 했다면 누리지 못했을 기회—를 가리킬 수 있다.

우리가 가진 선호와 가치의 내생성—특히 우리의 발달 기회와 경험에 대한 의존성—때문에, 한 사람에게 어떤 발달 기회가 가장 좋은지를 사전적으로 말하기는 어렵거나 불가능할 수 있다. 이것이 순전히 이론적인 문제는 아니다. 예를 들어, 가정법원 판사들은 이 문제의 구체적인 한 형태에 직면해야 한다. 앞에 든 사례에서처럼, 부모가 자녀에게 무척 다른 기회를 제공하게 되는 양육권 분쟁에서 실제로 결정을 내려야 하는 것이다. 법원을 제쳐두고라도 부모, 학교, 심지어 아이들 자신이 내리는 수많은 결정에도 이런 문제들이 함축되어 있다.

필수적인 발달 기회

앞 절의 주장을 어디까지 밀어붙여야 하는지에는 한계가 존재한다. 즉 선호의 통약 불가능성과 내생성 문제는 쉽게 과장될 수 있다. 어떤 기회는 **분명히** 다른 기회보다 객관적으로 더 좋다. 모든 기회를 완벽하게 순서대로 배열하는 것은 불가능하지만, 우리는 어떤 특정한 사람에게 어떤 발달 기회가 더 많은 것을 제공한다고 객관적으로 말할 수 있다. 다른 발달 기회에 비해 그 사람이 발전하고 성장하는 데 더 효과적인 도움을 줄 수 있기 때문이다. 이 점을 가장 분명하게 보여주는 사례는, 유일한 것은 아니지만 이른바 **필수적인** 발달 기회에 의지한다.

필수적인 발달 기회는 사람들이 겨우 몇 개의 경로가 아니라 많은, 아니 심지어 사회가 제공하는 모든 경로를 따라 나아갈 수 있게 해주는 특성과 역량을 발전시키기 위해 필요로 하는 기회이다. 몇 가지 발달 기회는 거의 어떤 인간 사회에서든 필수적이다. 예를 들어, 우리는 다른 인간과 구두로 (또는 수화로) 소통함으로써, 즉 이야기를 듣고 말함으로써 필수적인 소통 역량을 발전시킨다.

다른 발달 기회는 사회가 우연히 그런 기회를 필수적인 것으로 만드는 방식으로 구조화되었기 때문에 필수적이다. 현대사회에서 읽는 법을 배우는 기회가 필수적인 것은, 우리가 조직한 사회에서는 읽고 쓰는 능력이 광범위한 경로를 추구하는 데 필요한 선결 조건이기 때문이다. 학교에서 제공하는 발달 기회를 활용하기 위해서는 누구든지 읽고 쓰는 능력이 필요하다. 이 능력이 없으면 일정한 연령 이후에는 동급생들이 훨씬 더 복잡한 역량을 발전시키는 상호작용 과정에 참여하지 못하는 방관자가 될 수밖에 없다. 게다가 읽고 쓰는 능력은 수많은 직업, 그리고 특히 양호한 노동 조건이나 괜찮은 급여, (다른 종류의) 복잡하고 보람 있는 업무 때문에 높이 평가되는 거의 모든 직업의 선결 조건이다.

어떤 발달 기회가 필수적이라고 말한다고 해서, 모든 사람이 똑같은 형태의 발달 기회를 필요로 한다는 뜻은 아니다. 예를 들어, 수화를 배울 기회는 청각장애인이 세계가 제공해야 하는 더 많은 기회를 누리기 위해서 필수적일 것이다. 하지만 이 기회는 언어에 노출되면서 생기는 언어 습득과 소통의 필수적인 기회의 변형물이다. 추상 수준에서 설명하자면, 이 기회는 모든 사람이 필요로 하는 기회이다. 인간의 사회적 삶에서 말을 사용해서 소통하는 역량의 중요성을 과장하기란 쉽지 않다.

내가 언어 습득에서 이야기를 시작한 것은 심리학자 베티 하트Betty Hart와 토드 리슬리Todd Risley가 제시한 몇 가지 인상적인 증거 때문이다. 둘은 아이들이 어떻게 성인과 말로 상호작용하는 일상적인 기회를 통해 이야기하는 법을 배우는지를 연구했다.[88] 언어 학습에서 이런 상호작용이 어떤 역할을 하는지는 오래전부터 자료를 통해 충분히 증명되었다.[89] 하지만 0세에서 3세까지의 아이가 있는 42개 가족을 오랫동안 정기적으로 관찰함으로써, 하트와 리슬리는 어린아이들이 부모의 언어 양상을 모방하면서 점차 언어적 상호작용의 "사교댄스"를 배우는 과정을 풍부하게 기술했다.[90]

두 사람은 사회경제적 지위에 따라 표본을 대략 세 집단—"복지 대상", "노동계급", "전문직"—으로 나누었는데, 세 집단 사이에 언어 상호작용의 풍부함과 양에서 깊은 간극을 발견했다. 전문직 부모들은 복지 대상 부모들에 비해 자녀에게 말하는 단어의 총수가 세 배 정도

88   Betty Hart and Todd R. Risley, *The Social World of Children: Learning To Talk*(1999); Betty Hart and Todd R. Risley, *Meaningful Differences in the Everyday Experience of Young American Children*(rev. ed. 2002).

89   *From Neurons to Neighborhoods: The Science of Early Childhood Development*(Jack P. Shonkoff and Deborah A. Phillips eds., 2000), 134쪽을 보라.

90   Hart and Risley, *The Social World of Children*, 31~138쪽.

많았고, 언어적 상호작용 유형, 주제, 단어의 종류 등에서 훨씬 더 풍부한 다양성을 제공했다.[91] 시간이 흐름에 따라 부모의 이야기에 대한 자녀의 대답과 그에 대한 부모의 대답이 반복적으로 쌓이면서 간극이 더 커졌다. 3세에 이르면, 전문직 부모의 **자녀들**이 복지 대상 집단의 **부모들**보다 상호작용에서 더 많은 어휘를 사용했다.[92]

하트와 리슬리는 복지 대상 집단의 아이들에게 노동계급(중간) 집단 아이들과 동등한 언어적 발달 기회를 제공하려면 엄청나게 광범위한 개입이 필요하다는 사실을 발견했다. 1주일에 40시간의 집중적인 대체 경험이 필요했던 것이다.[93] 비록 매우 엄청나기는 하지만, 이런 식의 개입은 가능하며 소규모로 시도된 바 있다. 두 사람은 밀워키의 17개 가족에게 꽤 극적인 결과를 낳은 성공적인 개입 사례를 거론한다. 생후 6~8주부터 개별 유아 돌보미를 붙여서 가정 외 전일 육아를 제공하고 또 부모 훈련·지도 프로그램도 시행했다.[94]

언어 기능이 중요한 사회에서는 이런 식의 개입이 엄청난 비용을 들일 만한 가치가 있을 것이다. 여기서 이 문제를 평가하는 것은 나의 계획이 아니다. 내가 말하고자 하는 요지는 이 개입이 비용을 들일 만한 가치가 있는 **이유**는 이런 역량이 이후에 인생에서 추가적인 발달 기회와 경로, 이 사회에 속한 사람이라면 누구나 추구하기를 바라는 기회와 경로를 추구하는 데 무척 필요하기 때문이라는 것이다. 다른

---

91 Hart and Risley, *Meaningful Differences in the Everyday Experience of Young American Children*, 119~134쪽.

92 앞의 책, 176쪽(〈표 5〉).

93 앞의 책, 202쪽.

94 앞의 책, 206쪽. 하트와 리슬리는 8세가 되었을 때 빈곤층 자녀의 성취 수준이 해당 연령 집단의 정상 수준이 되었다고 보고한다. 이례적이고 유력한 결과이다.

일련의 발달 기회, 가령 글을 읽고 쓰는 법을 배우거나 기본적인 계산 능력을 배울 기회를 제공하기 위해 집중적인 방식으로 개입하는 것도 마찬가지로 가치가 있을까? 현대사회에서는 아마 그럴 것이다. 그 답은 이런 발달 기회가 얼마나 **필수적인지**의 정도—모 아니면 도가 아니라 정도의 문제—에 좌우되는데, 이 정도는 다시 더 넓은 기회구조에 좌우된다.

'중요한 시험' 사회 같이 사회에서 인기 있는 일자리와 사회적 역할이 이 시험을 통과한 이들에게만 주어지는 사회에서는, 이 특정한 시험에서 성공하기 위해 필요한 것이라면 어떤 발달 기회든 필수적이 된다. 중요한 시험이 체력 시험이라면, 관련된 운동 기회가 필수적이 된다. 또 만약 그 시험이 수학 기능 필기시험이라면, 이런 기능을 발전시키는 기회가 필수적이 된다. 어떤 단일한 시험이나 기능에 상대적으로 비중을 적게 두고, 또 각기 다른 기능을 요구하는 상이한 경로에 들어가는 입구와 의사 결정권자를 다양하게 갖춘 좀 더 다원주의적 기회구조에서는, 한 사람이 추구할 수 있는 모든 경로에 대해 필수적인 발달 기회가 더 적을 것이다.

따라서 기회구조의 단일한 성격이나 다원주의적 성격은 각기 다른 기회 묶음의 통약 불가능성에 흥미로운 영향을 미친다. 기회구조가 단일할수록, 우리는 더 자주 어떤 주어진 기회 묶음이 다른 것보다 더 좋거나 나쁘다고 객관적으로 말할 수 있을 것이다. 어떤 단일한 시험을 통과하는 역량이 모든 이의 미래의 모든 측면에 중요한 **전부**가 되는 양식화된 극단적 사례로 다가갈수록, 대부분의 경우에 어떠한 기회 묶음이 주어진 사람에게 최선인지를 비교적 쉽게 알 수 있게 된다. 그 사람이 시험을 통과하게 될 가능성을 극대화하는 묶음이 최선이기

때문이다.[95]

비교적 다원주의적인 사회에서도 몇몇 발달 기회는 완전히 필수적이다. 하트와 리슬리가 예로 드는, 사람들에게 말하는 법을 배우도록 도와주는 상호작용이 대표적인 경우이다. 어린이가 학대하지 않고 돌봐주는 성인들과의 반복된 상호작용을 통해 획득하는 정서 발달에 대해서도 비슷한 주장을 할 수 있다. 이런 상호작용은 타인의 마음과 느낌을 인지하는 능력 같은 기본적인 사회적 역량의 발달에 필수적일 수 있다.[96] 중첩되는 일단의 발달 기회가 심리학자들이 말하는 이른바 "집행 기능", 즉 자기통제와 행동 선택 역량을 축조하는 데 필수적일 것이다.[97] 이런 기회와 그 밖의 기회는 우리 모두가 필요로 하는 특성과 역량을 구성하는 기본 요소이다.[98] 사실 이런 역량은 워낙 기본적으로 필요한 것이기 때문에, 이 역량이 없는 사람에게 정확히 어떤 보상을 해줘야 하는지는 상상하기도 쉽지 않다.

따라서 이 절과 앞 절을 종합해보면, 우리는 가능한 모든 기회 묶음을 객관적으로 배열하지는 못하지만, **어떤** 기회 묶음은 다른 이들보다 어떤 사람에게 더 소중하다고 객관적으로 말할 수 있다. 상대적으로

---

95 여기서 그 시험이 통과−탈락만 판정하는 시험이라고 가정하면, 합격 가능성을 극대화하는 것만이 유일하게 타당한 기준이다.

96 "사회적 상호작용은 인지적·사회적·도덕적 지식의 발달에 필수적"이라고 주장하는 Jeremy I. M. Carpendale and Charlie Lewis, "Constructing an Understanding of Mind: The Development of Children's Social Understanding Within Social Interaction", 27 *Behavior and Brain Science*(2004), 79, 80쪽을 보라.

97 *Self and Social Regulation: Social Interaction and the Development of Social Understanding and Executive Functions*(Bryan Sokol et al. eds., 2010)을 보라.

98 하지만 그렇다고 해서 우리 모두가 이런 역량을 발달시키기 위해 정확히 똑같은 발달 기회를 필요로 한다는 말은 아니다.

필수적인 어떤 발달 기회를 (더 많이) 포함하기 때문이다. 어떤 발달 기회가 필수적인지(그리고 얼마나 필수적인지)의 정확한 경계선은 인간 본성만 가지고 도출할 수 없다. 그 경계선은 사회—그리고 특히 기회구조—에 좌우된다.

누가 누구보다 더 많은 기회를 누리는지를 평가하려고 하는 평등주의 계획가의 다소 협소하고 이론적인 관점에서 보면, 단일한 기회구조가 상황을 더 단순하게 만든다. 중요한 시험 사회라는 극단에 접근함에 따라, 이 중요한 시험에서 평가하는 기능을 발달시킬 기회가 필수적이 되며, 다른 발달 기회는 거의 중요하지 않게 된다. 이 사실을 보면서 기회균등 주창자들은 더 위계적이고 단일한 기회구조를 선호하는 이유를 발견할지 모른다. 만약 어떤 발달 기회의 조합이 더 낫거나 나쁜지를 더 분명하게 알 수 있다면, 우리는 누가 더 많거나 적은 일단의 기회를 가졌는지를 판단하고, 그것을 토대로 기회를 '균등하게' 만들기 위해 어떻게 재분배해야 하는지를 결정할 수 있는 상황에 가까워질 것이다.

하지만 사실 평등주의자들이나 기회의 배분에 관심이 있는 어떤 사람이든 정반대의 주장을 해야 한다. 단일한 기회구조는 기회균등화 기획을 훨씬 더 어렵게 만든다. 1부에서 탐구한 모든 문제를 악화시키기 때문이다. 중요한 시험 사회에서는 이 시험에 통과하도록 도와주는 기회가 필수적이기 때문에, 그렇게 할 수 있는 힘이 있는 부모는 자기 자녀를 위해 이런 발달 기회를 극대화하고 그들에게 다른 아이들보다 더 많은 기회를 보장해줄 이유가 충분할 것이다. 그리하여 업적 문제와 출발점 문제를 움직이는 엔진에 다시 불이 붙는다. 필수적인 발달 기회가 서로 불균등한 사람들 사이에 기회를 균등화하는 공정한 방법이란 존재하지 않는다. 마지막으로 이런 식의 구조는 개별성 문제의 관점에서 볼 때 가능한 최악의 구조이다. 이런 식의 기회구조에서 삶은 정말로 모두가 동의하는 하나의 목표를 추구하는 경주가 **된다**. 누구든지 다른 방향으로 발전하거나 다른 목표에 몰두하거나 자기만의 새로운 경로를 개척할 여지가 거의 없고, 그럴 만한 타당한 이유도 없다.

그리하여 단일한 기회구조가 기회를 균등화하는 문제를 **개념적으로** 더 다루기 쉽게 만드는 데 도움이 될 수 있다 할지라도, 그 **실질적인** 효과는 정반대로 작용한다. 우리로 하여금 애초에 기회균등을 소중하게 여기게 만든 모든 것을 훨씬 더 달성하기 어렵게 만드는 것이다. 우리에게는 단일한 기회구조를 세우는 게 아니라, 이런 구조를 해체하는 것을 목표로 삼는 폭넓게 이해된 기회균등 개념이 필요하다.

* * *

지금까지 내가 내놓은 몇몇 주장들에 기꺼이 동의한다고 생각하는 독자들 눈에도, 지금 우리가 정말로 궁지에 처한 것처럼 보일지 모른다. 두 부를 할애해서 비판에 주력했지만, 기회균등을 소중히 여겨야 하는 이유는 전혀 흔들리지 않았다. 그 이유는 처음 시작할 때보다 전혀 약해지지 않았다. 사실 이 부에서 제시한 인간 발달에 관한 설명은 기회에 관심을 기울여야 하는 가장 강력한 이유를 강조하고 심화할 뿐이다. 기회는 우리가 추구할 수 있는, 우리가 스스로 선택한 (각기 다른 종류의) 행복한 삶으로 이어지는 경로를 열어줄 수 있다. 하지만 기회균등에 관한 우리의 일반적인 사고방식은 아직 부족한 면이 있다.

1부에서 나는 기회균등에 관한 이런 일반적인 사고방식이 일련의 문제에 부딪힌다고 주장했다. 가족 문제, 출발점 문제, 개별성 문제 등이 그것이다. 이 부에서는 상황이 더욱 나빠졌다. 발달 기회를 균등화하는 것은 개념적으로 불가능하다는 점이 드러났다. 누가 더 많은 기회를 가지는지, 또는 어떤 기회 묶음이 가장 좋은지 완벽하게 순서를 정할 수 있는 공정한 척도란 존재하지 않는다. 게다가 기회를 중요하게 만드는 요인의 일부는 우리의 선호와 목표를 개조하는 기회의 힘이라는 점이 드러났다. 이런 사실을 감안하면, 기회균등을 자원 배분 문제로 환원하는 것은 충분하지 않다. 사람들에게 그들이 (현재) 원하는 어떤 일이든 할 수 있도록 더 많은 자원을 준다고 해서, 그들에게 새로운 다른 방향, 즉 다른 목표를 형성하고 궁극적으로 다른 방식으로 행복하도록 이끌 수 있는 방향으로 발전하는 기회를 주지는 못한다.

이 모든 점을 감안할 때, 우리에게는 기회균등에 관한 새로운 사고방식이 필요하다. 균등화 패러다임에 의존하지 않고, 한 사람이 추구할 수 있는 모든 풍부하고 다양한 경로를 (단일한 척도로) 통약 가능하다고 여기는 것에 의존하지 않는 그런 사고방식 말이다. 우리는 리즌 제독이 고등학교에서 그 물리학 교사를 만난 게 왜 중요한지(그의 일부 동급생들에게는 똑같은 기회가 동일한 영향을 미치지 못했거나 아예 어떠한 영향도 미치지 못했을지라도)를 포착할 수 있는 기회균등에 관한 사고방식이 필요하다. 우리는 세라가 고대 메소포타미아를 벗어나 그녀의 비범한 수학적 재능을 발전시킬 수 있는 현대사회와 교육제도로 오는 게 왜 중요한지를 포착할 수 있는 기회균등에 관한 사고방식이 필요하다. 그리고 우리는 개별성 문제를 다룰 필요가 있다. 즉 삶을 어떤 상을 받으려는 단일한 경주로 여기는 대신 정반대의 사회, 즉 사람들이 스스로 선택한 각기 다르고 통약 불가능한 목표를 추구할 여지가 있는 사회를 건설하고자 하는 기회균등에 관한 사고방식이 필요하다. 이 책의 나머지 부분은 이 모든 것을 실행하는 폭넓게 이해된 기회균등 개념을 세우고 응용하려는 시도이다.

3부
—

기회 다원주의

현실의 어떤 사회에서든 기회구조는 광대하고 복잡하다. 현실의 기회구조는 갈라지고 교차하는 경로들이 뒤얽힌 격자 구조이며, 이 경로들은 각기 다른 교육 경험과 성적증명서, 상이한 일자리와 직업, 가족과 공동체 내의 서로 다른 역할, 내재적 가치나 도구적 가치를 갖는 상이한 재화들로 이어진다.

현실의 어떤 사회에서든 이런 기회구조의 상이한 부분들은 서로 다른 방식으로 조직된다. 아마 대통령이 되는 유일한 경로는 피라미드 방식으로 구조화된 제로섬 선거 경쟁이라는 매우 경쟁적인 연속 과정을 수반할 것이다.[1] 다른 한편, 부모 역할로 이어지는 경로는 이런 모양을 띠지 않는다. 이 경로는 사회에서 아이를 갖기 위해 (그리고 아이에 대해 부모의 권리를 유지하기 위해) 무엇이 필요한지를 정의하는, 입양

---

1 이런 점은 사실 미국 대통령제보다 다른 몇몇 나라의 최고위 정무직에 더 들어맞을 것이다. 미국 정치에서는 선출직 공무원 경험이 없는 후보자들이 상원의원과 주지사가 되는 일이 다반사이며, 이따금 대통령에 출마한다.

과 출산에 대한 다양한 사회적 규범과 법적 제약에 의해 모양 지어진다. 대통령이 되는 경로와 달리, 대체로 부모가 되는 경로는 고정된 수의 희소한 기회를 둘러싼 제로섬 경쟁을 수반하지 않는다.

한편 누가(누구든 간에) 상이한 경로에 대한 접근권을 통제하는가라는 문제 역시 기회구조마다 다르다. 신경외과 의사가 되려면, 전공의 레지던트 과정에서 많은 이들이 선망하는 희소한 자리를 얻기 위해 한 명 혹은 소수의 전문적인 문지기들을 설득해야 한다. 다른 한편, 수제품이나 소프트웨어를 파는 사업을 발전시키려면, 관련된 기능을 배우고, 일정한 자본을 손에 넣고, 자발적으로 구매할 고객을 찾기만 하면 된다. 어떤 특정한 의사 결정자나 소수의 의사 결정자 집단이 누가 그런 경로를 추구할 수 있는가라는 문제를 관장하지 않는다.

각 사회 안에는 수많은 다양성과 복잡성이 존재하지만, 기회구조의 전반적인 형태 또한 사회마다 다르다. 사실 대부분 알지 못하지만, 기회구조의 형태는 어떤 사회에 관한 무척 중대한 사실이다. 어떤 사회는 이판사판의 제로섬 경쟁을 수반하는 방식으로 추구할 만한 가치가 있는 경로를 더 많이 조직한다. 사실 어떤 사회는 중요한 시험 사회, 즉 모든 사람이 특정한 연령에 단 한 번 치르는 중요한 시험에 따라 놀라울 만큼 높은 비율의 직업 경로가 좌우되는 사회와 비슷하다. 다른 사회들에도 그런 식으로 펼쳐진 기회구조가 몇 군데 있겠지만, 대체로 높이 평가되는 많은 경력과 역할로 이어지는 다양한 경로를 만들어내며, 사람들이 각자 삶의 각기 다른 순간에 이런 경로에 들어서는 예비 단계에 착수할 수 있도록 해준다. 사회는 또한 관련된 차원에 따라 다양하다—모든 사회에서는 인종, 성별, 계급, 신체적 외모, 성장한 지역 같은 일부 특징에 따라 직간접적인 이유로 사람에게 열린 기회가 영향을 받는다. 하지만 이런 영향이 어느 정도인지는 서로 다르다. 이 영향이 강한 사회는 사람들이 자기 같은 이들에게 적합하다고 여겨지는 특정한 인생 경로로 방향을 돌리게끔 함으로써 기회를 협소화한다.

기회구조 형태의 차이는 여러 가지 방식으로—어떤 경우에는 분명하게, 어떤 경우에는 예상치 못하게—중요한 의미를 갖는다. 무엇보다도 이런 차이에 따라 1부에서 논의한 일련의 맞물리는 문제들—가족 문제, 업적 문제, 출발점 문제, 개별성 문제—의 심각성이 결정된다. 내가 말하는 이른바 **기회 다원주의** 방향으로 기회구조를 개조함으로써, 사회는 이 각각의 문제를 더 다루기 쉽게 만들 수 있다. 기회 다원주의로 나아가는 변화는 가족을 비롯한 출생 환경에서 유래하는 불로소득 같은 유리한 조건을 없애지는 못하지만, 그런 조건의 중요성을 줄여준다. 이런 변화는 제로섬적 업적주의 경쟁의 판돈을 낮추고, 그에 따라 유인도 바꾼다. 또한 사람들로 하여금 중대한 출발점에 노력을 집중하도록 강요하는 대신, 인생 전반에 걸쳐 새로운 경로를 추구할 여지를 더 많이 열어준다. 게다가 이런 변화는 사람들이 기회구조에 의해 인위적으로 중요성이 정해지는 목표를 추구해야 하는 대신, 어떤 경로를 추구할지, 어떤 종류의 활동과 관계와 추구가 자신에게 중요한지를 더 자유롭게 스스로 선택할 수 있는 사회를 만드는 데 도움이 된다.

이 부의 1장에서는 기회 다원주의를 정의하는 요소인 네 가지 원리 또는 조건을 주장한다. 2장에서는 그중 하나인 병목현상 방지 원리를 더 자세히 다루면서 그 함의를 일부나마 끌어내고자 한다. 3장에서는 통약 가능성에 관한 더 심층적인 규범적 질문들과 이 설명에서 제기되는 각기 다른 기회의 가치를 일부 다루고자 한다.

1장
단일한 기회구조와
다원주의적 기회구조

  기회 다원주의는 그 핵심을 파고들어 보면 네 가지 원리로 이루어
진다. (1) 사회에는 **가치와 목표의 다원성**이 있어야 한다. 즉 사람들마
다 어떤 종류의 삶과 행복의 형태를 소중히 여기는지, 그리고 어떤 구
체적인 재화와 역할을 추구하고자 하는지에 대해 의견이 달라야 한
다. (2) 최대한 많은 높이 평가되는 재화가 **비非지위**재(또는 지위와 관련
성이 약한 재화)여야 하는 한편, 최대한 많은 높이 평가되는 역할이 **비
경쟁적**(또는 경쟁적 성격이 약한) 역할이어야 한다. (3) 이렇게 각기 다른
높이 평가되는 재화와 역할로 이어지는 경로의 다원성이 가능한 한
존재해야 하며, **병목현상** 때문에 이런 경로를 추구할 사람들의 능력이
제약을 받아서는 안 된다. 따라서 나는 이 세 번째 원리를 **병목현상 방
지 원리**라고 부른다. 마지막으로 (4) 다른 원리들에서 설명한 요소들
과 관련된 **권위의 원천이 다양**해야 한다. 중요한 경로를 추구하는 데
무엇이 필요한지를 소수 문지기 그룹이 결정하는 게 아니라, 어떤 사
람이 어떤 경로를 추구할 수 있게 해줄 권한을 가진 서로 다른 의사 결

정자들이 다양하게 존재해야 하며, 사회는 개인들이 스스로 새로운 경로를 만들어낼 수 있게 해야 한다.

이 원리들은 또한 조건이기도 하다. 이 조건들이 충족되는 정도만큼, 이것들은 내가 말하는 이른바 **다원주의 모델**에 따라 구조화된 사회를 나타낸다. 이 네 조건의 정반대는 내가 말하는 이른바 **단일한 모델**을 나타낸다. 윌리엄스의 전사 사회나 우리의 중요한 시험 사회와 닮은 모델이다. 현실의 어떤 사회에서든 기회구조는 단일한 모델과 다원주의 모델이라는 두 이념형의 사이에 해당할 것이다.

이제 이 원리들을 차례로 검토해보자.

개별성과 다원주의

노직은 자발적 교환의 정의를 논증하는 과정의 한 중요한 순간에, 독자들에게 남자 26명과 여자 26명이 있다고 생각해볼 것을 요구한다. A부터 Z까지 이름이 붙은 남자들과 A'부터 Z'까지 이름이 붙은 여자들은 모두 결혼을 바라는 이성애자들이다.[2] (어떤 이유에서든 이 사람들은 사회 일반으로부터 차단된다. 어떤 섬에 고립되어 있다고 가정해보자.) 모든 남자와 모든 여자는 다른 성의 성원 중 누구를 결혼 상대로 선호하는지에 관해 동일한 위계적 순위에 동의한다. 모든 여자는 A 다음에 B 같은 식으로 Z까지 순서대로 선호하며, 모든 남자는 A' 다음에 B' 같은 식으로 Z'까지 순서대로 선호한다. 모든 사람이 (이름이 비슷한)

---

2 Robert Nozick, *Anarchy, State, and Utopia*(1974), 263쪽[로버트 노직 지음, 남경희 옮김, 《아나키에서 유토피아로》, 문학과지성사, 1997].

자기 배우자와 짝을 짓고 나면, 불쌍한 Z와 Z'는 꼼짝없이 서로 결합된다. "각자 다른 25명의 배우자 중 한 명을 선호한다 할지라도"[3] 혼자 살기보다는 그래도 둘이 결혼을 할 것이기 때문이다. 노직이 보기에, 이 이야기의 요점은 Z와 Z'의 결혼이 자발적이라는 것이다. 노직은 두 사람이 다른 모든 이들보다 더 불행하다는 사실에 아무런 부정의도 없다고 주장한다. 또한 이 사례를 약간 확장한다면, A나 A' 중 (둘 다가 아니라) 한 명이 죽어서 25쌍이 연달아 이혼하고 재혼하는 일이 생긴다고 해도 부정의하거나 심지어 놀랄 일도 아니다. 모두가 현재의 배우자보다 더 선호하는 다른 배우자로 한 단계 올라서기 때문이다. 노직은 이 사례에서 곧바로 나아간다. 친밀한 관계에서 임금과 노동의 세계로 넘어가는 것이다. 일부 독자들은 노직을 따라 그 문턱을 넘지 않을 것이다. 하지만 여기서 내가 말하고자 하는 내용상, 이 사례는 자유로운 교환과 선망의 우화가 아니라 획일적인 선호의 디스토피아를 보여주는 보기로서 흥미롭다. 이 52명의 개인들이 보기에, 자신들의 선호가 너무도 완벽하게 공통된 위계로 정렬되어 있어서 거의 모든 사람이 많은 이웃들의 배우자를 선망한다는 사실은 얼마나 불행한 일인가?

다행히도 실생활에서 친밀한 관계의 세계는 이와 똑같은 모습이 아니다. 사람들의 선호는 누구를 좋아하는가 하는 점만이 아니라 성적 지향이나 결혼 의사 등등에 있어서도 더 다양하다. 게다가 사람들의 선호는 시간과 친밀성에 따라 바뀐다. 사람들은 흔히 자기가 선택한 배우자를 다른 사람보다 더 좋아하며, 따라서 25건의 이혼과 재혼이

---

3   앞의 책[로버트 노직 지음, 《아나키에서 유토피아로》, 327쪽].

잇달아 일어나는 것은 비현실적인 일이다—뿐만 아니라 잔인하고 오싹한 일이다. 하지만 이런 친밀한 영역에서도 우리의 선호를 다양하지 않고 오히려 획일적이고 위계적으로 만드는 어떤 요인들이 존재한다. 예를 들어, 신체적인 매력이 배우자에게서 원하는 가장 중요한 속성이라는 데 모두가 동의하고, 신체적 매력의 공통된 기준에 대해서도 동의한다고 가정해보자. 이렇게 되면 노직의 이야기에서 가리키는 방향으로 모든 게 움직일 수 있다.[4]

인간 생활에서 높이 평가되는 어떤 재화나 역할, 지위 등이 희소한 경우에, 사람들은 그것을 얻기 위해 경쟁을 하게 마련이다. 경쟁과 그 경쟁의 판돈 두 측면 모두 이 부의 주제인 기회구조의 다양한 측면에 좌우된다. 하나의 출발점으로서, 아마 어떤 경쟁이든 가장 분명한 특징은 경쟁하는 사람의 수와 승리할 수 있는 사람의 수의 비율일 것이다. 이 비율은 어느 정도 누가 경쟁을 원하는가(또는 필요로 하는가)에 좌우된다. 사회에 속한 모든 사람이 다른 어떤 것보다도 특정한 일자리를 원하고, 오직 소수만이 그 일자리를 가질 수 있다면, 경쟁은 격렬해질 것이다. 실제로 모든 사람이 전사가 되는 것이 곧 성공적인 삶이라고 (거의 정확하게) 정의하는 전사 사회의 경쟁과 비슷해질 것이다. 현실 사회에는 하나가 아니라 많은 일자리와 직업이 존재한다. 하지만 만약 모든 사람이 이 모든 일자리와 직업을 위계적으로 배열하는

---

4 Anne Alstott, "Marriage as assets? Real freedom and relational freedom", in *Arguing About Justice: Essays for Philippe Van Parijs*(Axel Gosseries and Yannick Vanderborght eds., 2011), 49, 57쪽을 참조하라. 이 글은 똑같은 효과를 발휘할 수 있는 다른 메커니즘을 다룬다. 우리 모두가 소득을 기준으로 잠재적인 결혼 상대를 평가하는 정도만큼, 만약 누군가 심각하게 소득이 적다면 결혼 상대를 구할 수 있는 실질적인 자유는 매우 제한될 것이다.

데 동의하고, 각각의 일자리와 직업에서 차지할 수 있는 자리가 제한되면, 우리는 노직의 결혼 이야기와 무척 흡사한 경쟁 상황에 놓이게 된다. 다만 이 경우에는 일의 세계라는 점이 다를 뿐이다.

현실적인 기회구조 모델이라면, 우리가 정확히 어떤 역할을 추구하기를 바라는지에 관해 우리가 갖는 선호의 내생성을 고려해야 한다. 즉 기회구조 자체가 우리의 선호를 모양 짓는다. 따라서 일자리나 역할의 대략적인 위계에 관한 폭넓은 사회적 합의는 몇 가지 이유에서 어느 정도 저절로 지속될 수 있다. 첫째, 많은 이들이 바라는 일자리나 역할은 그 자체로 바람직한 재화인 사회적 위신에 따라오기 쉽다. 둘째, 우리는 보통—일 또는 다른 곳에서—무엇이 좋고, 소중하고, 추구할 만한 가치가 있는지에 관한 생각을 우리 주변에 있는 타인들로부터 얻는다. 그렇다면 어떤 조건에서 개인들이 무엇을 소중히 여기고 추구하기를 바라는지에 관해 마음을 정할 능력을 갖게 될까? 그 답은 다원주의와 불일치의 조건 아래서이다. 그래야 사람들이 무엇이 소중하고 추구할 만한 가치가 있는지에 관해 실제로 다른 생각에 접근할 수 있기 때문이다.

밀이 《자유론》에서 편 주장의 핵심에는 이 제안이 있다. 밀은 개별성을 위해서는 "두 가지 필요조건"이 있다고 주장한다. "자유와 상황의 다양성"이 그것이다.[5] 자유만으로는 충분하지 않다. 사회적 획일성이 만연한 조건 아래서는 우리가 개별성을 반영하거나 장려하는 방식

---

5 John Stuart Mill, *On Liberty*(Elizabeth Rapaport ed., Hackett 1978)(1859), 55, 70쪽[존 스튜어트 밀 지음, 서병훈 옮김, 《자유론》, 책세상, 2005, 110쪽; 박홍규 옮김, 《자유론》, 문예출판사, 2009, 131쪽]. 밀은 이 정식화를 두 차례 제시한다. 이것은 빌헬름 폰 훔볼트Wilhelm Von Humboldt에게서 가져온 인용구이다.

으로 우리의 자유를 행사할 능력이 없을 것이기 때문이다. 밀은《자유론》을 "단 하나의 진리를 담은 철학 교과서"라고 설명한다. "성격 유형의 커다란 다양성과 인간 본성이 무수히 많은 상충하는 방향으로 스스로 확장할 수 있는 전면적인 자유를 부여하는 것의 중요성"이 그것이다.[6]

밀은 "상황의 다양성"과 "성격 유형의 다양성"의 중요성에 초점을 맞추기 때문에, 대중문화에 관심을 갖게 된다. 대중문화에서는 각기 다른 직종, 직업, 지역, 사회계급에 속한 서로 다른 사람들이 "같은 것을 읽고 들으며, 같은 장소에 가고, 희망과 두려움의 대상도 같아지기" 시작한다. 요컨대 "서로 다른 계급과 개인을 둘러싸고서 그들의 성격을 형성하던 환경이 하루가 다르게 닮아가고 있다."[7] 밀은 그 결과로 생겨나는 획일성 때문에 우리 모두가 인생 계획을 구성하는 바탕으로 삼는 재료들의 범위가 점점 좁아진다고 주장한다. "모든 인간의 삶이 어떤 특정인 또는 소수의 생각에 맞춰져 정형화되어야 할 이유는 없다."[8] 유럽 같은 다양성을 지닌 대륙의 성공은 각기 다른 사람들(과 민족들)이 "각각 소중한 결과로 이어지는 무척 다양한 경로"를 추구하는 데 있다.[9]

---

6 John Stuart Mill, *Autobiography*(Penguin 1989)(1873), 189쪽[존 스튜어트 밀 지음, 최명관 옮김,《존 스튜어트 밀 자서전》, 창, 2010, 254쪽].

7 Mill. *On Liberty*, 3, 70쪽[존 스튜어트 밀 지음,《자유론》, 책세상, 135쪽; 문예출판사, 158쪽].

8 앞의 책, 64쪽[존 스튜어트 밀 지음,《자유론》, 책세상, 127쪽; 문예출판사, 149쪽].

9 앞의 책, 70쪽[존 스튜어트 밀 지음,《자유론》, 책세상, 134쪽; 문예출판사, 157쪽]. 밀이 제시하는 그림에서 한 가지 모호한 부분은 이 "각기 다른 계급", 직종, 민족들이 충분히 유동적이어서, 사람들이 그 사이를 이동하거나 경계를 가로질러 가치를 채택할 수 있는가 하는 점이다. 기회 다원주의의 관점에서 보면, 가치와 생활방식의 다양성이 접근

어떤 면에서 보면, 우리가 오직 타인들이 제시하는 '정형'을 참조함으로써만 우리 삶을 구성하고 가치를 세련되게 만들 수 있다고 생각하는 것은 인간을 하찮게 여기는 처사인 것 같다. 분명 이것은 너무나 제한된 그림이다. 언제나 성상 파괴론자와 국교 반대자 들이 존재한다. 모든 사람이 자기 부모나 또래 친구와 똑같은 가치를 받아들이거나 다른 누군가를 본받아 자기 삶을 기획하기를 원하는 것은 아니다. 그럼에도 불구하고 밀이 '다양성'에 관해 걱정하는 근거가 충분하다고 믿을 타당한 이유가 있다. 왜 이런지를 보여주는 더 복잡한 그림은 사회적 형태에 관한 요세프 라즈의 연구에서 발견할 수 있다.[10] 우리가 말과 언어를 결합하고 변경하고 실험하는 것처럼, 사람들이 자기 세계 안에서 보이는 사회적 형태들을 결합하고 변경하고 실험할 수 있는 것은 사실이다.[11] 하지만 우리가 아무 재료도 없이 사회적 형태를 구성할 수는 없다. 라즈는 우리가 습관화를 통해, 즉 다른 사람들과 함께 이런저런 사회적 형태에 참여함으로써 많은 사회적 형태들(인간관계의 상이한 형태들 같은)에서 무엇이 소중한지를 배운다고 주장한다.[12] 우리는 세계 속에서 경험을 함으로써 소중히 여기는 게 무엇인지를 결정한다. 무엇이 가장 중요한 질문인지에 관해 우리 주변의 많은 (또

가능한 동시에 어느 정도 보편적이어야 한다. 다양한 가치와 생활방식이 존재하지만, 각각이 어떤 영속적이고 고정된 집단이나 카스트의 성원들에게 배타적으로 주어진다면 별 소용이 없다. 이 책 255~257쪽을 보라.

10 이 책 227쪽 이하 "선호와 목표의 내생성" 절을 보라.

11 Joseph Raz, *The Morality of Freedom*(1986), 309쪽을 보라. "어떤 표현의 문자 그대로의 정확한 사용과 은유적 사용의 가능한 관계의 범위를 정하는 것이 불가능한 것처럼, 어떤 사회적 형태에 근거를 둔다고 여기지는 평향의 범위를 미리 정하는 것도 불가능하다."

12 앞의 책, 310~311쪽.

는 모든) 사람들의 견해를 거부한다 할지라도, 그렇게 하는 것은 우리가 진가를 알게 된 사회적 형태들과 세계와의 상호작용 과정에서 발전시킨 다른 가치에 바탕을 둔 것이다.

바로 이런 이유 때문에 밀은 다양성—상황의 다양성, 성격 유형의 다양성, "각각 소중한 결과로 이어지는" 경로들의 다양성—을 그토록 필수적이라고 본다. 사람들은 단순히 자기 주변에서 보이는 정형들 중에서 선택하는 것이 아니다. 이 과정은 더 복잡하다. 우리는 다른 사람들의 가치와 계획과 추구를 수정하고 다시 섞어서 새로운 것으로 만들 수 있다. 하지만 밀이 확인하는 온갖 종류의 불일치와 다원주의로 특징지어지는 사회는 개인들에게 더 풍부한 재료를 제공하며, 사람들은 시간이 흐르면서 이 재료를 가지고 자신에게 무엇이 중요한지를 결정할 수 있다.

따라서 기회 다원주의의 첫 번째 구성요소는 우리가 이런 식으로 구성할 수 있는 조건이다.

〈조건 1〉 가치와 목표의 다원성
이 사회에서 사람들은 가치, 즉 어떤 종류의 삶과 행복 형태를 소중히 여기는지, 어떤 구체적인 가치와 역할을 추구하고자 하는지에 관해 다양한 관념을 갖고 있으며, 더욱이 이런 불일치를 드러낸다.

이 조건은 선善 관념의 다양성이라는 기초 층위부터 사람들이 자기 삶에서 어떤 역할(일자리, 관계, 기타 사회 안의 역할)과 어떤 가치를 갖고자 하는지와 관련된 훨씬 더 실제적인 다양성의 층위에 이르기까지 상당한 지반을 아우른다. 이런 상이한 층위들은 복잡한 방식으로 뒤얽힌다. 선에 대한 우리의 관념은 우리가 자신의 삶에서뿐만 아니라 일반적으로 무엇을 소중히 여기는지를 규정한다. 이 관념은—우리 자신의 관계와 활동부터 우리가 살고 싶어 하는 사회와 세계의 종류에 이르기까지—무엇이 중요한가에 관한 우리의 생각이다. 어떤 사람의 가치 관념의 한 부분은 특히 자신에게 좋은 삶이나 훌륭한 삶은 어떤 모습인지와 관련된다. 이것은 다시 그가 어떤 역할을 하고 싶어 하는지, 어떤 일자리와 관계 등을 갖고 싶어 하는지와 관련된 더 구체적인 우선순위를 함축한다.

나는 방금 전에 일반적인 것에서 특수한 것까지 이어지는 논리적 관계를 제시했지만, 심리적 현실은 어느 방향으로든 움직일 수 있다. 어떤 사람이 일반적인 것에서 특수한 것으로 이동하는 이유들 때문에 의사가 되기로 결심하는 경우를 상상할 수 있다. 그는 사람들을 돕는 일과 관련되고, 상당한 돈과 사회적 지위를 얻을 수 있으며, 추론과 관찰 기술이 필요한 직업을 찾고 있었다. 그리고 이런 일반적인 목표를 어느 정도 염두에 두고 의사가 되기 위해 노력하기로 결심했다. 다른 한편, 누군가 이런 추상적인 목표를 염두에 두지 않은 채, 단지 의사가 일하는 모습을 보면서 이 일이 매력적으로 보인다고 판단하고, 의사가 되겠다는 소망을 품으며, 그때서야 또는 훨씬 나중에 이 직업의 어떤 측면이 자기가 살고 싶은 삶에 그토록 중요하고 핵심적인지를 결정하는 경우를 상상하는 것도 마찬가지로 그럴듯하다. 어떤 사람이 특정한 역할에 종사하는 사람을 더 직접적이고 지속적으로 접하는 경우에 이 두 종류의 과정 모두 그럴듯하지만, 아마 특히 두 번째 종류가 더 가능성이 높을 것이다. 이런 접근성은 불균등하게 배분된다. 어떤 가정이나 동네에서 자라는 어린이들은 가족 구성원과 친구들을 통해 특별한 직업에 종사하는 어른들을 접하는 반면, 다른 어린이들은 이런 직업을 전혀 알지 못할 수도 있다. 이 문제와 이런 접근성을 확대하는 몇 가지 가능한 방법에 관해서는 4부에서 논의할 것이다.[13]

우리는 삶을 어떻게 살기를 원하는지, 또는 어떤 역할과 선이 우리에게 중요한지에 관해 어떤 구체적인 생각이나 종합적인 가치 관념을 가지고 태어나지 않는다. 우리는 시간의 흐름에 따라 세계 속에서 경험을 하면서 이 모든 것들에 관한 우리의 견해를 발전시킨다. 어떤 경우에는 직접 경험을 하고 나서야 어떤 활동과 관계, 역할에서 무엇이 매력적이거나 소중한지를 이해할 수 있다. 다른 경우에는 남을 돕는다든지 편안한 삶을 누린다는 등 비교적 분명한 몇 가지 일반적인 목표를 정식화할 수 있지만, 더 많은 경험을 하고 나서야 어떤 경로가 이 목표들의 올바른 조합으로 이어지고 우리가 추구할 수 있는지를 성공적으로 결정할 수 있다. 우리의 견해는 완전히 일관되거나 통일적이지 않을 수 있고, 또 우리는 이런 견해를 완전히 이해하지 못할 수도 있다. 하지만 어떤 기회를 추구할지에 관한 선택을 고심하다 보면, 이런 견해를 어느 정도 세련되고 분명하게 다듬게 된다. 이 과정에서 우리 견해의 각 층위는—광대한 인생 목표부터 구체적인 경로에서 무엇이 소중한지에 관한 특정한 견해에 이르기까지—다른 층위들에 일정하게 영향을 미친다.

밀의 "상황의 다양성"과 "성격 유형의 다양성"이 바람직한 효과를 발휘하기 위해서는, 사람들이 이런 각기 다른 사고와 생활방식에 **접근**할 수 있어야 한다. 별개의 집단이나 씨족이 상호작용을 거의 하지 않

---

13 이 책 387쪽 이하 "분리와 통합" 절을 보라.

으면서 멀리 떨어져 사는 분리된 사회에서는 종합적인 견해, 무엇이 좋은 삶인가에 관한 견해를 둘러싸고 커다란 다양성이 있을 수 있지만, 개인들은 이런 많은 다양성에 전혀 접근하지 못한다. 이 첫 번째 조건의 마지막 조항이 필요한 것은 이 때문이다. 견해의 다양성이 존재하는 것뿐만 아니라, 사람들이 이런 견해에 폭넓게 노출되어 자신의 견해를 교정할 수 있는 것도 중요하다.

마찬가지로 **일부** 사람들에게 무엇을 할지, 또는 무엇이 될지에 관한 견해의 다양성이 존재한다고 해도, 만약 그런 견해가 어떤 다른 집단의 사람들은 이런 열망을 전혀 가져서는 안 되고 그 대신 따로 떨어진 다른 일련의 경로를 추구해야 한다는 폭넓은 합의와 결합된다면, 이런 다양성은 아무 소용이 없다. 밀이 《여성의 종속》에서 묘사한 상황이 바로 이런 것이다. "모든 도덕률"은 자기를 포기하고 아주 제한된 일련의 역할을 수행하는 것, 즉 "애정 말고는 어떠한 삶도 갖지 못하는 것이야말로 여성의 의무라고 말하며, 현재의 모든 감상적인 견해는 그것이 여성의 본성이라고 말한다."[14] 밀은 이런 지배적인 규범과 사회가 여성의 기회에 부과하는 현실적인 한계, 여성의 소망과 인생계획 사이의 복잡한 상호작용을 설명한다. 여성이 "사회적 소망의 모든 대상"뿐만 아니라 "모든 권리나 즐거움"을 위해서도 남성, 그리고 특히 남편에게 의존하기 때문에 "남성의 호감을 사는 것이 여성 교육과 성격 형성이 지향하는 근본 목표가 되지 않는다면 오히려 기적일 것"이라고 밀은 주장한다.[15]

---

14 John Stuart Mill, *The Subjection of Women*(Susan M. Okin ed., Hackett 1988)(1869), 16쪽
    [존 스튜어트 밀 지음, 서병훈 옮김, 《여성의 종속》, 책세상, 2006, 37쪽].

15 앞의 책[존 스튜어트 밀 지음, 《여성의 종속》, 38쪽].

이런 상황 때문에 대부분의 경로를 추구하려면 우선 남자여야 하는 특히 만연한 병목현상이 생겨난다(뒤에서 다룰 것이다).[16] 모든 사람이 가치에 관한, 또는 무엇이 좋은 삶인지에 관한 자기를 둘러싼 다양성과 불일치의 혜택을 누리려면, 많은 사람들이 자신의 불일치를 알리는 선전뿐만 아니라 일정한 **보편성**도 있어야 한다. 대체로 가치에 관한 사고와 좋은 삶에 관한 사고가 자체적인 조건에 의해 특정한 집단들에만 제한되는 게 아니라, 누구든 자기의 삶에 적용할 수 있는 견해가 되어야 하는 것이다. 그런 뒤에야 사람들은 이용 가능한 모든 재료를 활용해서 자기에게 무엇이 중요하고 어떤 종류의 삶을 영위하고 싶은지에 관한 나름의 인식을 구성할 수 있다.

지위재와 경쟁 역할

한 사회의 대다수 또는 모든 사람이 사회 전체에서 제일 부유한 개인이 되려는 목표—또는 비슷하게 가장 부유한 1퍼센트의 일원이 되려는 목표—를 주된 소망으로 가진다고 가정해보자. 정의상 압도적 다수가 성공하기란 불가능하다. 이런 경쟁은 완전히 제로섬이다. 정해진 수의 자리가 있고, 거기에 끼어드는 사람이 있으면 반드시 밀려나는 사람이 있다. 이런 사실 때문에 발달 기회나 일자리, 또는 그런 부로 이어질 잠재력이 있는 다른 어떤 것을 둘러싼 경쟁이 격화되기 쉽다. 승자의 수가 그 정도에 불과하다면, 다른 경쟁자들을 앞지르는 게

---

16 여성들 사이에는 또한 다른 종류의 병목현상이 존재한다. 제한된 기회의 대부분은 아닐지라도 많은 것에 접근하려면 남성의 호감을 사야 하는 것이다.

낫기 때문이다.

다른 한편, 미묘하게 다른 경우를 상상해보자. 사람들이 똑같이 돈을 소중히 여기지만 그 방식은 다르다고 가정해보자. 특히 대부분 또는 모두가 실질적 부의 (상대적인 게 아니라) 어떤 절대적인 양을 획득하는 것을 중요시한다고 가정해보자. 이 목표는 사회·경제적 조정 상황에 따라 많은 사람들이 달성할 수 있는 것이다. 사실 문턱이 높지 않다면—우리 모두 가난을 피하는 것을 중요시한다고 가정하자—모든 사람이 이런 목표를 달성할 수 있는 사회를 상상할 수 있다.

이 두 사례의 차이는 사람들이 관련된 재화(여기서는 돈)를 **지위재**—즉 그것을 소유한 다른 사람들의 수 그리고/또는 그들이 소유한 양에 따라 가치가 좌우되는 재화—로서 소중히 여기는지 여부에 달려 있다.[17] 쉽게 과밀해질 수 있는 재화 같은 일부 재화는 본래 지위재일 수 있다.[18] 하지만 다른 많은 재화는 지위재로든 비非지위재로든 사회적으로 구성될 수 있다. 어떤 사람은 남들이 가진 것과 관계없이 큰집, 특정한 실질 소득,[19] 특정한 교육 수준을 중요시할 수 있다. 하지만 어떤 사람이 동네에서 제일 큰 집을 소유하거나 최고 소득자가 되거나 다른 사람들로 이루어진 어떤 준거 집단만큼 교육을 받는(또는 그

---

17 Fred Hirsch, *Social Limits to Growth*(1976), 27쪽[프레드 하쉬 지음, 박영일 옮김,《경제성장의 사회적 한계》, 문우사, 1982].

18 예를 들어, 공원은 다른 사람들로 가득 차 있지 않아야 더 즐겁게 찾을 수 있다.

19 돈은 명목 화폐가 본래 지위재일 수 있다는 점에서 약간 특별한 사례이다. 만약 다른 모든 사람이 내일 갑자기 두 배 많은 달러를 갖게 된다면, 물가가 두 배 오를 테고 보유한 명목 달러가 변함이 없는 사람의 구매력은 절반이 될 것이다. 우리가 말하는 돈은 명목적인 양이 아니라 실질적인 양이라고 가정함으로써 이런 복잡한 문제는 제쳐두도록 하자. 또한 장기적으로 우리 사회에서 남들이 보유한 실질적 부가 우리 자신의 선호와 기대를 모양 지을 수 있다는 더 복잡한 문제도 제쳐두도록 하자. 개념상 적어도 단기적으로는 실질적 돈의 절대적인 임계치를 중요시한다고 상상할 수 있다.

집단보다 더 많은 교육을 받는) 것을 중요시한다면, 그 사람은 이런 재화를 지위적인 측면에서 규정하고 평가하는 것이다.

가장 익숙한 사례를 가지고 이야기를 시작했지만, 지위재에 관심을 갖는 이들이 항상 최고에 도달하는 데 집중한다고 가정하는 것은 잘못이다. 때로는 중간에 다다르거나 꼴찌를 피하는 것이 관건이 된다. 한 세기 전에 소스타인 베블런은 지위적인 측면에서 높이 평가되는 돈은 부자들 사이에서만이 아니라 전체 계급 구조를 아울러서도 "좋은 평판"의 근거가 될 수 있다고 설명했다—그 때문에 그가 말하는 "과시적 소비" 현상이 생기는 것이다.[20] 어떤 사람들은 평균 소득 이상이기를—또는 그렇게 보이기를—바랄 수 있다. 가난뱅이가 아니거나 아닌 것처럼 보이는 게 특히 중요할지 모른다.[21] 가치 다원주의의 세계에서는 절대적인 면에서 어떤 재화를 높이 평가하고, 지위적인 면에서 어떤 재화를 높이 평가할 것인가를 놓고 일정한 의견 불일치가 존재할 것이다. 많은 이들의 경우에 어떤 재화를 평가하는 두 가지 방식 모두 그들의 사고에 일정한 역할을 하게 마련이다.

마찬가지로 사람들이 높이 평가하는 각기 다른 역할들 중에서 일부는 경쟁적이고 일부는 경쟁적이지 않다(그렇지만 여기서도 사람들은 동일한 역할을 다른 방식으로 규정할 수 있다). 만약 사회가 훈련하고 고용할 수 있는 수보다 훨씬 더 많은 사람들이 신경외과 의사가 되기를 원한

20 Thorstein Veblen, *Theory of the Leisure Class*(Dover 1994)(1899), 52~54쪽[소스타인 베블런 지음, 김성균 옮김,《유한계급론》, 우물이있는집, 2012년, 103~105쪽].

21 Kerwin Kofi Charles et al., "Conspicuous Consumption and Race", 124 *Quarterly Journal of Economics*(2009), 425쪽을 참조하라. 이 글은 같은 주에 거주하는 같은 인종의 다른 사람들로 정의되는 가난한 "준거 집단" 출신 개인들이 다른 이들보다 가시적인 소비재에 더 높은 비율의 소득을 지출한다는 점을 지적한다. 이는 자기가 가난하지 않다는 사실을 보여주기 위한 게 분명하다.

다면, 경쟁이 극심할 것이다. 비단 신경외과 의사 자리를 놓고 벌이는 경쟁의 마지막 단계에서만이 아니라, 각각의 발달 기회와 자격을 얻기 위한 이전 단계의 모든 경쟁에서도 말이다. 그래야만 다음 단계에서 남들보다 앞설 수 있기 때문이다. 다른 한편, 결혼을 하거나 부모가 되거나 친구가 되기를 바라는 경우처럼 많은 사람들이, 심지어 대부분의 사람들이 성격상 기본적으로 경쟁과 무관한 역할을 바랄 때는 그와 같은 경쟁의 동기가 생기지는 않는다. 누가 결혼을 하거나 부모가 될지를 제한하는 법적·사회적·기술적 장벽이 있을 수는 있지만, 이런 재화는 결혼을 하거나 자녀를 갖기를 바라는 사람의 수가 정해져 있지 않다는 의미에서 경쟁과 무관하다. 같은 선택을 하는 다른 사람들의 수가 아무리 많거나 적어도, 누군가 이런 일을 할 수 있는 능력은 아무 영향도 받지 않는다.

물론 어떤 관계든 적어도 다른 한 사람이 그 관계에 들어오거나 유지하려는 선택을 해야 관계가 성립된다(아주 어린아이를 양육하는 경우는 흥미로운 예외다). 이런 관계는 선망하는 일자리를 둘러싼 제로섬 경쟁과 같지는 않지만, 경쟁의 요소를 끌어들인다. 사람들이 노직이 생각한 섬에 사는 불행한 주민들과 흡사해지는 정도만큼, 즉 어떤 공통된 선호나 측정 기준에 동의해서 선호하는 배우자의 위계가 정해지는 정도만큼 경쟁은 더 치열해진다. 똑같은 역할이나 관계를 놓고 경쟁적으로 규정할 수도 있고, 경쟁과 무관하게 규정할 수도 있다. 결혼을 하고 싶어 하는 것과 바람직한 배우자에 관한 어떤 동의된 위계의 상층에 있는 누군가와 결혼을 하고 싶어 하는 것은 전혀 별개의 문제이다. 마찬가지로 친구가 되기(또는 친구를 갖기)를 바라는 것과 모든 사람이 어떤 사회적 피라미드의 꼭대기에 있는 이들로 이루어진 친구들의 핵심 집단에 속하는 것을 목표로 삼는 것은 전혀 다른 문제이다. 아이를 갖기를 원하는 것과 가장 좋은 아이, 가장 재주가 많은 아이, 또래들보다 뛰어난 아이를 갖기를 원하는 것은 아주 다르다. 이런 차이가 우리의 동기에 영향을 미친다—그리고 뒤에서 논의할 것처럼, 이런 차이는 또한 가족 문제, 업적 문제, 출발점 문제 등의 심각성에도 영향을 미친다.

여러 목표의 결합도 중요하다. 거의 모든 사람이 인생에서 한 가지 이상의 목표를 가지고 있다. 대다수 사람들에게는 서로 통약 불가능하게 보이는 여러 이유들 때문에 다양한 정도로 높이 평가하는 역할과 목표의 무척 긴 목록이 있다. 기회 다원주의의 관점에서 보면, 이 목표들이 구성요소들로 분해되는지, 즉 한 목표의 달성이 다른 목표의 달성에 좌우되지 않는지, 또는 목표들이 모두 서로 연결되어 있는지가 중요하다. 돈, 사회적 지위, '좋은' 결혼 등이 모두 밀접하게 하나로 연결되어 있다고 가정해보자. 즉 돈은 좋은 평판의 근거가 되고, 돈을 벌려면 좋은 평판이 필요하며, 좋은 결혼을 하려면 사회적 지위와 돈이 필요한 동시에, 좋은 결혼은 사회적 지위와 돈을 증대해준다. 그런 식으로 조직된 사회에서는 어떤 사람이 처음에 그중 어떤 목표를 추구했는지는 사실 중요하지 않으며, 그런 분해 자체도 불가능할 것이다. 이런 역할과 재화를 결합시키는 것은 사람들이 가질 수 있는 서로 다른 목표들을 동시에 무너뜨리는 효과를 발휘한다. 사람들이 그 묶음의 어떤 부분을 얻으려고 하면 전부를 추구해야 하고, 그렇게 하려는 소망을 형성할 것이기 때문이다. 이 시점에서 우리는 밀에서 제인 오스틴의 세계로 옮겨왔다. 이런 각기 다른 재화를 하나로 결합하는 것, 그리고 특히 개인적 관계를 사회적 지위나 돈 같은 재화와 결합하는 것은 오스틴 소설의 장치를 작동시키는 데 충분하고도 남는다.[22] 게다가 이런 종류의 결합은 현실 세계에도 영향을 미친다. 주로 자기가 속한 사회에서 결혼에 따라 좌우되는 어떤 것을 얻거나 하거나 되기를 원한다는 이유로 결혼한 사람들의 애정 없는 결혼이 그런 경우이다. 〈조건 1〉의 가치와 목표의 다원성이 사람들이 실제로 다른 목표를 추구하는 결과로 이어지려면, 그들이 높이 평가하는 다양한 재화와 역할을 따로따로 분리할 필요가 있다.

사람들이 추구하는 재화와 역할의 종류를 특징짓는 이 변수들과 이것들이 한데 결합되는 정도가 합쳐져서 두 번째 조건이 된다.

〈조건 2〉 비경쟁성 그리고 가치와 목표의 분리

높이 평가되는 재화와 역할 중 최대한 많은 것이 **비지위**재(또는 지위적 성격이 약한 재화)와 **비경쟁적**(또는 경쟁적 성격이 약한) 역할이어야 한다. 또한 다양한 재화와 역할이 한데 결합되기보다는 분리되어야 한다.

〈조건 2〉가 충족되는 정도만큼 이 조건은 1부에서 다룬 업적, 가족, 출발점 등의 상호 관련된 문제들의 판돈을 낮추는 효과를 발휘한다. 물론 부모는 언제나 자기 자녀에게 발달 기회를 비롯한 유리한 조건을 제공함으로써 기회 불균등을 조성한다. 단지 사람들이 추구하는 재화와 역할의 일부가 비지위적이거나 비경쟁적이라고 해서 가족 문제가 사라지는 것은 아니다. 그렇지만 〈조건 2〉의 방향으로 이동하면

---

22 예를 들어, Jane Austen, *Pride and Prejudice*, 1쪽(Vivien Jones ed., 2002)(1813)[제인 오스틴 지음, 윤지관·전승희 옮김, 《오만과 편견》, 민음사, 2003, 9쪽]을 보라. "재산깨나 있는 독신 남자에게 아내가 꼭 필요하다는 것은 누구나 인정하는 진리다."

판돈이 줄어든다. 제로섬 경쟁과 지위재는 각각 절대적인 유리한 조건과 상대적인 유리한 조건의 구분을 무너뜨린다—즉 어떤 사람의 유리한 조건을 다른 누군가의 불리한 조건으로 뒤바꾼다. 사람들이 추구하는 재화와 역할의 대부분이 경쟁적이거나 지위적인 것이라면, 자원을 가진 부모는 이 자원을 자기 자녀를 위한 유리한 조건으로 바꿀 동기가 강해진다. 경쟁하는 다른 아이들이 가진 유리한 조건을 넘어서야 하기 때문이다. 이런 상황에서는 부모가 유리한 조건과 기회를 넘겨주기 위해 하는 모든 일은 자기 자녀의 (절대적) 지위를 향상시킬 뿐만 아니라, 다른 이들이 접할 수 있는 유리한 조건과 기회를 **줄이기도** 한다.

높이 평가되는 재화와 역할(중 더 많은 것)이 비지위적이거나 비경쟁적일 때, 이런 효과는 사라진다. 남의 유리한 조건은 이제 더 이상 나의 불리한 조건이 아니다. 이렇게 되면 가족 문제는 상당히 완화된다. 또한 '무기 경쟁' 효과, 즉 더 많은 자원을 가진 부모가 점점 더 많은 자원을 추가적인 유리한 조건으로 전환해서 자기 자녀가 다른 아이들을 계속 앞지르게 만드는 효과를 방지하는 데도 도움이 된다. 마찬가지로 업적 문제는 희소한 역할과 교육 기회를 둘러싼 제로섬 경쟁을 전제로 삼는다—그리고 이런 제로섬 경쟁의 맥락에서만 발생한다. 높이 평가되는 재화나 역할이 이런 제로섬 경쟁에서 제외되면 업적 문제의 판돈은 약간 줄어든다.

〈조건 2〉를 어느 정도까지 추구할 수 있는지에는 일정한 한계가 존재한다. 적어도 어느 정도 전문화된 분업을 갖춘 사회에서는—또는 다르게 말해서, 일정한 전문화가 필요할 정도로 복잡한 직업들이 존재하는 사회에서는—어떤 직업에서 필요할 듯한 사람들의 수에는 느슨하기는 해도 일정한 한계가 존재한다. 필요한 수보다 더 많은 사람들이 이런 역할을 추구하기를 원하는 한, 어떤 할당 방식을 적용하든 간에 이 역할들은 적어도 어느 정도 경쟁적이다.

마찬가지로 시장 경쟁을 필요로 하는 어떤 역할이나 경력이든 완전히 비경쟁적일 수는 없다. 분명 자기 분야에서 **가장** 성공한 사람이 되기 위해 필사적으로 노력하는 사람과 단순히 성공하고 싶어 하는 사람은 차이가 있다. 하지만 후자의 목표가 비지위적인 면에서 규정된다 할지라도, 대부분의 분야와 산업에서 '단순한' 성공은 어느 정도 다른 경쟁자를 앞지르는 결과이다. 사정이 이러하기 때문에, 절대적인 면에서 성공을 하기 위해서는 적어도 일부 경쟁자들에 비해 성공을 해야 한다.

각기 다른 재화와 역할의 이런 측면들에 관해 생각하는 가장 분명한 방식은 지위재나 비지위재, 경쟁이나 비경쟁 사이의 이분법적 선택의 문제가 아니라, 이것들을 양 극단 사이의 연속체 위에 위치한 점들의 문제로 개념화하는 것이다. 이렇게 하여 우리는 어떤 재화나 역할의 지위적 성격이나 경쟁적 성격이 그것을 둘러싼 기회구조의 다른 특징에 따라 **강해지거나 약해진다**고 말할 수 있다.

현실의 어떤 사회에서든 사람들이 높이 평가하는 재화와 역할 중 일부는 매우 경쟁적 그리고/또는 지위적일 것이다. 나머지는 그렇지 않을 것이다. 하지만 기회구조의 다양한 측면은 서로 다른 재화와 역할이 이 연속체의 어디에 자리하는지에 영향을 미친다. 예를 들어, 많은 사람들이 교육을 매우 중요시하는 두 사회를 상상해보자. 한 사회에서는 어떤 사람이 얼마나 많은 교육을 받는가가 중요하다. 다른 사회에서는 일반적으로 합의된 일정한 위계에 따라 정해진 교육기관의 상대적 명성이 가장 중요하다. 분명 후자의 견해는 교육을 더 지위적이고 또 더 경쟁적으로 규정한다.

그런데 첫 번째 사회와 두 번째 사회에서 대부분의 사람들이 교육을 높게 평가하는 방식이 다른 건 어떤 **이유**에서일까? 광범위한 사회적 관습과 명성과 지위에 관한 태도가 중요한 역할을 하겠지만, 그 답은 주로 나머지 기회구조의 형태에 좌우된다. 기회구조에서 높이 평가받는 많은 경로를 따라가기 위해서는 어떤 절대적 양의 교육―이를테면 특정한 성적증명서나 학위―을 받아야 하고, 비교적 개방된(비경쟁적인) 입학 정책을 가진 학교를 포함한 많은 교육기관이 이런 교육을 제공할 수 있다고 생각해보자. 그 경우에 사람들은 교육을 비교적 비지위적이고 비경쟁적인 방식으로 바라볼 공산이 크다.

다른 한편, 기회구조에서 높게 평가받는 많은 경로를 추구하기 위해서 정말로 필요한 것은 명성이 아주 높은 기관에서 딴 성적증명서라고 생각해보자. 또 서로 다른 교육기관들이 위계질서에 따라 정렬되고, 꼭대기 근처에 있는 학교에서 학위를 받으면 중간에 있는 학교에서 학위를 받는 경우보다 더 많은 문이 열리고 전망도 훨씬 좋아진다고 가정해보자. 또 중간에 있는 학교에서 학위를 받으면 아래쪽에 있는 학교에서 학위를 받는 경우보다 훨씬 더 유용하다고 가정하자. 그 경우에 상대적으로 명성이 높은 기관에서 교육을 받는 것은 중요한 병목이 된다(뒤의 논의를 보라). 이렇게 되면 사람들은 좀 더 지위적인 측면에서 교육을 합리적으로 평가하면서, 경쟁 상대에 비해 자기가 어디에 위치하는지에 초점을 맞출 것이다.[23]

---

23 이 사례들에서 우리는 일자리를 둘러싼 경쟁 자체가 사람들의 가치와 목표의 면에서 얼마나 중요한지는 일정하다고 간주했다. 하지만 일자리를 둘러싼 경쟁에서 성공하

1990년대에 로버트 프랭크Robert Frank와 필립 쿡Philip Cook은 이런 현상이 미국의 고등교육에서 변화를 일으키고 있음을 인지했다. "최상위 일자리에 대한 접근성이 점점 더" 특히 명성이 높은 최우수 교육 성적증명서에 좌우된다면, "[학생들이] 자기 성적증명서를 향상시키기 위해 있는 힘을 다할 것이라고 예상되며 실제로도 그러했다. …… 한때는 똑똑한 고등학생들이 집에서 가까운 주립대학에 진학하는 게 흔한 일이었지만, 점차 극소수의 엄선된 사립 고등교육기관에 진학한다."[24] 교육의 도구적 가치를 보여주는 더욱 위계적인 그림은 또한 학교들 자체의 선택에도 피드백이 되어, 학교들도 그 위계 안에서 지위를 둘러싸고 서로 경쟁하는 데 더 중점을 둔다.[25] 이 점은 일반화할 수 있다. 기회구조의 형태는 어떤 재화가 지위적 성격이 더 강하거나 약하고, 또 어떤 역할이 경쟁적 성격이 더 강하거나 약한지에 영향을 미친다. 사람들이 이런 차이를 인식할 만큼 기회구조를 충분히 이해하면, 이 차이가 사람들 자신의 행동과 선호를 모양 짓게 된다.

는 것이 약간 덜 중요해졌다고 가정해보자. 이렇게 되면 사람들이 교육을 높이 평가하는 이유의 균형도 마찬가지로 지위적인 성격이 약해지는 방향으로 움직일 것이다. 사람들은 어느 정도 일자리를 둘러싼 경쟁과 무관한 내재적인 이유에서 교육을 높이 평가한다. 일자리를 둘러싼 경쟁의 판돈이 약간 줄어들면, 그런 내재적인 동기들이 상대적으로 더 큰 역할을 할 것이다. Harry Brighouse and Adam Swift, "Equality, Priority, and Positional Goods", 116 *Ethics*(2006), 417, 488~489쪽을 보라. 이 글은 "임금률wage rate[일정한 시간이나 양의 노동에 대해 지급하는 임금 단가—옮긴이] 균등화"나 "일자리마다 좀 더 균등하게 흥미롭고 책임성 있게 만들기 위한 고용 구조 개혁" 같은 변화들이 어떻게 교육의 경쟁적·지위적 측면을 완화하는지를 설명한다. "추첨으로 일자리 할당" 등의 변화도 마찬가지 효과를 발휘한다.

24 Robert H. Frank and Philip J. Cook, *The Winner-Take-All Society*(1995), 148쪽[로버트 H. 프랭크·필립 쿡 지음, 권영경·김양미 옮김, 《승자독식사회》, 웅진지식하우스, 2008, 193~194쪽].

25 앞의 책, 149쪽.

논증 과정의 이 시점에서 기회 다원주의가 선호 만족과 관련된 것은 아니라는 점을 강조할 필요가 있겠다. 우리 모두는 대체로 우리 앞에 보이는 기회구조에 대응하여 우리의 선호를 형성하기 때문에, 가령 기회가 제한된 많은 사람들은 그들이 처한 제약을 반영해서 적응적 선호를 가질 것이라고 예상해야 한다.[26] 만족의 관점에서 보면, 손에 넣을 수 없는 재화와 역할은 아예 바라지 않게끔 적응적 선호를 발전시키는 게 당연히 도움이 된다.[27] 하지만 인간 행복의 관점에서 보면,[28] 이런 반응—발이 닿지 않는 포도는 먹고 싶지 않다고 마음을 먹는 여우 같은 반응—은 그 원인이 된 제약된 기회를 강조할 뿐, 완화하지는 않는다.

어떤 사람들의 기회가 다른 이들에 비해 상대적으로 제약될 때는 언제나 기회구조에 속한 **무언가**가 그런 제약을 가하는 것이다. 무언가가 관련된 일군의 사람들의 어떤 특징과 상호작용을 해서, 그들을 많은 기회로부터 차단한다. 그 무언가의 실체가 무엇이든 간에, 이것이 내가 병목이라고 부르는 현상을 구성한다. 우리가 지금부터 살펴보고자 하는 다원주의 모델 개념 장치의 부분은 이런 병목을 느슨하게 만드는 것을 목표로 삼으며, 어떤 사람들의 기회를 더 심하게 제약하는 병목에 더욱 우선순위를 둔다.

---

26 예를 들어, Amartya Sen, *The Idea of Justice*(2009), 283쪽을 보라. "절망적으로 불우한 사람들은 어떤 급진적인 변화를 바랄 용기가 없으며, 보통 실행 가능하다고 생각하는 얼마 안 되는 목표에 자신의 바람과 기대를 맞추는 경향이 있다. …… 이런 경향은 만족이나 욕망 성취의 형태로 효용의 척도를 왜곡하는 결과를 낳는다."

27 앞의 책을 보라.

28 이 책 341쪽 이하 3부 "3장. 행복, 완전주의, 우선권"을 보라.

병목현상 방지 원리

〈조건 1〉과 〈조건 2〉가 충족된다고 가정해보자. 사람들은 서로 다른 여러 가지 가치 관념을 가진다. 어떤 삶을 영위하고 싶은지에 관해서도 다른 생각을 가진다. 그리고 각기 다른 이유로 높이 평가하는 역할과 재화의 상이한 조합을 추구하기로 마음을 정한다. 더욱이 이 중많은 것들이 비지위재와 비위계적 역할이다. 하지만 중요한 시험 사회의 경우처럼 기회구조가 다른 식으로 세워져 있다고 생각해보자. 즉 사람들이 높이 평가하는 역할과 재화의 대부분을 추구하려면 우선 16세에 중요한 경쟁시험을 통과해야 한다. 그렇지 않으면 사람들이 높이 평가하는 대부분의 직업과 일부 비非노동적 역할로 이어지는 대다수 경로를 밟을 수가 없다.

우리는 이런 시험을 하나의 **병목**으로 시각화할 수 있다. 높이 평가받는 광범위한 역할과 재화로 이어지는 반대편에 펼쳐진 많은 경로 중 어떤 것이든 추구하기 위해서는, 반드시 이 좁은 장소를 통과해야 하는 것이다.

중요한 시험 같은 병목은 아마 1부에서 살펴본 상호 연관된 문제들—가족 문제, 업적 문제, 출발점 문제—의 판돈을 낮추거나 심각성을 줄이는 데서 우리가 이룬 어떤 진보도 역전시킬 것이다. 부모와 가족은 다양한 이유로 자녀에게 (각기 다른 종류의) 유리한 조건을 제공하는 행동을 취한다. 이런 이유 가운데 일부는 유리한 조건에 대한 어떤 바람에서 나오는 게 아니다. 예를 들어, 어떤 부모는 단지 본래부터 자녀에게 책 읽어주는 것을 즐길 수 있다. 부모가 자녀의 지적 발달을 촉진하기 위해 자녀에게 책을 읽어주는 경우처럼, 다른 이유들은 도구

적이다.[29]

이런 도구적 이유들 가운데 일부는 절대적인 이득을 위한 것이고, 다른 이유는 상대적인 이득을 위한 것이다. 어떤 부모는 자기 아이가 어떤 절대적인 의미에서 성취감 있는 직업이나 좋은 삶을 누리기를 바랄 수 있다. 또는 아이가 학교 성적이 **제일** 우수하거나 **가장 뛰어난** 운동선수이거나 미래 성인 인구 중 최고 소득 집단에 속하기를 바랄 수 있다. 즉 남들을 앞지르는 것을 목표로 삼을 수 있다.[30] 〈조건 1〉과 〈조건 2〉가 충족된다면, 각기 다른 부모들은 자녀가 무엇을 하거나 될 수 있게 만들기를 원하는지에 관해 서로 다른 생각을 갖게 될 것이다. 그리고 자녀들 스스로도 시간이 흐르면서 무엇을 하거나 되고 싶은지에 관해 서로 다른 생각을 접하게 될 것이다—이런 목표들 중 많은 것이 비지위적 그리고/또는 비경쟁적일 것이다.

병목은 이런 구분을 무너뜨린다. 누군가 자기 자신이나 자녀에 대해 어떤 목표를 품든 간에, 그 목표에 이르는 유일한 경로를 추구하기 위해서는 16세에 큰 판돈을 놓고 단 한 번 치르는 제로섬 시험에서 좋은 성적을 받아야 한다면, 시험에서 남들보다 더 높은 점수를 받는 데만 집중하는 강한 유인이 생겨난다. 기회구조가 이런 식으로 모양 지어지는 사실을 이해하는 부모는 가용할 수 있는 자원과 에너지를 집중해서 자녀가 남들보다 좋은 성적을 받게 만들 타당한 이유가 생긴다. 자녀에 대해 궁극적으로 품는 목표가 비지위적이고 비경쟁적인 경우에도, 사정은 마찬가지이다. 부모가 원하는 것이라곤 자녀가 성취

---

29 이 구분은 애덤 스위프트가 한 것이다. Adam Swift, *How Not to Be a Hypocrite: School Choice for the Morally Perplexed Parent*(2003), 21~33쪽을 보라.

30 이 구분도 스위프트가 한 것이다. 앞의 책, 30~31쪽을 보라.

감 있는 직업을 갖거나, 자녀의 미래 성향에 따라 다양한 종류의 교육·직업 기회를 계속 추구할 기회를 갖는 일뿐이라 할지라도 말이다. 병목은 이런 비지위적·비경쟁적 목표를 경쟁적·지위적 목표로 뒤바꾼다. 그 경우에 애초에 자녀에게 다른 아이들보다 유리한 조건을 부여하려는 바람에 의해 자극을 받지 않는다 할지라도, 이런 유리한 조건을 광적일 정도로 추구하면서 아이를 제대로 된 유치원에 넣으려고 안달을 하게 된다. 이런 상황이 되면 또한 이 부모들이 원래는 느끼지 않았을 경쟁적인 동기가 일부 생겨나기도 한다. 걸려 있는 판돈이 크기 때문에 이런 경쟁적·도구적 동기가 더욱 중요하게 되며, 본래 있던 내재적 동기를 밀어내고 부모들로 하여금 양육의 기획 전체를 더욱 경쟁적인 방식으로 이해하게 만든다.

이런 사정은 아이들 자신에게도 마찬가지이다. 아이들의 동기는 훨씬 더 쉽게 변하기 때문이다. 하나의 분명한 출입구가 있어서 서로 다른 사람들이 높이 평가하는 많은 목표에 도달하기 위해서는 모든 이가 이 문을 반드시 통과해야 한다면, 이 특정한 시험에서 성공하려는 강한 동기를 발전시키지 않는 경우는 이제까지 전혀 성공을 하지 못해서 낙담한 아이거나 보기 드문 아이뿐일 것이다. 이런 병목을 통과하는 것이 성공의 정의가 된다.

다시 말해, 충분히 강력한 병목은 그 자체로 기회구조에 속한 많은 참여자들의 유인과 동기를 다시 배열하기에 충분하다. 전사 사회에 속한 이들의 유인 및 동기와 아주 흡사하게 바뀌는 것이다. 이 때문에 중요한 시험 사회는 추구할 수 있는 경로가 다양함에도 불구하고, 전사 사회와 마찬가지로 가족, 업적, 출발점 등의 문제를 특히 심각하게 만든다. 이런 사회에서라면 부모가 가용할 수 있는 많은 또는 모든 자원을 활용해서 자녀가 제로섬 경쟁에서 다른 아이들을 앞서도록 밀어붙일 것이 예상된다. 이 경쟁에 모든 게 달려 있기 때문이다. 그런데 이런 상황에서는 부모들이 가진 자원이 다르기 때문에 앞서 논의한 일련의 문제들이 더욱 격화된다.

다원주의 모델은 각기 다른 유인을 만들어내고 상이한 동기를 생기게 한다. 〈조건 3〉이 충족되는 정도만큼, 애초에 자녀가 다른 아이들보다 상대적으로 성공을 거두는 데만 **집중하는** 부모조차도 앞으로 어떻게 나아갈 것인지에 대한 보편적으로 동의된 지침을 훨씬 덜 갖게 될 것이다. 병목현상 방지 원리가 충족되는 정도만큼, 아이를 정해진 바람직한 결과로 이끌 수 있는 각기 다른 조건이 붙은 많은 경로가 존재한다. 어떤 일군의 예비 단계도 모든 경로를 준비하기 위한 유일하거나 가장 좋은 길이 아니다.[31] 따라서 자녀에게 다른 아이들보다 유리한 조건을 부여하고자 하는 부모들이 모두 동일한 선택을 하지는 않으며, 모두 자녀에게 정확히 똑같은 목표를 강요하지는 않을 것이다. 이런 사실 자체가 업적 문제를 심각하게 만드는 경쟁 압력을 줄이는 데 도움이 될 것이다. 한편, 상대적인 의미가 아니라 절대적인 의미에서 자녀의 발달을 추구하는 데 열심인 부모는 개인의 행복으로 이어지는 성장과 발달이라고 믿는 방식대로— 즉 특정한 시험이나 문지기가 우연히 선호하는 성장과 발달의 길과 반대되는 방식으로—자녀가 성장하고 발달하는 과정을 돕는 데 더 자유롭게 초점을 맞출 것이다.

---

31 물론 아이가 장래에 어떤 경로를 추구하기를 바라는가와 상관없이, 언어적 상호작용 같은 일정한 부모의 활동은 필수적이다. 필수적인 발달 기회를 다루는 이 책 231쪽 이하 "필수적인 발달 기회" 절을 보라. 이런 활동에 대한 접근성이 보편적이지 않은 정도만큼, 이런 접근성은 내가 말하는 이른바 발달 병목을 구성한다.

압박이 줄어들면, 이런 도구적 동기가 본래적인 동기와 마음속에 공존하는 부모는 더 자유롭게 본래적인 동기에 따라, 또는 어느 쪽이든 더 강한 동기에 따라 행동할 것이다. 기회구조의 요구에 자신의 목표와 가치를 종속시키거나 순응시킬 필요가 없기 때문이다.

우리는 병목현상 방지 원리를 다음과 같이 말할 수 있다.

〈조건 3〉 병목현상 방지 원리

높이 평가되는 역할과 재화로 이어지는 경로가 가능한 한 다양하게 존재해야 하며, 그런 경로에 도달하기 위해 반드시 통과해야 하는 병목이 없어야 한다.

이 이야기에서 말하는 경로는 준비 기관과 자격, 훈련 기회와 경험, 그밖에 높이 평가되는 역할이나 재화를 획득하기 위해 필요로 하는 기능을 발전시키거나 성적증명서를 확보하게 해주는 중간 단계의 연속이다. 예를 들어, 독일의 대학 교육으로 이어지는 경로를 생각해보자. 김나지움이라는 일종의 상급 중등학교에서 교육하는 중등학생은 소수이지만, 거의 전부(90퍼센트 이상)가 대학에 입학한다.[32] 김나지움에 입학하려면 초등학교에서 탄탄한 학업 성적과 교사 추천이 필요하다. 초등학교에서 김나지움에 진학하지 못하면, 나중에 전학하는 것은 "사실상 불가능"하다.[33] 김나지움이 고등교육으로 가는 경로로서 거의

---

32 Thorsten Schneider, "Social Inequality in Educational Participation in the German School System in a Longitudinal Perspective: Pathways into and out of the Most Prestigious School Track", 24 *European Sociological Review*(2008), 511, 512쪽.

33 앞의 글. 뛰어난 시험 결과를 받은 학생이 10학년이 끝나고 전학하는 예외가 소수 있기는 하다.

유일한 지위를 차지하고, 또 고등교육은 누구나 바라는 많은 일자리에 접근하기 위해 반드시 통과해야 하는 병목이기 때문에, 연구자들은 중간계급 가족이 흔히 예상하는 대로 행동하는 경향이 있음을 발견했다. 중간계급 가족은 초등학교 교사들이 아이의 학업 능력이 탄탄하지 않다고 생각할 때에도 아이에게 김나지움 진학을 강요한다. 이런 양상은 다른 두 가지 커다란 효과를 증폭시킨다. 첫째, 초등학교 학력 시험에서 커다란 사회계급적 간극이 존재하며, 둘째, 몇몇 연구에서 시사하는 것처럼, 하층 사회계급의 학생들은 김나지움 입학에 필요한 "긍정적인 추천서를 받기 위해 훨씬 더 성적이 좋아야 한다."[34]

김나지움이 고등교육으로 진학하는 경로를 그렇게 좌우한다는 사실은, 누가 대학에 가고 누가 가지 않는지에 관한 결정이 대부분 초등학교 성적을 토대로 이루어짐을 의미한다. 어떤 종류든 간에 그렇게 이른 시기에 출발점을 두는 것은 특히 문제가 된다. 초등학교 시절에는 나중에 비해 부모의 유리한 조건이 훨씬 더 직접적이고 유력하게 작용하기 때문이다. 이 시기는 많은 부모들이 자녀가 매일 받아오는 숙제에 여전히 깊이 관여하는 단계이다. 일부 아이들을 김나지움에 보내는 결정은 계급과 연관된, 이와 같은 이른 시기의 유리한 조건 효과를 증폭시킨다. 김나지움에 진학한 아이들은 계속해서 다른 학교에 진학한 아이들보다 더 빠르게 발전하며, 따라서 중등학교를 마칠 무

---

34 앞의 글, 512~513, 524쪽. 하지만 이런 효과가 어느 정도인지는 논란이 있다. 추천서를 작성하는 교사들의 편견보다는 사실 부모의 동기가 더 결정적인 작용을 할 것이다. Kai Maaz et al., "Educational Transitions and Differential Learning Environments: How Explicit Between-School Tracking Contributes to Social Inequality in Educational Outcomes", 2 *Child Development Perspectives*(2008), 99, 102쪽을 보라. 우리의 논의에서는 이런 반박은 별로 중요하지 않다. 이런 기제 중 어느 것이 가장 중요하든 간에, 이것들 모두는 (계급과 관련된) 부모의 유리한 조건을 강화한다.

렵에는 다른 아이들보다 고등교육에 훨씬 더 적합해진다.[35]

마지막으로 (대체로) 대학 교육으로 이어지는 하나의 경로가 존재하고, 대학 교육은 무수히 많은 문을 열어주기 때문에 초등학생들은 일찍부터 김나지움에 진학하는 것을 목표로 정하는 게 마땅하다. 또 김나지움 학생들은 대학입학시험(아비투어 Abitur)을 목표로 정할 이유가 확고하다. 이 둘 중 어느 한 시기에 다른 데 관심이 있는 학생들은 이 결정적인 병목을 통과하지 못할 공산이 크며, 그렇게 되면 대학 학위를 필요로 하는 어떤 경로를 추구할 기회를 더 이상 얻지 못한다.

반드시 이런 식이어야 할 필요는 없다. 미국에서는 18세에 대학에 입학할 자격을 얻지 못한 학생이나 당시에 스스로 선택해서 대학 지원을 하지 않은 학생은 그때나 나중에 커뮤니티칼리지에 등록할 수 있다. 이 기관은 직업 관련 교육과정과 2년제 학위 프로그램뿐만 아니라, 무엇보다도 학업 능력이 좋은 학생들에게 4년제 대학으로 편입할 기회도 제공한다.[36] 미국 커뮤니티칼리지의 개관적인 모습을 조사한 두 학자의 말처럼, 이 기관들의 사명은 "모든 개인이 자신의 잠재력을

---

35 이런 조기 학업 진로 결정은 계급이 그 결정에 영향을 미치고, 상이한 학업 진로에서 제공되는 "차등적인 발달 환경"이 결국 "상위 학업 진로에서 더 높은 학습률"로 이어지기 때문에, 사회경제적 배경과 학생의 성취 사이의 연관성의 힘을 강화한다고 주장하는 Maaz et al., "Educational Transitions and Differential Learning Environments", 100쪽을 보라.

36 산정치와 정의는 다양하지만, 일부 계산에 따르면 미국 커뮤니티칼리지 학생의 약 4분의 1이 4년제 대학으로 편입한다. Arthur M. Cohen and Florence B. Brawer, *The American Community College*(5th ed. 2008), 64~67쪽. Michael Winerip, "Opening Up a Path to Four-Year Degrees", *New York Times*, April 15, 2012, A10쪽도 보라. 미국의 커뮤니티칼리지들은 많은 재정적 압박과 도전에 직면해 있다. 여기서 내 의도는 지나치게 낙관적인 그림을 그리려는 게 아니라, 미국의 기회구조에서 이런 기관들이 중요한 역할을 맡고 있음을 보여주려는 것이다.

최대한 실현할 수 있는 기회를 누려야 하며 …… 젊었을 때 성취에 실패한 사람들에게 계속 기회를 주어야 한다는 믿음"을 반영한다.[37] 커뮤니티칼리지에는 각기 다르고 때로 상충하는 여러 기능이 있다. 간호에서 공학까지 여러 분야의 기술 교육·학위·자격증을 제공하고, 4년제 교육기관으로 가는 통로를 열어주며, 비경쟁적인 입학을 바탕으로 누구에게나 일반적인 교육—학위를 받으려고 하지 않는 학생을 대상으로 하는 성인 교육과 계속교육, 모든 연령의 학생에게 읽고 쓰기와 기본 셈을 가르치는 기초 과정 등—을 제공한다.[38]

4년제 대학 학위는 미국에서 여전히 매우 중요한 병목이다. 기회구조 전체에서 높이 평가되는 많은 역할을 추구하려면 4년제 대학 학위가 필요하다. 이런 학위를 요구하는 일자리의 비중을 줄이면 병목현상 방지 원리가 증진될 것이다.[39] 한편 대학에 입학하려면 미국판 '중요한 시험'이라고 할 수 있는 SAT와 ACT(대학입학시험American College Testing)가 필요하다.[40] 커뮤니티칼리지는 분명 이런 병목을 없애지는 못하지만, 병목현상을 완화하기는 한다. 커뮤니티칼리지는 4년제 대학 입학에 필요한 주된 요건—약 14세부터 17세까지의 학업 성적과 시험 성적, 기타 성적증명서—**주변에** 대안적인 경로를 제공하기 때문에, 과거나 현재에 이 기준으로 입학 자격이 되지 않는 이들은 심지어 몇 년 뒤에도 대학에 갈 수 있는 '연속적인 기회'를 갖게 된다.[41] 병목

---

37 Cohen and Brawer, *The American Community College*, 11쪽.
38 전반적인 내용으로는 앞의 책, 219~348쪽을 보라.
39 이 책 376쪽 이하 "병목으로서의 대학" 절을 보라.
40 이 책 70~71쪽을 보라.
41 4년제 대학 자체도 이런 대안적인 경로를 만들어낸다. 예를 들어, 텍사스대학교의 조정 입학 프로그램Coordinated Admission Program은 오스틴 소재 본교에 지원했지만 합격

현상 방지 원리의 관점에서 보면, 커뮤니티칼리지(그리고 어느 정도는 더 일반적으로 미국의 칼리지와 종합대학university)가 다양한 연령의 학생들을 받아들이는 것이 특히 중요하다. 이런 정책을 도입하면, 12학년에서 경쟁의 판돈이 적어도 약간이나마 줄어듦으로써, 기회구조가 단일한 모델에서 벗어나 다원주의 모델로 옮겨가게 된다. 성공하지 못하거나 경쟁을 택하지 않은 이들에게도 고등교육을 필요로 하는 경로를 추구하는 길이 영원히 막히지는 않는다.

병목현상 방지 원리를 완벽하게 달성할 수는 없다. 거의 어떤 체계에서든 고등교육 영역에서는 입학시험이나 다른 입학 기준이 일부분이 된다. 병목현상 방지 원리의 관점에서 보면, 문제는 어떻게 하면 그런 요건 중 어느 하나(또는 매우 비슷한 요건들의 집합)가 지나치게 엄격한 병목이 되지 않도록 막을 것인가 하는 점이다. 서로 다른 기관마다 상이한 기준을 채택하면 도움이 된다. 그리고 각 교육기관이 지원자들에게 한 가지 방식 이상으로 각기 다른 장점을 보여주게 함으로써, 어떤 학생은 주로 시험 성적 때문에 뽑고, 다른 학생은 주로 커뮤니티칼리지 수업 성적 때문에 뽑고, 또 다른 학생은 특수한 분야에서 전도유망한 작업 포트폴리오를 제출했기 때문에 선발하는 식이라면 한결 더 좋다. 더 많은 집단이 잠정적으로 선발되어 특별히 구성된 일군의 대학 수업에서 실제 성과를 증명할 수 있다.[42]

하지 못한 텍사스 주 거주 학생 대부분에게 다른 캠퍼스를 다닐 기회를 제공한다. 1년 동안 다른 캠퍼스를 다니면서 충분한 학점(대략 B+)을 받으면 본교로 편입할 수 있는 권리가 자동으로 부여된다. University of Texas, "Information about CAP"(http://bealonghorn.utexas.edu/cap)를 보라.

42 앞의 글을 보라. 이런 접근법의 좀 더 확고한 형태, 즉 입학 정원은 크게 늘리고 대신에 1학년 성적을 바탕으로 선별 과정을 두는 방식이 한때 미국 체제에서 더 큰 역할을 수행했다. 이런 접근법에서는 물론 1학년 성적이 병목으로 바뀐다. 하지만 이런 식의 대

다양한 경로를 만들어내면 각각의 사람들에게 가해지는 압박이 어느 정도 완화된다. 학생들은 결국 정해진 입학 정원수를 놓고 경쟁을 하지만, 단일한 중요한 시험 경쟁에 내몰려서 모든 이가 한 차례의 시험에 최대한의 노력을 집중시키는 유인을 갖게 되진 않는다.

이런 병목현상 방지 구상은 우리가 보통 기회균등에 관해 갖는 대부분의 사고방식과 충돌한다. 기회**균등**의 관점에서 보면, 모든 사람이 균등한 기회를 갖는 보편적인 시험 체제에는 일정한 장점이 있다. 사실 이런 체제는 흔히 기회균등을 촉진시키는 방법으로 도입되었다. 그리고 어느 정도 그런 역할을 한다. 세습 귀족 집단이나 매한가지였던 과거 엘리트 고등교육기관 입학 체제와 비교할 때, 시험 체제는 출신 배경과 무관하게 다수의 지원자를 걸러서 특정한 잠재력과 가능성이 있는 이들을 찾아내는 방법을 제공했다.[43]

하지만 교육 시험 체제는, 마치 토양 표본이 토질의 정도를 나타내어 무엇이 들어 있고 무엇을 재배할 수 있는지를 알 수 있는 것처럼, 바탕을 이루는 어떤 변수를 나타내는 것은 아니다. 1부와 2부에서 탐

체는 유용한 것일 수 있다. 각기 다른 종류의 강의가 있어서 사람마다 충분히 성적을 올릴 수 있기 때문이다. 하지만 현재 이 접근법은 점점 시행이 힘들어지고 있다. 수업료가 비싼 시대에 중도에 탈락하는 학생들은 1년 치의 상당한 빚만 지고 학위는 못 받기 때문이다.

43 19세기 중반 미국 고등교육 피라미드의 최상위에서 이루어진 이론의 여지가 많은 이런 개혁의 역사에 관해서는 Jerome Karabel, *The Chosen: The Hidden History of Admission and Exclusion at Harvard, Yale, and Princeton*(2005), 139~345쪽[제롬 카라벨 지음, 이종삼 옮김, 《누가 선발되는가?: 사례편》, 한울, 2010 / 제롬 카라벨 지음, 이종삼 옮김, 《누가 선발되는가?: 역사편》, 한울, 2011]을 보라. 업적주의적 평등주의에서부터 군사적 필요성에 이르기까지 복합적인 사회적 요인들이 뒤섞여서 결국 미국에서 SAT 유형의 시험이 광범위하게 채택되는 과정을 서술하는 Nicholas Lemann, *The Big Test: The Secret History of the American Meritocracy*(2000), 3~122쪽도 보라.

구한 것처럼, 시험 체제는 언제나 어느 정도 과거 발달 기회의 결과물인 능력의 정도를 나타낸다. 그에 따라 시험 체제는 시험의 형상대로 발달 기회를 개조하려는 유인을 만들어낸다. 어떤 사람들은 시험에서 성공하는 데 도움이 되는 방식으로 자신의 기회나 자녀의 기회를 모양 짓는 데 남들보다 더 유능하며, 이러한 능력 때문에 가족 문제와 업적 문제가 생겨난다. 시험이 어린이들이 학교에서 배운 것을 평가하지 않는 경우에 이러한 문제들이 특히 심각하다. 이러한 이유 때문에 《벨 곡선The Bell Curve》의 공저자로서 지능검사 비판론자가 전혀 아닌 찰스 머리Charles Murray조차 현재 대학은 "입학 결정에서 SAT 점수를 빼야 한다"고 주장한다. 그 대신 "학생들이 책과 씨름하는 옛날 방식으로 준비할 수 있는 특정한 과목들의 성취도 시험"을 넣어야 한다는 것이다.[44]

고등교육으로 가는 통로는 병목현상의 동학을 이해하는 데 유용한 전형적인 사례이지만, 이 개념은 훨씬 더 광범위하게 적용된다. 병목은 기회구조의 모든 구석에서 발견할 수 있다. 어떤 동업조합이 희소한 수습 과정에 들어가는 것만이 이 직종을 배우는 유일한 경로가 되도록 직종 진입을 제한하면, 병목현상이 생겨난다. 관련된 기능을 배우는 다른 길이 전혀 없으면, 동업조합은 누가 이 직종을 개업할 수 있는지를 애써 단속할 필요조차 없다. 그 기능을 배우기 위해 필요한 발달 기회에 대한 접근성을 제한하는 것만으로 병목현상을 야기하는 데 충분하다.[45] 읽고 쓰는 능력이 일에서는 물론 사회생활의 많은 영역에

---

44 Charles Murray, "Narrowing the New Class Divide", Op-Ed, *New York Times*, March 8, 2012, A31쪽.

45 병목 지점을 돌아가는 일정한 경로들이 존재하면, 동업조합은 학습 기회를 제한하는

서도 절대 다수의 경로를 추구하는 데 필수적인 사회에서는, 읽고 쓰는 능력이나 그 사회에서 지배적인 언어를 구사하는 능력을 발전시킬 기회는 하나의 병목이 된다.

조금 다른 예를 생각해보자. 지리적으로 두 지역으로 나뉜 사회를 상상해보자. '기회의 땅'에 사는 아이들은 학교, 또래, 또래 친구의 부모 등등이 있어서 많은 경로를 추구하는 데 필요한 지식과 기회를 제공받는 반면, 몇 킬로미터 떨어진 '가난의 땅'에 사는 아이들은 이런 유리한 조건이 하나도 없고 성공 전망도 아주 제한된다. 이런 양식화된 사실이 한 사회의 기회의 지리학을 묘사하는 정도만큼, '기회의 땅'에 거주하는 것은 그 자체로 하나의 병목이 된다. 아무도 주소를 묻거나 거주 지역을 중요한 자격 증명으로 간주하지 않는다 할지라도, '기회의 땅'에 거주하지 않으면 이 사회가 제공하는 경로의 대다수를 쉽게 추구할 수 없기 때문에, 그 거주는 병목이 된다. 이 경우에 우리는 '기회의 땅'에 사는 사람들은 자기 자녀 또한 '기회의 땅'에서 자라게 하기 위해 최선을 다할 것이라고 예상하게 마련이다. 우리는 도시계획상의 지구 설정에 관한 법규나 감당할 수 있는 가격의 주택, 그리고 누가 '기회의 땅'에 살게 되는지를 규제하는 기타 법규가 두드러진 정치적 특징을 띨 것이라고 예상한다. '기회의 땅'에 거주하는 사람들이 바깥에 있는 이들을 배제하려고 노력하기 때문이다.

정치와 법은 기회구조에 대해 부분적인 통제권을 가질 뿐이다. 한편으로 광범위한 정책과 법률이 그 구조의 다양한 측면에 직간접적으로 영향을 미친다. 하지만 다른 한편으로 기관, 회사, 개인들이 독립적

동시에 승인을 받지 않고 직종을 개업하는 이들을 제재하는 이중 전략을 추구할 수 있다. 이렇게 하면 병목 지점을 돌아가는 경로들이 생명력을 잃게 된다.

으로 내리는 수많은 결정 또한 기회구조를 모양 짓는다. 어떤 자격을 얻어야 하는지, 어떤 경로를 따라야 하는지, 어떤 역할을 맡을 자격을 얻으려면 어떤 기능을 발전시켜야 하는지 등이 이 결정으로 정해지기 때문이다. 병목현상을 좀 더 깊이 있게 다루기 전에,[46] 잠시 누가 기회구조의 형태를 통제하는가 하는 문제로 관심을 돌려보자. 이 문제 또한 기회구조를 상대적으로 단일하거나 다원주의적인 형태로 만드는 것의 중요한 일부분이다.

누가 기회구조를 통제하는가?

이제까지의 논증에 등장하는 상이한 기회구조에 관한 대부분의 논의에서, 우리는 이 구조를 고정된 것으로 간주했다. 이 구조가 더 단일하든 더 다원주의적이든 간에, 우리는 이 구조 자체는 논의 대상인 행동을 하는 사람들의 유인과 동기와 결정에 외생적이라고 가정했다. 우리는 여러 경로와 선택의 격자 구조에 직면한 개인의 관점에서 보면, 이 기회구조가 바꾸는 대상이 아니라 관찰하고 헤쳐나가는 대상이라고 가정했다. 왜 이런 걸까? 전사 사회의 경우에, 우리는 어떤 국가 계획가의 엄격한 관리가 작동해서 전사 카스트 자체를 정의하고 전사 시험을 고안한다고 가정할 수 있다. 만약 기회구조의 일부분이—법에 의해서나, 일군의 기관에 의한 카르텔 같은 결정에 의해서나, 압도적인 사회적 합의의 강제를 통해서—고정되어 있다면, 이것

---

46 이 책 288쪽 이하 3부 "3장. 병목현상의 동학"을 보라.

은 그 자체로 기회 다원주의에 대한 제약이다.

사람들이 높이 평가하고 자기 삶의 방향의 중심으로 삼는 목표라는 측면에서 다원주의를 유지하려면, 사회에 무엇이 중요한지에 관한 권위의 다양한 원천이 있어야 하며, 적어도 때로는 의견이 일치하지 않아야 한다. 만약 성직자 집단의 꼭대기에 있는 한 관리처럼 단일한 권위자가 어떤 종류의 삶과 행복의 형태를 높이 평가해야 하는지에 관해 올바른 지도를 할 수 있는 유일한 원천이라는 데 모든 사람이 동의하면, 밀이 개별성은 물론 심지어 사상의 자유에 대한 위협이라고 간파한 획일성을 향한 압박이 생겨나기 십상이다. 사회는 이것보다 더 다원주의적인 권위의 원천을 필요로 한다. 그리고 사회는 개인들이 기존의 권위에 이의를 제기하고, 자기 나름의 가치의 조합을 주창할 수 있게 해줄 필요가 있다.

이 점은 기회구조를 구성하는 경로와 자격의 격자 구조의 경우에도 마찬가지이다. 일부 사회에서는 국가나 다른 어떤 중앙집권적인 권위가 주요한 교육 경로와 이 경로를 추구하는 데 필요한 시험과 자격에 대해 상당한 통제를 행사한다. 이런 중앙집권적인 통제가—때로는 부분적으로 공정성이라는 이름 아래—획일성을 목표로 삼을 때, 이 통제 역시 병목현상을 야기한다. 자격 인정 기관과 교육 당국이 교육기관에게 단일한 시험에 집중하거나 성적증명서와 교육 단계로 이루어진 특정한 연속 과정을 요구하도록 규정하거나, 이런 것들에 대한 강한 유인을 제공하는 경우에도 똑같은 문제를 야기할 수 있다.

우리는 이런 인식을 네 번째 조건으로 표현할 수 있다. 이 일종의 메타조건meta-condition은 앞서의 세 조건에서 설명한 기회구조의 요소들을 누가 통제하는지를 관장한다.

〈조건 4〉권위 원천의 다양성

앞의 세 조건에서 설명한 재화, 역할, 경로, 자격 등과 관련하여—모두 일치하지 않는—서로 경쟁하는 다양한 권위의 원천이 존재한다. 그리고 사회는 개인들 스스로 삶에서 실험을 하면서 전에는 존재하지 않았던 새로운 재화, 역할, 경로, 자격 등을 만들어낼 수 있게 해준다.

서로 다른 교육기관이나 고용주들이 각자 입학이나 채용을 통제한다면, 어떤 시험이나 자격이 필요한지에 관해 의견이 일치하지 않을 수 있다. 어떤 기관이나 고용주는 사명이나 초점이라는 면에서 차별화함으로써 독특한 통로를 만들어내서, 장래 지원자들에게 열려 있는 선택의 범위를 넓혀줄 수 있다. 중심적인 단일한 의사 결정자가 아니라 다양한 결정자가 있으면, 상이한 업적 개념을 가지고 실험할 수 있는 여지가 넓어진다.

예를 들어, 미국의 수십 개 엘리트 대학은 최근 흥미로운 실험을 시작했다. 아마 이 대학들의 표준적인 입학—그리고 더 나아가 졸업—통로가 이미 병목으로 바뀌어서, 소수자 학생들은 비교적 적은 수만이 통과할 수 있게 된 사실을 인지한 결과일 것이다. 이 대학들은 리더십 기능과 팀워크를 강조하는 아주 다른 일군의 기준을 자체적으로 사용하는 파시재단Posse Foundation과 협력 관계를 맺었다. 같은 도시에서 주로 가난한 소수자 학생 10명으로 이루어진 그룹을 선발해서 한 엘리트 대학에 함께 입학시키기 위해서이다. 이 대학에서 학생들은 서로에게 추가적인 지원을 제공한다. 엘리트 대학들은 입학 과정의 작은 한 부분을 이 재단과 재단의 색다른 기준에 효과적으로 외주를 준다. 파시재단 학생들은 정규 입학 과정을 통해 들어온 학생들에 비해 SAT 점수가 한참 떨어지는 경향이 있다. 그럼에도 불구하고 이제까지 이 학생들은 커다란 성공을 거두었다. 90퍼센트가 졸업을 하고, 절반이 우등생 명단에 올랐으며, 4분의 1이 우등상을 받았다.[47]

이런 식의 진취적 계획의 효과는 SAT 같은 시험 때문에 생겨난 병목현상을 **완화한다**. 이런 계획은 SAT가 불공정하다거나 대학이 SAT를 활용해서는 안 된다는 결론에 의지하지 않는다. 정반대로 이런 시험은—경쟁적인 대학들이 간과했을 수도 있는 학생들도 포함해서—많은 고등학생들이 자신이 대학에서 찾는 능력을 지녔음을 입증하는 유용한 수단이 될 수 있다.[48] 하지만 광대하고 다양한 고등교육 전체에 걸쳐 어느 하나의 시험이 대부분 또는 모든 대학이 지원자의 잠재력을 측정하는 **유일한** 수단이 되어야 하는 이유는 없다. 일정한 대안적인 경로를 제공하면—사람들이 다양한 통로로 고등교육에 진학할 수 있게 되므로—안전판이 생겨나서 시험의 압력이 어느 정도 줄어들고 그만큼 병목현상이 완화된다.

서로 다른 많은 기관들에 중요한 경로에 대해 업적과 입학 및 선발 조건을 정의하는 권한을 부여한다고 해서, 기관들이 반드시 각기 다른 기준을 선택하거나 어느 하나라도 바로 앞에서 설명한 식의 실험

---

47 Posse Foundation, *Fulfilling the Promise: The Impact of Posse After 20 Years*(2012), 8, 28쪽을 보라. 파시재단 모델을 설명하는 Susan Sturm, "Activating Systemic Change Toward Full Participation: The Pivotal Role of Boundary Spanning Institutional Intermediaries", 54 *St. Louis University Law Journal*(2010), 1117, 1129~1131쪽; 밴더빌트대학교의 성과를 설명하는 E. Gordon Gee, "An Investment in Student Diversity", *Trusteeship*, Mar.-Apr. 2005, 18~22쪽 등도 보라.

48 바로 이런 이유 때문에 SAT는 반세기 전에 대학 입학 병목현상을 **완화하는** 작용을 했다. 이 책 277쪽 주석 43에 인용된 자료를 보라. SAT는 지금도 어느 정도 이런 기능을 한다. 통계적으로 볼 때, SAT 점수는 계급적인 유리한 조건과 밀접한 상관관계가 있긴 하지만, 언제나 일정한 예외가 존재한다. 이 책 377쪽 주석 21을 보라.

을 시도하리라는 보장은 없다. 의사 결정자가 한 명 이상이라고 해서 반드시 하나 이상의 결정이 나오는 것은 아니다. 때로는 많은 의사 결정자들이 모든 지원자에게 똑같은 비좁은 통로로 모여들 것을 요구하는 공통된 결정을 내린다.

언제 왜 이런 일이 생기는지를 검토하는 게 도움이 된다. 때로 그 답은 기관 자체들 사이에 벌어지는 경쟁이다. 외부 평가자나 순위 결정자가 각기 다른 기관들이 사용하는 기준에 영향을 미치는 경우—유일하지는 않지만—에 특히 이런 일이 생긴다. 다른 경우에는 많은 기관이나 고용주가 단지 쉽게 이용할 수 있고 저렴하다는 이유로 기성품 같은 단순한 시험을 채택한다. 또 다른 경우에는 기관들이 네트워크 효과를 활용하면서 이미 특정한 시험을 보고 있는 많은 지원자들을 끌어모은다. 마지막으로 적어도 이론상으로는 한 시험이나 기준이 누가 학업이 우수하고 누가 열등한지를 아주 잘 예측한다(그리고 다른 시험이나 기준은 동등한 수준의 예측을 하지 못한다)는 이유로 수렴 현상이 생길 수 있다.

마지막의 경우처럼 예외가 있을 수 있는 각각의 시나리오에서 조정자나 평가자, 시험 개발자, 순위 관리자 등이 각기 다른 기관과 의사 결정자들에게 시험과 자격—이런 시험과 자격은 주어진 교육과정이나 초급 직무를 수행할 수 있는 역량을 부여해야 한다—을 새롭게 사고하는 자유를 주기 위해 노력할 수 있는 상당한 여지가 존재한다. 예를 들어 각국 정부는 표준화를 요구하는 것을 피하고, 대신에 상이하고 상충하는 업적 개념을 실험하는 기관들에 보상을 주는 지원금 조성 접근법을 채택할 수 있다.

어떤 경우에는 전적이든 부분적이든 간에 어떤 부류의 사람들이 특정한 경로나 목표를 추구해야 하는지에 관한 널리 퍼진 신념이나 고정관념 때문에, 많은 의사 결정자들이 공통된 일군의 기준으로 수렴한다. 이런 경우에 정부—그리고 특히 차별금지법—는 이런 널리 퍼진 신념을 깨뜨리고, 많은 의사 결정자들이 특정 집단 출신의 지원자들을 양산하는(또는 배제하는) 경로와 자격을 설정하는 것을 막는 데 도움이 될 수 있다.

그렇지만 다른 조건이 같다면, 의사 결정자가 더 많을수록 다양한 결정과 더 많은 의견 불일치가 나타나고 상이한 경로와 요건의 범위가 더 커져야 한다. 마찬가지로 다른 조건이 같다면, 가치 개념과 관련된 권위의 원천이 많을수록 가치 개념의 다양성도 커질 것이다.

기회구조에 대한 통제를 탈집중화하는 가장 급진적이고 어쩌면 가장 중요한 방법은 그 통제권의 일부를 당국과 제도의 문지기들에게서 완전히 빼앗아서 개인들의 손에 쥐어주는 것이다. 이것이 〈조건 4〉의 마지막 조항에 담긴 사고이다. "삶에서 실험한다"는 것은 밀이 사용한 표현이다. 밀은 《자유론》에서 "사고와 토론의 자유"와 "취향과 목표 추구의 자유, 즉 각자의 개성에 맞게 자기 삶의 계획을 짤 자유"가 아주 유사함을 밝힌다.[49] 밀은 의견과 사고 실험의 자유로운 차이가 있어야 하는 것과 "같은 이유로" 개인들이 "각자의 의견을 실행에 옮기는 …… 삶의 실험"이 존재해야 한다고 주장한다.[50] 개인들이 스스로 독

---

49 John Stuart Mill. *On Liberty*(Elizabeth Rapaport ed., Hackett 1978)(1859), 12쪽[존 스튜어트 밀 지음,《자유론》, 책세상, 35쪽; 문예출판사, 47쪽]. 이 유사성이야말로 이 책의 구조에서 기본적이다. 밀은 2장에서 우선 사고와 토론의 자유에 초점을 맞추고, 계속해서 3~5장에서 취향, 목표 추구, "인생 계획"으로 관심을 돌린다.

50 Mill, *On Liberty*, 79, 53쪽[존 스튜어트 밀 지음,《자유론》, 책세상, 108쪽; 문예출판사, 129쪽].

립해서 새로운 경로, 그리고 심지어 전에는 존재하지 않던 새로운 역할과 재화를 정의하고, 그럼으로써 남들이 따르고 수정할 수 있는 경로의 범위를 넓힐 수 있어야 한다는 것이다. 개인들이 쉽게 이해할 수 있는 방식으로 예전의 목표나 역할, 경로와 관련되지 않는 완전히 새로운 것들을 만들어내는 건 가능하지 않을 수도 있다. 하지만 삶의 실험은 적어도 기존의 사회적 형태들을 수정할 수 있다. 독창적인 발상을 가진 사업가가 전에 본 것과는 다르지만, 소비자나 고객이 그 가치를 이해할 수 있을 만큼 충분히 알아보기 쉬운 새로운 제품이나 사업을 제시할 수 있는 것처럼 말이다. 만약 성공을 거두면 이 새로운 발상은 그것을 바탕으로 다른 이들이 나름의 혁신을 구성할 수 있는 재료의 일부분이 된다.

자유시장이 언제나 〈조건 4〉를 실례로 증명한다고, 즉 자유시장에서는 기회구조에 대한 통제가 널리 분산되고 개인들이 자유롭게 새로운 경로를 만들어낸다고 주장한다면, 지나치게 단순한 생각일 것이다.[51] 현실의 시장은 그런 식으로 작동할 수도 있고 아닐 수도 있다. 그

---

51 기회구조의 형태를 누가 통제하는가 하는 문제는 항상 기회균등에 관한 논쟁의 표면과 거리가 멀다. 한 가지 중요한 예외는 데이비드 스트라우스가 쓴 글인데, 여기서 그는 시장에 바탕을 둔 업적주의적 기회균등 개념의 진정한 장래성과 호소력은 "모든 이가 성공의 균등한 기회를 누린다는 점이 아니라, 어느 누구도 다른 사람에 비해 누가 성공할지를 결정하는 더 큰 기회를 누리지 않는다는 점"이라고 주장한다. David A. Strauss, "The Illusory Distinction Between Equality of Opportunity and Equality of Result", in *Redefining Equality*(Neal Devins and Davison M. Douglas eds., 1998), 51, 61쪽. 스트라우스가 설명하는 것처럼, 시장에서는 권위가 폭넓게 분산되기 때문에 "구체적인 가치 기준이 유동적이며 …… 성공으로 가는 경로가 분명하지 않고 하룻밤 새에 바뀔 수 있다." 앞의 글, 60쪽. 물론 스트라우스가 주장하는 것처럼, 현실의 시장은 종종 이런 열망에 부합하지 못한다. 하지만 이 열망 자체는 좀처럼 논의되지 않는 기회균등의 다원주의적 차원을 포착한다.

렇지만 사업의 혁신은 이 이야기에서 단순한 비유 이상이다. 전에는 존재하지 않았던 새로운 종류의 기업과 일자리를 창조하는 것은 새로운 경로를 창조하는 중요한 한 방법이며, 사람들로 하여금 예전에 들어보지 못한 역량 및 역량의 조합을 발전시키고 활용하는 것을 중심으로 자신의 경력과 삶을 건설할 수 있게 해준다. 컴퓨터 프로그래밍이 등장하기 전의 세상에서 그런 독특한 경로가 존재하지 않았을 때, 누군가 그 분야에서 자신의 잠재력을 발전시킬―또는 독특한 특징과 도전을 두루 갖춘 그런 경력을 추구하려는 소망을 형성할―방법은 전혀 없었다. 새로운 분야나 새로운 종류의 기업을 창조하면, 사람들이 추구할 수 있는 경로의 범위와 열망할 수 있는 목표가 넓어진다. 복잡한 현대사회는 많은 경로를 제공한다. 시간이 흐르면서 더 많은 경로가 생겨나고 일부는 사라진다. 새로운 경로를 추가할 수 있는 자유는 밀이 말하는 "경로의 다원성"과 "상황의 다양성"을 세우고 유지하는 데 중요하다.

사회가 경이롭고 독특한 새로운 경로와 목표를 창조할 수 있을 때에도, 모든 사람이 이런 경로와 목표에 접근할 수 있는 것은 아니다. 이런 사회에서도 무언가가 개인들이 이 경로를 따라 나아가는 것을 방해하고 있다. 그 **무언가**―그것이 무엇이든, 그리고 아무리 상이한 기관과 사회 세력들의 상호작용의 결과로 생겨난다 할지라도―는 구조적인 말로 하면 병목이다. 이제 병목의 동학을 살펴보고, 한정된 자원과 다른 제약을 감안할 때 우리가 어느 병목을 개선하는 데 집중해야 하는지의 문제를 좀 더 진지하게 검토해보자.

2장
병목현상의 동학

기회구조에서 모든 병목을 없애기란 불가능하다. 다원주의 모델은 "완전히 달성해야 할 목표가 아니라 노력의 방향"을 나타낸다.[52] 정부에서부터 대규모 기관, 개인에 이르기까지 각기 다른 많은 행위자들이 각자의 결정에 따라 기회구조를 좀 더 단일한 방향이나 다원주의적인 방향으로 움직일 수 있다. 물론 다른 고려들 또한 이런 결정에 영향을 미친다. 기회 다원주의는 다른 가치들과 균형을 이루어야 하기 때문에, 모든 점을 고려하면 어떤 병목은 최종적으로 좋은 것일 수도 있다—기회구조를 더 단일하게 만든다 할지라도 말이다. 사회가 어떤 병목을 개선하거나 제거해야 하는지를 구별하기 위해서, 우선 지금까지 논의에서 암묵적으로 다룬 세 가지 유형의 병목을 좀 더 체계적인 방식으로 설명해보자.

---

52 Charles Frankel, "Equality of Opportunity", 81 *Ethics*(1971), 191, 209쪽. 이 책 151~154쪽을 보라.

병목의 유형

지금까지 우리가 논의한 병목의 대부분은 **자격 병목**qualification bottleneck이다. 교육 성적증명서, 시험 성적, 그밖에 높이 평가되는 목표로 이어지는 어떤 경로나 일련의 경로들을 추구하기 위해 달성해야 하는 요건들이 그것이다. 전사 사회의 전사 시험이나 중요한 시험 사회의 중요한 시험은 전형적인 자격 병목이다. 하지만 자격 병목은 그렇게 공공연한 것일 필요가 없다. 문제는 어떤 경로를 추구하기 위해 공식적으로나 서류상으로가 아니라 **실제로** 무엇이 요구되는가 하는 점이다. 많은 고용주가 백인만을 채용한다면—설령 이것이 어느 누구의 공식적인 정책도 아니라 할지라도—백인이라는 사실이 자격 병목이 된다.

게다가 병목은 절대적인 차단 장치일 필요가 없다. 강한 선호 역시 비록 절대적인 차단 장치보다는 덜 심각하지만 병목을 형성한다. 예를 들어, 광범위한 고용주들이 고등학교 졸업장이 있는 지원자를 강하게 선호하는 나머지 거의 언제나 졸업장이 없는 사람 대신 있는 사람을 채용한다면, 졸업장이 심각한 자격 병목이 된다. 고등학교 졸업장이 없는 이들은 많은 경로를 추구하는 데 고생을 할 것이다. 심각성 문제는 뒤에서 다시 이야기할 것이다.

두 번째 범주의 병목인 **발달 병목**developmental bottleneck은 지금까지의 분석에서 겉으로 드러나지 않았다. 이 병목을 이해하려면 결정이나 선발의 순간에서 한 걸음 물러나서, 사람들이 어떻게 상이한 경로를 추구할 자격을 얻게 되는지—그리고 좀 더 구체적으로 그런 자격을 얻으려면 어떤 발달 기회가 필요한지—를 물을 필요가 있다. 이런 발달 기회가 희소한 정도만큼, 이 기회는 병목을 형성한다. 예를 들어, 전사 사회에서는 전문적인 훈련학교에 다니는 것이 전사 기능을 발달시키는 유일한 길 혹은 단연코 최선의 길이라고 가정해보자. 훈련학교는 어떤 자격증이나 성적증명서도 발행할 필요가 없다. 아마 어느 누구도 어떤 사람이 거기 다녔는지 묻지 않을 것이다. 그럼에도 불구하고 훈련학교가 제공하는 발달 기회가 워낙 중요하기—전사 사회의 기회구조를 감안하면 심지어 필수적이기—때문에, 훈련학교에 다닐 기회와 이 발달 기회를 통해 얻는 이득은 결국 유력한 병목이 된다.

1부에서 이야기한 의과대학 사례에서 관련된 병목은 거의 모두 발달 병목이었다. 리사가 기능을 발달시키고 다음 단계로 이어지는 시험을 통과할 자격을 얻는 데 도움을 준 것은 다름이 아니라 명성 있는 각 교육기관에서 제공한 **발달** 기회였다. 만약 그 대신 각 단계에서 문지기들이 이전 단계의 명성 있는 기관에서 받은 졸업장을 요구하거나 이 졸업장에 큰 비중을 두었다면, 이 사례는 오히려 자격 병목의 사례가 되었을 것이다. 대부분의 경우에 교육기관은 발달 기회와 졸업장이라는 형태의 자격증을 **둘 다** 제공하는데, 이것들은 각각 따로 쓰일 수 있다. 이런 이중 효과는 다원주의적 성격이 약한 기회구조에서 선발제 학교 입학의 중요성을 더욱 크게 만든다.

우리가 사는 세계의 주요한 기회 불균등, 특히 롤스적인 의미의 출생 환경과 관련된 기회 불균등의 대부분은 발달 병목이라는 측면에서 개념화할 수 있다. 2부에서 이야기한 것처럼, 언어 습득은 계급과 깊이 관계되어 있어서, 가난한 어린이들은 또래에 비해 구어에 노출되는 정도가 훨씬 떨어지며 따라서 언어 발달에서 한참 뒤처진다. 이렇게 뒤처지면 나중에 많은 중요한 경로를 추구하는 데서도 지장을 받는다. 사정이 이러하다면 결국 조기 언어 노출은 중요한 발달 병목이 된다. 이 점은 또한 가난하지 않게 성장하는 것이 큰 도움이 된다는 의미일 수 있다.

이런 계급적 연관성이 강할수록—그리고 다른 발달 병목이 계급과 연관될수록—다음과 같은 의미에서 **계급 자체**를 하나의 발달 기회로 이야기하는 게 적절해진다. 즉 광범위한 경로를 추구할 수 있으려면 (대개) 가난하지 않은 가정교육을 통과해야 한다. 마찬가지로—앞에서 묘사한 '기회의 땅'과 '가난의 땅'이라는 극단적인 사례에서처럼—서로 다른 물리적 환경이나 동네, 도시가 전혀 다른 일군의 발달 기회를 제공할 때, **지리적 위치**는 간접적으로 발달 병목이 된다.

병목을 분석하기 위해서는 종종 이런 식으로 그 연원을 추적할 필요가 있다. 어떤 사람들이 특정한 병목을 통과하지 못할 때, 우리는 그 이유를 물어야 한다. **무언가**가 병목을 통과하는 사람들과 통과하지 못하는 사람들을 갈라놓는 것이다. 그것은 우연에 불과할 수도 있지만, 보통 일군의 발달 기회와 관련된 어떤 양상이 드러난다. 그런 경우에 발달 병목이 존재한다. 어쩌면 전사 기능 학교가 제공하는 것과 같은 훈련이 필요할지도 모른다. 그렇다면 우리는 분석에서 한 단계 더 추적해 들어갈 수 있다. 이 사람은 어떻게 **그런** 발달 기회를 얻는 걸까? 훈련학교 입학이 본질적으로 부모가 전사라는 사실에 의지한다면, 학교 입학 또한 간접적으로 병목이 된다. 또는 사회가 어떤 발달 기회에 대해서는 오로지 (또는 주로) 남성이나 여성에게 적합하다고 간주한다고 가정해보자. 그런 발달 기회가 많은 중요한 미래의 경로를 열어준다면, 성별은 중요한 발달 병목이 된다.

세 번째이자 마지막 종류인 **도구재 병목**instrumental-good bottleneck은

〈조건 1〉과 〈조건 3〉의 상호작용을 설명한다. 도구재 병목이 발생하는 것은 다른 많은 소중한 재화를 '사거나' 얻기 위해, 또는 여러 형태의 인간 행복으로 이어지는 많은 경로를 따라가기 위해 어떤 특정한 재화가 필요할 때이다. 여기서 어떤 사람이 병목을 통과하기 위해 필요한 것은 성적증명서(자격 병목의 경우)도 아니고 발달된 기능이나 특징(발달 병목의 경우)도 아니다. 대신에 돈과 같이 도구적으로 소중한 재화가 필요하다. 다음 부에서 이야기할 것처럼, 돈은 거의 언제나 만연한 도구재 병목이지만, 정책적 선택이 따라 이 병목의 심각성을 높이거나 낮출 수 있다. 즉 광범위한 기회를 추구하기 위해 어떤 사회적 지위가 도구적으로 필요하면, 이것은 또한 병목으로 작용할 수 있다.

이 세 종류의 병목 전부를 동일한 일반적 현상의 하위 유형으로 특징짓는 게 유용하다. 현실 세계의 기회구조가 종종 이 세 종류의 다양한 조합을 필요로 하며, 이 셋은 흔히 상호 강화하기 때문이다. 대학 입학을 생각해보자. 선발제 대학의 학위가 많은 경로를 추구하는 데 필요하면, 대학 입학이 병목이 된다. 하지만 대학 입학 자체가 자격(고등학교 졸업장과 성적, 시험 성적), 발달된 기능(고등학교 상급 과정에서 배우는 내용 등), **그리고** 일정한 도구재(특히 대학을 다니는 데 많은 양의 돈이 드는 경우에)를 요구할 수 있다. 이 모든 것은 병목이며, 중요한 방식으로 서로 상호작용할 수 있다. 예를 들어, 이 모두가 '기회의 땅'에 거주하는 발달 병목을 강화할 수 있다. 또는 모두 **계급** 병목—그 자체가 이 세 유형 전부의 조합이다—을 강화할 수 있다. 고용주가 높은 사회경제적 지위를 보여주는 계급 지표를 선호하는 경우에, 계급은 하나의 자격으로 작용할 수 있다. 또한 계급은 중요한 발달 기회와 연동될

수 있고, 돈은 유력한 도구재일 수 있다.[53]

기회균등과 사회정의 개념 대부분은 도구재 병목을 무시하는 경향이 있다. 그 이유는 현실적인 동시에 철학적이다. 현실적으로 말해서, 도구재 병목은 사회정의에 대한 관심의 외부에 있는, 사회적 삶의 배경 구조의 일부분처럼 보인다. 심지어 불가피한 것처럼 보인다. 하지만 우리가 도구재 병목을 무시하기 쉬운 더 심오한 철학적 이유들도 존재한다. 이 이유들은 우리가 분배 정의 이론을 정식화할 때 흔히 의지하는 일군의 단순화 조치에 내재한다.

분배 정의 이론은 흔히 상대적으로 추상적인 평등주의적 정의의 통화—자원이나 기초재, 또는 아마 가장 순수한 경우에는 "만나manna"[54]라고 불리는 추상적이고 보편적인 유사자원pseudo-resource—를 사용해서, 이것들 각각을 어떻게 정의로운 방식으로 배분할 것인가라는 문제로 신속하고 우아하게 나아간다. 이런 관점에서 보면, 우리가 선택한 평등주의적 정의의 통화가 우리에게 어떤 중요한 재화—누군가 어떤 경로를 추구할 수 있고 자기 인생을 얼마나 잘살지에 커다란 영향을 미치는 재화—에 대한 접근성을 주지 못한다면, 아마 우리는 대신에 다른 통화의 배분에 초점을 맞춰야 할 것이다. 결국 우리는 중요한 것의 분배에 초점을 맞추기를 원한다. 어떤 주어진 통화로는 중요한 것을 살 수 없다면, 아마 그것은 배분하기에 적당하지 않은 통화일 것

---

53 더 자세한 내용은 이 책 365쪽 이하 4부 "1장. 병목으로서의 계급"을 보라. 이 세 유형의 현상 모두를 '병목'으로 특징짓는 또 다른 관련된 이유는, 일정한 범위의 주변적인 사례에서는 자격 병목이나 발달 병목, 도구재 병목을 다른 유형의 하나로 (올바르게) 다시 설명하는 게 가능하다는 점이다. 그렇지만 이런 재정의가 많은 경우에 적용되는 것은 아니다. 이런 경우에 우리는 적어도 설명되는 현상이 병목이라고 확신할 수 있다.

54 Bruce A. Ackerman, *Social Justice In the Liberal State*(1980), 31쪽.

이다. 여기서 내가 아주 느슨하게 설명한 이런 일반적인 철학적 지향
은 도구재의 힘, 그리고 특히 돈의 힘이라는 문제에 대한 좀 더 비판적
인 접근법, 즉 마이클 왈저와 마거릿 라딘Margaret Radin, 마이클 샌델 등
이 제시한 논증과 상당한 긴장 관계를 이룬다.[55]

기회 다원주의는 돈의 힘이 갖는 이득과 비용에 관해 좀 더 종합적
인 그림을 제공한다. 한편으로, 자본주의 체제에서 돈의 힘은 기회구
조를 유용한 방식으로 평평하고 부드럽게 만든다. 돈을 버는 각기 다
른 많은 방법이 존재한다. 일단 돈을 벌면 이 돈을 이용해서 다른 많은
목표를 추구할 수 있다. 돈으로 다른 많은 것들을 살 수 있기 때문이
다. 따라서 한편으로 기회구조가 좀 더 다원주의적으로 바뀐다. 일정
한 돈을 획득한 사람들은 이 돈을 이용해서 아주 다양한 경로를 추구
할 수 있다. 이것은 유용하다.

다른 한편, 높이 평가되는 많은 경로를 추구하기 위해선 쉽게 획득
하기 힘든 비교적 상당한 액수의 돈이 필요하다면, 돈은 유력한 도구
재 병목이 된다. 다른 종류의 병목과 마찬가지로, 도구재 병목 역시 이
병목을 통과할 수 없는 사람들에게만 문제가 되는 게 아니다(물론 이
경우에서 가장 나쁜 영향을 발견할 수 있기는 하다). 도구재 병목은 그것이
가진 힘이 우리의 계획과 목표를 모양 짓기 때문에, 모든 사람에게 문
제가 된다. 도구재 병목은 또한 우리의 계획과 목표를 모양 짓는 힘이

---

55 Michael Walzer, *Spheres of Justice: A Defense of Pluralism and Equality*(1983); 일부
재화의 상품화는 불완전해야 한다고 주장하는 Margaret Jane Radin, *Contested
Commodities*(1996); 시장 경제와, "시장 가치가 인간 활동의 모든 측면에 침투하는
…… 시장 사회"를 구별하는 Michael J. Sandel, *What Money Can't Buy: The Moral Limits
of Markets*(2012), 10~11쪽 [마이클 샌델 지음, 안기순 옮김,《돈으로 살 수 없는 것들》,
와이즈베리, 2012, 29쪽] 등을 보라.

있기 때문에, 모든 사람에게 문제가 된다. 이 병목은 모든 사람으로 하여금 원래 어떤 목표를 가졌든 간에, 우리 모두가 필요로 하는 도구재를 낳을 가능성이 더 큰 지위와 경로를 놓고 경쟁하도록 압박한다.

정당한 병목 대 임의적 병목

현실 세계의 모든 기회구조에는 광범위하고 상호 연결된 수많은 병목이 포함된다. 이런 병목 중 어느 하나라도 개선하는 일은 기회 다원주의에 외재적인 가치의 측면에서 값비싸거나 어렵거나 문제가 될 수 있다. 더욱이 많은 경우에 한 병목을 개선하는 것은 다른 병목을 강화하는 부수 효과를 낳는다. 이런 이율배반 때문에, 우리가 기회 다원주의의 관점에서 어떤 병목이 다른 병목보다 더 문제가 되는지를 결정할 수 있는 게 중요하다. 이 점은 언뜻 보이는 것보다 더 까다로운 문제이다. 이 문제를 포괄적인 방식으로 풀려면, 기회구조를 전체적으로 바라보면서 어떤 병목이 (더 많은) 사람들이 (더욱) 소중한 형태의 인간 행복으로 이어지는 (더 많은) 경로를 추구하는 것을 막는지를 결정할 필요가 있다. 하지만 이 문제들에 대한 답은 불완전할 수밖에 없다.[56] 우리는 또한 각기 다른 사람들의 관심에 얼마나 큰 비중을 둘지를 결정하기 위한 규칙에 합의할 필요가 있다. 나는 다음에서 현재 기회를 더 제한받는 사람들에게 더 많은 기회를 열어주는 것을 우선 과제로 삼아야 한다고 주장할 것이다. 하지만 이것은 일반적인 우선성의 원

---

56 이 책 341쪽 이하 3부 "3장. 행복, 완전주의, 우선권"을 보라.

리이지 산술적으로 완벽한 해법은 아니다.

전반적인 기회구조에 관한 이런 더 큰 질문들에 다다르기 전에, 단일한 자격 병목에 관해 물을 수 있는 더 단순한 질문이 있다. 이 병목은 **임의적인** 것과 반대의 의미로서 어느 정도 **정당한가**? 다시 말해, 이 병목을 정당화하는 근거는 얼마나 확고한가? 백인이나 여성이나 문신 없는 사람이나 흠 없는 신용도를 가진 사람만을 채용한다는 고용주의 결정에 대한 우리의 평가는, 어느 정도 이런 요건들과 그 기업의 정당한 요구 사이의 적합성—그런 적합성이 있다면—을 어떻게 평가하느냐에 좌우된다.

미국 고용차별금지법의 상당한 분량은 이 질문을 법적 형태로 묻는다. 어떤 고용주가 제시하는 요건이 성이나 종교 같은 법적으로 보호받는 일정한 범주에 근거해서 차별을 한다면, 미국의 법률은 이 요건이 아주 협소한 경우에만, 즉 정말로 "그 특정한 사업체나 기업의 정상적인 운영에 합리적으로 필요한 진정직업자격bona fide occupational qualification(BFOQ)"일 때에만 정당하다고 판단한다.[57] 여기서 법정은 해당 직무의 핵심적 요건을 살피면서, 고용주가 그 직무에 가장 어울리는 사람의 유형에 관해 가질 수 있는 고정관념과 가정을 제거한다.[58] 어떤 요건이 보호받는 특징에 직접 의거하지는 않지만 어떤 보호받는 집단에게 "불리한 효과"—많은 법 체제에서 "간접 차별"이라고 부르

---

57 Civil Rights Act of 1964 §703(e), 42 U.S.C. §2000e-2(e)(1964).

58 예를 들어, 항공사의 사업 전략이 성적 매력을 드러내는 여성의 이미지를 투사하는 것이라 할지라도, 성별은 여객기 승무원 업무와 관련된 진정직업자격이 아니라고 판결한 *Wilson v. Southwest Airlines Co.*, 517 F.Supp. 292(N.D. Tex. 1981), 302~304쪽; 제조업체가 뱃속의 태아에 유해할 가능성을 우려한다 할지라도, 성별은 배터리 제조업의 진정직업자격이 아니라고 판결한 *UAW v. Johnson Controls*, 499 U.S. 187(1991), 206~207쪽 등을 보라.

는 현상—를 미칠 때,[59] 미국의 법률은 진정직업자격보다는 덜 엄격하지만 그래도 비교적 엄격한 적합성을 요구한다. 법원은 해당 요건이 정말로 "사업에 필요한지"를 묻는다.[60] 고용주가 이런 필요성을 보여줄 수 있다면, 피고용인들은 고용주의 요구를 그만큼 효과적으로 충족시킬 수 있는 덜 차별적인 대안이 존재함을 입증하려고 시도할 수 있다.

우리는 이런 고용차별 금지 법령이 좀 더 일반적인 병목현상 방지 원리의 중요한 특별 사례라고 이해할 수 있다. 많은 병목은 고용 영역에서 기회를 제약한다. 입법자들은 이런 법령을 제정함으로써 이런 병목들의 특정한 일부분에 법적 제재를 가하기로 결정한다. 어떤 면에서 이런 접근법은 불필요하게 소심해 보일 수 있다. 어쨌든 이론상 법 체제는 고용주의 **모든** 관행—또는 어쩌면 중요한 병목을 만들어내는 고용주의 모든 관행—에 대해 사업적인 정당한 근거의 일정한 기준을 충족시킬 것을 요구할 수 있다. 하지만 이런 접근법은 상당한 비용이 소요된다. 고용주들에게 채용에서 어떤 기준을 사용할지를 결정하고 사업상의 다른 결정을 마음대로 할 수 있도록 자유를 부여하는 것에는 일정한 가치가 있다. 그리하여 고용차별금지법은 입법부가 기회구조에서 특히 중요한 병목이라고 판단하는 병목을—직접적으로나 간접적으로나—강화하는 고용주의 관행에 대해서만 책임을 부여하는 경향이 있다.[61] 미국의 법률은 인종, 성별, 종교, 장애, 출신 국가,

---

59 미국의 불리효과방지법은 분명 영국과 더 나아가 유럽연합에서 발전한 것과 같은 "간접 차별" 개념의 중요한 원천이었다. Bob Hepple, "The European Legacy of *Brown v. Board of Education*", *University of Illinois Law Review*(2006), 605, 608~609쪽을 보라.

60 *Griggs v. Duke Power Company*, 401 U.S. 424(1971), 431쪽.

61 이 책 421쪽 이하 4부 "3장. 병목과 차별금지법"을 보라.

그리고 일부 주에서는 다른 특징들의 편협한 목록과 연관된 병목들을 선정한다. 병목현상 방지 원리는 이것보다 더 폭넓고 일반적이다. 이러한 원리는 국가가 아닌 행위자들에게 이야기를 걸고, 이런 입법 결정과 무관한 행동의 이유를 제공한다. 하지만 다음 부에서 이야기할 것처럼, 병목현상 방지 원리는 **어떤** 일군의 병목을 법적 관심의 대상으로 삼아야 하는지에 관한 입법적·사법적 판단을 위한 함의를 담고 있다.[62]

정당성은 단순히 경제적 효율성의 문제가 아니다. 병목은 우리가 정당하다고 간주하는 목표에 기여하는 정도만큼 '정당하다.' 영리 사업체의 경우에는 비용을 줄이고 효율을 높이는 것이 정당성의 합리적인 첫 번째 근사치이다. 교육기관의 경우에 정당성의 문제를 밝히려면 이 기관의 사명을 탐구할 필요가 있다. 예를 들어, 어떤 교육기관의 사명에 국가나 민족 전체를 위해 전문가를 양성하는 일이 포함된다면, 기관이 받아들이는 지원자의 지리적 다양성을 어느 정도 추구하는 게 정당할 것이다. 여기서 전후 맥락이 중요하다. 표준화된 수학 시험에서 높은 성적을 요구하는 것은 물리학과 대학원 과정에는 전적으로 정당할지 몰라도, 모든 학과의 전반적인 대학원 과정의 요건으로는 비교적 임의적이다.

'정당성이냐 임의성이냐'라는 스펙트럼은 자격 병목에 가장 직접적인 방식으로 적용된다. 하지만 우리는 또한 좀 더 간접적인 방식으로 도구재 병목은 물론 발달 병목도 이런 측면에서 분석할 수 있다. 예를 들어, 확실한 신용 점수라는 도구재를 생각해보자. 대부자의 정당한

---

62 이 책 427쪽 이하 "차별금지법은 누구를 보호해야 하는가" 절을 보라.

사업 목표를 감안할 때, 신용 점수에 따라 대출받을 기회를 부여하는 것은 임의적이기는커녕 직접적으로 정당해 보인다. 하지만 좋은 신용을 **취업**의 조건으로 삼는 것은 임의적으로 보인다. 신용 이력은 대출자가 채무를 갚을 것인지를 예측하는 정보는 될지 몰라도, 대체로 피고용인이 기대를 충족시키지 못할지를 예측하는 정보는 되지 못한다.[63]

발달 병목도 비슷한 방식으로 분석할 수 있다. 많은 직무를 수행하는 데 실제로 조기 언어 노출에서 기인하는 유창한 언어 구사가 필요하다면, 그런 언어 노출은 발달 병목으로서 정당하다. 한편, 많은 고용주들이—사업상의 정당한 근거가 많지 않은 문화적인 이유로—일정한 환경에서 자라면서 배우게 되는 특정한 말투나 에티켓 관습을 높이 평가한다고 가정해보자. 그런 환경에서 자라는 것 역시 발달 병목이지만 임의적이다.

여기서 우리가 묻는 질문—어떤 정책이 얼마나 정당하거나 임의적인지—은 법률과 정책의 많은 분야에서 익숙한 질문이다. 하지만 병목현상 방지 원리가 단순히 임의적인 병목을 제거하는 문제라고 생각한다면, 이는 지나치게 단순한 생각이며 더 나아가 명백하게 잘못된 것이다. 어떤 병목이 정당하다 할지라도, 기회 다원주의의 관점에서 보면 여전히 문제가 될 수 있다.

전사 사회의 전사 시험을 떠올려보자. 일단 형식적 가산점 주창자들이 시험의 편향을 바로잡기 위해 조정을 하면, 그 시험은 (규정에 따

---

63 신용 이력이 "업무 평가 점수나 계약 해지 결정 어느 쪽과도 아무런 관계가 없음"을 밝히는 Laura Koppes Bryan and Jerry K. Palmer, "Do Job Applicant Credit Histories Predict Performance Appraisal Ratings or Termination Decisions?" 15 *Psychologist-Manager Journal*(2012), 106쪽 보라.

라) 미래에 전사로서의 수행을 예측하는 면에서 완전히 정당한 것이었다. 그럼에도 불구하고 기회 다원주의의 관점에서 보면, 그것은 기회구조의 문제적인 특징이다―받아들이기 힘든 비용을 치러야만 그렇게 할 수 있다면, 그 시험을 바꿔야 하는 것이다.

마찬가지로 어떤 이들은 일정한 종류의 시험, 어쩌면 〈그릭스〉 사건에서 문제가 된 바로 그 지능검사조차 많은 직무, 아니 심지어 모든 직무의 수행에 관한 확실한 예측 자료라고 주장한 바 있다.[64] 이런 주장은 논란의 여지가 많지만, 가장 극단적인 (그리고 믿기 힘든) 사례를 검토해보자. 어떤 단일한 시험―중요한 시험―이 실제로 **모든** 직무 수행을 가장 정확하게 예측하는 자료라고 가정해보자. 이 시나리오에서 의사 결정자는 몇 가지 이율배반에 직면할 것이다. 좀 더 직무에 특수한 시험이나 선발 방식을 채택하면, 단순히 모든 점에 대해 중요한 시험을 활용하는 접근법과 비교해서 수행 예측의 정확성이 일부 희생된다. 하지만 기회 다원주의는 다원적인 시험과 기준을 활용하는 것이 독자적인 가치가 있다고 조언할 것이다. 우리의 수행 예측의 정확성을 어느 정도 줄이는 비용은 감당할 만한 가치가 있다. 그 이유는 단순히 하나의 중요한 시험을 중심으로 조직된 사회를 건설하는 일을 피하는 게 중요하기 때문이다. 여기서 나타나는 이율배반을 처리하기 위해 가장 효율적인 시험을 포기할 필요는 없을 것이다. 최적의 균형은 잠재적 대안에 대한 중요한 시험의 비교 우위가 가장 큰 일군의 직무들에 대해서만 그 시험을 남겨두는 것이다. 다른 대안들이 거의 똑

---

64   예를 들어, Amy L. Wax, "Disparate Impact Realism", 53 *William and Mary Law Review*(2011), 621, 641쪽을 보라. "전반적인 인지 능력의 측정치는 …… 대개 모든 유형의 직위에서 업무 수행을 가장 잘 예측해주는 자료이다"

같이 좋은 경우에는 그런 대안들을 대신 활용해야 한다. 이렇게 양식화된 시나리오에서 중요한 시험은 **모든** 직무에 대해 임의적이기보다는 정당하다─하지만 일단 기회 다원주의의 가치를 해명한 이상, 그렇다고 해서 중요한 시험을 전면적으로 채택하는 것이 궁극적으로 최선의 정책이라는 말은 아니다.

다른 한편 기회 다원주의의 관점에서 볼 때, 모든 임의적인 정책과 요건이 어떤 중대한 문제를 제기하는 것은 아니다. 어떤 한 고용주가 나름의 특이한 요건을 부과한다고 가정해보자. 이 요건은 완전히 임의적일 수 있지만, 또한 기회구조에 거의 영향을 미치지 않는다. 다른 많은 고용주들 역시 똑같은 요건을 채택함으로써, 이것이 몇 안 되는 경로만을 가로막는 어떤 게 아니라 기회구조의 중요한 부분에 다다르기 위해 통과해야 하는 병목으로 바뀌는 경우에 문제가 발생한다. 우리는 이 문제를 설명하기 위해 다른 일군의 개념적 도구들─정당하냐 임의적이냐의 문제와 상호작용할 일군의 도구들─이 필요하다.

병목의 심각성

어떤 병목이 기회 다원주의를 제약해서 기회구조를 단일한 방향으로 압박하는 정도만큼, 그 병목이 **심각하다**고 부르자. 어떤 병목이 더 심각한지를 결정하는 것은 두 가지 요인이다. 첫째, 그 병목이 얼마나 **만연해 있는가**─높이 평가받는 인간 행복의 형태들[65]로 이어지는 얼

---

65   이 책 341쪽 이하 3부 "3장. 행복, 완전주의, 우선권"을 보라.

마나 광범위한 경로들이 실제로 이 병목에 의지하는가? 둘째, 그 병목이 얼마나 **엄격한가**—그것은 절대적인 차단 장치인가, 강한 선호인가, 아니면 단순히 가벼운 선호인가? 심각성에 관한 이런 질문들은 정당하냐 임의적이냐의 문제와 직각으로 교차한다.

가장 심각한 병목은 엄격한 카스트 제도나 성별 역할 체제를 갖춘 사회, 또는 중요한 시험 사회 같은 사회에서 발견할 수 있다. 이런 경우에 제대로 된 카스트나 성별에 속하지 않은 이들, 또는 시험에 떨어진 이들은 단지 몇 가지 경로만이 아니라 아주 광범위한 경로를 추구하는 게 엄격하게(절대적으로) 금지된다. 따라서 이런 병목은 만연한 동시에 엄격하다.

만연성과 엄격성은 정도의 문제이다. 어떤 대학은 표준화된 수학 시험에서 높은 점수를 받는 것을 절대적으로 엄격한 입학 요건으로 삼는 대신, 이 시험을 중요하지만 결정적이지는 않은 요인으로 만들 수 있다. 이 경우에도 시험은—물리학과 대학원 과정의 경우처럼 정당한 것이든, 음악 연주나 영어를 공부하는 학부생의 경우처럼 분명히 임의적인 것이든 간에—여전히 병목이 된다. 하지만 이제 이 병목은 덜 엄격하다.

현대 세계에서 차별은 종종 굉장히 엄격하지는 않지만 매우 만연한 병목의 형태를 띤다. 어떤 사람의 계급적 배경과 억양, 인종, 몸무게나 매력이 아주 광범위한 일자리에 채용될 가능성에 다소 부정적인 영향을 미친다면, 문제가 되는 요인은 (그것이 광범위한 경로를 제한하기 때문에) 아주 만연한 병목을 이루지만, 특별히 엄격한 병목은 아니다. 이 두 요인—얼마나 만연해 있는가와 얼마나 엄격한가—의 **결과물**은 심각성이다. 여기서 심각성이란 병목이 가능한 경로들의 스펙트럼에서 많은 부분을 방해하는 정도이다.

고용 영역에서 어떤 병목의 심각성은 결정적으로 그것을 부과하는 고용주들의 비율에 결정적으로 좌우된다. 규모가 작고 특이한 한 고용주가 신용 조사를 채용 과정의 일부로 적용하기로 결정하고 신용 등급이 낮은 사람을 절대 채용하지 않는다 할지라도, 이런 사실은 전반적인 기회구조에 거의 영향을 미치지 않는다. 이 병목은 비록 엄격하기는 해도 전혀 만연해 있지 않고, 따라서 심각하지 않다. (그 대신 우리는 이 상황을 다른 식으로 볼 수도 있다. 즉 만약 어떤 사람이 운 나쁘게 이 특정한 고용주를 만나는 경우에, 낮은 신용 등급은 그 분야나 산업에서 채용될 전반적인 가능성을 아주 약간 낮추는 작용을 한다. 이처럼 다른 면에서 보면, 이 병목은 좀 더 만연해 있지만 전혀 엄격하지는 않다. 어느 쪽이든 간에, 이 병목이 심각하지 않다고 보기 쉽다.)[66] 다른 한편, 특정한 부류의 고용주 대부분이 신용 등급이 낮은 이들을 채용하지 않으면, 신용 이력이 더 심각한 병목이 된다. **모든** 부류의 고용주 대부분이 이런 요건을 부과하면, 아주 심각한 병목이 된다.

병목의 심각성은 고용 차별 주장의 교의 구조에서 공공연한 역할을 거의 하지 않는다. 앞 부에서 이야기한 〈그릭스 대 듀크전력회사〉 사건에서 미국 연방대법원은 지능검사(와 고등학교 졸업장 요건)는 흑인 지원자들에게 불리한 영향을 미친다고 판결하고, 뒤이어 정당하냐 임의적이냐의 문제로 신속하게 옮겨갔다. 대법원이 던진 질문은 이 검사가 "고용을 가로막는 인위적이고 임의적이며 불필요한 장벽"에 해당하는가, 그리고 한 인종 집단에 불리한 영향을 미치는가 하는 것이

---

66   심각성을 만연성과 엄격성의 **결과물**로 개념화하는 것은 원칙적으로 심각성이 이런 관점의 이동과 무관해야 함을 의미한다.

었다.[67] 대법원은 이 검사가—많은 고용주들이 사용하는지 또는 소수만 사용하는지 여부가 아니라—사업상 필요한지 여부를 판단했다.

그렇지만 한 걸음 물러서서 이 사건이 왜 애초에 대법원까지 갔는지를 살펴보면, 병목현상 방지 원리와 유사한 무언가가 이야기의 핵심에 존재한다. 1964년 시민권법 제7조가 통과된 직후에, 평등고용기회위원회Equal Employment Opportunity Commission(EEOC) 소속 변호사들은 많은 회사가 최근에 〈그릭스〉 사건의 경우처럼 채용과 승진에서 필기시험을 활용하기 시작한 사실—그리고 그런 시험이 널리 퍼짐에 따라 "소수 인종의 진출을 가로막는 주된 장벽이 된" 사실—을 알아차렸다.[68] 평등고용기회위원회 변호사들은 이런 시험을 활용하는 것을 제한하는 규정을 추진했고, 1966년에 평등고용기회위원회는 처음 이 규정을 공표했다.[69] 〈그릭스〉 사건의 원고들은 듀크전력이 1964년 시민권법 제7조가 발효된 이후 지능검사 요건을 도입한 많은 회사들 중 하나에 불과하다고 주장했다.[70] 원고들은 만약 이 피고가 이 요건이 **특정한** 직무와 관련이 있음을 유의미하게 입증하지 않은 채 이 요건을 채택하도록 허용한다면, "미국의 어떤 고용주든 절대적으로 자유롭게"

---

67 *Griggs v. Duke Power Co.*, 401 U.S. 424(1971), 431쪽.

68 Alfred Blumrosen, "Strangers in Paradise: *Griggs v. Duke Power Co.* and the Concept of Employment Discrimination", 71 *Michigan Law Review*(1972), 59, 59~60쪽.

69 EEOC, *Guidelines on Employment Testing Procedures*(Aug. 24, 1966).

70 "1964년 시민권법 제7조가 통과된 뒤 지능검사 활용이 늘어났음"을 지적하는 Brief for Petitioners, *Griggs*, 401 U.S. 424(No. 70-124), 11쪽을 보라. 〈그릭스〉 사건의 원고들은 불리한 효과 이론을 받아들인 앞선 판례들과 평등고용기회위원회의 결정들을 인용했다. 이런 앞선 판례들의 대부분은 비슷한 검사가 관련이 있음을 밝히는 내용이었다—때로는 〈그릭스〉 사건에서 문제가 된 것과 똑같은 검사가 관련된 것이었다. *Griggs*, 앞의 판례, 6, 19~25쪽과 부록을 보라.

동일한 요건을 채택할 것이고, 결국 "굉장히 넓은" 범위에 적용 가능한 장벽이 생길 것이라고 역설했다.[71] 평등고용기회위원회의 지침은 이 문제에 초점을 맞추면서, 고용주들에게 "특정한 직무와 관련된 기준에 입각해서 선별된 검사"만을 사용할 것을 촉구했다.[72]

대법원은 〈그릭스〉 사건에서 이런 추론을 채택하면서, "어떤 검사를 사용하든 해당 직무를 위해 사람을 평가해야지 추상적으로 사람을 평가해서는 안 된다"고 판결했다.[73] 각기 다른 직무에 맞게 검사를 좀 더 구체적으로 조정하도록 요구함으로써, 평등고용기회위원회와 대법원은 이 검사들이 만들어내는 병목을 없애지는 않았지만, 그 병목의 만연성과 심각성을 완화하는 방향으로 개선하기는 했다. 〈그릭스〉 사건 이후에도 여전히 검사 때문에 특정 직무에 대한 접근성이 막힐 수는 있지만, 어떤 단일 검사나 관련된 검사들의 집합이 평등고용기회위원회 변호사들이 우려한 전반적인 영향을 미치지는 못할 것이다.

자기에게 열려 있는 고용 기회의 스펙트럼을 살피면서 일자리를 찾는 사람의 관점에서 볼 때, 어떤 주어진 병목에서 가장 중대한 문제는 그것이 얼마나 심각한가—얼마나 만연해 있고 얼마나 엄격한가—하는 점이다. 법 관련 행위자들이 이런 차이뿐만 아니라 뒤에서 이야기할 또 다른 문제, 즉 얼마나 많은 사람들이 이 병목에 영향을 받는가라는 문제에도 민감한 것은 이해가 된다. 예를 들어, 고용주들이 채용 과정의 일부로 신용 조사를 하는 게 점차 만연하는 상황에 자극을 받아, 미국 일부 주의 입법부는 최근 몇 년 동안 신용 조사 활용을 제한하는

---

71   앞의 판례, 14, 18쪽.

72   EEOC, *Guidelines on Employment Testing Procedures*(Aug. 24, 1966), 3~4쪽.

73   *Griggs*, 401 U.S., 436쪽.

법령을 통과시켰다.[74] 이 새로운 법령의 다수는—이 관행을 줄이려는 평등고용기회위원회의 시도와 더불어—"1996년에는 이런 관행을 활용하는 고용주가 5명당 1명 이하였던 반면 2010년에는 10명당 6명일 정도로" 만연성의 극적인 증가를 보여주는 고용주 조사 데이터를 인용한다.[75] 새로운 법령들은 고용주가 신용 조사를 활용하는 것을 완전히 금지하는 게 아니라, 돈을 다루는 직무 등 비교적 협소한 범주의 직무에만 제한한다. '사업상의 필요성'이라는 점에서 신용 조사의 활용을 더 좁히거나 넓히자는 주장을 할 수 있는지는 의심스럽다. 하지만 신용 조사가 적용되는 직무의 범위를 크게 좁힘으로써, 이런 입법을 통과시키는 각 주는 유용한 일을 하는 셈이다. 이 주들은 신용 조사라는 병목의 만연성을 완화하고 따라서 심각성도 줄인다.

병목의 심각성을 줄이려는 다른 시도는 엄격성에 초점을 맞춘다. 예를 들어, 많은 고용주들은 범죄 전과가 있는 사람의 채용을 고려하는 것을 무조건 거부한다. 이런 관행은 심각한 병목을 만들어낸다. 그리하여 수십 개의 도시와 소수의 주에서는 최근에 '네모 칸 금지ban the box' 조례나 법령을 통과시켰다. 이런 조례나 법령으로 입사 지원서 양식에서 지원자가 범죄 전과가 있는지를 묻는 네모 칸이 없어졌다.[76] 홍

---

74 이 글을 쓰는 지금까지 총 10개 주에서 이런 법률을 통과시켰는데, 그 대부분은 2010년 이후의 일이다. Joseph Fishkin, "The Anti-Bottleneck Principle in Employment Discrimination Law", 91 *Washington University Law Review*(2014 근간)[이후 해당 잡지 1429~1518쪽에 수록—옮긴이]를 보라.

75 Act of May 17, 2012, Pub. L. No. 154, 2012 Vermont Legislation Service(S. 95). 이는 법령 본문에서 인적자원관리협회Society for Human Resource Management의 이런 조사 자료를 인용하면서 신용 조사를 금지하는 버몬트 주 법령이다.

76 더 자세한 논의로는 Joseph Fishkin, "The Anti-Bottleneck Principle in Employment Discrimination Law"를 보라.

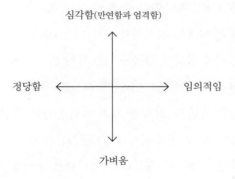

심각함(만연함과 엄격함)

정당함 ←——————→ 임의적임

가벼움

〈그림 6〉 병목의 분류

미롭게도 이런 구상의 취지는 고용주들이 범죄 전과가 있는 사람을 없는 사람과 동등하게 대해야 한다는 게 아니다. 이런 법령 아래서 고용주들은 채용 과정 가운데 나중의 어떤 시점(예를 들어 면접)에서 지원자에게 범죄 전과에 관해 질문을 하고, 그 정보를 바탕으로 채용을 하지 않기로 결정해도 된다. '네모 칸 금지'의 기능은 범죄 전과가 있는 이들의 지원이 채용 과정의 처음부터 전부 곧바로 거부되는 상황을 막는 것이다. '네모 칸 금지'는 따라서 지원자가 고용주에게 자신이 비록 범죄 전과가 있지만 해당 직책에 가장 적합한 후보자임을 설득할 기회를 제공한다. 그런 기회는 이 병목을 조금 덜 엄격하게 만들고, 따라서 조금 덜 심각하게 만드는 효과를 발휘한다.

심각성은 어떤 주어진 병목이 기회구조에 얼마나 많은 영향을 미치는지를 보여주는 척도이다. 하지만 정책 결정자나 개혁가의 관점에서 보면, 기회 다원주의와 다른 가치들 사이에 균형을 맞춰야 한다. 그러므로 임의성과 정당성의 문제 역시 중요하다. 이 두 문제는 이런 많은 이율배반을 반영하기 때문이다. 우리는 이런 변수들 사이의 상호작용을 다음과 같은 방식으로 시각화할 수 있다(〈그림 6〉).[77]

임의적인 동시에 심각한 병목―도표의 오른쪽 윗부분―을 개선해야 한다는 주장은 특히 설득력이 있다. 때로는 우리 법 체제 기구가 이 영역에서 조치를 취한다. 하지만 기회 다원주의의 관점에서 보면, 오른쪽 아랫부분(임의적이면서 심각하지 않은)과 왼쪽 윗부분(심각하면서 정당한)에 해당하는 병목을 개선하는 방향으로 노력하는 것도 가치가 있다.

오른쪽 아랫부분의 병목은 가볍지만(심각하지 않지만) 임의적이다. 말을 더듬는 사람에 대해 많은 고용주가 임의적인 편견을 약하게 갖거나, 극소수의 고용주가 임의적인 편견을 강하게 갖는 경우를 상상해보자. 기회 다원주의는 우리에게 이런 병목을 줄이거나 없애려고 노력해야 하는 이유를 제공한다. 기회 다원주의의 관점에서 보는 이득이 더 심각한 병목의 경우만큼 크지 않다고 할지라도, 이런 병목이 임의적이라는 것은 그 병목을 줄이거나 없애는 데 **불리하게** 작용할 여지가 거의 없다는 의미이다.[78]

왼쪽 윗부분에서 아마 우리는 가장 흥미로운 사례를 발견할 것이다. 심각하지만 그럼에도 불구하고 비교적 정당한 병목이 그것이다. 이런 병목이 정당하기는 하지만, 기회구조를 좀 더 다원적으로 만들기 위해서는 그 병목을 개선할 방법을 찾아야 한다. 이런 병목의 익숙

---

77 이 도표는 한 가지 점에서는 단순화한 것이다. '심각함'은 **만연함**과 **엄격함**이라는 두 변수의 조합이다.

78 여기서 나는 이 선호에 대해 의미심장하고 정당한 근거가 전혀 없다는 (그럴듯한) 가정을 하고 있다.

한 사례들은 장애의 세계에서 찾을 수 있다. 이동성 장애를 생각해보자. 현재 어떤 고용주의 건물도 휠체어를 사용하는 이들이 물리적으로 접근하지 못한다고 가정해보자. 이런 경우에 휠체어 없이 이동할 수 있는가는 아주 심각한 병목이 되며 모든 고용을 완전히 가로막는다. 접근이 힘든 건물 설계는 말 그대로 휠체어를 사용하는 사람이 통과할 수 없는 좁은 공간을 만들어내는데, 고용 영역 바깥의 많은 기회뿐만 아니라 많은 다양한 일자리에 도달하기 위해서는 이 공간을 통과해야 한다. 만약 우리가 새 건물을 짓는다면 그런 식으로 접근이 힘든 건물을 짓는 것은 아마 임의적인 결정일 것이다. 하지만 기존의 건물이 이미 있고 이 건물을 개조하려면 값비싼 건축 공사가 필요한데, 사업체로서는 당연히 이런 비용을 피하는 쪽을 선호한다고 가정해보자. 이런 상황에서는 적어도 휠체어로 드나들 수 있게 일부 건물을 개조해야 한다는 기회 다원주의 주장이 유력하다. 이 병목은—많은 경우에 정당하다 할지라도—심각한 것이기 때문이다.

다른 경우에—가령 수천 개의 일터 중에서 단 한 군데만이 접근이 힘들다면—이 병목은 심각하지 않으며, 따라서 휠체어 편의에 대한 기회 다원주의 주장은 약해질 것이다. 장애인 편의 시설 법령 자체는 대체로 얼마나 많은 일터가 접근이 힘든지(즉 이 병목이 얼마나 만연해 있는지)에 관한 조사를 요구하지 않는다. 하지만 애초에 이런 법령을 제정한 입법 결정은 대체로 바로 이런 질문들을 중심에 둔다.[79] 게다가

---

79   예를 들어, 미국 연방의회가 미국장애인법Americans with Disabilities Act을 제정한 것은 장애인에 대한 차별이 "심각하고 만연해 있으며 …… 고용, 주거, 공공시설, 교육, 교통, 통신, 오락, 보호 시설, 보건 의료, 투표, 관공서 이용 같은 중요한 영역"까지 확대되어 있다는 사실을 발견했기 때문이다. 42 U.S.C. §12101(a)(3).

이런 법령이 모든 건물이나 구조물을 완전히 개조하도록 요구하는 경우는 드물다. 대신에 이 법령은 다양한 규정과 평가를 통해 이 병목을 개선하는 것의 가치를 건물의 접근성을 높이는 데 따르는 경제적 비용 등 다른 가치에 비교해 균형을 맞춘다. 그 결과는 이 병목을 다소 편의주의적인 방식으로 공격함으로써—가장 임의적인 사례들을 공격하는 한편, 가장 정당한 사례들은 그냥 내버려둠으로써—전반적으로 덜 만연하게 만드는 것이다.

　기회 다원주의는 언제나 다른 가치들과 균형을 맞춰야 한다. 이 사례에서 작용하는 유일한 다른 가치는 건물의 접근성을 높이는 데 따르는 경제적 비용이었다. (이 경우에 병목을 어떤 의미로든 '정당하게' 만드는 것은 이런 비용뿐이다.) 다른 경우에는 관련된 이율배반이 경제적인 것이 아닐 수 있다. 예를 들어, 어떤 조직체가 자신의 행동으로 병목에 기여하는 경우에 그 조직 자체의 사명과 관련된 비용이 될 수도 있다. 어떤 병목의 상대적인 정당성이나 임의성을 그것을 개선하는 데 수반되는 이율배반(경제적 비용이든 아니든 간에)이라는 면에서 생각하면, 누가 이 질문을 던지는지를 분명히 밝힐 필요가 있다는 점이 금세 명백해진다. 휠체어 접근성 병목은 개조하기 힘든 기존의 건물을 가진 한 기업의 관점에서 보면 상대적으로 정당해 보일 수 있다. 하지만 신축 구조물을 위한 건축 법규를 결정하는 사회의 관점에서 보면, 똑같은 병목의 정당성은 상당히 약할 것이다. 두 번째 관점에서 보면 이 병목은 완전히 임의적인 것이다. 이 병목을 강화하는 방식으로 신축 건물을 지을 유력한 이유가 하나도 없기 때문이다.

　따라서 어떤 병목의 **심각성**은 그것을 통과해야 하는 사람들의 관점에서 가장 잘 보이는 반면, 그것의 **정당성**은 서로 다른 제도적 행위자의 관점에서 볼 때, 또는 상이한 시간 지평에서 평가할 때 각기 다르게 보일 수 있다. 현실적인 수준에서 보면, 병목을 개선하기 위해서는 각기 다른 제도적 행위자와 개인 행위자의 관점에서 병목을 검토하는 게 유용하다. (1) 누가 병목을 개선할 힘을 갖고 있는지, (2) 누가 가장 적은 비용이 들거나 다른 정당한 목표를 덜 훼손하는 방식으로 개선할 수 있는지를 결정하기 위해서다. 하지만 그렇다고 해서 정당성과 임의성이 단순히 관점의 문제라는 이야기는 아니다.

기회 다원주의 기획의 일부분은 우리의 초점을 어떤 단일 행위자의 결정과 관점에서 떼어내서, 전반적인 기회구조의 형태로 이동시키는 것이다. 어떤 병목이 상대적으로 정당하고 어떤 것이 상대적으로 임의적인지를 결정할 때, 우리는 우선 사회 전체에 가해지는 전반적인 비용(과 편익)을 검토해야 한다. 하지만 특정 개인이나 제도적 행위자의 관점은 **다음** 질문, 즉 어떤 주어진 병목에 대한 책임과 비용을 누가 감당해야 하는가라는 질문과 밀접한 관련이 있다.

완전히 정당한 병목이라 할지라도, 기회구조의 다원주의적 성격을 약하게 만드는 영향을 미친다. 병목이 더 심각할수록 이런 영향은 더 커진다. 그러므로 병목이 정당할 때에도 그 병목을 개선해야 하는 타당한 이유가 존재한다—하지만 이 이유는 철회가 가능하다.

얼마나 많은 사람이 이 병목에 영향을 받는가

병목이 한 사람만이 아니라 사회의 전반적인 기회구조에 영향을 미치는 방식을 이해하고자 한다면, 또 다른 한 질문에 관심을 기울일 필요가 있다. 즉 얼마나 많은 사람이 주어진 병목에 영향을 받는가—그리고 어느 정도로 영향을 받는가? 기회구조는 각 개인의 관점에 따라 다르게 보인다. 어떤 이들에게는 크게 다가오는 병목이 다른 이들에게는 아무 상관이 없기도 하다.

어떤 병목은 심각하면서도 극소수의 사람들에게만 영향을 미칠 수 있다. 수적으로 매우 적은 소수자들이 삶의 많은 영역에서 부딪히는 차별, 널리 퍼지고 만연해 있으며 상대적으로 엄격한 차별의 경우를 생각해보자. 내가 정의한 심각성은 **이 병목이** —얼마나 많은 사람에게 영향을 미치는지가 아니라—**기회구조를 얼마나 차단하는지**를 측정한다. 거꾸로 일부 병목은 많은 혹은 모든 사람에게 영향을 미치면서도 특별히 심각하지는 않다. 어떤 병목에 영향을 받는 사람들의 **수**와 사람들이 영향을 받는 **정도**가 합쳐져서, 앞의 두 축과는 독립적인 세 번째 변수가 된다. 이것은 어떤 병목에 영향받는 사람들의 수와 우리의 논의에서 중요한 영향의 크기의 산물이다. (그리고 물론 일부 병목은 소수의 사람들에게 많은 영향을 주**고** 다른 많은 사람들에게는 적은 영향을 줄 수 있다.)[80]

무엇보다도 어떤 병목에 영향을 받는 사람의 수는 그 병목을 통과하지 못하는 사람의 수와 같지 않다. 중요한 시험 사회에서는 시험에 떨어지는 사람들이 이 병목에 **가장 크게** 영향을 받는 이들이다. 이들의 눈에는 삶의 기회가 가는 띠처럼 좁아지는 것처럼 보인다. 하지만 시험을 통과한 이들이 받은 교육—그리고 극단적인 경우에는 양육 전

---

80 이 경우에 개념적으로 우리는 이 병목이 얼마나 많은 사람에게 어느 정도로 영향을 미치는가라는 질문에 전반적인 답을 하기 위해, 이 두 산물—소수에게 미치는 커다란 영향 **더하기** 다수에게 미치는 작은 영향—을 하나로 합쳐야 한다.

반—도 장래를 위해 중대해 보이는 그 시험의 지울 수 없는 영향에 의해 모양 지어졌을 것이다. 모든 사람이 이 중요한 시험에 의해 상당히 큰 영향을 받기 때문에, 기회구조를 상당히 다원적으로 바꾸고자 한다면 단순히 통과하는 사람의 수를 늘리는 것 이상의 일을 해야 할 것이다. 시험이 그렇게 크게 다가오지 않도록 기회구조 자체를 바꿔야 하는 것이다.

분명 통과하는 점수를 받는 사람의 수를 늘리는 것은 도움이 된다. 이 수를 늘리면, 사람들이 가장 크게 영향을 받는 집단(떨어지는 사람)에서 훨씬 덜 영향을 받는 집단으로 이동해서, 결국 합산해보면 병목의 영향이 전보다 더 작아진다. 실제로 통과 점수를 받는 사람의 수를 늘리면 더 광범위한 영향을 미칠 수 있다. 만약 더 많은 사람이 이 병목을 통과하게 해서 거의 모두가 통과하고 일부 소수만이 떨어지는 정도가 된다면, 대다수 사람들의 삶에서 시험 자체의 중요성이 줄어들 테고, 애초부터 사람들이 다른 목표를 추구하고 자기 삶을 다른 관점에서 볼 여지가 생길 것이다. (이런 일이 생길 것인지 여부는 경험적인 질문이다. 시험에 떨어지면 기회가 심각한 방식으로 제한된다면, 작은 위험조차 크게 다가올 수 있다.) 이런 영향이 생기는 정도만큼, 시험 통과자의 수를 늘리는 것은 기회구조의 다원적 성격을 상당히 강화할 수 있다. 이런 영향이 없다면, 병목을 통과하는 사람의 수를 늘리는 것은 단지 그 병목을 통과하는 일군의 사람들에게 더 폭넓은 범위의 기회가 열리기 때문에, 그렇게 열리는 정도만큼만 유익하다.[81] 기회구조 전반에

---

81 여기까지의 논증은 집계의 문제problem of aggregation—예를 들어, 한 사람에게 영향을 미치는 심각한 병목의 개선과 많은 사람에게 영향을 미치는 가벼운 병목의 개선을 어떻게 비교해야 하는가의 문제—에 대한 광범위한 접근법과 양립 가능하다. 이 문제에

미치는 영향은 제한된다.

정말로 기회구조의 다원적 성격을 강화하려면 병목의 심각성을 줄여야 할 것이다. 즉 병목이 기회구조를 차단하는 비중을 줄이는 방향으로 기회구조를 개조해야 할 것이다. 이렇게 하려면 단순히 더 많은 사람들이 통과하게 만드는 것 이상이 필요하다.

병목현상을 어떻게 할 것인가

때로는 단순히 어떤 병목을 없애는 게 가능하고 바람직하다. 만약 당신이 어떤 병목을 통제하는 권한이 있는 행위자라면, 특히 비교적 임의적인 행위자라면, 당신은 그 병목을 없애야 할(기회 다원주의를 증진할) 타당한 이유가 있다. 하지만 어떤 병목이 적어도 얼마간 정당할 때, 또는 다른 반작용을 고려하면 그 병목을 없애서는 안 된다는 조언이 나올 때, 또는 마지막으로 우리에게 병목을 없앨 힘이 없고 그럴 수 있는 사람들은 의지가 없을 때, 우리는 어떻게 해야 할지를 알 필요가 있다.

일반적으로 기회 다원주의는 우리가 완전히 없앨 수 없거나, 없애서는 안 되는 병목을 완화하기 위한 두 갈래 접근법을 권한다.

(1) 개인들이 **그 병목을 통과할** 수 있게 해주는 기회를 개선하라(기

　　회를 더 효율적으로 만들거나 접근성을 더 넓혀라).

대한 약자우선주의적 접근법을 주장하는 이 책 341쪽 이하 "행복, 완전주의, 우선권" 장을 보라.

(2) **병목 주변에 다른 경로**를 만들어서 개인들이 병목을 통과하지 않고도 높이 평가되는 재화와 역할에 도달하게 하라.

미국의 많은 고용주들이 직원들에게 영어 구사 능력을 요구한다고 가정해보자. 또한 이 병목은 많은 직무를 성공적으로 수행하는 것과 밀접한 연관이 있기 때문에, 모종의 광범위한 경우에 정당하다고 가정해보자. 더 나아가 이 기능이 부족하면, 비단 고용 영역만이 아니라 다른 인생 분야에서도 많은 방면으로 이어지는 아주 다양한 경로가 막힌다고 상상해보자. 영어 구사를 필요로 하지 않는 일자리와 사회적 역할이 몇 개 있지만 많지는 않다.[82] 따라서 이 병목은 도표의 왼쪽 윗부분, 즉 심각하지만 (일반적으로) 정당한 병목에 해당한다. 그러므로 기회 다원주의의 조언에 따르면, 우리는 (1) 영어를 사용하지 않는 사람들이 영어를 배울 기회를 향상시키는 동시에, (2) 영어를 구사하지 않고서도 얻을 수 있는 일자리와 사회적 역할 등의 제한된 영역을 넓혀야 한다.

방금 전에 나는 이 병목이 '모종의 광범위한 경우에 정당하다'고 규정했지만, 일부 일자리에서는 영어 구사가 실제로 직무 수행과 관련이 없는데도—또는 해당 직무를 마찬가지로 합리적인 새로운 방식으로 재구조화하면 영어 구사가 직무 수행과 관련이 없을 텐데도—영어 구사를 요구하는 경우가 있을 수 있다. 실제로 필요하지 않은 요건을 완화하거나 제거하는 것은 (2)의 목표에 이바지한다. 우리는 가장 임

---

82 지배적인 언어에 대한 접근성의 결여가 어떻게 기회를 제한하는지에 관한 탁월한 논의로는 Philippe Van Parijs, *Linguistic Justice for Europe and for the World*(2011), 91~106쪽을 보라.

의적인 요건을 공략하는 것으로 시작해야 한다. 이렇게 하면 병목의 심각성을 줄일 수 있다.

우리는 많은 병목에 이런 이중적 대응을 적용할 수 있다. 좋은 일자리의 절대 다수가 대학 학위를 요구할 때 생겨나는 자격 병목을 생각해보자. 우리는 (1) 대학 학위 취득을 더 쉽게 만드는 기회에 대한 접근성을 높이는 동시에, (2) 학위를 요구하지 않는 일자리의 범위를 넓혀야 한다.

(2)를 추구하다 보면 때로 (1)의 추구가 손상되는 것처럼 보인다. 영어 구사에 관한 사례로 돌아가서, 병목 (2)를 우회하는 더 많은 기회를 개방하면 영어를 사용하지 않는 사람들에게 영어 공부를 강제했던 유인을 제거하는 효과가 생길 수 있다.

이는 현실적인 문제다. 하지만 우리의 목표가 기회구조를 좀 더 다원적으로 만드는 것이라면, 적어도 다른 모든 경로를 바람직하지 않은 방향으로 돌려서 차단하는 방식으로 개인들을 그들에게 가장 좋은 경로로 옮겨놓는 온정주의적 제안들을 의심해야 한다. 자율성을 존중하고 개인적 환경에 변화를 주려면, 이런 식으로 경로를 막는 것을 피해야 한다. 경험적 요인들을 볼 때, 이런 강경한 온정주의적 접근법이 결국 개인으로 하여금 스스로 미래의 선택을 내릴 수 있는 적절한 위치에 서게 하는 최선의 길임이 설득력 있게 입증되지 않는 한 말이다. 온정주의와 관련된 모든 문제와 마찬가지로 나이는 하나의 요인이다. 우리는 어른보다 어린이에게 이런 식의 동기 저하를 더 정당하게 활용할 수 있다. 만약 어떤 열네 살짜리 어린이가 자기가 가장 행복한 삶을 살려면 학교를 그만둬야 한다고 결정한다면, 어른들은 이것이 정말로 그 아이가 자기 나름의 방식으로 최선의 삶을 추구하게 해주는

316

경로인지 의심할 이유가 충분하다.

더 드문 경우로, (1)을 추구하다 보면 때로 (2)의 추구가 손상될 수 있다. 예를 들어, '기회의 땅'과 '가난의 땅'이라는 도식화된 사례를 검토해보자. '가난의 땅'의 상황이 가장 제한된 범위의 기회만을 제공하고 심지어 물리적으로 안전한 환경조차 제공하지 못하는 극단적인 경우에, 지리적 위치는 심각한 발달 병목이 된다. 기회 다원주의의 조언에 따르면, (1) '가난의 땅'에 사는 사람들이 '기회의 땅'으로 옮겨갈 더 많은 기회를 만들어내고, (2) '가난의 땅'에 남아 있는 사람들이더라도 발달 기회─괜찮은 학교 교육, 물리적 안전─에 대한 접근권을 얻어서 더 광범위한 경로를 추구할 수 있게 해야 한다. 여기서 문제가 되는 (1)가 (2)에 미치는 영향은, 기회를 활용해서 빠져나가는 사람들이 남아 있는 이들에게 더 나쁜 상황을 남길 수 있는 가능성을 반영한다.[83] 여기에는 불가피한 이율배반이 존재하며, 얼마나 큰 해가 미치는지가 중요하다. 하지만 기회 다원주의는 일반적으로 다른 이들의 이득을 창출하거나 보전하는 방편으로 어떤 개인들에게 열려 있는 경로를 제한하지─여기서는 '가난의 땅'에서 빠져나가는 경로를 제한하지─말라고 조언한다.

어떤 상황에서는 두 전략 가운데 하나만이 적합하다. 만약 (1)이나 (2)가 불가능하거나 심각한 악영향을 낳거나 다른 중요한 가치와 너무 격렬하게 충돌한다면, 기회 다원주의 지지자는 활용 가능한 나머

---

83 예를 들어, 도심에 사는 빈민 중 덜 불우한 이들이 중간계급 지역으로 옮겨갈 때, "남겨진 이들의 고립과 무력감"이 더욱 악화된다고 말하는 Richard Ford, "Down by Law", in *A Way Out: America's Ghettos and the Legacy of Racism*(Joshua Cohen et al., eds., 2003), 47, 48~49쪽을 보라.

지 전략에 초점을 맞춰야 한다. 예를 들어, 인종차별과 관련된 병목이 존재해서 어떤 인종 집단의 성원들은 고용 문지기를 통과하여 각기 다른 많은 일자리에 진출하는 데 어려움을 겪는다고 가정해보자. 이 경우에 사람들이 더 쉽게 인종을 바꿀 수 있게 만드는 (1)은 해법이 아니다. 현실적으로 그게 가능하다고 할지라도, 어떤 인종에게든 열려 있어야 하는 기회를 추구하기 위해 사람들에게 그토록 중요한 정체성의 한 측면을 벗어던지라고 요구하는 것은 지나친 일이다. 이 경우에 해법은 (2)에만 초점을 맞추는 것이다. 즉 관련된 인종 집단을 못마땅하게 여기는 고용주나 기타 문지기들의 수를 줄이는 것, 그리고/또는 그런 문지기들이 실제로 차별하는 정도를 줄이는 것이다. 많은 의사 결정자가 차별하는 **정도**를 성공적으로 줄인다면, 병목이 덜 엄격해진다. 차별하는 의사 결정자의 비율이 줄어들면, 병목이 덜 만연하게 된다. 어떤 변화든 간에 병목의 심각성은 줄어든다.

흥미롭게도, 얼마나 많은 병목이 인종을 근거로 한 불리한 대우—어떤 인종 집단 성원을 채용하기를 거부하거나 싫어하는 것—때문인지, 그리고 얼마나 많은 병목이 중립적인 관행이 결국 인종에 따라 불리한 영향을 미치기 때문인지는, 이 분석의 취지상 중요한 게 아니다. 이런 불리한 대우가 의도적인지 부주의의 결과인지도 중요하지 않다. 현실적으로 인종이 병목이 될 때, 그 원인은 흔히 이런 현상들의 조합—의도적이고 부주의한 각기 다른 대우, 그리고 각기 다른 영향을 미치는 중립적인 관행—일 것이다. 어떤 사람이 선호되는 인종 집단의 성원이라는 사실 덕분에 많은 경로를 추구할 수 있는 정도만큼, 이런 **어떤** 이유로든 인종은 하나의 병목으로 작용한다. 다양한 제도적·구조적 개입은 이런 병목을 개선할 수 있다.

318

병목현상과 직무 내용

고용주나 학교 같은 제도적 행위자들의 각기 다른 많은 선택은 기회구조에서 병목을 만들어내거나 강화하거나 완화한다. 단지 입학과 채용 요건에 관한 결정만이 아니라, 직무와 교육 프로그램 자체의 구조와 내용에 관한 결정 역시 이런 효과를 발휘한다.[84]

조앤 윌리엄스Joan Williams는 어느 공장 작업장의 작업 편성 사례를 제시한다. 한 방식은 작업을 모든 노동자가 자기 직무의 일부로 하루에 한두 번 125파운드[85]의 물건을 들어 올려야 하는 식으로 작업을 일괄로 편성한다.[86] 그 결과로 거의 "어떤 여성도 공장 작업장에서나 이 작업장에서 출발하는 직무 사다리의 관리직에서 일할 수 없다."[87] 하지만 만약 회사가 작업을 재편해서 이제 들어 올리는 작업을 "보조 장비를 사용하는 소수 노동자들에게 맡기면", 직무 내용상의 이런 변화 때문에 누가 그 직무를 할 자격이 있는지가 근본적으로 바뀐다. 125파운드를 들어 올리는 병목을 통과할 수 없어서 문제가 되었을 뿐 다른 자격은 충분했던 일군의 사람들—"사실상 모든 여성"뿐 아니라 많은 남성도 포함하는 사람들—이 이제 갑자기 승진과 발전의 기회를 비롯

---

84 전반적인 내용으로, 직장의 내부 구조가 흔히 기회를 제약하며 이런 구조를 바꾸는 것이야말로 차별 금지 기획의 미래에 결정적으로 중요하다고 주장하는 Susan Sturm, "Second Generation Employment Discrimination : A Structural Approach", 101 *Columbia Law Review*(2001), 458쪽을 보라. 이 책 421쪽 이하 4부 "3장. 병목과 차별 금지법"도 보라.

85 약 57킬로그램.—옮긴이

86 Joan Williams, *Unbending Gender : Why Family and Work Conflict and What to Do About It*(2000), 77쪽.

87 앞의 책.

한 반대편에 있는 기회에 도달할 수 있을 것이다.[88]

이 사례에서는 두 가지 사업 관행이 병목을 만들어낸다. 첫째는 무거운 것을 들어 올리는 일이 공장 작업장의 모든 직무의 일부가 되도록 작업을 일괄 편성하는 것이고, 둘째는 관리직 통로가 공장 작업장에서 시작되도록 내부의 발전 경로("직무 사다리")를 설계하는 것이다. 첫 번째 관행이 눈길을 끄는 것은 부적절하거나 임의적인 채용 시험을 활용하는 문제가 아니기 때문이다. 이 경우에 고용주는 〈그릭스〉 사건의 고용주처럼 직무 내용과 연관성을 입증하지 않은 채 125파운드 들어 올리기 시험을 채용 자격으로 강제하기로 결정한 게 아니다. 오히려 들어 올리기는 직무 내용의 일부분이다. 하지만 한 가지가 아닌 더 많은 방식으로 사업 목표를 달성하는 것은 거의 언제나 가능하다. 주어진 작업이나 노동시간을 여러 방식으로 직원들에게 분할할 수 있다. 이런 선택은 기회를 개조한다. 또한 병목을 강화하거나 개선하는 각기 다른 방식으로 승진과 발전의 내적·외적 통로를 설계하는 것도 가능하다.

〈그릭스〉 사건에서 살펴본 것처럼, 미국의 차별금지법에서는 "사업상의 필요성"이 없는 한 표면적으로는 중립적이지만 어떤 보호받는 집단에게 불리한 영향을 미치는 고용 관행을 금지한다. 조앤 윌리엄스가 예로 든 공장 작업장 같은 사례가 미국이 차별금지법—특히 불리효과방지법[89]—을 제정하는 계기가 되는 것은 단지 작업에서 제외

---

88 앞의 책.

89 원고들은 법정에서 채용 기준뿐만 아니라 125파운드 들어 올리기 요건과 같은 "고용 조건, 상태, 특권" 등에 문제를 제기하는 데도 불리효과방지법을 활용할 수 있다. 시민권법 §703(a)(1)의 "고용 조건, 상태, 특권"이라는 규정에 의거해 불리한 효과에 대한 주장을 할 수 있다고 판결하는 *Garcia v. Spun Steak Co.*, 998 F.2d 1480(9th Cir. 1993),

되는 사람들이 법률로 보호받는 집단(여성)과 상당히 겹치기 때문이다. 하지만 윌리엄스가 앞에서 지적한 것처럼, 여성들만이 이런 특정한 직무 재구조화에 의해 도움을 받는 것은 아니다. 많은 남성들도 125파운드를 들어 올리지 못한다(그리고 일부 여성들은 할 수 있다). 집단들 사이의 커다란 통계적 차이는 차별금지법과 관련된 불리한 효과를 만들어낸다. 하지만 이런 불공평한 차이에 초점을 맞추는 것은 이 병목이 법적으로 보호받는 집단의 성원만이 아니라 많은 사람들을 배제한다는 사실을 모호하게 만든다.

기회 다원주의는 이 점을 전면에 드러낸다. 병목의 분석이 항상 법적으로 보호받는 집단에서 시작할 필요는 없다. 대신에 125파운드 들어 올리기 요건을 우선 그 자체로 하나의 병목으로 볼 수도 있다. 이 요건은 125파운드를 들어 올리지 못하거나 항상 안전하게 들어 올릴 수 없는 일군의 사람들(분명 여성이 훨씬 많다)을 배제한다. 만약 이것이 많은 고용주 가운데 한 명이 특이하게 내세우는 요건이고, 이런 요건을 부과하지 않는 비슷한 일자리가 다양하게 존재한다면, 이 병목은 비교적 가벼워 보인다. 이 병목은 널리 만연한 것이 아니다. 다른 한편, 대부분의 공장 일자리가 직원들에게 무거운 물체를 들어 올릴 것을 요구한다면―그리고 만약 공장 일자리가 모든 일자리, 또는 어쩌면 여러 차원의 행복의 일정하게 중요한 조합을 제공하는 모든 일자리의 상당 부분을 차지한다면[90]― 그런 무게를 들어 올리지 못하는 이

1485쪽을 보라. 하지만 이런 주장을 하는 경우는 드물다. 영어만 사용하게 하는 규정 같은 아주 제한된 사례를 예외로 하면, 지금까지 벌어진 불리 효과 소송은 고용 조건과 상태보다는 채용과 승진 요건에 초점을 맞추었다.

90 예를 들어, 급여가 좋은 일자리의 대부분이나 실내의 육체노동―또는 이 병목을 통과하지 못하는 사람들은 유의미한 성과를 얻을 광범위한 기회들을 추구하지 못하게 만

들의 기회는 가장 심각하게 제약될 것이다.

하지만 기회 다원주의의 관점에서 이 병목의 개선이 얼마나 중요한 일인지를 이해하려면, 더 많은 것을 알 필요가 있다. 우리는 이 병목이 어떻게 기회구조 전반에 들어맞는지를 알아야 한다. 특히 이 병목을 평가하려면, 그것이 궁극적으로 강화하는 더 만연한 병목들을 검토해야 한다. 윌리엄스가 주장하는 것처럼, 여기서 125파운드 들어 올리기 요건은 성별 병목에 기여한다. 즉 들어 올리기 요건이 여성들에게 미치는 차별적인 영향은 각기 다른 많은 종류의 일자리에서 여성을 배제하거나 여성보다 남성을 선호하는 더 큰 구조를 강화한다. 그리고 이런 성별 병목은 고용 영역을 넘어서 확대된다. 따라서 이 병목이 기회구조에 미치는 전반적인 효과는 성별 병목이 얼마나 심각한지에 전체적으로 좌우된다. 뒤의 3부 3장에서 이야기하겠지만, 우리는 성별 병목이 여성으로 하여금 높이 평가되는 인간 행복 형태들로 이어지는 각기 다른 경로 및 경로들의 조합을 추구하는 것을 가로막는 정도라는 측면에서 전반적인 심각성이라는 이 문제—성별 병목이 얼마나 많은 기회구조를 차단하는가의 문제—를 이해할 수 있다.

이 질문에 답을 하려면, 기회구조의 다른 어떤 부분들이—불리한 대우 때문이든, 직무 내용이나 채용과 선발 관행에서의 표면적으로 중립적인 측면 때문이든 간에—여성이 통과하기 힘든 병목을 포함하는지를 알 필요가 있다. 비행기 조종석이 특정한 치수의 사람을 염두에 두고 만들어져서 대부분의 여성과 일부 남성은 조종사가 될 수 없

드는 다른 일군의 특징—을 필요로 하는 일자리의 대부분이 공장 일자리라면, 이 병목은 더욱 만연하게 된다.

는 경우처럼, 이런 병목에는 물리적 요건이 포함될 수도 있다.[91] 다음 부에서 논의할 것과 같은 '이상적인 노동자' 요건이 이런 병목일 수도 있다. 이 요건은 여성에게 지나치게 가족의 책임을 부여하는 사회적 역할 기대와 결합되면서, 여성에게만 불리한 효과를 미친다.[92] 또 여성과 남성은 어떤 직무를 해야 하고 해서는 안 되는지에 관한 규범적인 고정관념이든, 후보자 평가에 영향을 미치는 남성의 능력과 여성의 능력에 관한 고정관념이든 간에, 채용과 승진 결정에 편견을 불어넣는 고정관념이 병목이 될 수도 있다.

이런 더 큰 질문에 어떤 답을 하는지에 따라, 125파운드 들어 올리기 요건은 여성이 상당히 넓은 범위의 경로들의 조합—아마 더 보수가 많고 남성에 정형화된 노동을 수반하는 일군의 경로들—을 추구하는 것을 가로막는 더 심각하고 전반적인 성별 병목의 일부가 될 수 있다. 기회 다원주의의 관점에서 보면, 이런 성별 병목이 더 심각할수록 직무를 개조해서 125파운드 들어 올리기 작업을 제거해야 하는 이유도 많아진다. 우리는 적어도 어떤 병목이 기회구조 전반에서 어디에 들어맞는지에 관한 일정한 정보 없이는, 한 병목의 개선이 갖는 가치를 얼마나 진지하게 평가해야 할지 결정할 수 없다.

---

91 어떤 항공사의 조종사 신장 규정에 따르면, 여성은 93퍼센트가 배제되는 반면 남성은 고작 25.8퍼센트만 배제돼서 불리한 효과가 발생함을 밝히는 *Boyd v. Ozark Air Lines, Inc.*, 568 F.2d 50(8th Cir. 1977), 52쪽과 주석 1을 보라.

92 이 책 408쪽 이하 "일터의 유연성과 성별 병목현상" 절을 보라.

병목현상을 기회구조 전체 안에 자리매김하기

〈평등고용기회위원회 대 통합서비스시스템〉[93]이라는 유명한 시민권법 제7조 사건에서 리처드 포스너Richard Posner 판사는 시카고의 한 국계 소유 소규모 청소회사가 알음알음으로 사람을 구하는 방식에만 의존해서 채용했다고 해서 차별을 한 것은 아니라고 판결했다—이런 채용 관행은 이 회사의 인력이 거의 전적으로 한국계 이민자들(관련 노동시장의 3퍼센트만을 차지하는 집단이다)로 이루어진 사실에서 예측 가능한 결과였다.[94] 포스너 판사는 인종차별이 없었다고 판결하면서, 이런 선발 관행은 효율적이라는 가정에 의존했다. 차별이 아니라 경제적 동기가 작용했을 공산이 크다고 본 것이다.[95]

기회 다원주의의 관점에서 보면, 이런 법적 구분은 가장 중요한 질문—병목의 심각성—을 회피하는 것처럼 보인다. 포스너 판사가 그런 것처럼, 경제적 합리성은 우리가 어떤 병목이 임의적이기보다는 정당하다고 판단하는 데 도움이 될 수 있지만, 그 병목이 가벼운지 심각한지에 관해서는 어떤 말도 해주지 않는다. 인종이 분리된 사회에서 **모든** 고용주가 오직 알음알음으로 사람을 구하는 방식으로만 선발하고 채용하는 상황을 상상해보자. 이 경우에 지배적인 인종 집단 바깥에 있는 사람은 모두 대부분의 고용 기회에서 완전히 배척될 수 있다. 인맥 채용은 이 경우에 광범위한 경로를 추구하기 위해서는 지배

---

93 *EEOC v. Consolidated Services Systems*, 989 F.2d233(7th Cir. 1993).

94 앞의 판례, 235쪽.

95 앞의 판례, 236쪽. 우리의 논의와는 무관한 이유들 때문에, 원고들은 불리한 효과가 아니라 불리한 대우만을 주장했다. 인맥 채용이 인종적 **효과**를 발휘했는지 여부는 고소 내용의 일부가 아니었다.

적인 인종 집단 내의 네트워크에 대한 접근성이 필요하다는 심각한 병목을 강화한다. 이런 병목이—이런 채용 방식을 다른 모든 방식보다 선호할 만한 타당한 이유가 있다는 점에서—상대적으로 정당하다 할지라도 병목을 개선해야 한다는 유력한 논거가 존재할 것이다.

포스너 판사는 〈통합서비스시스템〉 사건은 그가 바로 전에 개괄적으로 서술한 가설적인 사실과 상당히 다르다는 견해를 갖고 있었다. 판사는 판결문에서 이 견해를 자세하게 설명했다. 즉 비非한국계를 배제하는 한국계 소유 기업들이 시카고의 전반적인 노동시장이나 (어떤 식으로 정의되든 간에) 시장의 이 부분을 지배하는 것은 아니다. 판사는 오히려 최근에 이민 온 이런 집단은 그 자체가 "빈번하게 차별의 대상"이 된다고 주장했다.[96] 이민자가 소유한 소규모 사업체는 주로 같은 민족을 채용하는 관행을 통해 사람들을 배척하기는커녕 "많은 이민자 집단에게 미국에서 성공을 거두는 사다리의 첫 번째 발판이었으며 지금도 그러하다."[97] 이 주장에서 놀라운 사실은 그것이 포스너가 내린 판결의 표면적인 근거와 얼마나 무관한가 하는 점이다. 판결은 통합서비스시스템의 채용 관행의 효율성(따라서 정당성)에 의지한 것처럼 보였다. 그런 관점에서 보면, 이민자들에게 다른 어떤 기회가 있는지 없는지는 중요한 게 아니어야 한다.

하지만 이런 주장은 포스너가 초보적인 방식으로 인정하는 것처럼 보이는 병목현상 방지 원리의 면에서 볼 때 상당히 타당하다. 포스너는 비록 **이 한 회사에서** 하는 인맥 채용 때문에 한국계 이민자가 아닌 다른 사람들은 거의 통과할 수 없는 병목이 생긴다고 할지라도, 더 큰

---

96 앞의 판례, 238쪽.
97 앞의 판례.

기회구조는 정확히 반대 종류의 병목에 의해 지배된다고 말하는 것이다. 훨씬 더 넓고 광범위한 맥락에서 보면, 한국계를 비롯한 이민자들은 많은 경로의 추구를 제약하는 여러 병목을 통과하는 데 어려움을 겪는다. 이런 배경에 비춰볼 때, 포스너는 통합서비스시스템의 관행은 기회구조에서 어떤 주요한 병목을 강화하는 게 아니라 오히려 사실 기회구조를 더 다원적으로 만든다고 말하는 듯하다.[98]

여기서 한 분석은 그런 식으로 앞에서 다룬 파시재단의 프로그램 이야기와 비슷하다. 이 프로그램은 특정한 도시 지역 출신만을 선발한다. 따라서 일정한 지역적 병목이 생겨난다. 여기에 참여하려면 그 지역에 살아야만 한다. 하지만 이 병목은 특별히 만연한 것이 아니며, 더욱 중요하게는 주로 가난한 소수민족이 거주하는 이 동네 주민들이 거의 통과하지 못하는 엘리트 대학 입학의 심각한 병목이라는 배경에 비춰볼 때—그리고 이 동네들에서는 전반적으로 기회가 부족하다는 배경에 비춰볼 때—파시재단의 개입은 사실 최종적으로 전반적인 기회구조를 더욱 다원적으로 만든다. 재단의 개입은 특히 경로가 제한된 일부 사람들에게 경로를 열어주며, 그들이 고등교육과 그 이후의 모든 진로를 추구할 기회를 크게 제약하는 병목 주변에 우회로를 만들어준다.

---

98 물론 이 노동시장에서 많은 기업들이 인맥 채용이나, 그밖에 흑인 같은 다른 일부 집단은 좀처럼 통과하기 힘든 병목을 만들어내는 전체적인 효과를 낳는 관행을 사용한다면 이야기는 달라질 것이다. 그리고 아마 평등고용기회위원회도 이런 관점에서 이 사건을 바라보았을 것이다. 하지만 그런 사실은 밝혀지지 않았고, 아마 밝혀질 수도 없었을 것이다.

병목현상, 효율성, 인간 자본

병목을 개선하는 데는 때로 효율 비용이 든다. 이런 비용은 기회 다원주의 증진의 가치와 균형을 맞출 필요가 있는데, 이렇게 균형을 맞추기 위한 단순한 공식 같은 것은 없다(마찬가지로 어떤 경쟁하는 가치에 대해 효율의 균형을 맞추기 위한 단순한 공식도 없다). 그렇지만 하나의 출발점으로서 이 비용을 적절한 방식으로 정의하는 게 중요하다.

앞에서 언급한 항공기 조종사 신장 요건에 대한 이의 제기를 생각해보자. 이 신장 요건에 따라 남성 25퍼센트 이상과 여성 93퍼센트가 배제되었다.[99] 법원은 이 규정이 불리한 효과를 발휘한다고 보았지만, 또한 더 나아가 "사업적 필요성"도 있다고 판단했다. 비행기는 이미 일정한 신체를 염두에 두고 만들어져 있었다. 키가 작은 사람이라면 정말로 비행기를 조종하는 데 어려움을 겪었을 테고, 비행기를 다시 건조하려면 엄청난 비용이 소요되었을 것이다. 하지만 이후의 재판 과정에서 법원은 그런 사실을 인정한다고 해도 회사가 신장 요건을 원래 필요한 정도보다 훨씬 엄격하게 적용했다고 결론지었다. 법원은 회사가 신장 요건을 완화하되 없앨 필요는 없다고 명령했다. 최저 신장 기준을 몇 인치[100] 정도 낮추라는 주문이었다.[101] 다시 말해, 법원은 항공사에게 병목을 **완화**하되 없애지는 말라고 명령했다. 불리 효과 교의는 이렇게 "덜 차별적인 대안"을 추구하는 식으로 효율에 대한 경쟁하는 관심과 균형을 맞춘, 일종의 병목현상 방지 원리를 실행한다.

---

99 *Boyd v. Ozark Air Lines, Inc.*, 419 F.Supp. 1061 (E.D.Mo. 1976), 1063쪽.
100 1인치는 약 2.54센티미터. ─옮긴이
101 앞의 판례, 1064쪽.

이러한 사례는 한 가지 흥미로운 질문을 제기한다. 왜 기업은 애초에 지나치게 엄중한 요건—여성 지원자의 93퍼센트를 배제하는 규정—을 정해놓았을까? 단순한 경제적 합리성 모델이라면, 기업들이 채용 및 승진 요건과 직무 자체의 내적 구조 둘 다에서 효율을 극대화하는 방식으로 정해놓는다고 가정할 것이다. 사정이 언제나 이러하다면, 채용 요건을 변경하거나 내적 직무 구조를 개조하려는 어떤 시도든 경제적 비용을 발생시킬 것이라는 논리적인 결론이 나온다. 이런 단순한 모델에서 모든 차별은 합리적인 통계적 차별이다. 어떤 회사가 차별을 중단하게 강제하려면, 경제적으로 비합리적인 행동에 착수하도록 강제해야 한다. 일부 법률과 경제 문헌에서 지배적인 약간 더 복잡한 모델에서는, 기업 행동을 두 범주로 나눌 수 있다고 가정한다. 어떤 기업의 특정한 선택은 이런 식으로 경제적으로 합리적인 것**이거나 아니면** 특정 집단을 차별하려는 부당한 동기에서 유래하는 것이다. 이런 두 갈래 모델에 따르면, 전자인 경제적으로 합리적인 관행을 변경하려면 기업에 현실적인 비용이 발생하는 반면, 후자인 부당한 동기에 따른 관행을 변경하려면 그런 부당한 선호를 가진 개별 사장이나 동료 직원들에게만 비용이 발생할 것이다.[102]

이 두 번째 모델의 핵심을 차지하는 구분에는 인위적인 면이 있다. 합리적인 것과 부당한 것의 구분이 언제나 명확하진 않으며, 이 두 범주가 고용주들의 행동이라는 영역을 낱낱이 밝혀준다는 전제는 명백하게 잘못된 것이다. 합리적 행위자 모델에 관한 포스트모던 비평가가 전혀 아닌 포스너 판사는, 일정한 범위의 사례에서는 고용주의 행

102   예를 들어, 이런 구분을 다루는 Christine Jolls, "Antidiscrimination and Accommodation", 115 *Harvard Law Review*(2001), 642, 685~687쪽을 보라.

동을 경제적 합리성이나 부당한 동기보다 "관성이나 둔감함"으로 설명하는 게 최선이라고 주장한 바 있다.[103] 채용과 승진 기준을 정하는 것은 대개 불확실한 상황에서 여러 개 중에서 하나의 불완전한 평가 도구를 선택하는 문제이다. 일자리 자체가 완벽하게 합리적인 방식으로, 또는 완전한 백지 상태에서 설계되는 경우는 드물다. 인식상의 편견과 무의식적 동기는 제쳐두고라도, 일정한 양상과 전통이 이 모든 선택을 모양 짓는다. 부당한 동기와 경제적 합리성의 흐릿한 경계에는 고용주가 지원자와 직무 둘 다에 관해 어떻게 생각하는지에 관한 많은 평가적 특징이 존재한다.

예를 들어, 지금까지 미국 여러 도시에서 경찰의 채용과 승진 요건을 둘러싸고 많은 소송이 벌어지고 있다. 이 요건에 종종 체력이나 달리기 등의 시험이 포함되어서 여성에게 불리한 효과를 미치기 때문이다. 이런 시험 중 일부는 직무 수행 능력을 정확하게 예측하는 수단이 될 수 있다. 하지만 이 시험을 설계하는 고위 간부가 경찰관 직무 내용에 관해 부정확한 생각이나 심지어 낭만적이거나 향수에 젖은 생각—또는 심지어 거칠고 남성적인 사람들만 경찰관으로 **채용**되어야 한다는 실질적인 견해—을 갖고 있다면 어떨까?[104] 실제 경찰관 업무

103　*Finnegan v. Trans World Airlines, Inc.*, 967 F.2d 1161(7th Cir. 1992), 1164쪽. "불리 효과 개념이 발전된 것은, 기업들이 관성이나 둔감함 때문에 반드시 의도적인 것은 아니라 할지라도 이유 없이—불필요하게—흑인이나 여성 노동자를 동등한 고용 기회에서 배제하는 상황을 확인하기 위해서였다."

104　Mary Anne C. Case, "Disaggregating Gender from Sex and Sexual Orientation: The Effeminate Man in the Law and Feminist Jurisprudence", 105 *Yale Law Journal*(1995), 1, 70~76쪽을 참조하라. 이 부분은 고정관념의 구별되는 두 층위를 다룬다. 한 층위는 고용주가 일정한 직무에는 남성적 특성이 필요하다고 가정하게 만들고, 다른 층위는 고용주가 여성 지원자는 그런 특성이 결여되어 있다고 결론짓게 만든다.

의 윤곽과 거의 비슷한 점이 없는 생각이나 견해를 갖고 있다면 말이다. 마찬가지로 조앤 윌리엄스가 예로 든 공장에서는 효율성의 이유**에서든 아니면** 공장의 의사 결정자들이 차별적인 논리의 연쇄에 따라 일정한 종류의 노동자들을 원한다는 이유로든, 125파운드를 들어 올리는 작업이 필요했을 수 있다. 가령 다음과 같은 논리의 연쇄가 있다. 나는 튼튼한 남자가 가장 뛰어난 노동자라고 믿는다. 나는 내 공장의 노동자들이 반드시 뛰어나고 튼튼한 남자이기를 바란다. 그래서 나는 반드시 무거운 짐 들어 올리기를 모든 공장 작업장 직무의 일부로 포함시킨다.

따라서 우리는 병목을 개선하려는 모든 노력이 생산 효율성의 측면에서 비용을 수반한다고 가정해서는 안 된다. 일부 병목은 흔히 생각하는 것보다 더 임의적임이 드러날 것이다. 그럼에도 불구하고 병목을 개선하는 작업은 종종 효율 비용을 낳는다.

고용주들과 기타 기관들이 흔히 자격 병목을 만들어내는 시험과 기준—신용이 낮은 사람은 채용할 수 없다는 규정에서부터 〈그릭스〉 사건에서 문제가 된 것과 같은 시험에 이르기까지—을 채택하는 한 가지 이유는, 그런 것들을 시행하는 비용이 저렴하기 때문이다. 저렴한 시험은 **설령 무척 부정확하다 할지라도** 때로 거시경제적인 의미에서 효율적일 수 있다. 값싸고 부정확한 시험은 특히 다음과 같은 경우에 미시적으로 효율적인 합리적 선택이 될 공산이 크다. (1) 성과를 극대화하기보다는 최소한의 조건을 충족시키는 것이 목표일 때, (2) 비슷한 지원자가 아주 많아서 지원자들을 평가하는 비용이 신중하게 선택하는 데 따르는 예상 이익과 비교해서 상당히 클 때, (3) 어쨌든 장기적인 성과를 충분히 예측하기가 어렵기 때문에 미세하고 값비싼 시험을 해도 저렴한 시험보다 훨씬 더 좋은 결과를 얻기가 힘들 때가 그러하다. 똑같은 논리가 지원자를 선발하는 방식에도 적용된다. 예를 들어 어떤 고용주가 현직 직원들의 친구와 친척만을 채용하겠다고 결정하는 것은 미시적 효율의 면에서 합리적일 수 있다. 이런 접근법은 가장 적임인 직원을 뽑는 결과로 이어지지는 않겠지만, 많은 기업들은 그런 식으로 성과를 극대화할 필요가 없다. 고용주가 유감스럽게도 병목을 강화하는 효과를 낳는 값싸고 쉬운 시험이나 채용 전략에서 벗어나, 좀 더 선별적이지만 값비싼 접근법으로 전환할 때는 언제나 비용이 발생한다. 이런 경우에 업적주의와 미시적 효율성이 갈라지게 된다. 병목현상 방지 원리는 고용주들에게 미시적 효율성이 요구하는 것보다 **더 업적주의적인** 관행을 채택하도록 압박한다.

한편 병목을 개선하는 일부 변화들은 더 광범위한 생산성 비용을 발생시킨다. 아주 간단한 예를 들자면, 원래는 공장 작업장에서 일하는 모든 노동자가 하루에 두 번 의무적으로 들어 올리는 작업을 했는데, 한두 명의 노동자가 이 작업을 전부 맡아서 할 수 있도록 보조 기계를 구입하려면 비용이 많이 든다고 가정해보자. 이런 비용은 단기적일 수도, 장기적일 수도 있다.

장기적으로 보면 **미시적으로** 비효율적인 일부 개혁이 그럼에도 불구하고 **거시적으로** 효율적일 수 있다. 한 가지 이유는 병목이 인간 자본의 생산적 활용과 발전을 손상하는 경향이 있다는 점이다.[105] 경제

---

105 예를 들어, Michael Ashley Stein, "The Law and Economics of Disability Accommodations", 53 *Duke Law Journal*(2003) 79, 155~157쪽; David A. Strauss, "The Law and Economics of Racial Discrimination in Employment: The Case for Numerical Standards", 79 *Georgetown Law Journal*(1991), 1619, 1629~1627쪽; Cass R. Sunstein, "Why Markets Don't Stop Discrimination", in *Free Markets and Social*

가 거의 전적으로 많은 비슷한 공장들로만 이루어져 있다고 상상해보자. 전체 인구 중에서 튼튼한 3분의 1만이 어떤 직무든 할 수 있다. 단지 모든 공장에서 125파운드를 들어 올리는 작업이 전체 직무에 포함되는 식으로 조업이 편성되어 있기 때문이다. 이 사례는 일정한 양식에 맞춘 것이지만, 요점은 간단하다. 보조 장비가 미시적으로 비효율적인 지경에 이를 정도로 값이 비싸더라도, 이 경우에 나머지 인구 3분의 2를 포함하게끔 잠재적인 노동자 인재 자원을 확대하는 것과 관련하여 거시적 효율성에는 이익이 있을 것이다. 국가가 미시적으로는 비효율적이지만 거시적으로는 효율적인 이런 구조 변화를 지원하는 역할을 할 수도 있다. 국가는 또한 미시적으로 비효율적인 **동시에** 거시적으로도 약간 비효율적이지만, 그럼에도 불구하고 모든 것을 따져보면 기회 다원주의에 미치는 효과 때문에 바람직한 변화를 지원하는 쪽을 선택할 수도 있다.

기회구조는 인간 자본 발전의 양상을 모양 짓는다. 상대적으로 단일한 기회구조는 조기 전문화를 장려하는 경향이 있다. 성공으로 가는 두드러진 경로가 몇 개뿐이고, 각 단계마다 많은 이들이 몇 안 되는 지위를 놓고 경쟁할 때, 이른 시기에 어린이가 가진 힘을 확인하고 아이가 가진 특별한 재능을 연마하는 데만 초점을 맞추는 발달 기회에 그들을 노출시키는 게 이해가 된다. 이와 대조적으로, 좀 더 다원적인 기회구조는 더 많은 사람들에게 더 오랫동안 광범위한 발달 기회를 제공할 것이다. 이렇게 하려면 비용이 많이 들 수 있다. 하지만 아마 더 흥미로운 반대는 그렇게 하면 어떤 최상의 우수성을 확보하는 게

Justice(1997), 151, 157~158쪽 등을 보라.

어려워지거나 심지어 달성하기 불가능하리라는 지적일 것이다.

예를 들어, 최고의 바이올리니스트나 체조 선수, 체스 천재 등은 이른 나이에 학교를 그만두게 하고 각자의 특수한 분야와 관련된 발달 기회에만 노출시켜야 최대한의 잠재력을 개발할 수 있다고 가정해보자. 이 경우에 기회 다원주의는 비단 이 개인들에게만이 아니라 아마 사회 전체에도 비용을 수반할 수 있다. 여기서 발생하는 사회적 비용—모든 어린이를 학교에 묶어둔 탓에 약간 재능이 모자라는 바이올리니스트와 체조 선수와 체스 천재를 갖게 된 사회—은 경험적으로 확인하기 어렵다. 한 가지 이유는 학교 교육을 비롯한 일반적인 기회와 양립 가능한 훈련 체제를 통해 얻을 수 있는 이익과 비교해서, 다른 경로들을 차단하는 것이 정말로 얼마나 더 많은 이익을 얻을 수 있는지를 평가하기가 어렵기 때문이다. 하지만 그런 일정한 비용이 발생한다고 가정해보자.

여기서 이 비용이 엄청나게 높지 않다면, 기회 다원주의는 이런 식으로 기회를 제약하는 데 크게 불리하게 작용한다. 어린이에게 다른 모든 방향을 배제한 채 특정한 방향으로만 발달하도록 요구하면(또는 그런 발달이 가능케 하면), 다른 경로를 추구할 가능성뿐만 아니라 다른 소망을 형성하고 다른 종류의 삶을 추구하는 것을 스스로 상상할 기회마저 빼앗는 셈이 된다. 이런 어린이들이 스스로의 선택에 확신을 가질 수는 있지만—그리고 사실 처음에는 남들이 자기를 위해 한 선택에 확고하게 찬성할 수도 있지만—그들은 또한 만약 전문적인 훈련과 일반 교육을 균형 있게 조화시킨 좀 더 중도적인 경로를 추구했더라면 자기가 선택할 수도 있었던 다른 경로를 제대로 알지 못하고 자기 자신에 대해서도 온전히 알지 못한다.

이런 극단적인 전문화의 표면적인 이익은 또한 밀어내기 효과라는 측면에서 다른 비용을 발생시킨다. 오늘날에는 아마 누군가 학교에 다니**면서** 어떤 전문화된 분야에서 아주 숙달하는 게 가능하겠지만, 경쟁 때문에 전문화된 훈련을 위해 일반 교육을 피해야 하고 만약 그 훈련이 실제로 더 효과적이라면, 조만간 기회구조의 다원적 성격이 약해질 것이다. 이 분야를 추구하는 데 관심이 있는 사람이라면 누구나 조기에 시작하든지 아니면 아예 시작을 하지 않아야 할 것이기 때문이다. (그리고 일찍 결정을 내릴수록, 완전히는 아닐지라도 부모와 가족에 의해 그렇게 내몰리는 경우가 더 많다.) 일반적으로 조기 전문화를 요구하는 것은—다른 모든 것을 배제하고 전문화된 훈련을 추구하는 이들에게나, 그렇게 하지 않음으로써 나중에 스스로 그 훈련을 선택할 수 있는 나이가 되어 관련된 경로를 추구할 기회를 잃은 이들에게—다원적 성격이 약한 기회구조로 귀결된다.

좀 더 다원적인 발달 기회구조는 효율성 비용을 수반한다. 인구의 높은 비율을 오랜 기간 동안 전문화된 교육이 아니라 비교적 일반적인 교육에 묶어두고 많은 경로를 열어두는 것은, 기회 다원주의의 관점에서 보면 현대사회의 놀라운 특징으로 손꼽힌다. (대학생조차 비교적 전문화에서 자유로운 미국은 대부분의 나라에 비해 이런 사고를 더 멀리 밀어붙였다.) 하지만 복잡한 일에 숙달되려면 전문화가 필요하다. 기회 다원주의의 관점에서 보면, 학생들이 경로 선택을 시작해야 하는 시기를 뒤로 미루는 것이 마법적인 해결책은 아니다. 오히려 중요한 것은 언제, 그리고 어느 정도로 다른 경로들을 차단하는가 하는 점이다. 기회 다원주의는 많은 경로를 **시작하는** 단계들은 그대로 열어두자고 조언한다. 그러면 일단 어떤 선택을 하고 나서도, 더군다나 인생이 한참 흐른 뒤에도 노력을 하고 추가로 훈련을 받으면서 진로를 바꿀 수 있기 때문이다.

병목의 잠재적 이익

앞 절에서는 병목을 개선하는 데 따르는 일정한 비용을 다루었다. 하지만 어떤 병목들은 그대로 놔둠으로써 생기는 긍정적인 이익이 있기 때문에, 개선에 반대하는 주장이 있을 수 있다. 개념상으로 보면, 이런 이익에는 적어도 세 가지 범주가 있다. 첫째, 이제까지 우리는 병목이 사람들의 선호와 소망을 일정 방향으로 돌리고 제약하는 방식을 다루었다. 일반적으로 나는 이런 효과가 문제라고 주장했다. 하지만 오히려 어떤 이는 예컨대 대학 입학 병목 때문에 고등학생들이 학교 공부에 힘을 쏟을 수밖에 없다면 이익이 된다고 주장할 수 있다. 둘째이자 밀접하게 관련된 점으로, 경쟁시험 같은 자격 병목은 사람들에게 추구해야 할 뚜렷한 목표를 제시할 뿐만 아니라, 경쟁하려는 충동이나 시험 탈락에 대한 두려움을 북돋움으로써 열심히 노력하게 만들 수 있다. 셋째, 특히 기회구조가 이미 비교적 다원적인 사회에서 더 많은 선택이 단순히 지나치게 많다면 어떻게 될까? 어떤 사람들은 추구할 잠재적인 경로가 더 많은 것보다는 더 적을 때 만족스러울지 모르며, 그런 점에서 자신의 기회를 제약하는 일부 병목은 궁극적으로 이익이 된다고 볼 수 있다.

혹자는 기회 다원주의 기획의 많은 부분에 대한 폭넓은 반론으로, 또는 비교적 특수한 사례의 범주들에 대해 한정해서 이 세 이야기를 각각 할 수 있다. 이 절에서는 다음과 같은 이야기를 간략하게 하고자 한다. 즉 이런 반론들 각각의 일반적 형태들을 거부할 타당한 이유가 있지만, 이 세 이야기의 다소 한정되고 구체적인 형태는 전체적으로 볼 때 우리가 어떤 병목을 개선하기 위해 노력해야 하는지를 명확히 이해하는 데 도움이 될 수 있다.

선호와 소망의 방향을 돌리는 문제부터 시작해보자. 우선 학생들에게 에너지의 일부를 학교 공부에 쏟도록 설득하는 게 이익이 된다는 조건을 분명히 하자. 물론 이 점을 너무 지나치게 강조할 수도 있다. 하지만 대체로 학교 교육은 여러 인생 경로를 위해, 특히 많은 경로를 발견하기 위해 필요한 준비이다. 이런 이유 때문에 우리는 학생들에게 일정한 나이까지는 학교를 계속 다녀야 한다고 요구한다. 같은 이유로 일정 시점까지는 학생들에게 학교 공부에 에너지를 쏟으라고 압박하는 게 이익이 된다. '중요한 시험'은 이렇게 하기 위한 유력한 수단이 될 수 있다.

이제 이런 효과가 이익이 되는 **이유**는 2부에서 이야기한 것처럼, 학교 교육이 필수적인 발달 기회라는 것이다. 학교 교육은 발달 병목이다. 인생에서 추구하고자 하는 일에는 대부분 학교 교육이 필요하다. 그런 사실 **자체 때문에** 학생들이 학교에 몰두할 강력한 구조적 유인이 생겨난다. '중요한 시험'이 추가적으로 미치는 어떤 효과는 바탕을 이루는 그런 구조를 학생들에게 분명하게 또는 두드러지게 보여주면서, 아주 두드러진 중단기적 유인(시험에 통과하는 것)과 장기적인 유인(필수적인 역량을 획득하는 것)을 일치시키는 것과 관련된다.[106] 어떤 시험

---

106 여기서 나는 논의의 편의상 시험 준비가 또한 학생에게 나중의 인생에 필수적인 기능을 획득하게 해주는 방식으로 시험이 완벽한 측정 기능을 한다고 가정한다. 실제

도 존재하지 않는다면, 설득과 사회적 규범에서부터 학생들이 나중에 인생에서 직면할 기회구조의 진짜 형태로 이해하게 도와주는 것에 이르기까지 이런 일치를 가져올 다른 어떤 방법이 존재한다. 필수적인 발달 기회가 존재하는 경우에는 언제나 정의상 (시도를 해보아야 하는 건 맞지만) 사람들이 병목을 돌아가도록 돕는 일은 어렵다. 대체로 우리는 사람들이 병목을 통과하도록 도와야 한다. 사람들이 통과하도록 부추기기 위해 시험 같은 추가적인 병목을 활용하는 것은 하나의 접근법이다. 어떤 경우에는 다른 여러 제약을 감안할 때 이런 방법이 최선일 수 있다. 하지만 이상적으로 보면, 우리는 사람들이 자기 앞에 놓인 기회구조를 헤쳐나가는 데 도움이 되는 방식으로 그 구조의 형태를 이해하는 것을 도우려고 노력해야 한다.

두 번째, 즉 병목의 이익에 관한 약간 더 예리한 주장은 어떨까? 사람들 또는 일부 사람들이 단지 기회구조에서 중요한 병목을 통과하기 위해서 열심히 해야 하기 때문에 그렇게 한다면 어떨까? 이 점은 진지하게 받아들일 필요가 있다. 경쟁은 고된 노력을 유도할 수 있고, 실제로 종종 그런 작용을 한다. 그리고 때로는 그런 노력이 또한 사회적으로 유용하거나 그 일을 하는 개인에게 유익하다. 이 두 번째 주장을 가장 일반적인 형태로 밀어붙여 보면 〈조건 2〉를 심리적으로 불가능한 것으로 거부하게 될 수도 있다. 이 주장에 담긴 내용은 사람들이 단순히 지위재나 경쟁적 역할만큼 비지위재나 비경쟁적 역할을 높이 평가하지 않을 것이며 평가할 수 없다는 것이다—또는 사람들의 선호가 더 다원적인 방향으로 이동함에 따라 그 부산물로 고된 노력이 줄어

로 어떤 시험도 그렇지 않다. 그렇지만 우리가 어떤 중대한 시험을 필요로 하는 정도만큼 이런 측정의 정도를 향상시키려고 노력할 가치가 있다.

든다는 것이다. 이런 심리적 주장의 장점은 평가하기가 쉽지 않다. 하지만 그것이 완전히 사실이라 할지라도, 〈조건 2〉를 선호할 타당한 이유가 여전히 있다. 모든 사람이 기회의 피라미드에서 더 높고 좁은 계단에 오르기 위해 최대한 열심히 일해야 하는 초경쟁적인 사회를 건설하는 것은, 존 샤가 암시적으로 말한 기회균등의 디스토피아를 덜 향락적이고 더 일 중독적으로 바꾼 형태일 뿐이다.[107]

게다가 기회 다원주의는 경쟁 없는 사회를 건설하고자 하지 않는다. 희소성이 있는 곳이라면 어디나 경쟁이 있게 마련이며, 현실의 어떤 사회에서든 희소성과 경쟁 둘 다 충분히 많다. 기회 다원주의는 이런 경쟁들에 걸린 판돈을 일부 낮추고, 다른 경쟁들은 깨뜨려서 하나의 경쟁이 아니라 여러 경쟁이 되도록 만들며, 사람들에게 그만큼 경쟁적이거나 지위적이지 않은 역할과 재화의 조합을 높이 평가하게 장려하고자 한다. 그러므로 경쟁이 언제나 인간의 동기에서 크게 부각되리라는 것이 심층적인 심리학적 진실이라고 믿는 이들은 마음을 다잡아야 한다. 만약 그들이 옳다면, 현실의 어떤 사회에서든 남아 있을 경쟁이 이런 식의 인간 동기를 위한 많은 대상을 제공할 것이다. 만약 인간의 동기가 좀 더 이질적이고 맥락적이라는 사실이 드러난다면, 좀 더 다원적인 기회구조로 이동함으로써 사람들에게 다양한 종류의 목표를 남겨줄 것이다. 그런 목표 중 일부는 경쟁적이지만 다수는 경쟁적이지 않으며, 사람들은 이런 것들의 조합을 스스로 선택할 수 있다. 그렇긴 하지만, 동기 부여자로서의 병목에 관한 주장의 구체적인 사례들 각각은 업적에 연관하여 고려할 만하다. 이런 동기 부여 효과

---

107 이 책 143~145쪽을 보라.

가 충분히 강한 특별한 사례들은 우리가 어떤 병목을 개선하기 위해 노력해야 하는지를 계산하는 데서 숙고해야 한다.

마지막으로, 경험적인 문제로서 어떤 사람들은 인생에서 선택해야 하는 문제가 적을수록 기쁠 수도 있다. 사실 더 나아가는 것도 가능하다. 어떤 사람들은 직업이나 배우자의 선택 같은 인생의 주된 측면들이 완전히 정리되어 있으면 더 기쁠 수도 있다. 이 책에서 기쁨에 관해 거의 다루지 않은 이유는, 기회 다원주의는 제쳐두고라도 기쁨과 기회균등의 관계는 기껏해야 불확실한 것이기 때문이다. 기회가 다르면 사람마다 선호와 가치관도 달라지며, 따라서 개인 간 기쁨을 비교하는 것조차 불확실하다.

하지만 기쁨을 전체 그림에서 배제하는 이 주장의 더 협소한 형태를 검토해보자. 어떤 선택 상황은 심리적인 문제로서 너무 벅찬 것처럼 보인다. 사람들은 자기 앞에 놓인 선택을 이해할 수 없다.[108] 어떤 선택은 심지어 수많은 상표의 치약 중에서 고르는 문제처럼 무의미할 때에도 사람을 압도할 수 있다. 하지만 더 흥미로운 사례는 다양한 선택—각각의 선택은 유의미하게 구분되는 일군의 이유나 가치에 의해 뒷받침된다—에 의해 압도될 가능성이다. 미국의 큰 대학에 입학하는 어떤 학생이 광범위한 강좌와 각기 다른 학과, 사고방식, 가치관, 그리고 그것들이 대표하는 미래의 여러 경로 등을 접하고 어리둥절해 하는 경우를 상상해보자. 기회 다원주의의 관점에서 보면, 이 학생이 기능과 통찰력을 발전시켜서 이 풍경을 스스로 헤쳐나가도록 돕는 것이 이상적일 것이다. 하지만 현실적으로는 선택지의 수를 줄여주는 것도

---

108 Barry Schwartz, *The Paradox of Choice*(2004)[배리 슈워츠 지음, 김고명 옮김, 《점심메뉴 고르기도 어려운 사람들》, 예담, 2015]를 보라.

도움이 될 수 있다. 다음 장에서 이야기할 것처럼, 기회 다원주의는 결국 사람들이 상당 정도 스스로 행복한 삶의 차원을 선택하고 그런 삶을 사는 게 가능하도록 만드는 것과 관련된 문제이다. 그것은 추가적인 선택이나 선택지를 더하는 것이 모든 가능한 경우에 최선이라는 주장과 같지 않다. 그렇지만 만약 어떤 병목의 표면적으로 유익한 작용 때문에 다른 다양한 경로가 닫혀 있다면, 어떤 사람이 '충분히' 좋은 선택지를 갖고 있고 걱정할 필요가 없다는 주장에 대해서는 신중해야 한다. 어쩌면 그런 다른 경로 중 하나—심지어 우리가 상대적으로 중요하지 않다고 본 경로나 이 사람에게 상대적으로 어울리지 않는 경로—를 그가 자기 인생 전체의 중심점으로 삼게 될지도 모르기 때문이다.

3장
행복, 완전주의, 우선권

　이제 우리에게는 우선순위 매기기라는 복잡한 문제가 남아 있다. 무수히 많은 병목으로 이루어진 세계에서 우리는 어떤 병목을 개선하기 위해 우리의 노력과 희소한 자원을 집중할 것인지를 결정해야 한다. 어떤 주어진 병목을 완화하는 게 얼마나 중요한가라는 문제는 상당 부분 그 병목이 얼마나 심각한지에 달려 있으며, 따라서 우리는 어떤 병목이 얼마나 만연해 있는지—즉 그 병목을 통과해서 도달해야 하는 경로의 범위가 얼마나 넓은지—를 판단할 수 있어야 한다. 여기서 문제는 경로들의 수와 관련된 게 아니다. (사실 경로들의 수가 어떤 명확한 의미가 있는지는 불확실하다. 어떤 사람이 인생에서 추구할 수 있는 경로들을 몇 가지 방식으로든 다시 나누거나 묶을 수 있기 때문이다. 예를 들어, 노동의 세계에서 우리는 특정한 직업이나 산업, 기업, 직무에서 일하는 것을 하나의 '경로'로 정의할 수 있다.) 또한 모든 경로가 똑같이 중요한 것은 아니다. 어떤 경로들은 끔찍하다. 이런 경로들은 나쁜 삶으로 이어진다. 이런 자기 파괴적인 경로로 이어지는 통로를 제한하는 병목은 사람들이 통과하거나 우회하는 길을 찾도록 도와줄 필요가 없다.

우리가 개선해야 하는 병목은 사람들이 행복한 삶을 추구하는 것을 가로막는 병목이다. 여기서 아주 커다란 질문이 생겨난다. 우리는 이런 점을 감안할 때 무엇이 행복한 삶으로 간주되는지를 어떻게 정해야 할까? 어떤 이들은 자기 파괴적으로 보이는 경로들에 대해 강한 선호를 갖는다. 기회 다원주의의 핵심에 가치 다원주의가 있다는 점을 감안할 때, 무엇이 행복한 삶을 구성하는지에 관한 한 사람의 선호에서 벗어나기 위해 어떤 근거가 있을까? 우리가 행복 개념을 모든 사람이 현재 가진 선호의 충족에 국한시켜야 하는 것은 아니다. 2부에서 이야기한 것처럼, 우리 삶에서 기회가 중요한 이유의 상당 부분은 그것이 우리의 소망과 목표에 영향을 미치기 때문이다. 그렇다면 우리는 어떻게 나아가야 할까?

이 장에서는 이런 질문들에 답하려면 인간 행복에 대한 희미한 최소한의 개념 ― 철학자들이 완전주의라고 말하는 것의 희미한 형태―이 필요하다고 주장하고자 한다. 가장 희미한 완전주의조차 상이한 가치 개념들 사이의 완전한 중립성이라는 이상과는 일치하지 않는다. 하지만 나는 충분히 희미한 완전주의는 〈조건 1〉에 구체화된 다원주의의 여지를 남긴다고 주장할 것이다. 국가, 그리고 기회구조의 여러 부분들에 대해 상당한 권력을 가진 다른 어떤 조직체 모두 밀의 렌즈와 유사한 일종의 완전주의라는 렌즈―충분히 희미해서 각기 다른 개인들이 인간 행복의 많은(어쩌면 무한한) 형태들의 어떤 조합이 자신에게 중요한지를 스스로 정의할 수 있는 상당한 여지를 남기는 렌즈―를 통해 인간 행복을 바라보아야 한다.

이 절을 이렇게 뒤에 배치한 이유는, 여기서 나는 우리가 **왜** 기회 다원주의를 지지해야 하는지에 관한 논증이 아니라, **어떻게** 기회 다원주의를 실행해야 하는지에 관한 논증을 할 것이기 때문이다. 이론적·실천적 측면 모두에서 기회 다원주의를 실행하기 위해서는 서로 뒤얽힌 두 가지 질문에 대답할 방법을 찾아야 한다. (1) 어떤 병목을 개선하는 게 다른 병목보다 더 중요한가, (2) 누구의 기회가 상대적으로 더 제약되어 있으며, 따라서 그들에게 더 많은 경로를 열어주는 것에 특별히 높은 우선권을 부여해야 하는가. 확고하게 중립적이고 반ᵥ완전주의적인 정치이론을 옹호하는 이들은 이 책의 주장의 나머지 부분에 대해서는 많은 부분 동의하겠지만, 내가 보기에 그들은 이 두 질문에 적절하게 대답할 자원을 갖고 있지 않다. 두 질문에 대답하려면 어떤 종류의 것들이 인간의 행복한 삶에 기여하는지에 관해 모종의 희미한 개념이 필요하다.

공통 척도가 없는 기회균등

우리에게 그런 개념이 필요 없어 보일지도 모른다. 때로는 한 병목이 다른 것보다 더 심각하다고 결정하는 일이 간단하다. 예를 들어, 어떤 사회가 인근 국제도시의 부유한 주민에게 부가세를 걷어서, 그 예산으로 농촌 지역의 모든 아동에게 중등학교를 제공할지 여부를 결정한다고 가정해보자. 중등학교는 많은 경로를 열어줌으로써 심각한 병목을 개선하는 데 도움이 될 것이다. 만약 농촌 아이들이 중등교육을 받지 못한다면, 현대사회가 제공하는 대부분의 경로를 추구할 방법이 전혀 없다. 다른 한편, 부가세는 기회를 줄이는 효과를 발휘한다. 돈은 유력한 도구재이기 때문에, 부가세를 걷으면 적어도 조금이나마 도시에 사는 부유한 사람들의 기회가 줄어든다. 이런 정책 변화를 정당화하기 위해 우리는 (1) 농촌 지역 사람들의 기회 확대가 도시의 부유한 사람들의 기회 축소보다 더 중요하다, 그리고/또는 (2) 농촌 지역 사람들은 심각한 지리적 병목 때문에 처음부터 상대적으로 기회가 제약되며, 따라서 뒤에서 이야기하는 것처럼 **그들의** 기회를 열어주는 것이 특별한 우선 과제가 된다고 주장한다. 여기서 (1)이나 (2)나 특별히 논쟁적이지 않으며, 어느 쪽이든 충분하다.[109]

하지만 모든 경우가 그렇게 단순하진 않다. 어떤 부모가 자기 딸이 바이올린 천재이고, 역사상 가장 위대한 바이올리니스트가 될 운명이라고 믿는다고 상상해보자. 부모는 아이가 학교에 다니거나 다른 아이들을 만나지 못하게 하며, 바이올린이 아닌 다른 어떤 것도 배우지 못하게 한다. 아이가 이 하나의 재능을 발전시키는 데 관심을 보이지 않으면, 부모는 부모의 인정과 칭찬부터 사탕에 이르기까지 아이가 이제까지 소중하게 여기게 된 몇 안 되는 보상을 베풀지 않는다. 아이의 세계는 아주 제한되어 있기 때문에, 아이에게는 자신에 대한 인식이나 무엇을 하거나 무엇이 되기를 바라야 하는지에 대한 인식을 구성할 근거가 되는 모델이 거의 없다. 당연히 이 아이는 위대한 바이올리니스트가 되겠다는 확고한 소망을 형성한다고 가정해보자. 아이 자신의 관점에서 보면, 아이의 기회는 제약된 것처럼 보이지 않을 것이다. 아이가 아는 기회는 그게 전부이기 때문이다. 그리고 아마 부모는

---

109 어떤 이는 또한 누진과세는 그 자체로 소득이나 부의 절대적 불평등을 줄이는 것의 부산물로서, 전체적으로 기회구조를 더 다원적으로 만든다는 좀 더 복잡한 주장을 할 수 있다. 이 책 368쪽 이하 "하향 이동에 대한 두려움" 절을 보라.

유별난 가치관을 갖고 있어서 동의하게 되었을 것이다. 만약 외부인이 부모가 딸이 다른 많은 경로를 추구할 기회를 차단한다고 이의를 제기한다면, 부모는 딸을 평범한 학교에 보내면 오히려 바이올리니스트로 발전하는 것을 방해해서 더 많은 경로를 차단하게 될 것이라고 솔직하게 대답한다고 가정해보자. 아이는 아주 다양한 경로—바로크 협주곡, 낭만파 교향곡, 인도 고전음악, 민속음악, 재즈 등—를 통해 행복을 실현하는 기회를 놓칠 것인데, 이 중 어느 경로든 여행과 명성과 부로 이어질 수 있다. 부모는 이렇게 주장할 수 있다. 우리는 딸에게 다른 기회들로 이루어진 세계를 열어주고 있고, 다른 아이들이 자기 딸처럼 풍부한 기회를 누리지 못하는 건 부끄러운 일이라고.

이와 같은 일정한 범위의 사례들에서는 부모가 틀렸다고 객관적으로 말하는 게 가능해야 한다. 독자들은 그 범위의 경계에 관해, 또는 심지어 이 사례에 관해서도 생각이 다를 수 있다. 하지만 모든 경우에 부모의 믿음이 진지하기만 하다면 어떤 범위의 경로가 더 넓은지를 말할 방도가 없어서는 안 된다. 어떤 범위의 사례들에서는 이른바 **스펙트럼 왜곡**spectrum distortion이라고 부를 만한 현상이 존재한다. 부모(와 아이)는 좁은 범위의 기회를 넓다고 보고, 넓은 범위의 기회를 좁다고 보는 것이다.

스펙트럼 왜곡을 확인하려면 우선 적어도 어떤 기회가 소중하고 어떤 경로가 가치가 있는지에 관한 몇 가지 질문들과 관련해서 객관적인 사실이 존재한다고 가정해야 한다. 여기서 우리는 신중해야 한다. 우리는 바이올린 연주가 가장 큰 기회라는 부모의 생각이 틀렸다고 말할 필요가 없으며, 아마 그렇게 말할 수도 없을 것이다. 어쩌면 부모가 옳을 것이다. 어떤 기회가 가장 크거나 좋은지의 문제에 관해서는 언제나 많은 의견 불일치가 있을 것이다. 우리가 여기서 객관적으로 말할 수 있어야 하는 것은 이 부모가 아이에게서 사실상 차단하는 기회의 **범위**가 넓다는 것—즉 이 범위에는 소중한 많은 다른 기회들이 들어 있고, 우리는 서로 다르고 어쩌면 통약 불가능한 이유들 때문에 이 기회들을 소중히 여기며, 아이가 바이올린 공부를 하면서 학교도 다니면 결국 스스로 이런 이유들 중 일부를 지지할 수 있다는 것—이다. 이런 평가를 정당화하는 것은 쉽지 않다.

만약 우리의 목표가 어떤 기회가 단일한 성과 척도에서 가장 좋은 결과로 이어지는지를 정하는 것이라면, 스펙트럼 왜곡을 확인하는 것, 그리고 이 문제와 관련하여 다른 범위의 기회들의 폭을 확인하는 것은 쉬운 일일 것이다. 예를 들어, 소득이 우리의 유일한 관심사라고 가정해보자. 소득을 기준으로 삼으면, 한 사람이 장래에 얻을 수 있는 소득에 어떤 영향을 미치는가라는 점에서 모든 가능한 기회—일자리뿐만 아니라 훈련 프로그램, 교육 경험 등까지—를 평가하고 순위를 정할 수 있다. 우리가 극대화해야 할 한 변수나 가중치를 합의해서 하나의 복합 척도로 만들 수 있는 일단의 변수들에 동의하기만 하면, 소득이 아닌 다른 성과 척도를 가지고도 똑같이 할 수 있다.

하지만 이런 공통 척도 접근법은 기회 다원주의의 핵심에 있는 가치 다원주의와 상반된다. 기회 다원주의의 요점 중 하나는 사람들이 어떤 단일한 척도에서 상위의 결과를 놓고 경쟁하는 게 아니라, 스스로 선택한 각기 다른 목표를 추구할 수 있게 한다는 것이다. 사회가 〈조건 1〉의 방향으로 나아가면서 무엇이 좋은 삶을 구성하는지에 관해 의견 불일치가 생김에 따라, 점차 엘리자베스 앤더슨Elizabeth Anderson이 말한 것과 같은 상황이 된다. "어떤 본래적인 가치의 위계질서에 따라 모든 정당한 삶의 방식을 놓고 몰개인적으로 순위를 정하는 것은 이제 아무 의미가 없다. 다원적이고 상충하지만 정당한 이상들이 각기 다른 사람들에게 서로 다른 삶을 소중히 여기라고 말할 것이다."[110]

이런 불일치는 유익하다. 사람들로 하여금 정보가 충분한 가운데 자신에게 무엇이 중요한지를 스스로 결정할 수 있게 해주기 위해, 무엇이 중요한지에 관해 충분히 다양한 견해를 만들어내는 데 도움이 되기 때문이다. 여기서 내가 펴는 논증이 라즈의 명제, 즉 **한 사람에게** 각기 다른 기회가 통약 불가능한 가치를 가질 수 있다는 명제에 의존하지 않는다는 점을 주목하라(내가 보기에 이 명제는 맞지만 말이다).[111] 여기서 내가 의존하는 것은, 인간 행복의 상이한 차원들을 포함하는 각기 다른 삶을 항상 객관적이거나 몰개인적인 관점에서 가치의 단일한 위계질서에 따라 순위를 정할 수 있는 것은 아니라는 더 약한 주장이다.[112] 우리가 하나의 가치척도에 따라 가능한 모든 삶의 방식에 대해 몰개인적으로 순위를 정할 수 없다면, 마찬가지로 모든 기회의 묶음을 놓고 순서를 정할 수도 없다.

그러니까 우리에게는 기회를 균등화할 방도가 없다는 말이다. 실제로 균등화를 하려면 서열적 순서만이 아니라 나열적 순서도 필요할 것이다. 또한 우리는 기회에 **최소극대화** 원리를 적용할 수도 없다. 이 원리 역시 각기 다른 기회와 기회 집합의 가치에 대해 서열적·나열적

---

110 Elizabeth Anderson, *Value in Ethics and Economics*(1993), 57쪽.

111 Raz, *The Morality of Freedom*, 13장을 보라.

112 더 약한 주장은 더 강한 주장과 무관한 것은 아니지만, 이 둘은 분리된다. 각 개인이 모든 상태의 순위를 정할 수 있다 하더라도 몰개인적인 순서는 없을 수 있다.

으로 순위를 정해야 한다.[113] 공정한 삶의 기회 원리를 포함하는 어떤 기회균등 개념에서도 이것은 문제가 된다. 결과를 어떤 공통 척도로 환원하지 않는다면, 어떤 삶의 기회가 더 적거나 많거나 공정하거나 균등하다고 판정할 방도는 없다.

그렇다면 기회균등에는 무엇이 남을까? 기회의 묶음들에 대해 완벽한 나열적 혹은 서열적 순위를 정할 수 없다 하더라도, 일부 기회 묶음의 폭에 관해 일정하게 대략적인 판단을 할 수 있다. 여기서 말하는 폭이란 그 묶음 안에 있는 기회들의 수가 아니라, 이 기회 묶음이 열어주는 소중한 형태의 인간 행복으로 이어지는 다양한 경로를 의미한다. 이런 대략적인 판단 덕분에 우리는 항상은 아니지만 때로 한 기회 묶음이 다른 것보다 더 좁거나 넓다고 비교해서 말할 수 있다. 우리는 부분적인 서열적 순위를 갖게 될 것이다.

이런 대략적인 판단이 생기면, 서로 다른 사람들이 누리는 기회의 범위와 관련하여 대략적인 형태의 약자우선주의를 실행할 수 있다. 분배 정의에 관한 약자우선주의 견해는 "사람들에게 이익을 주는 것은 그들의 형편이 나쁠수록 더 중요하다"고 주장함으로써, 평등주의의 바탕을 이루는 주된 직관을 포착한다.[114] 기회의 우선권은 어떤 사람의 기회의 범위가 좁을수록 그 범위를 넓히는 것이 더 중요하다고 주장한다. 데릭 파핏Derek Parfit이 지적하는 것처럼, 이런 일반적 형태

---

113 두 가지 이유 때문에 그렇다. 첫째, 최소극대화는 균등에 관한 판단을 전제로 한다. 이 원리는 단순히 "최소를 극대화하는" 게 아니라, **균등**에서 벗어남으로써 가장 형편이 안 좋은 사람들에게 분배되는 절대적 양을 향상시켜야 한다. 둘째, 최소극대화에 따라 한 분배가 다른 분배보다 더 좋은지를 결정하려면 각 분배의 최하위에 있는 사람(각 분배에서 동일한 인물이 아닐 수 있다)의 서열적 위치를 판정할 수 있어야 한다.

114 Derek Parfit, "Equality and Priority", 10 *Ratio*(1997) 202, 213쪽.

의 약자우선주의 주장은 어떤 "상대성"에도 의존하지 않는다.[115] 어떤 사람이 현재 가진 기회의 범위가 다른 누가 어떤 범위의 기회를 가졌거나 갖지 못하는지와 상관없이 더 협소하다면, 그 사람의 기회 범위를 넓히는 일의 긴급성이 더 크다.

기회의 우선권을 위해서는 각기 다른 기회와 기회의 묶음이 **부분적으로라도** 통약 가능해야 한다. 완전히 통약 가능할 필요는 없다. 모든 것을 고려할 때, 우리가 비개인적 관점에서 어떤 기회가 다른 기회보다 더 좁거나 넓다고 말할 수 없는 많은 일군의 기회가 있을 수 있다. 하지만 우리는 집합이 하위 집합보다 더 넓다는 원리보다 더 유력한 어떤 것이 필요할 것이다. 어떤 경우에 설령 A가 B의 모든 기회를 포괄하지 않는다 할지라도, A 범위가 B 범위보다 더 넓다고 말할 수 있어야 한다.[116] 또한 우리는 보편적인 합의에 호소할 수도 없다. 우리는 설령 B 범위를 더 선호하는—그리고 그뿐만 아니라 B 범위가 둘 중에서 **더 넓다**고 진심으로 말하는—사람이 존재한다고 해도, A 범위가 객관적으로 B 범위보다 더 넓다고 말할 수 있어야 한다.[117] 마지막으

---

115 앞의 글, 214쪽.

116 하나의 기회(또는 유전적으로 타고난 재능) 집합이 다른 집합을 "지배"하거나 포괄하는 분명히 협소한 사례들의 집합은, 그럼에도 불구하고 사회 차원의 보상적인 "대략적 정의"를 위한 출발점을 제공한다고 주장하는 Bruce A. Ackerman, *Social Justice in the Liberal State*(1981), 132~136쪽 참조.

117 Philippe Van Parijs, *Real Freedom for All: What (If Anything) Can Justify Capitalism?*(1995), 60~84쪽을 참조하라. 방 파레이스는 유사한 문제에 직면한다. 즉 어떤 사람이 내적·외적 양 측면의 타고난 재능이라는 점에서 너무나 형편이 나빠서, 정의로운 사회라면 그 사람에게 추가적인 자원을 배분해야 하는 경우는 어떤 때인지를 결정하는 문제 말이다. 신중한 논의 끝에 그는 그런 이전이 정당화되는 것은 사회의 **모든 사람**이 A가 타고난 재능이 B보다 더 좋지 않다는 데 보편적으로 동의할 때뿐이라고 결론을 내린다. 한 사람이라도 A가 형편이 좋다고 진심으로 생각한다면, 그런 이전은 정당화되지 않는다. 앞의 책, 72~77쪽. 이런 접근법의 한 가지 문제점은 사회가 더욱 다

로, 또한 우리는 어떤 단순한 방식으로 개인의 선호에 의존할 수 없다. 우리의 소망과 목표는 우리의 역량이나 기능과 마찬가지로 어느 정도 기회가 낳은 소산이다. 예를 들어, 앞서 언급한 바이올린 천재가 가진 선호는 다른 발달 기회가 주어졌더라면 그 아이가 어떤 경로를 선택했을지(또는 지금도 선택할지)를 알려주는 제대로 된 길잡이가 아니다.

병목과 기회의 집합을 평가하는 데 필요한 부분적 통약 가능성을 축조하기 위해서는 행복한 삶을 산다는 것이 무엇인지에 관해 일정한 설명이 필요하다. 또한 적어도 일부 극단적인 경우에 어떤 기회들은 자기 파괴적인 경로로 이어지기 때문에 객관적으로 추구할 만한 가치가 없다고 말할 수 있기 위해서도 그런 설명이 필요하다. 더 나아가 애초에 기회 다원주의를 작동시키는 가치 다원주의와 조화를 이루기 위해서도 행복한 삶이 무엇인가에 관한 이 설명이 필요하다.

우리에게 이런 행복 개념이 있다 하더라도, 집계라는 까다로운 문제가 여전히 남는다. 한 병목이 극소수 사람들의 기회를 심각하게 제약하는 한편, 다른 병목은 훨씬 더 많은 사람들의 기회를 적당하게 제약한다면 어떻게 될까? 약자우선주의의 중대한 단점 하나는 이런 식의 질문에 답할 공식을 제공할 수 없다는 점이다. 또는 좀 더 정확히 말하자면, 약자우선주의가 제공하는 공식에는 상수가 빠져 있다. 우리는 어떤 변수들이 각 방향을 가리키는지는 알지만, 각각이 **얼마나** 중

원적으로 바뀔수록 정의가 이런 식의 재분배를 덜 요구한다는 것이다. 방 파레이스의 맥락에서 이 문제가 어떤 차원을 갖든 간에, 지금 우리의 맥락에서 이 문제는 보편적 합의 접근법을 무가치한 생각으로 만든다. 이 접근법이 하나의 경로 범위가 다른 것보다 더 풍부하다는 **보편적** 합의가 존재한다는 결론을 만들어낼 수 있을 뿐이라면, 병목현상 방지 원리는 아무 소용도 없을 것이다—특히 이런 폭넓은 합의를 단념시키는 게 기회 다원주의 자체에 핵심적이기 때문이다(〈조건 1〉을 보라).

요한지는 알지 못한다.

만약 우리가 개별 인간들의 행복에 관심을 기울인다면, 한 사람의 기회에 대한 제약이라도—설령 다른 사람은 영향을 받지 않더라도—중요하다. 하지만 동시에 다른 사람의 기회를 고려하는 것 역시 중요해야 한다. 기회 다원주의의 관점에서 볼 때, 더 많은 사람들에게 영향을 미치는 병목은 **다른 조건이 모두 똑같다면** 더 적은 사람들에게 영향을 미치는 병목보다 더 심각한 문제가 된다.

하지만 그렇다고 해서 가장 많은 사람들에게 영향을 미치는 병목에만 우리의 에너지나 희소한 자원을 집중해야 한다는 이야기는 아니다. 어떤 병목이 한 사람의 기회를 충분히 심각하게 제약한다면, 설령 영향받는 사람이 조금밖에 없다고 해도, 이 병목은 우리의 우선순위 명단에서 상위에 올라간다. 지금 우리가 어떤 심각한 발달 병목에 관해 이야기한다고 가정해보자. 가령 값비싼 치료를 해야만 개선할 수 있는 학습장애가 있는데, 이 치료를 받지 않으면 교육이 필요한 많은 인생 경로를 추구할 수 없다. 이런 경우에 약자우선주의는 설령 단 한 사람에게만 도움이 된다 할지라도 이 심각한 병목을 개선하는 데 많은 자원을 활용해야 한다고 본다. 여기서 우리는 효용을 계산하는 게 아니며, 또한 어떤 단일한 척도로 측정하는 행복을 계산하는 것도 아니다(행복의 상이한 차원들은 충분히 통약 가능하지 않다). 지금 우리가 하는 것은 사람들—단수든 복수든—이 추구할 수 있는 인생 경로의 범위를 가장 심각하게 제한하는 제약들을 확인하는 것이다. 그리고 사람들이 어떤 종류의 행복이 궁극적으로 가장 중요한지를 스스로 결정할 수 있도록 여지를 남겨줄 만큼 충분히 개방적이고 다원적인 인간 행복 개념과 비교해보는 것이다.

희미한 완전주의와 자율성

자유주의 정치이론 내의 주된 논법은 자유주의를 완전주의에 대한 거부 및 상이한 가치 관념 사이의 중립성 개념의 수용과 동일시한다.[118] 이런 주장의 한 형태는《자유론》에서 우리가 "각자 나름의 방식으로 자신이 원하는 대로 삶을 추구할" 수 있어야 한다고 주장한 밀에게서 그 연원을 찾을 수 있다.[119]

하지만 밀 자신은 결코 자유주의적 중립성의 옹호론자가 아니었다.

---

118 예를 들어, 완전주의를 거부하는 John Rawls, *A Theory of Justice*(revised ed. 1999) 285~292, 387~388쪽; 중립성을 옹호하는 Ronald Dworkin, "Liberalism", in *A Matter of Principle*(1985), 191쪽; 같은 내용을 담은 Ackerman, *Social Justice*, 43쪽 등을 보라. 롤스는 나중에 자신의 정치적 자유주의를 완전주의적 요소들을 포함하는 "포괄적 자유주의들"과 구별했다. John Rawls, *Political Liberalism*(1996), 199~200쪽[존 롤스 지음, 장동진 옮김,《정치적 자유주의》, 동명사, 1999]. 초기의《정의론》비판론자들은 원초적 입장original position[전통적인 사회계약론에서 자연 상태에 해당하는 가상 상황으로 롤스가《정의론》에서 가정한 것이다. 이 상황의 본질적 특성은 "아무도 자신의 사회적 지위나 계층상의 위치를 모르며, 누구도 자기가 어떠한 소질이나 능력, 지능, 체력 등을 천부적으로 타고났는지 모른다"는 점이다. 이렇게 "무지의 베일veil of ignorance" 속에서 정의의 원칙을 선택해야 하기 때문에 여기서 정해지는 정의의 원칙들은 "공정한 합의나 약정의 결과"가 된다. 존 롤스 지음, 황경식 옮김,《정의론》, 이학사, 2003, 46~47쪽.—옮긴이]의 참여자들이 가치 개념과 관련해서 여전히 중립성을 유지할 수 있는지 의문을 제기했다. 예를 들어, Thomas Nagel, "Rawls on Justice", in *Reading Rawls: Critical Studies on Rawls's* A Theory of Justice(Normal Daniels ed., 1975) 1, 8~9쪽; Vinit Haksar, *Equality, Liberty, and Perfectionism*(1979), 161~192쪽 등을 보라. 지면상 여기서 이 견해를 자세히 설명할 수는 없지만, 롤스가《정의론》에서 제시하는 "희미한" 가치 이론은—만약 그것이 원초적 입장에서 선택에 동기를 줄 만큼 사람들의 이해에 관한 설명을 충분히 제시하려 한다면—실제로 내가 **희미한** 완전주의라고 부르는 모종의 형태와 비슷해야 한다고 주장하고 싶다. 학사르는 166쪽과 그 이하에서 이런 식의 주장을 편다. 롤스의 아리스토텔레스적 원리가 "완전주의의 요소를 도입한다"고 지적하는 Samuel Freeman, *Rawls*(2007), 271쪽도 보라.

119 John Stuart Mill, *On Liberty*(Elizabeth Rapaport ed., Hackett 1978)(1859), 12쪽[존 스튜어트 밀 지음,《자유론》, 책세상, 36쪽; 문예출판사, 48쪽].

그의 견해는 희미한 형태의 완전주의라고 설명하는 게 더 타당하다. 밀이《자유론》에서 펴는 주장은 인간에게 좋은 것, 즉 밀이 말하는 이른바 "진보하는 존재인 인간의 항구적인 이익" 개념 위에 세워진다.[120] 이런 "항구적인 이익"에는 개별성이 핵심적이다. 밀은 "만일 사람이 세상 또는 주변 환경에 의해 정해진 인생 계획대로 살아간다면, 원숭이의 흉내 내는 능력 이상이 필요하지 않을 것"이라고 주장한다.[121] 이런 사람들은 "자기 자신의 천성을 따르지 않다보니 마침내 따라야 할 각자의 천성까지 없어지고, 사람들이 지닌 인간의 역량이 시들고 죽어버리는 지경에 이른다."[122] 여기서 밀은 완전주의 이야기를 하고 있다—행복을 실현하는 인간의 삶에서 무엇이 필수적이고 무엇이 그런 삶의 독특한 특징인지에 관한 이야기를.[123]

밀은 더 완전하고 아름다운 인간의 삶이 실제로 어떤 모습일지에 관해 두툼한 설명을 제공하지 않는다. 일부러 그러는 것이다. 밀의 완전주의는 다원적이고 답이 열려 있다. 밀이 설명하는 것처럼, 어떤 주어진 시대의 인간이 미래에 어떤 형태의 행복이 중요할지를 상상할 수 있는지도 분명하지 않다. 밀은 오늘날 가장 개명된 사람들은 "자연

---

120 앞의 책, 10쪽[존 스튜어트 밀 지음,《자유론》, 책세상, 32쪽; 문예출판사, 44쪽]. 이것이 밀이 말하는 "가장 넓은 의미의 효용" 개념에 대한 설명이다. 현대의 공리주의와는 크게 닮은 점이 없는 형태의 효용이다.

121 앞의 책, 56쪽[존 스튜어트 밀 지음,《자유론》, 책세상, 112쪽; 문예출판사, 133쪽].

122 앞의 책, 58쪽[존 스튜어트 밀 지음,《자유론》, 책세상, 117쪽; 문예출판사, 138쪽].

123 "가장 분명한" 완전주의적 접근법은 "인간에게 **본질적이고 특징적인** 속성들"의 조합을 통해 인간 본성을 정의하는 것이라고 지적하는 Thomas Hurka, *Perfectionism*(1993), 13쪽을 보라. Mill, *On Liberty*, 56쪽[존 스튜어트 밀 지음,《자유론》, 책세상, 113쪽; 문예출판사, 134쪽]도 보라. "인간의 삶을 완전하고 아름답게 만드는 데 제대로 활용되는 인간의 여러 작품 중에서 가장 중요한 것은 역시 인간 자체이다."

이 만들 수 있고 만들어낼 종種 가운데서도 가장 죽어버린 존재"라고 주장한다.[124] 그럼에도 불구하고 행복한 삶과 "시들고 죽어버린" 삶은 전혀 다르다.

개별성이란 우리 각자가 어떤 종류의 행복이 우리에게 중요한지를 결정해야 함을 의미한다. 우리는 경험에 비추어 그런 결정을 수정한다. 엘리자베스 앤더슨이 지적하는 것처럼, 행복은 암암리에 우리의 가치 개념을 확인하는 기능을 한다. "만약 합리적으로 유리한 조건에서 [자신의] 가치 개념이 권고하는 바를 충실히 따랐는데 행복한 삶이 아니라 고통의 삶을 경험한다면, 그 사람은 위기 국면에 접어들 수 있다."[125]

도덕적 판단의 토대로든 정당한 국가 행동의 토대로든 간에, 특정한 인간 행복 개념을 제안하고 옹호하는 것은 이 책에서 추구하는 기획이 아니다. 이 책에서 내가 제시하고자 하는 주장은 기회를 어떻게 구조화할 것인가에 관한 것이다. 이 주장은 인간 행복에 관한 광범위한 이론들과 양립 가능하며, 이 이론들 각각은 기회구조를 좀 더 다원적인 방향으로 전환하기 위한 주장을 충실하게 뒷받침할 수 있다. 하지만 이 광범위한 이론들은 양쪽 모두에서 제한을 받는다. 한편으로 나는 방금 우리에게는 인간 행복에 관한 **모종의** 이론이 필요하다고 주장한 바 있다. 그런 이론이 없으면, 어떤 기회나 기회 묶음이 다른 것보다 훨씬 더 소중하다는 판단을 내릴 적절한 근거가 없게 될 것이다.

---

124 Mill, *On Liberty*, 56쪽[존 스튜어트 밀 지음, 《자유론》, 책세상, 113쪽; 문예출판사, 134쪽].

125 Elizabeth S. Anderson, "John Stuart Mill and Experiments in Living", 102 *Ethics*(1991) 4, 24쪽.

다른 한편, 너무 많은 것을 열거하는 인간 행복 이론—모든 인간에 대해 특정한 삶의 방식과 특정한 일군의 가치를 염두에 두는 이론—은 기회 다원주의의 핵심에 있는 가치 다원주의와 양립할 수 없다. 그렇다면 필요한 것은, 개인들에게 광범위한 가치 개념을 정식화하고 그에 따라 행동할 여지를 부여하는 밀의 개념과 비슷한, 희미하고 다원적인 인간 행복 개념이다.

이렇게 희미한 밀의 특성과 유사한 인간 행복에 대한 현대의 가장 정교한 설명은 아마티아 센Amartya Sen과 마사 누스바움Martha Nussbaum이 정식화한 역량 접근법—특히 인간 기능, 즉 행복한 삶의 여러 다른 차원들을 구성하는 "행동과 존재"의 서로 다른 가능한 집합을 놓고 선택할 수 있는 주된 역할을 개인에게 계속 부여하는, 센과 연관된 정식화—이다.[126] 센은 이런 상이한 기능을 획득하는 사람들의 역량에 초점을 맞추면, 무엇이 삶을 순조롭게 만드는지에 관한 우리의 관념을 어떤 단일한 가치척도로 환원하는 것을 피할 수 있다고 주장한다.[127] 그 대신 우리는 개인들이 행복한 삶의 어떤 측면들이 자신에게 중요한지(그리고 각각에 얼마나 많은 비중을 둘 것인지)를 스스로 결정하게 내버려둔다. 센은 어떤 단일한 가치척도도 존재하지 않기 때문에, 우리가 어떤 일군의 역량이 더 소중한지에 관해 비교해서 판단을 내리기 위해서는 "부분적인 순위와 제한된 합의"에 의존해야 할 것이라고 주장한다.[128] 하지만 이런 부분적인 순위와 제한된 합의는 큰 도움이 될

---

126 예를 들어, Amartya Sen, *The Idea of Justice*(2009), 11~14장; Amartya Sen, "Capability and Well-being", in *The Quality of Life*(Amartya Sen and Martha Nussbaum eds., 1993), 30쪽 등을 보라.

127 Sen, *The Idea of Justice*, 239~241쪽.

128 앞의 책, 243쪽.

수 있다. 예를 들어, 우리는 이런 순위와 합의가 있기 때문에 중독성이 강하고 건강을 망치는 약물을 사용하는 것 같은 일정한 경로는 행복한 삶보다는 고통스러운 삶으로 이어질 공산이 크다고 말할 수 있어야 한다.

적어도 충분히 높은 추상 수준에서 이야기할 때, 대부분의 현대사회에는 행복한 삶의 일부 기본적인 측면에 관한 상당한 합의가 존재한다. 예를 들어, 신체적 건강이 중요하다는 점에는 폭넓은 합의가 존재한다. 역량을 발전시키고 행사할―그리고 또한 롤스가 말하는 것처럼, 여러 가지 형태를 띨 수 있는 "사회적 의무를 유능하고 헌신적으로 수행하는 데서 오는 자아실현을 경험"할[129]―기회를 누리는 게 중요하다는 점에 동의하지 않는 사람은 거의 없다.[130] 타인과의 관계에 어느 정도 중요한 가치를 두지 않는 사람은 보기 드물다. 하지만 **어떤** 관계, 어떤 사회적 의무, 어떤 역량일까―이 모든 질문에 대해서는 많은 의견 불일치가 존재한다.

예를 들어, 노동의 세계는 하나의 세계가 아니라 여러 세계이다. 각기 다른 종류의 노동은 우리에게 상이한 조합의 요구를 할 뿐만 아니라, 각기 다른 조합의 보상과 행복 형태를 제공하기도 한다. 그중 일부는 노동 자체의 내적 관행과 결부된다.[131] 그리고 노동은 모든 사람의 삶에서 똑같은 역할을 하는 게 아니다. 똑같은 노동이 한 사람에게는 커다란 행복과 자부심과 가치의 현장인 반면, 다른 누군가(같은 직업을

---

129 Rawls, *A Theory of Justice*, 73쪽[존 롤스 지음, 『정의론』, 134쪽].

130 롤스는 그가 말하는 이른바 아리스토텔레스적 원리의 형태로 이런 견해를 주장한다. 즉 인간은 "자신의 실현된 역량을 행사하는 것을 즐기"게 되어 있다는 것이다. 이 책 90~91쪽을 보라.

131 Russell Muirhead, *Just Work*(2004), 152~166쪽을 보라.

가진 사람)에게는 단지 하나의 유용한 도구에 불과할 수 있다. 후자의 사람에게 이 노동은 생계를 부양하는 방편일 뿐, 행복의 원천은 전혀 다른 곳에 있다.

기회구조를 좀 더 다원적인 방향으로 이동시키면, 사람이 자신에게 어떤 종류의 행복이 중요한지를 스스로 가늠할 수 있는 상황이 만들어진다. 단일한 모델을 중심으로 세워진 사회에서는 이런 생각이 대부분 배제되거나 방해받는다. 전사 사회의 경우처럼, 이런 사회에서는 합리적인 사람이라면 자신의 목표를 대부분 주어진 것으로 받아들이기 쉽다. 자기 앞에 놓인 전망과 경로를 대부분 도구적인 면에서, 즉 바라지 않는 게 오히려 이상한 목표에 도달하는 수단으로 바라보는 것이다. 경쟁이 제로섬이고 누구나 바라는 재화가 지위재일 때(〈조건 2〉), 병목 때문에 기회의 추구가 제약받을 때(〈조건 3〉), 새로운 경로를 만들어낼 가능성이 없을 때(〈조건 4〉), 대부분 사람들의 주된 삶의 선택은 기존의 기회구조를 최선을 다해 헤쳐나가야 한다는 필요에 완전히 규정될 것이다. 이런 조건들은 가치 개념과 어떤 종류의 삶을 추구할 것인지에 대한 사고 둘 다의 다양성을 제한할 뿐만 아니라, 그런 제한된 다양성을 반영하기 쉽다(〈조건 1〉). 기회구조가 다원적인 방향으로 이동하면, 다른 지반 위에서 선택을 할 가능성이 열린다. 어떤 한 경로도 소중한 모든 것으로 이어지지 않으며, 따라서 우리는 어떤 종류의 삶을 살 것인지에 관해 스스로 생각하는 부담과 기회를 갖게 된다.

어떻게 보면 이것은 자율성에 관한 이야기이다—하지만 여기서 말하는 자율성은 대부분의 철학자가 사용하는 의미는 아니다. 일부 철학자들은 자율성을 내재주의적 방식으로, 즉 일차적 선호와의 이차적 동일시의 문제로 개념화한다.[132] 다른 철학자들은 절차적 차원을 덧붙이면서, 어떤 사람의 선택이 강제되거나 부적절한 영향을 받은 것인지 여부에 초점을 맞춘다.[133] 기회 다원주의는 사람들이 이것과는 다른 의미에서 자율적인 삶을 살 수 있도록 만드는 데 도움을 준다―이런 의미의 자율적인 삶은 사람, 그 사람의 선호와 욕망, 그를 둘러싼 환경 사이의 상호작용이라는 측면에서 더 잘 설명할 수 있다. 이런 의미의 자율성은 사람이 자신이 바라는 목적과 목표, 인생 경로 등에 관해 자기 나름의 판단을 행사할 수 있고, 실제로 이것들을 추구할 수 있는 상태이다. 현대 자율성 이론의 풍경에서 보면, 이것은 내재주의적 개념과 절차주의적 개념에 대한 페미니즘 비평가들이 말하는 이른바 "관계적 자율성relational autonomy"에 가장 가깝다.[134] 관계적 자율성은 본질적으로 개인과 그가 속한 사회세계의 관계와 관련된다. 관계적 자율성 지지자들은 개인의 자율성이 우리의 신념과 가치에 영향을 미치고, 판단하고 선택하는 우리의 심리적 역량을 모양 지으며, 우리가 추구할 수 있는 일군의 선택지들을 규정하는 사회적 상호작용, 관계, 규범 등과 떼려야 뗄 수 없다고 주장한다.[135]

---

132 예를 들어, Harry Frankfurt, "Three Concepts of Free Action", in *The Importance of What We Care About*(1988), 120쪽.

133 예를 들어, Gerald Dworkin, *The Theory and Practice of Autonomy*(1988), 13~20쪽; John Christman, "Procedural Autonomy and Liberal Legitimacy", in *Personal Autonomy*(James Stacey Taylor ed., 2005), 277쪽.

134 자율성에 관한 내재주의적 설명과 절차주의적 설명, 그리고 특히 이 설명들이 억압적인 사회관계를 밝히는 데서 겪는 난점에 대한 페미니즘 비평은 관계적 자율성 문헌의 주된 출발점이었다. *Relational Autonomy: Feminist Perspectives on Autonomy, Agency, and the Social Self*(Catriona Mackenzie and Natalie Stoljar eds., 2000)를 보라.

135 Catriona Mackenzie and Natalie Stoljar, "Autonomy Refigured", in *Relational Autonomy: Feminist Perspectives on Autonomy, Agency, and the Social Self*, 22쪽; Marina

기회 다원주의의 핵심을 차지하는 희미한 완전주의는 적어도 이 하나의 견해, 즉 자율성은 행복의 중요한 일부—"개인의 안녕을 이루는 필수적인 요소"—라는 견해를 포함할 만큼 충분히 두텁다.[136] 이런 견해는 《자유론》의 핵심에 자리한다. 밀은 개별성—사실 자율성의 개념이다[137]—이 "만족스러운 삶을 위한 요소들 중 하나"라고 주장한다.[138] 밀의 경우처럼, 라즈가 보기에도 "자유가 소중한 것은 그것이 소중한 여러 선택지들 중에서 점진적으로 선택을 하면서 자기 삶을 창조하는 자율적인 인간이라는 이상의 부수물이기 때문이며, 자유는 그런 정도만큼 소중하다."[139]

다원적 기회구조의 가치를 이해하는 한 방법은, 그것이 자율성을 가능케 만드는 종류의 자유를 위한 구조적 조건을 제공한다는 점이다. 소중한 어떤 것으로든 이어지는 단 하나의 경로—따라서 어떤 대가를 치르고라도 추구해야 하는 경로—만을 보는 것과, 여러 인간 행복의 형태의 상이한 조합으로 특징지어지는 각기 다른 삶으로 이어지는 많은 경로들—따라서 무엇을 소중히 여기고 추구해야 하는지 스스로 결정해야 한다—을 보는 것은 전혀 다르다. 기회 다원주의는 비록

Oshana, *Personal Autonomy in Society*(2006), 80쪽 등을 보라.

136 Joseph Raz, *The Morality of Freedom*(1986), 369쪽. 이 점에 관해서는 어느 정도 논쟁이 있지만, 라즈는 자율성은 "자율성을 향상시키는"(즉 현대) 사회에서만 안녕을 위해 항상 필요하다고 주장하는 것처럼 보인다. 앞의 책, 390쪽과 이하를 보라. 이 책 225쪽 주석 80을 보라.

137 예를 들어, Bruce Baum, *Rereading Power and Freedom in J. S. Mill*(2000), 27쪽을 보라. John Gray, *Mill On Liberty: A Defense*(2d ed. 1996), 64~89쪽; Richard Arneson, "Mill Versus Paternalism", 90 *Ethics*(1980), 470, 475쪽 등도 보라.

138 《자유론》의 중간 장은 "개별성, 만족스러운 삶을 위한 요소들 중 하나"라는 제목이 붙어 있다.

139 Raz, *The Morality of Freedom*, 264쪽.

성공이나 행복을 보장하지는 않지만, 어떤 사람이 라즈의 비유처럼 "자기 삶의 공저자"가 되게끔 해주는 필수적인 구조적 조건을 제공한다.[140]

라즈를 비롯해서 많은 이들이 자율성은 선택지와 선택에 좌우된다는 점을 인정한 바 있다. 관계적 자율성 이론가들은 더 나아가 자율성이 우리 모두가 파묻혀 있는 사회구조, 규범, 관계 등에 의존하고 그것들과 상호작용하는 다양한 방식을 확인했다. 이 책에 담긴 통찰 중 하나는 개별성은 다른 많은 것들처럼 기회구조의 모양에 의존한다는 것이다. 기회구조가 더 단일할수록, 사람들을 그 구조의 요건에 맞게 주조하고 이끈다. 반면 다원적 기회구조는 더 많은 사람들에게 상당 부분 자기 자신의 것인 삶을 살 수 있는 더 많은 기회를 제공한다.

---

140 앞의 책, 370쪽.

4부
—
응용

기회 다원주의는 정책, 법률, 제도 설계 등의 광범위한 영역에 걸쳐 함의를 갖는다. 기회 다원주의의 가장 직접적인 응용은 대부분 자격 병목을 확대하는 것과 관련이 있다. 더 다원적인 기회구조를 건설하는 데 조력하고자 하는 고용주, 학교, 기타 문지기들은 입학, 채용, 승진 등등에 관한 결정을 위해 활용하는 기준에서 유래하는 자격 병목을 재검토하고 개선할 여지가 상당히 많다. 기관들이 전반적인 기회구조에서 자신의 위치―어떤 사람이 각 기관 자체의 선택 기준을 충족시킬 수 있게 해주는 예비적 경로뿐만 아니라, 다른 한편에서 각 기관이 사람들에게 추구하도록 준비시키는 경로들까지 포함해서―를 신중하게 살펴보는 경우에, 자주 자신들이 핵심적인 병목을 개선하는 영향력이 있음을 깨달을 것이다. 때로는 간단한 해결책이 존재하는데, 이 해결책이 효율성이나 기관의 다른 목표에 미치는 영향은 크지 않거나 심지어 전반적으로 긍정적이다. 어떤 기관은 동료 기관들이 사용하는 것과 다른 시험이나 요건들로 전환할 수 있다. 또는 지원자가 필요한 기능을 갖고 있음을 보여주기 위해, 한 가지 이상의 방식을 제공할 수도 있다. 한편, 2부의 논증에서 이야기한 것처럼, 정부와 비정부 행위자들 모두 발달 병목을 개선하기 위해 할 수 있는 일이 많다. 기회가 제한된 지역에 사는 개인들에게 고용 영역에서의 다양한 경로로 이어지는 초기 단계에 대한 접근권을 제공하는 것이 출발점이 될 것이다.

이 부에서 나는 이 책에서 제시한 주장이 잠재적인 함의를 갖는 분야를 개관하고자 하지는 않는다. 대신에 기회 다원주의라는 렌즈를 통해 미국의 평등주의자들 사이에 많은 논쟁의 주제가 되는 몇 가지 곤란한 경제·사회 정책 영역을 검토하고자 한다. 1장에서는 결국 주요한 계급 병목으로 합쳐지는 몇 가지 상호 연관된 병목들을 검토한다. 2장에서는 노동의 구조와 일터의 유연성 문제로 관심을 돌린다. 3장에서는 병목현상 방지 원리가 차별금지법에 대한 우리의 이해를 어떻게 재구성해야 하는지를 이야기한다.

1장
병목으로서의 계급

앞의 부들에서 거론한 병목 사례들 대부분은 교육 영역에 초점을 맞춘 것이다. 이것은 우연한 일이 아니다. 니컬러스 레먼Nicholas Lemann 이《중요한 시험》에서 지적한 것처럼, "기회라는 것이 작은 농장이나 상점, 사업체를 시작할 자본에 대한 접근성을 의미한 19세기 대부분 시기 동안, 금융, 화폐, 신용 등은 격렬한 정치적 쟁점이었다. 기회가 교육을 의미하는 20세기 말에는 학교를 둘러싸고 격렬한 정치적 논쟁이 벌어졌다."[1]

21세기 초반인 오늘날 기회의 정치학에 관한 레먼의 진술을 다시 읽는 것은 인상적이다. 지금은 경제적 조건 일반, 그리고 특히 경제적 불평등 때문에 "금융, 화폐, 신용"을 비롯한 19세기 말과 20세기 초의 많은 정치적 관심사가 부활한 시기이기 때문이다. 새롭게 되살아난 이런 관심이 얼마나 계속 유지될지 이야기하기에는 너무 이르다. 하

---

1 Nicholas Lemann, *The Big Test: The Secret History of the American Meritocracy*(2000), 155쪽.

지만 이번에는 한 가지가 분명히 다르다. 현대 미국 정치에서 금융, 신용, 조세, 소득 분배 등의 경제적 문제는 교육 접근권에 관한 20세기 말의 문제와 전례 없이 깊은 방식으로 한데 뒤얽혀 있다. 이 두 주제 모두에 대한 오늘날의 관심을 움직이는 주된 동력은, 최근 몇 십 년 동안 경제적 불평등이 높아지면서 기회 역시 점점 불균등해지고 있다— 즉 계급적 배경이 점점 더 심각한 병목이 되고 있다—는 인식이다.

사회학자, 경제학자, 교육정책학자 등이 꾸준히 제시하는 많은 증거들을 보면, 이런 인식이 — 특히 미국과 영국 같은 나라들에서는—본질적으로 정확함을 알 수 있다. 소득 불평등이 높아짐에 따라 부모 소득과 자녀 소득의 연관관계 역시 상당히 높아지고 있다.[2] 국가 전체적으로 보면, 불평등의 정도와 계급 이동성의 정도(즉 계급 이동성의 결여) 사이에 상당히 확실한 연관관계가 존재한다.[3] 즉, 소득 불평등이 더 심한 곳일수록 자녀가 경제적 결과의 지위 위계서열에서 부모의 지위에 더 가까운 자리를 차지하는 경향이 있다. 이와 동시에 뒤에서 이야기할 증거를 보면, 교육 또한 계급적 배경과 점점 더 밀접하게

---

2   전반적인 내용으로 Greg J. Duncan and Richard J. Murnane, "Introduction: The American Dream, Then and Now", in *Whither Opportunity? Rising Inequality, Schools, and Children's Life Chances*(2011); 미국의 커지는 불평등과 감소하는 사회적 이동성을 설명하는 Stephen J. Rose, *Social Stratification in the United States: The American Profile Poster*(2d ed. 2007); 커지는 불평등과 고용 "양극화"의 관계 및 임금과 기능 스펙트럼에서 상위와 하위가 증가하고 중간이 줄어드는 현상을 보여주는 David H. Autor, Lawrence F. Katz, and Melissa S. Kearney, "Trends in U.S. Wage Inequality: Revising the Revisionists", 90 *Review of Economics and Statistics*(2008), 300쪽 등을 보라.

3   Miles Corak, "Do Poor Children Become Poor Adults? Lessons from a Cross Country Comparison of Generational Earnings Mobility", 13 *Research on Economic Inequality*(2006), 143쪽; Miles Corak, "Inequality from Generation to Generation: The United States in Comparison", in 1 *The Economics of Inequality, Poverty, and Discrimination in the 21st Century*(Robert S. Rycroft ed., 2013), 107쪽 등을 보라.

연관되고 있음을 알 수 있다. 이 모든 것을 보면, 계급적 배경이 아주 중요한 병목임이 드러난다.

왜 그런 걸까? 광범위한 사회경제적 지위—부모의 교육 수준, 소득, 재산 같은 계급적 배경 변수—중에서 아이들로 하여금 그렇게 다른 기회와 삶의 궤적을 경험하게 만드는 것은 무엇일까? 게다가 소득 불평등이 절대적인 의미에서 더 높을 때, 왜 이런 사정이 **더** 확실한 걸까? 이런 커다란 질문들은 도서관 하나를 채울 만한 주제이다. 하지만 우리는 기회 다원주의라는 렌즈를 통해 근원적인 동학과 문제가 되는 이해관계, 잠재적인 해법 등을 이해할 수 있다.

이 장에서는 세 가지 이야기를 하고자 한다. 첫째는 유인에 관한 것이다. 둘째는 교육과 지불 능력에 관한 것이다. 셋째는 계급에 따른 주거와 학교 분리에 관한 것이다. 각각의 이야기는 계급적 비非이동성으로 대표되는 더 큰 병목에 기여하는 기회구조의 서로 다른 병목을 설명한다. 이 각각의 이야기는 일정한 경험적 주장에 의존하므로, 이 장에서는 입수 가능한 증거를 조사하고자 한다. 각각은 미국의 기회구조에서 가장 심각한 병목임이 거의 확실한 문제를 다루기 위한 전략을 구성하는 서로 다른 해법—사람들로 하여금 관련된 병목을 통과하거나 우회하게 해주는 서로 다른 방법—을 가리킨다.

여러 면에서 이 장은 우리를 원점으로 돌려놓는다. 이 책의 첫 부분에서 나는 출신 계급과 귀착 계급으로는 기회 불균등의 풍부한 그림을 충분히 제시하지 못한다고 주장했다. 기회는 미래 소득 이외의 다른 여러 이유들 때문에 중요하다. 기회는 노동 세계 안팎 모두에서 우리가 형성하는 소망과 우리가 발전시키는 재능을 비롯한 우리 삶의 여러 측면에 영향을 미친다. 서로 다른 가족과 동네가 제공하는 각기 다른 발달 기회는 한 척도에서 불균등한 지점일 뿐만 아니라 종류 자체도 다르다. 그럼에도 불구하고 일단 병목과 기회구조에서 병목이 하는 역할을 이해하기 위한 개념적 틀을 갖추면, 아마 계급이 무엇보다도 가장 만연한 병목임이 금세 분명해질 것이다. 왜 그런지—그리고 이 문제를 어떻게 풀 수 있는지—충분히 생각해볼 가치가 있다.

하향 이동에 대한 두려움: 불평등이 얼마나 중요한지에 관한 우화

어느 정도 상당한 액수의 돈이 없으면 인간 행복의 가장 기본적인 형태들을 대부분 달성하는 게 어렵거나 불가능한 사회에 산다고 상상해보자. 사회가 어떻게 이런 속성을 가질 수 있는지 상상하기는 어렵지 않다. 문제를 단순화하기 위해, 우리가 '미국'이라고 부르는 가상의 나라에서는 국가 의료보험 제도가 없어서 의료 그리고/또는 보험에 돈이 든다고 생각해보자. 또한 이 나라에서 폭력을 벗어나 안전을 누리고 자녀를 양질의 무상 공립학교에 보내려면, 중간계급(또는 더 부유한) 동네에 살 필요가 있다고 생각해보자. '미국'에서는 어린이집과 유치원에도 많은 돈이 들며(대학도 마찬가지이다), 장기간의 실업은 매우 위험할 수 있다. 실업수당은 보통 몇 달의 생활만을 보호해주기 때문이다. 게다가 재산과 세후 소득 모두 매우 불평등하다—따라서 한 사람의 생활수준과 일반적으로 감당할 수 있는 삶은 소득과 부의 분배에서 어느 위치에 해당하는지에 따라 매우 다르게 보인다.

이와 대조적으로 가상의 '덴마크'에서는 국가 의료보험이 무상이고, 국가가 매우 양질의 어린이집과 유치원을 제공하며, 거의 모든 사람이 폭력의 위험에서 상당히 안전하고 꽤 양질의 학교가 있는 지역에서 살 수 있다. 연금이나 실업급여 체계에 틈이 생기면 기간 제한 없는 현금 수당으로 이 틈을 메우기 때문에 실직, 질병 등의 이유로 생계를 부양할 수 없는 어떤 사람이든 혜택을 받는다.[4] 한편 재산과 세후 소득 모두 불평등의 정도가 덜하며, 따라서 어떤 사람이 이 재산이나 소득 분포에서 어디에 해당하는지의 문제가 그의 인생에 실제로 미치는 영향도 적다.

이 두 사회 중 한쪽에서 당신이 추구하기로 택하는 다양한 인생 계획 가운데 어떤 것은 다른 것들에 비해 소득에 훨씬 더 큰 중점을 둘 것이다. 만약 당신이 '덴마크'에 산다면, 무엇이 좋은 삶인지에 관한 당신 나름의 견해에 입각해서 더 많은 소득을 제공하는 경로나, 여러 가능한 이유로 당신이 소중하게 여기는 다른 것을 더 많이 제공하는 경로를 추구하기로 합리적인 결정을 내릴 수 있다. 이와 대조적으로 '미국'에서는 무엇이 좋은 삶인지에 관한 당신의 생각이 아주 이례적인 게 아니라면, 당신이 상당한 액수—최소한 의료나 물리적·경제적 안전 같은 기본 필수품을 살 수 있을 정도는 충분한 액수—의 돈을 버는 것을 포함하는 경로를 선택하지 **않는다면** 거의 확실히 실수를 저지르는 셈일 것이다. 이렇게 되면 어떤 경로를 추구할 것인지에 관한 사람들의 선호가 어느 정도 하나로 수렴된다.

여기서 어떤 일이 벌어지는지를 이야기하는 한 가지 방법은, 기회

---

4 이 부분에 등장하는 두 원형적 사회는 완전히 가상의 사회는 아니다. 예를 들어, 기간 제한 없는 이런 현금 수당은 덴마크 사회복지 국가의 일부로 실제로 존재한다. Ministry of Foreign Affairs of Denmark, "Factsheet Denmark: Social and Health Policy"(Dec. 2003), 3쪽.

다원주의의 관점에서 보면 '미국'에서는 돈으로 너무 많은 중요한 것을 산다는 것이다. 좋은 삶에 관해 그럴듯한 관념을 가진 어떤 사람이든 높이 평가할 만한 것의 핵심에 가까이 있는 너무 많은 것을 사는 데 돈이 필요하다. 다시 말해, 돈은 너무도 유력한 도구재 병목이다. '미국'의 이런 상황 때문에 〈조건 1〉을—또한 〈조건 2〉도—달성하는 게 어려워진다. 대부분의 사람들이 보수가 좋은 어떤 일자리든 얻기 위해 경쟁하기 때문이다.

이와 같은 도구재 병목은 개인들에게 열려 있는 합리적인 일군의 선택에 영향을 미칠 뿐만 아니라, 부모가 자녀에게 전해주는 우선순위에도 영향을 준다. 부모가 노년에 자녀들에게 의존해서 돌봄을 받는 사회의 경우처럼, 부모가 반드시 자녀의 경제적 성공에서 직접 혜택을 받는 것은 아니다(이런 일이 있기도 하다). 오히려 도구재 병목은 자녀의 이익이나 자녀가 직면하게 될 선택에 대한 부모의 인식에 영향을 미친다. 돈 같은 도구재 병목이 존재하는 '미국'의 현실을 감안할 때, 부모가 자녀에게 좋은 삶을 살기에는 힘들 정도로 적은 돈을 버는 인생 경로를 따라가는 조기 단계를 밟도록 장려한다면 어리석은 일일 것이다. 게다가 '미국'의 부모들은 자녀가 미래 계급 구조에서 소득이 더 높은 지위를 얻기 위한 경쟁에서 반드시 성공을 하게 만들어야 하는 유력한 유인을 갖는다. 이런 경쟁이 주로 교육 경쟁—대학 입학 등등—이라면, '미국'의 부모들은 자녀가 반드시 학교에서 남들보다 나은 성적을 받게 만들어야 한다.[5]

---

5 '미국'의 부모들은 또한 특히 자녀가 가장 유리한 조건을 갖춘 동네와 학교에서 자라도록 해줄 유력한 유인을 갖는다. 이런 유인 때문에 유리한 조건과 불리한 조건의 지리적 집중이 악화되기 쉽다. 이 책 387쪽 이하 "분리와 통합" 절을 보라. 셰릴 캐신은 이런 효과가 인종 및 계급 분리를 추진하는 요인이라고 주장한다. "승자 독식 체제에서

어떤 이는 이 우화에 등장하는 이러한 도구재 병목을 왈저의 방식으로 바라볼지 모른다. 왈저의 표현대로 하면, '미국'에서 돈은 다른 영역들에 비해 **지배적**이다.[6] 기회 다원주의의 관점에서 보면, 한 재화가 다른 재화를 지배하는 것은 그 자체로 나쁜 게 아니다. 하지만 지배 문제에 대해 왈저가 제시하는 해법의 일부 또한 도구재 병목을 완화하는 효과를 발휘한다. 특히 **봉쇄된 거래** 때문에 일부 재화는 계속 "현금 거래 관계 외부"에 남게 되는데, 이 때문에 돈은 병목의 성격이 줄어든다.[7]

하지만 우리는 봉쇄된 거래에 배타적으로 혹은 우선적으로 의존할 필요가 없다. 우리는 또한 다양한 비非금전적, 비非거래적 기본재산endowment을 제공함으로써 도구재 병목을 완화할 수 있다. '덴마크'가 소득에 상관없이 모든 사람에게 제공하는 의료보험이나 보육 등의 기본재산처럼 말이다. 여기서는 어떤 거래도 봉쇄되지 않지만—돈이 많을수록 당신은 더 많은 의료보험이나 보육을 살 수 있다—비거래적 기본재산을 제공하기 때문에 돈은 병목의 성격이 상당히 줄어든다. 이제 사람들은 사회복지 국가가 제공하는 필수품을 얻기 위해 일정한 수준의 돈을 벌 필요가 없다. 그 결과 다양한 인생 계획 ―〈조건 1〉―이 더 가능해진다. 따라서 국가가 인간 행복에 필요하거나 다른

는 심지어 부유층도 가장 유리한 조건을 갖춘 최고의 학교에 진학하기 위해 분투해야 한다는 커다란 압박을 느낀다. 뒤에 처치는 위험 때문에 그들은 가장 좋은 경로나 안전한 경로로 이어지는 길을 돈 주고 산다. 우리가 속한 분리주의 사회에서 이는 대개 격리된 경로인데, 소수민족은 거의 없고 가난한 사람들은 더더욱 적다." Sheryll Cashin, *The Failures of Integration: How Race and Class are Undermining the American Dream*(2004), 200쪽.

6 Michael Walzer, *Spheres of Justice: A Defense of Pluralism and Equality*(1983), 17쪽.

7 앞의 책, 100쪽[마이클 왈쩌 지음,《정의와 다원적 평등》, 178쪽].

소중한 재화로 가는 주된 경로를 열어주는 재화를 비금전적 기본재산으로 제공하려고 시도하는 것은 기회 다원주의에 도움이 된다.[8] 국가가 모든 사람에게 기본 수준의 소득을 제공하는 기본소득 접근법 역시, 기본소득 수준이 '미국'에서 비참한 결과나 가난한 상태에 빠지지 않도록 사람들을 보호해줄 만큼 충분히 높은 정도에 따라 많은 동일한 효과를 낼 것이다.[9] 다양한 종류의 사회보장 또한 돈의 병목적 성격을 줄여줄 수 있다.

이 모든 접근법은 낮은 소득에 수반되는 위험을 어느 정도 줄여준다—가난의 고통을 덜어준다는 의미에서만이 아니라, 여기서 우리가 이야기하는 취지상 더욱 중요하게는, 낮은 소득 때문에 추구할 수 있는 기회가 **제한되는** 정도를 **줄여준다**는 의미에서도 그렇다.[10] 그리고 비록 이 몇 문단에서 공공정책을 강조하긴 했지만, 규모와 권한을 제외하면 여기서 이야기하는 국가의 역할에서 특별한 점은 하나도 없다는 사실을 주목하라. 원칙적으로 중요한 재화에 대해 소득을 보충해주거나 기본재산을 제공하려는 사적인 시도도 규모는 작지만 기회구조의 모양에 비슷한 영향을 미칠 수 있다.

---

8   제러미 월드런은 월저가 제시한 사례 중 일부에 대해서는 봉쇄된 거래보다는 최소한도 제공minimum provision에 의존했어야 한다고 주장한다. Jeremy Waldron, "Money and Complex Equality", in *Pluralism, Justice, and Equality*(David Miller and Michael Walzer eds., 1995), 157쪽.

9   필리프 방 파레이스는 국가가 국민에게 가장 높은 수준의 지속 가능한 기본소득을 제공해야 한다는 기본적 주장을 펴면서, 그렇게 해야만 개인들의 실질적 자유를 향상시킬(또는 특히 그런 자유의 최소치를 극대화할) 수 있다는 사고를 근거로 든다. 중요하고 기본적인 필수품을 살 여력이 없고, 따라서 이런 필수품을 얻을 수 있는 어떤 경로든 그것을 중심으로 자기 삶을 조직해야 하는 사람들은 실질적 자유가 대단히 제한된다. Philippe Van Parijs, *Real Freedom for All*(1995), 21~29쪽을 보라. 이 책 92~93쪽도 보라.

10   앞의 책을 보라.

그렇지만 비금전적 기본재산, 사회적 급여, 사회보험 등이 소득과 부의 불평등에서 생겨나는 기회 불균등을 완화할 수 있다 할지라도, 그런 조치들은 그 정도만을 할 수 있을 뿐이다. 소득과 부의 분배가 여전히 **매우** 불평등하다면, 어린이들이 누리는 기회 역시 매우 불균등할 게 거의 확실하다. 돈으로 유리한 조건을 사는 거래를 모두 봉쇄하는 것은 불가능할뿐더러 바람직하지도 않다.

이런 이유로 기회균등에 관심이 있는 사람이라면 누구나 소득과 부의 불평등을 제한하는 **데에도** 관심을 기울여야 한다. 가장 분명한 전략은 조세 정책이다. 누진율이 높은 소득세—또는 상속세 같은 부유세라면 더욱 좋다—는 이런 식의 불평등을 줄일 수 있다. 다른 가능한 지렛대 받침점도 있다. 규제자나 비정부 행위자가 기업들로 하여금 가장 많은 보수를 받는 중역들과 가장 적은 보수를 받는 직원들의 급여 비율을 제한하게 만드는 유인책을 마련할 수 있다. 법률과 정책의 많은 영역이 이런 형태의 불평등에 간접적인 영향을 미친다.

일부 기회균등 옹호론자들에게는 이런 결론이 달갑지 않게 보일지 모른다. 어떤 이들에게 기회균등이 매력적이었던 이유 중 하나는 우리로 하여금 '결과'의 균등화를 피하게 해준다는 점이었다. 하지만 소득과 부 또는 다른 도구재의 측면에서 정의되는 결과를 기회균등을 장려한다는 이름으로 **균등**하게 만들 필요가 없는 반면, 현실적인 기회균등 개념이라면 기회 불균등을 구성하는 불균등한 '결과'를 줄이거나 완화하는 것을 포함해야 마땅하다. 기회 다원주의의 관점에서 보면, 광범위한 불균등한 결과도 또한 기회 불균등을 구성한다. 소득과 부가 병목으로 작용하는 정도만큼(현대사회에서는 어느 정도 그런 것처럼), 우리는 사람들이 이 병목을 통과하거나 우회하도록 돕는 방법을 찾아야 한다. 이 병목이 기회구조를 완전히 지배하지 않도록 말이다.

지난 30~40년 동안 현실의 미국에서는 소득 불평등이 빠르게 높아졌다—적어도 이런 점에서 현실의 미국은 우리가 양식화한 '미국'과 더 흡사해졌다. 같은 시기에 고소득층 가정 출신 어린이와 저소득층 가정 출신 어린이 사이의 학업 성취 격차는 극적으로 커졌다. 이 격차는 같은 시기에 감소한 흑백 사이의 성취 격차의 규모를 능가해서 이제 그 두 배에 달한다.[11] 점차 학업 성취도는 유치원부터 시작해서 초등교육과 중등교육에서도 계속해서 부모의 소득과 강한 상관관계를 보인다.[12]

이런 영향이 어떤 방식으로 최근 몇 십 년 동안 그렇게 훨씬 더 뚜렷해진 것인지는 밝히기 쉽지 않다. 하지만 이 시기의 가계 지출을 연구하는 사회과학자들은 불평등이 증대함에 따라 부모가 **자녀에게** 쓰는 총지출이 소득보다 더 빠르게 늘어났음—그리고 더욱 불균등해졌음—을 발견했다.[13] 물론 불평등이 커질수록 많은 종류의 지출에서 불평등이 생겨나는 경향이 있다. 하지만 이 분야에서 가장 정교한 연구를 보면, 더 구체적인 어떤 방식이 작동하고 있음이 드러난다. "자녀의

---

11 소득 100분위 중 10위와 90위 가정 출신 학생들의 학업 성적 격차를 측정한 Sean F. Reardon, "The Widening Academic Achievement Gap between the Rich and the Poor: New Evidence and Possible Explanations", in *Whither Opportunity? Rising Inequality and the Uncertain Life Chances of Low-Income Children*(Richard Murnane and Greg Duncan eds., 2011), 91쪽을 보라.

12 이런 사실은 학업 성적뿐만 아니라 중요한 행동 특성과 기능에도 해당한다. 앞의 글; Greg J. Duncan and Katherine Magnuson, "The Nature and Impact of Early Achievement Skills, Attention Skills and Behavior Problems", in *Whither Opportunity?*, 47쪽 등을 보라.

13 Sabino Kornrich and Frank Furstenberg, "Investing in Children: Changes in Parental Spending on Children, 1972~2007", 50 *Demography*(2013), 1쪽.

인지 발달에 대한 부모의 투자가 늘어나는" 것이다.[14] 소득이 많은 부모일수록 유치원, 사립학교, 대학 같은 고가의 품목 외에도 책, 컴퓨터, 음악과 미술 교습, 여름캠프 프로그램, 가족 여행과 교육 여행, 특별활동, 학교 바깥의 개인 교습과 기타 사교육 등 "학습 관련 투자"에 더 많은 지출을 하는 것으로 보인다.[15] 게다가 사회경제적 지위가 높은 부모일수록 어린 자녀와 읽고 쓰기 같은 "비일상적" 활동을 하는 데 훨씬 많은 시간을 투자하고 있다.[16] 사회학자 아네트 라루Annette Lareau는 중간계급과 상층 중간계급이 상대적으로 철저하게 자녀의 "교양에 관심을 기울이는" 전략을 묘사한다. 이런 모습은 노동계급 가정에서 더 흔히 볼 수 있는 접근법, 즉 자녀가 즐겁게 놀면서 스스로 활동을 조직하게끔 안전한 환경을 제공하는 것을 주로 추구하는 접근법과 대조적이다. 라루는 이것을 "자연스러운 성장"이라고 부른다.[17]

고소득층 부모들은 자녀를 대학에 보내는 게 필수적이라는 점을 확신하게 된 것으로 보인다. 그들과 자녀들이 처한 기회구조를 감안할 때, 어쩌면 그들이 옳을 것이다. 대학 학위는 아주 중요한 병목이 된 것처럼 보인다.

---

14 Reardon, "The Widening Academic Achievement Gap between the Rich and the Poor", 93쪽.

15 Neeraj Kaushal, Katherine Magnuson, and Jane Waldfogel, "How Is Family Income Related to Investments in Children's Learning?" in *Whither Opportunity?*, 187쪽; Kornrich and Furstenberg, "Investing in Children" 등을 보라.

16 Meredith Phillips, "Parenting, Time Use, and Disparities in Academic Outcomes", in *Whither Opportunity?*, 207쪽.

17 Annette Lareau, *Unequal Childhoods: Class, Race, and Family Life, Second Edition with an Update a Decade Later*(2011)[아네트 라루 지음, 박상은 옮김, 《불평등한 어린 시절》, 에코리브르, 2012].

병목으로서의 대학

지난 40년 동안 미국에서 대학 학위를 보유한 성인의 비율은 상당
히 높아졌다.[18] 하지만 이런 증가는 계급 구조 전체에 걸쳐 아주 불균
등하게 분포되었다. 최근의 한 계산에 따르면, 소득 상위 4분위에 속
한 가정 출신은 82.4퍼센트가 24세에 학사학위를 끝마친 반면, 소득
하위 4분위 가정 출신 학생들은 같은 나이에 학사학위를 끝마친 비율
이 8.3퍼센트에 불과했다.[19]

이런 커다란 격차는 상이한 가족 배경을 가진 사람들에게 열린 경
력 경로에 극명한 영향을 미친다. 특히 학사학위(또는 그 이상)를 요구
하는 일자리의 비율이 늘어나기 때문이다―이런 현상은 어느 정도
"성적증명서 인플레이션"[20]에서 유래하는 것처럼 보이지만, 원인이 무
엇이든 간에 결국 이 현상 때문에 대학 학위가 없다는 사실은 전보다
훨씬 더 제한적인 병목이 된다.

계급에 따라 학위 취득에 커다란 격차가 생기는 현상에는 여러 가

---

18 그렇지만 확실히 대학 학위를 가진 노동자에 대한 수요만큼 빠르게 높아지지는 않았
    고, 또한 일부 비슷한 나라들만큼 빠르게 높아지지도 않았다. 한때 미국은 대학 학위
    획득 분야에서 커다란 우위를 누렸지만, 지금은 그렇지 않다. Anthony P. Carnevale
    and Stephen J. Rose, "The Undereducated American"(June 2011)(http://cew.georgetown.
    edu/undereducated에서 접속 가능)을 보라.

19 Thomas G. Mortenson, "Family Income and Educational Attainment, 1970 to 2009",
    Postsecondary Education OPPORTUNITY(Nov. 2010), 2쪽을 보라.

20 David Labaree, *How to Succeed in School Without Really Learning: The Credentials Race in
    American Education*(1997), 70~72쪽; 최근 광범위한 신입 일자리에서 나타나는 "성적
    증명서 상향" 추세에 관한 데이터를 보도하는 Catherine Rampell, "Degree Inflation?
    Jobs That Newly Require B.A.'s" *New York Times Economix Blog*, Dec.4, 2012(http://
    economix.blogs.nytimes.com/2012/12/04/degree-inflation-jobs-that-newly-require-b-
    a-s/) 등을 보라.

지 원인이 있다. 고소득층 학생들은 평균적으로 대학 준비를 더 잘하고, 대학에 진학할 공산이 더 크며, 학위를 마칠 가능성도 더 높다. 이 학생들은 경쟁적인 대학이 상당한 비중을 두는 표준화된 시험에서 더 높은 점수를 받을 가능성도 훨씬 높다.[21] 교육 기회를 비롯한 발달 기회는 이 이야기의 모든 단계에서 중심을 차지한다. 하지만 준비에서 차이가 난다고 해서 대학 재학과 졸업에서의 불균형이 완전히 설명되는 것은 아니다. 2005년도 미국 정부 자료를 보면, 8학년 수학 시험에서 모든 수험자 중 하위 25퍼센트 점수를 받은 사회경제적 지위가 높은 학생들은, 같은 시험에서 **상위** 25퍼센트 점수를 받았지만 사회경제적 지위가 **낮은** 8학년 학생들보다 학사학위를 받을 가능성이 약간 높았다.[22] 다시 말해 조기 학업 준비상의 격차를 제쳐두고라도, 계급은 누가 학사학위를 받을 것인지를 가장 정확하게 알려주는 유력한 지표이다.

여기서 말하는 이야기의 일부는 대학 지원 과정 자체와 입시 준비

---

21 대학 성적을 예측하는 게 목표라면, 고등학교 점수가 SAT 점수보다 한층 더 정확도가 높은 것으로 보인다. 두 점수를 모두 활용하는 것이 고등학교 점수만 활용하는 것보다 예측 정확도가 더 높다(아주 큰 차이는 아니지만). 수전 스텀과 라니 기니어가 1990년대에 정연하게 입증한 것처럼, 이런 추가적인 예측 정확도는 SAT 점수와 계급적 배경 사이의 상관관계에 비하면 작은 수준이다. 어떤 학생의 SAT 점수를 안다면, 그 학생의 대학 성적을 예측하는 것보다 계급적 배경을 "예측"하는 게 네 배 더 정확하다(이미 고등학교 점수를 통제한 경우에). Susan Sturm and Lani Guinier, "The Future of Affirmative Action: Reclaiming the Innovative Ideal", 84 *California Law Review*(1996), 953, 988쪽.

22 Mary Ann Fox et al., "Youth Indicators 2005: Trends in the Well-Being of American Youth, U.S. Department of Education"(2005), 50~51쪽 〈표 21〉; Joydeep Roy, "Low income hinders college attendance for even the highest achieving students", Economic Policy Institute(Oct. 12, 2005)(http://www.epi.org/publication/webfeatures_snapshots_20051012/) 등을 보라.

이다. 사회학자들은 대학이 경쟁이 심할 때, 특권 계급에 속하는 부모들은 가령 "사설 강의나 과외교사 같은 값비싼 시험 준비 수단을 활발하게 활용하는" 식으로 자녀의 입학 성공을 보장받기 위해 적응한다는 사실을 발견했다.[23] 그렇지만 입수 가능한 경험적 증거를 보면, 불리한 상황을 극복하고 공부를 잘하는 고등학교 3학년이 되는 저소득층 학생들조차, 그럼에도 불구하고 문턱이 높은 선발제 대학에 지원하는 대신 집에서 가까운 경쟁이 적거나 아예 없는 대학을 선택한다. 최근의 한 연구에서 밝혀진 바에 따르면, '내신 성적과 시험 점수로 볼 때 가장 경쟁이 심한 선발제 대학에 갈 수 있는 학업 성적이 좋은 저소득층 학생들도 대부분은 아예 그런 대학에 지원을 하지 않았다.[24]

이 이야기에서 핵심적인 부분은 미국에서 대학을 다니는 비용이 급등했다는 사실이다. 중위 가정 소득이 인플레이션과 겨우 보조를 맞춘 반면, 대학에 다니는 비용은 인플레이션보다 몇 배나 더 빠르게 올랐다.[25] 고등교육에 대한 국가 예산 지원은 본질적으로 감소해서 지금은 25년 만에 최저 수준이고,[26] 수업료가 급등했으며,[27] 지원금과 장학

---

23 Sigal Alon, "The Evolution of Class Inequality in Higher Education : Competition, Exclusion, and Adaptation", 74 *American Sociological Review*(2009), 731, 736~737쪽.

24 Caroline M. Hoxby and Christopher Avery, "The Missing 'One-offs': The Hidden Supply of High-Achieving, Low Income Students", NBER Working Paper No. 1858, Dec. 2012. 실제로 "SAT에서 좋은 점수를 받을 역량을 이미 보여준" 상당수의 학생이 그 시험을 아예 보지도 않는다. Gerald Torres, "The Elusive Goal of Equal Educational Opportunity", in *Law and Class in America: Trends Since the Cold War*(Paul D. Carrington and Trina Jones eds., 2006), 331, 333쪽 주석 5를 보라.

25 College Board, *Trends in College Pricing 2011*(2011), 13쪽.

26 State Higher Education Executive Officers, *State Higher Education Finance Fiscal Year 2011*(2012)(http://sheeo.org/finance/shef/SHEF_FY11.pdf에서 접속 가능), 20쪽 〈그림 3〉을 보라.

27 앞의 책.

378

금은 줄어들고 있다.[28] 실제로 오늘날 대학들은 부유하지 않은 학생들을 위한 필요 기준 지원need-based aid보다는, 이른바 "업적 기준 지원merit aid"—대학 발전을 위해 학업 능력이 탄탄한 학생들을 끌어들이려는 장학금—에 더 많은 지출을 하고 있는 것처럼 보인다.[29]

계급이 부모의 재산이나 소득이라는 형태로 기회구조에서 최대한 심각한 병목이 되는 체계를 고안하려고 한다면, 아마 이런 식의 체계를 고안할 것이다. 첫째, 최대한 많은 잠재적 경력 경로—각자의 기질과 소망에 따라 각기 다른 이유로 소중하게 여길 수 있는 경로—가 대학에 의존하게 만들어야 한다. 그리고 단지 대학에서만 끝나서는 안 된다. 4년제 학사학위나 그 이상을 요구해야 한다. 이런 학위가 위신과 지위를 부여하는 사회규범을 만들어야 한다. 더 나아가 이 학위 비용을 높여야 한다. 경제적 지원을 해준 뒤에도 부모가 상당한 부담에 직면하게 만들면, 돈이 많지 않은 많은 가정에서는 비용 문제 때문에 자녀를 저렴한 커뮤니티칼리지(이런 학교에서는 사실 대다수 학생이 4년제 학위 과정으로 편입하지 않는다)에 보내기로 결정할 공산이 커진다. 이

---

28 College Board, *Trends in College Pricing 2011*, 13쪽; College Board, *Trends in Student Aid 2011*(2011), 3쪽.

29 대학의 업적 기준 지원금이 수혜 학생 수와 평균 액수 모두에서 필요 기준 지원금을 근소하게 앞질렀음을 보여주는 Jennie H. Woo and Susan P. Choy, "Merit Aid for Undergraduates: Trends From 1995~96 to 2007~08", *U.S. Department of Education Stats in Brief*(Oct. 2011), 9~11쪽. Stephen Burd, *Undermining Pell: How Colleges Compete for Wealthy Students and Leave the Low-Income Behind*(New America Foundation, 2013)(https://static.newamerica.org/attachments/2320-undermining-pell-2/Merit_Aid%20Final.b3b89c275d2249eeb19cb53d3fc049b6.pdf에서 접속 가능); Ronald Ehrenberg et al., "Crafting a Class: The Trade-Off between Merit Scholarships and Enrolling Lower-Income Students", 29 *Review of Higher Education*(2006), 195쪽 등을 보라. 이 문헌에서 "업적 기준 지원"은 주로 학업상의 업적을 가리키지만, 운동선수 장학금과 필요 기준이 아닌 다른 장학금도 (소수) 여기에 포함된다.

렇게 이중 체계가 생겨나면, 부유하지 않은 이들은 입시 준비나 학업 성적과 관계없이 학위를 받아도 별로 높게 평가받지 못하는 대학으로 압도적으로 몰릴 것이다.[30]

최대한 심각한 계급 병목을 갖춘 기회구조를 만들려고 하는 사악한 계획가라면, 더 나아가 4년제 대학조차 지위 위계에 따라 배열하고 필요 기준 재정 지원을 업적 기준 지원으로 바꿀 것이다. 학생들로 하여금 자신이 특별히 빼어난 지원자로서 두각을 나타낼 수 있는 대학, 즉 돈 문제가 아니었다면 선택했을 대학보다 지위 위계에서 약간 낮은 대학에 진학하게 유도하는 것이다. 이와 같이 업적 기준 지원은 등록금에 민감한 가정 출신의 학생들을 대학 지위 위계에서 아래쪽으로 끌어당기기 때문에, 등록금에 민감하지 않은(그리고 대체로 더 부유한) 가정 출신 자녀들이 위에 생기는 자리로 올라갈 수 있다.[31]

정말로 사악한 계획가라면 거기서 멈추는 게 아니라 바람직한 대부

---

30 Anthony P. Carnevale and Jeff Strohl, "How Increasing College Access is Increasing Inequality, and What To Do About It", in *Rewarding Strivers: Helping Low-Income Students Succeed in College*(Richard Kahlenberg ed., 2010), 71, 78쪽을 보라. 이런 커뮤니티칼리지 학생들 중에 만약 4년제 대학에서 공부를 시작하면 더 나은 결과에 도달하는 이들이 더 많음을 보여주는 증거를 논하는 Robert K. Fullinwider and Judith Lichtenberg, *Levelling the Playing Field: Justice, Politics, and College Admissions*(2004), 66~67쪽도 보라.

31 이런 업적 기준 지원 체계가 기회 다원주의에 유일하게 줄 수 있는 잠재적 이익은 이론상 상위권 학생들이 더 많은 학교에 광범위하게 분포되는 결과를 낳을 수 있다는 점뿐이다. 풀린와이더와 릭텐버그는 어쩌면 이런 효과 때문에 시간이 흐르면서 "오늘날 지배적인 태도로 보이는, 유명 브랜드 중심의 승자독식 정신 상태가 다소 완화될 수 있을 것"이라고 지적한다. Fullinwider and Lichtenberg, *Levelling the Playing Field*, 81쪽. 하지만 이런 효과를 입증하는 증거는 전혀 없다. 매우 정밀한 새로운 업적 기준 지원 체계는 대학들의 뚜렷한 위계 서열을 강화하는 게 당연하다. 어쨌든 기회 다원주의의 관점에서 보면, 학생들을 계급에 따라 집중시키는 동시에 학업 성적에 따라 분산시키는 것은 별로 도움이 될 것 같지 않다.

분의 경로에서—몇 달이든 1년이나 그 이상이든—무급 인턴 과정이 요구되는 방식으로 대학 졸업자들을 위한 경력 사다리를 만듦으로써, 계급을 훨씬 더 심각한 병목으로 만들 것이다. 이 경우에 학자금 대출을 바로 갚고 생활비를 벌어야 하는 이들은 신입 봉급쟁이 일자리로 진출하는 반면, 집에 재산이 있어서 이런 압력을 피할 수 있는—또는 집에 연줄이 있어서 일류 인턴 과정에 들어갈 수 있는—이들은 무급으로 일하면서 중요한 자격과 경험을 얻을 수 있다. 무급 인턴 과정이 점점 늘어남에 따라, 최고 엘리트 대학(가장 부유한 학생 집단을 거느린 대학) 중 일부는 학생들을 위해 직접 이런 인턴 과정에 재정 지원을 하기 시작했다.[32]

병목현상 방지 원리의 관점에서 보면, 이 문제의 해법을 위해서는 사람들이 대학 학위 병목을 **통과하고 우회하는** 과정 둘 다를 도울 필요가 있다. 이 기획의 앞부분—사람들이 이 병목을 통과하게 돕는 것—은 비교적 익숙하다. 업적 기준 지원을 필요 기준 지원으로 바꾸어야 한다. 또 고등교육에 대한 국가 지원을 부활시켜서 등록금 상승을 막고, 펠Pell 장학금[33] 같은 필요 기준 장학금을 늘려야 한다. 미국에서는 똑똑한 학생들을 끌어들이기 위해 대학들이 경쟁을 하면서 업적 기준 지원 추세가 상당히 고조되고 있기 때문에, 정부가 행동에 나서서 집단행동 문제를 극복하는 것을 돕고 대학들이 필요 기준 지원으로 돌아가는 형태로 상호 무장해제로 나아가도록 압박할 필요가 있

---

32 Ross Perlin, *Intern Nation: How to Earn Nothing and Learn Little in the Brave New Economy*(2011), 90~91쪽[로스 펄린 지음, 안진환 옮김, 《청춘 착취자들》, 사월의책, 2012]을 보라.

33 연방정부에서 저소득층 대학생에게 무상으로 지급하는 장학금. 최소 수준의 학점 이상이면 1년에 최대 5,000달러를 받을 수 있다.—옮긴이

다. 정부의 행동은 또한 등록금 자체를 재구조화하도록 도울 수 있다. 대출·상환 체계에서 소득 조건부 과세 체계로 전환하는 것도 한 방법이다.[34] 한편 저소득층 학생들의 학업 수행과 대학 준비를 향상시킨다는 더 어려운 목표를 추구해야 한다. 이 기획을 위해서는 저소득층 학생들의 학업 수행을 제약하는 병목을 확인하고, 그런 병목을 통과하고 우회하는 더 많은 경로를 만들어낼 필요가 있다. 또한 선발제 대학에 갈 준비가 **되어 있는** 저소득층 학생이 그런 지식을 접하게 돕는 한편, 이 경로를 실제로 추구할 수 있음을 알게 해주는 멘토와 연결해줄 필요가 있다. 성적이 좋은 저소득층 학생이 좀처럼 선발제 대학에 지원하지 않음을 보여주는 연구의 저자들은 미국의 주요 15개 도시에 있는 몇몇 학교, 특히 경쟁적인 공립학교에서 이런 효과가 크게 완화됨을 발견했다. 이 지역을 제외하면, 성적이 좋은 저소득층 학생들은 "선발제 대학 출신 교사나 고등학교 상담교사, 자기보다 나이가 많은 동창 등을 만날 확률이 극히 낮으며", 멀리 떨어진 선발제 대학에 좀처럼 지원하지 않는다.[35] 전국 각지의 수많은 자격 있는 학생들에게 경쟁적인 대학에서 4년제 학위를 추구할 수 있게 해주는 사람들과 연줄을 접할 기회를 주기 위해서는 혁신적인 구상이 필요하다.

이런 각각의 변화가 이루어지면 사람들이 대학 학위 병목을 **통과하는** 데 도움이 될 것이다. 관련된 인턴 과정 병목을 다루기 위해 가장 간단한 해법은 고용주가 인턴에게 급여를 지급하도록 하는 고용법을

---

34 예를 들어 주립대학에서 등록금을 납부하는 대신, 학생들이 대학 졸업 이후 정해진 햇수 동안 장래 소득의 일률적인 비율을 납부한다는 계약에 동의하는 프로그램을 마련하기 위한 초기 단계를 취하는 2013 Oregon Laws Ch. 700(H.B. 3472), signed by Governor Kitzhaber on July 29, 2013을 보라.

35 Hoxby and Avery, "The Missing 'One-offs'" 2쪽.

활용하는 것이다. 이렇게 하면 더 많은 사람들이 이런 기회를 추구할 여력이 생길 테고, 인턴 과정 병목을 통과하는 데도 도움이 될 것이다.

이와 동시에, 전통적인 방식은 아니지만, 학생들이 대학 학위 병목을 **우회할** 수 있게 도와줄 필요가 있다. 이렇게 하는 방법은 경로의 범위를 넓히고 새로운 경로를 만들어내는 것이다. 특히 신입 고용뿐만 아니라 고용 영역 외부 전체에서도 4년제 학위를 요구하지 않는 경로를 만들어야 한다.[36] 즉 수습 제도나 훈련 프로그램, 유급 평가기간 고용trial-period employment[37] 등을 만들어서 4년제 대학 학위가 없는 사람들도 특정한 직무를 배우고 이 직무를 수행할 수 있는 능력을 입증할 수 있게 하는 것이다. 또한 현재 4년제 학위가 필요 없는 직무에 종사하는 사람들이 학위 자격을 근거로 하는 게 아니라 직무 관련 수행 측정이나 기타 관련 기능 측정을 근거로 상위 직급으로 올라갈 수 있는 통로를 만들어야 한다.

미국은 4년제 대학 학위를 필요로 하지 않는 기존 경력 경로의 가치를 알리거나, 이 경로에 대해 젊은이들을 준비시키는 일에 대단히 서투를 수 있다. 하지만 다른 대안들이 존재한다. 독일에서는 잘 발달된 수습 제도를 통해 사람들에게 대학 학위를 요구하지 않는 중급·고급 전문기술 관련 직업을 준비시킨다.[38] 이런 사실은 앞 부에 나오는

---

36 "정력적인 공익 법무법인이라면 대학 학위를 채용 요건으로 내거는 것이 헌법에 합치되는지 이의를 제기"해야 한다고 지적하는 Charles Murray, "Narrowing the New Class Divide", Op-Ed, *New York Times*, March 7, 2012, A31쪽을 보라. 실제로 실행 가능한 헌법적 주장은 없지만, 정책적 논거는 충분하다.

37 일정 기간 평가를 거쳐 정식 채용 여부를 결정하기로 합의하는 임시적 고용 형태의 일종. 수습 채용보다 기간이 짧고 비공식적이다. ─옮긴이

38 Stephen F. Hamilton and Mary Agnes Hamilton, "Creating New Pathways to Adulthood by Adapting German Apprenticeship in the United States", in *From*

독일 교육제도에 관한 논의의 이면이다. 독일의 교육제도는 학생들을 이른 시기에 골라내서 김나지움에 다니지 않는 학생이 4년제 대학에 진학할 여지는 거의 없지만, 수습 제도는 젊은이들이 기술직 경력을 지닌 성인들에게 배울 기회를 상당히 폭넓게 제공한다. 이런 제도 덕분에 젊은이들이 관련 기능을 배울 뿐만 아니라, 이런 직업을 소중히 여기고 거기서 잠재력을 실현해야 하는 이유도 배울 기회가 생긴다.

4년제 대학 학위 병목을 우회하는 경로를 열기 위한 퍼즐의 중요한 조각 하나는 문화적인 것이다. 4년제 학위만이 유일하게 확실한 경로이고 다른 어떤 경로를 추구하는 사람은 모두 실패한다는 가정을 없애야 하는 것이다. 이런 문화적 가정은 고용주들의 학위 요건을 강화하고, 또 그 요건에 의해 강화된다. 하나의 출발점은 대학 학위를 요구하지 않는 새로운 경로를 열고, 또한 현재 불필요하게 학위 요건을 부과하는 일부 직무에서 이 요건을 제거하는 식으로 이 요건을 우회하는 경로를 만들어내는 것이다.

이런 기획은 동기와 예상되는 효과 두 측면 모두에서 〈그릭스 대 듀크전력회사〉 판례의 기획과 유사하다. 이 사건은 고등학교 졸업장 요건에 대한 문제 제기(그리고 지능검사에 대한 문제 제기)와 관련된 것이었다. 연방대법원은 이런 졸업장이 "광범위하고 일반적인" 업적 측정으로 작용한다는 가정에 직접 문제를 제기했다. "역사를 살펴보면 자격증, 졸업장, 학위 등의 전통적인 성취의 상징이 없이도 아주 유능한 성과를 보여준 이들의 사례가 가득하다."[39] 하지만 이런 성적증명서가 없는 사람들이 일정한 경로를 따라가면서 다른 방식으로 자신을

Education to Work: Cross-National Perspectives(Walter R. Heinz ed., 1999).

39 *Griggs v. Duke Power Co.*, 401 U.S. 424(1971), 433쪽.

입증할 기회를 얻을 때에만 이런 성과를 보여줄 수 있다. 대법원은 다음과 같이 말했다. "졸업장과 시험은 쓸모 있는 하인이지만, 현실의 주인이 되어서는 안 된다."[40]

고등학교 졸업장 요건은 오늘날 여전히 중요한 병목이다. 하지만 전체 노동자의 교육 수준―과 성적증명서 인플레이션―이 높아진 현실을 감안할 때, 4년제 대학 학위는 분명 새로운 고등학교 졸업장이다. 오늘날 전체 미국인의 30퍼센트 정도가 4년제 대학의 학위를 갖고 있는데, 이것은 〈그릭스〉 판결 당시 노스캐롤라이나 주에서 고등학교 졸업장을 가진 사람의 비율과 비슷한 수치이다.[41] 현재 대학 학위 요건은 당시 고등학교 졸업장 요건과 똑같은 방식으로 국민 대부분을 심사한다.

〈그릭스〉 사건에서 대법원이 고등학교 졸업장 병목에 관심을 갖도록 만든 동기가 인종적 영향이었던 것처럼, 오늘날 우리도 정확히 똑같은 이유로 대학 학위 병목에 대한 관심을 높여야 한다[42]―그리고 또한 대학 학위 병목은 가난하게 태어난 사람들의 기회를 제한하는 깊고 만연한 병목을 훨씬 더 강하게 강화한다는 사실에도 주목해야 한다. 이 절 처음에 거론한 인상적인 수치(82.4퍼센트 대 8.3퍼센트)를 보면, 〈그릭스〉 사건 당시의 인종적 불균형보다 수적으로 훨씬 더 극명

---

40 앞의 판례.

41 앞의 판례.

42 Census Bureau, *2012 Statistical Abstract*, 〈표 229〉를 보라. 이 표는 2010년 현재 인종별 대학 학위 취득 비율을 보여주는데, 백인 30.3퍼센트, 흑인 19.8퍼센트, 아시아·태평양계 52.4퍼센트, 히스패닉 13.9퍼센트 등이다. 오늘날 **대학** 학위 취득에서 흑백 간 격차가 큰 반면, **고등학교** 졸업장 취득에서 흑백 간 격차는 작다(84.2~87.6퍼센트). 앞의 책.

한 계급적 불균형을 알 수 있다. 두 경우 모두 불균형은 자녀, 부모, 교육 체제의 다양한 단계 사이의 여러 층위에서 벌어지는 상호작용이 낳은 결과이다. 대법원이 〈그릭스〉 사건에서 흑인들이 "오랫동안 인종 격리된 학교에서 열악한 교육을 받은" 사실을 인지한 것처럼,[43] 오늘날 우리는 초등학교와 중등학교 차원에서 계급과 연관된 차이가 대학 자체의 비용과 더불어 고등교육에서 드러나는 계급 불균형의 핵심적 원인임을 인지할 수 있다.

그렇지만 대학 학위 병목을 개방하면 그 수혜자 중 많은 수, 어쩌면 대부분이 가난한 이들이 아닐 것이다. 계급 구조 전반에 걸쳐서 다양한 이유 때문에 대학을 다니지 않거나 졸업하지 않은 사람들이 있다. 이렇게 잠재적인 수혜자 집단이 광범위하다는 사실은 좋은 점이다. 설계상의 오류가 아니라 의도적인 특징인 것이다. 만약 우리의 유일한 목적이 가장 불리한 집단에게 혜택을 돌리는 것이라면, 좀 더 표적이 분명한 다른 방식을 선택할 것이다. 병목현상 방지 원리는 가장 불리한 이들에게만 혜택을 돌리는 문제가 아니다. 그보다는 기회구조의 모양을 변경해서 좀 더 다원적인 구조로 만드는 문제이다.

병목현상 방지 원리는 기회에 관한 우리의 모든 질문을 집단에 근거한 불평등에 관한 질문으로 곧바로 환원하는 대신 다른 일군의 질문들을 던지게 자극한다. 왜 이 병목은 그토록 심각할까? 이 병목을 완화할 수 있을까? 빈곤층 같은 특정한 집단을 위해서만이 아니라, 특정한 경력 경로를 추구할 수 있는 재능이나 잠재력이 있는데 대법원이 〈그릭스〉 사건에서 "임의적이고 불필요한 장벽"이라고 지칭한 장

---

43   *Griggs*, 401 U.S., 430쪽.

애물에 의해 가로막히고 있는 모든 사람을 위해서도 말이다.

대학 학위 요건 같은 성적증명서 요건을 완화하는 것이 만병통치약이 될 리는 없다. 계급에 근거한 많은 기회상의 차이는 학위나 성적증명서가 아니라 발달 기회—때로는 대부분의 기회구조에서 중요한 많은 업무를 수행하는 우리의 능력에 영향을 미치는 필수적인 발달 기회—와 관련된 것이다. 자녀에 대한 부모의 투자를 연구하는 경제학자와 사회학자 들은 이런 과정을 일부 확인한 바 있다. 가족 문제가 이런 병목을 개선할 수 있는 정도를 제약하는 상황 말이다. 하지만 우리는 적어도 사회적 상황이 계급 같은 개인적인 출생 환경의 효과를 강화하는 정도를 **줄일** 수는 있다. 이렇게 하려면 대학 학위 요건 같은 자격 병목을 넘어서 발달 병목 또한 다룰 필요가 있다. 이런 발달 병목은 대부분 성격상 사회적인 것인데, 이제 이 문제로 관심을 돌려보자.

분리와 통합: 네트워크와 규범에 관한 이야기

한 세기 전에 존 듀이는 학교 교육은 개인에게 "그가 태어난 사회 집단의 한계를 벗어나는 기회"를 제공해야 한다고 주장했다.[44] 항상 이런 일이 생기는 것은 아니다. 대체로 학교와 지리적 위치라는 유력한 병목의 관계 때문이다.

최근 몇 십 년 동안 많은 학자들은 이른바 기회의 지리학의 지도를 그리면서, 제한된 기회가 물리적·사회적으로 도시 빈민에 속한 개인

---

44 John Dewey, *Democracy and Education*(1916), 24쪽[존 듀이 지음,《민주주의와 교육》, 64쪽].

들의 발달에 미치는 영향에 특별히 관심을 기울였다. 윌리엄 줄리어스 윌슨William Julius Wilson은 도심 빈민가에서 실직과 가족 형태의 붕괴가 미치는 반향을 일종의 문화적 유전 과정으로 설명했다. 이 과정에 의해 어린이들은 자기 주변에 있는 이들의 폭력을 비롯한 "게토와 관련된 행동"을 받아들이고 모사하는 법을 배운다. 가시적이거나 실행 가능한 다른 선택지가 없기 때문이다.[45] 사회학의 양적 연구에서는 다양한 "동네 효과neighborhood effect"가 확인되었다. 가족과 개인의 특징을 통제한 뒤에도 동네에 따라 개인의 교육적 성취, 고용, 범죄 관여, 10대 성행위 등의 변수가 측정 가능한 영향을 받은 것이다.[46] 앤서니 다운스Anthony Downs가 1973년의 선구적인 저서 《교외의 개방》에서 발걸음을 뗀 이래, 여러 세대의 공공정책학자들은 이런 효과를 고려하면서 공공정책을 활용해서 빈곤 가정이 더 큰 기회를 제공하는 동네로 이사할 수 있도록 하는 방도를 찾으려고 분투했다. 부유한 지역에서 인종과 계급 측면의 다양성을 높이기 위해서였다.[47]

---

45 William Julius Wilson, *When Work Disappears: The World of the New Urban Poor*(1996), 51~86쪽.

46 예를 들어, Joah G. Iannotta and Jane L. Ross, *Equality of Opportunity and the Importance of Place: Summary of a Workshop*(2002), 14~20쪽을 보라. 이 연구에는 요인별 분해와 측정의 복잡한 문제가 담겨 있다. *Neighbourhood Effects Research: New Perspectives*(Maarten van Ham et al. eds. 2011)을 보라. 그렇지만 현재 연구자들은 동네 효과가 특정한 동네에서 성장하는 개인들뿐만 아니라 이후 세대에도 영향을 미친다는 사실을 확인하고 있다. Patrick Sharkey and Felix Elwert, "The Legacy of Disadvantage: Multigenerational Neighborhood Effects on Cognitive Ability", 116 *American Journal of Sociology*(2011), 1934쪽.

47 Anthony Downs, *Opening Up the Suburbs: An Urban Strategy for America*(1973). 이 책에 대한 평가로는 Peter Schuck, *Diversity in America*(2003), 218쪽 주석 73과 본문을 보라. 이 주장을 도발적으로 펴는 책으로는 Owen Fiss, *A Way Out: America's Ghettos and the Legacy of Racism*(2003)을 보라.

기회의 지리학은 우연한 결과가 아니다. 이것은 자원을 가진 이들이 그 자원을 활용해서 주거 위치를 통해 자녀의 기회를 향상시키기로 한 개인의 결정과 공공정책의 선택 둘 다의 소산이다.[48] 경제학자들은 오래전부터 학교가 지리적으로 한정된 통학 가능 지역에서 학생을 모집할 때, 바람직한 학교의 가치가 해당 지역의 주택 가격에 반영될 수 있다고 지적한 바 있다.[49] 오늘날 이런 일이 벌어지고 있는 것 같지만, 어떤 면에서 보면 예상한 것만큼 벌어지고 있지는 않다. 직접적으로 측정할 때(시험 성적과 기타 산출 변수, 또는 예산 같은 투입 변수의 측면에서), 학교의 질은 주택 가격에 적당한 영향만을 미친다. 널리 인용되는 미국의 한 연구에서 밝힌 바에 따르면, 어느 학교 시험 성적의 각 표준편차는 주택 가치에 2퍼센트의 할증만을 야기했다.[50] 교육 정책 연구자들이 선호하는 학교 질의 "부가가치" 측정, 즉 학교가 각 학생의 점수를 매년 얼마나 **향상**시키는지를 측정한 결과를 보면 주택 가격과 거의 전혀 관계가 없음을 알 수 있다.[51]

---

48 두 고등학교에 관한, 그리고 이 학교들이 학생에게 제공하는 각각의 기회에 깊은 균열을 만들 정도로 버지니아 주 리치먼드 시와 교외 사이에 경계선을 낳은 전국적·지역적 정치세력들에 관한 흥미로운 설명을 제시하는 James Ryan, *Five Miles Away, A World Apart: One City, Two Schools, and the Story of Educational Opportunity in Modern America*(2010)를 보라.

49 Stephen L. Ross and John Yinger, "Sorting and Voting: A Review of the Literature on Urban Public Finance", in 3 *Handbook of Regional and Urban Economics*(Paul Cheshire and Edwin S. Mills eds., 1999), 2001쪽을 보라.

50 Stephen L. Ross and John Yinger, "Sorting and Voting: A Review of the Literature on Urban Public Finance", in 3 *Handbook of Regional and Urban Economics*(Paul Cheshire and Edwin S. Mills eds., 1999), 2001쪽을 보라.

51 David Brasington and Donald R. Haurin, "Educational Outcomes and House Values: A Test of the Value-Added Approach", 46 *Journal of Regional Science*(2006), 245쪽.

하지만 더 정교한 균형 모델 수립 기법 덕분에, 일부 경제학자들은 다른 학생 **부모**의 교육 수준이나 소득 수준 같은 인구학적 변수가 주택 가치에 더 큰 진폭을 야기하며 거주 지역에 관한 부모들의 선택에 훨씬 더 중대한 영향을 미친다는 결론에 다다르기 시작했다.[52] 물론 부모의 교육 수준과 소득 수준은 시험 성적과 밀접한 상관관계가 있으며, 따라서 이 변수들을 따로 골라내는 것은 쉽지 않다. 하지만 이 결과들을 살펴보면, 변수들이 분리되는 정도만큼 부모의 특징이 가장 중요할 수 있음이 드러난다. 다시 말해, 사람들은 정말로 자신이 선호하는 동네에서 거주하고 그런 학교에 자녀들을 보내기 위해 자원을 지출하고 있지만, 그들이 선호하는 것의 상당 부분은 동네에 사는 다른 가족들의 교육, 소득, 인종 등에 관해 파악된 내용이다.[53] 이런 선호는 시간이 흐르면서 계급에 따른 분리가 증가되는 관찰된 추세를 강화하는 경향이 있다. 시간이 흐름에 따라 더 많은 미국인들이 (더욱) 획일적으로 부유하거나 가난한 동네에 거주하는 것처럼 보인다.[54]

현실이 이런 정도만큼, 주거 분리라는 매듭이 훨씬 더 풀기 어렵고 그런 분리가 야기하는 병목이 더욱 견고하다는 이야기가 된다. 즉 모

---

52 시험 성적이 거주 지역에 관한 부모의 결정에 영향을 미치지만, 다른 부모의 교육적 성취 같은 동네에 사는 다른 가정의 사회적-인구학적 특징이 그런 결정에 훨씬 더 큰 영향을 미친다는 점을 발견하는 Patrick Bayer, Fernando Ferreira, and Robert McMillan, "A Unified Framework for Measuring Preferences for Schools and Neighborhoods", 115 *Journal of Political Economy*(2007), 588쪽을 보라.

53 앞의 글, 626~629쪽. 이 부분은 모든 가정이 소득이 높은 동네에 사는 것을 선호하지만, 가정마다 교육과 인종 둘 다를 근거로 스스로 분리한다[자기분리self-segregate, 흑백 인종 분리에 빗댄 표현—옮긴이]는 점을 밝히고 있다.

54 Sean F. Reardon and Kendra Bischoff, "Growth in the Residential Segregation of Families by Income, 1970-2009", *Russell Sage Foundation Report*(Nov. 2011)(http://www.s4.brown.edu/us2010/Data/Report/report111111.pdf에서 접속 가능)을 보라.

든 부모가 양질의 학교를 바라고 부유한 부모일수록 이런 경쟁에서 더 성공을 거두어서 분리를 야기한다면 상당히 어려운 상황이 된다. 만약 부모들이 그 대신 **분리를 바란다면**, 즉 인구학적으로 자신들과 비슷한(또는 더 부유한) 동네에 거주하고 그런 학교에 자녀를 보내기를 선호한다면, 통합은 훨씬 더 어려운 작업이 될 것이다. 일부 부모들은 다른 면에서 측정된 학교의 질보다 자녀 또래들의 인구학적 특징에 훨씬 더 관심을 기울인다는 점을 인정하는 반면, 다른 부모들은 자녀 또래들에 관해 그렇게 관심이 있다는 사실을 전혀 인정하려고 하지 않는다—하지만 말보다는 행동을 보아야 한다.[55]

분리하겠다는 부모들의 선택은 어느 정도 편견과 고정관념에 근거한 것일 수 있다. 하지만 부모들로서는 아마 오로지 또래들에게만 초점을 맞추는 것이 맞을 것이다. 또래 효과에 관한 상당한 문헌들은 이런 효과가 학업 성취에 상당한 영향을 미친다는 사실을 밝힌 바 있다. 여러 회귀 연구는 또래의 성취 수준이 개별 학생의 성취에 상당한 영향을 미치며, 그중에서도 성취도가 낮은 학생들에게 가장 큰 영향을 미친다는 사실을 일관되게 밝히고 있다—이런 일반적인 결과는 전국에 걸쳐 확고하다.[56] 성취에 미치는 또래 효과는 학교 차원보다는 교실

---

55 자기 자녀가 가난한 또래 학생들이 있는 학교에 다니는 일이 없도록 하기 위해 필사적으로 애쓰는 중간계급과 상층 중간계급 부모 집단에 관한 인류학적 연구인 Ellen Brantlinger, *Dividing Classes: How the Middle Class Negotiates and Rationalizes School Advantage*(2003)을 보라. 영국의 유사한 연구도 중간계급 부모들이 비슷한 전략을 추구한다는 사실을 발견했다. 대체로 영국의 부모들은 자기 자녀가 노동계급 가정 아이들과 어울리지 못하게 하겠다는 생각을 더 솔직히 드러냈다. Stephen J. Ball. *Class Strategies and the Education Market: The Middle Class and Social Advantage*(2003).

56 Ron W. Zimmer and Eugenia F. Toma, "Peer Effects in Private and Public Schools Across Countries", 19 *Journal of Policy Analysis and Management*(2000), 75쪽; Eric A. Hanushek et al., "Does Peer Ability Affect Student Achievement?", 18 *Journal of Applied*

차원에서 더 중대하다. 단지 같은 건물에서 공부한다는 사실이 아니라, 실제로 벌어지는 상호작용이 핵심적인 역할을 하는 것으로 보인다.[57] 부모들은 자녀의 또래들이 상당히 중요하다는 것을 알기라도 하는 것처럼 어디에 살 것인지를 선택하는 듯 보인다. 하지만 이런 선택은 일정한 외부효과를 만들어낸다. 이 선택은 기회의 지리학을 앞 부에서 설명한 '기회의 땅'/'가난의 땅' 시나리오 쪽으로 밀어내는 경향이 있다.

또래 효과는 사회적 네트워크와 동네가 발휘하는 유일한 효과가 아니다. 사회학자들은 동네에 사는 성인들 또한 사회화에서 중요한 역할을 한다는 점을 발견한다. 고립, 범죄, 폭력, 서비스 접근성 같은 동네 변수들도 중요하다.[58] 미국에서 인종분리 폐지의 효과에 관한 사회학 문헌의 한 경향인 영속화 이론perpetuation theory 주창자들은 분리가 세대에 걸쳐 영속된다고 주장한다. 불리한 집단은 "분리가 폐지된 기관과 고용에 관한 정보와 진입로를 제공하는 비공식 네트워크에 대한 접근성이 부족하기" 때문이라는 것이다.[59]

흔히 부족한 것은 "약한 유대", 즉 익숙하지 않고 멀어 보이는 지식,

Econometrics(2003), 527쪽.

57 예를 들어, Jacob Vigdor and Thomas Nechyba, "Peer Effects in North Carolina Public Schools", in *Schools and the Equal Opportunity Problem*(Ludger Woessman and Paul Peterson eds., 2006)을 보라. 이와 같은 상당히 많은 또래 효과 연구 결과는 **자원 투입**이 학습에 미치는 영향에 관한 문헌들이 실망스럽게도 미진한 결론을 보이는 것과 대조된다.

58 Ingrid Gould Ellen and Margery Austin Turner, "Does neighborhood matter? Assessing recent evidence", 8 *Housing Policy Debate*(1997), 833, 833~842쪽.

59 Amy Stuart Wells and Robert L. Crain, "Perpetuation Theory and the Long-Term Effects of School Desegregation", 64 *Review of Educational Research*(1994), 531, 533쪽.

경로, 사회적 형태 등에 접근하는 통로를 제공할 수 있는 지인과 친구의 친구 등의 비교적 비공식적인 개인 간 네트워크이다.[60] 이런 약한 유대는 또한 많은 고용주가 여전히 현 직원의 추천이나 입소문을 통해 직원을 채용하는 세상에서 기회에 대한 직접적 접근성을 제공할 수 있다.[61] 학교 통합은 모든 집단에서 이런 약한 유대와 비공식적 네트워크를 확대하는 것을 촉진하는 한 방법이다. 〈고트로 Gautreaux v. Chicago Housing Authority〉 사건의 해법에 관한 연구는 관련된 방식들을 분리하는 방향으로 일정한 진전을 이루었다. 〈고트로〉 사건은 시카고의 획기적인 주거 분리 철폐 판결이다. 이 사건에서 내놓은 해법은 공공임대주택에 사는 4천 가구에게 도시 안에서나 중간계급이 사는 교외로 이사할 수 있는 바우처를 제공하는 것이었다. 교외로 이사 간 가정의 자녀들은 고등학교를 마치고 대학에 진학할 가능성이 상당히 높았다. 이 아이들은 교외의 교사와 상담교사, 또래 친구, 또래 친구의 형제 등을 모델로 삼고, 또 그들에게서 결정적인 정보를 얻었다고 말했다.[62]

---

60 Mark Granovetter, "The Microstructure of School Desegregation", in *School Desegregation Research: New Directions in Situational Analysis*(Jeffrey Prager et al. eds., 1986), 81쪽; Elizabeth Frazer, "Local Social Relations: Public, Club, and Common Goods", in *Reclaiming Community*(Victoria Nash ed., 2002), 54쪽.

61 Granovetter, "The Microstructure of School Desegregation", 102~103쪽; 비공식적 네트워크가 임금과 재직 기간 같은 변수에 미치는 효과를 추적하고, "사장을 알거나 신원보증인 노릇을 해준" 친구와 친척을 찾는 것이 특히 중요하다는 사실을 발견하는 Linda Datcher Loury, "Some Contacts Are More Equal than Others: Informal Networks, Job Tenure, and Wages", 24 *Journal of Labor Economics*(2006), 299쪽. 전반적인 내용으로는 Mark Granovetter, *Getting a Job: A Study of Contacts and Careers*(2d ed. 1995)[마크 그라노베터 지음, 유홍준·정태인 옮김, 《일자리 구하기》, 아카넷, 2012]를 보라.

62 Julie E. Kaufman and James E. Rosenbaum, "The Education and Employment of

이런 네트워크가 중요한 이유의 한 측면은 열망을 불러일으키는 능력에 있다. 도시 청소년들의 소망과 꿈에 관한 사회학적 연구 결과에서 더 가슴 아픈 내용 중 하나는, 그들이 일관되고 실현 가능성이 있는 인생 목표나 계획을 분명히 설명할 때에도, 대개 그 목표로 이어지는 경로를 따라가는 단계들에 관해 아주 기본적인 지식도 부족하다는 점이다.[63] 예를 들어, 청소년들은 의사가 되려면 좋은 성적을 받고, 대학에 다닌 다음에, 의과대학에 진학해야 한다는 사실을 모를 수도 있다.[64] 미국의 학교 분리 철폐가 낳은 효과를 연구하는 사회학자들은 분리된 환경에 속한 흑인들은 야심 찬 경력 열망을 표현할 수 있는 반면, 통합된 환경에 속한 흑인들은 그런 경력으로 이어지는 명확한 통로에 관한 더 많은 지식을 내보이고, 또 자신의 교육적 열망을 직업적 열망과 연결시키는 좀 더 현실적인 계획을 세우는 경향이 있음을 발견했다.[65] 예비 단계와 교육 통로의 구조에 관한 기본적인 지식은 필수적이다. 개인들은 또한 **자신이** 특정한 경로를 추구하는 것을 상상할 수 있게 해주는 격려를 필요로 한다. 네트워크는 이런 것들을 제공하는 데 도움이 될 수 있다. 어떤 인생 경로에 관한 하나의 좋은 정보 원천은

Low-Income Black Youth in White Suburbs", 14 *Educational Evaluation and Policy Analysis*(1992), 229, 237~238쪽.

63 Barbara Schneider and David Stevenson, *The Ambitious Generation: America's Teenagers, Motivated but Directionless*(1999), 53~56, 80쪽을 보라. 두 저자는 조사 데이터와 인터뷰를 활용해서 일부 아이들, 특히 관련된 역할 모델이 부족한 이들이 자신의 미래 계획과 "일치"하지 않는 소망을 품는다는 사실을 보여준다.

64 앞의 책을 보라.

65 이런 내용에 관한 고전적인 연구는 Jon W. Hoelter, "Segregation and Rationality in Black Status Aspiration Processes", 55 *Sociology of Education*(1982), 31, 37~38쪽이다. 문헌을 검토하는 Wells and Crain, "Perpetuation Theory", 536~541쪽을 보라.

이미 그 경로를 따라 나아가고 있는 사람이다. 이러한 사람은 소망을 자극하는 동시에 필요한 길잡이의 중요한 요소들을 일부 제공할 수 있다.[66]

이런 네트워크에 대한 접근성이 부족한 것이 병목이 되는 경우에 사람들이 그 병목을 **통과**하도록 돕는 방법이 통합이다. 공공정책을 통해 사람들이 계급과 인종에 의해 분리되는 정도를 줄이는 것이다. 하지만 우리의 통합 개념을 주거 통합에만 국한할 필요는 없다. 여러 종류의 국가·비국가 행위자 또한 주거 분리된 집단들을 가로질러 네트워크를 세우는 일을 도울 수 있다. 매그넛스쿨magnet school[67]은 이런 일을 할 수 있다. 여러 종류의 과외 특별활동은 각기 다른 학교와 잠재적으로 다른 출신 배경의 학생들을 끌어들일 수 있다. 학교와 주거 둘 다 네트워크를 모양 짓기 때문에, 이 둘의 연계를 끊는 문제에 관해 창의적으로 생각할 여지가 있다. 통학 가능 지역에서 벗어나 이사를 가야만 전학을 허용하면, 학교 통합**이나** 주거 통합을 가능하게 만들 수 있다. 학부모들이 한쪽에는 개방적이지만 다른 쪽에는 개방적이지 않은 경우에 말이다. 직관과는 정반대로, 자녀를 사립학교에 보내는 선택지조차 주거 차별을 폐지하는 요인이 될 잠재력이 있다. 부유한 부모들

---

66 우리는 학업 성취도가 높은 저소득층 학생들에 관한 입수 가능한 통계자료에서 이런 효과를 아주 많이 본다(이 책 377~383쪽을 보라). 이런 학생들은 대부분 선발제 대학에 입학해서 졸업까지 할 수 있는 충분한 자격이 있어도 이런 대학에 지원하지 않는다. 선발제 대학에 진학하는 성인 그리고/또는 또래를 접하는 것이 상당한 차이를 낳는다. Caroline M. Hoxby and Christopher Avery, "The Missing 'One-offs': The Hidden Supply of High-Achieving, Low Income Students", NBER Working Paper No. 1858, Dec. 2012를 보라.

67 인종 통합 등의 목적을 위해 학군에 구애받지 않고 학생을 받는 일종의 공립 특성화 학교.—옮긴이

이 자녀의 학교 친구로 원하지 않는 아이들이 있는 동네로 안심하고 이사할 수도 있기 때문이다.[68] 네트워크 접근성은 제로섬 관계가 아니며, 우리의 목표 중 하나는 제도 설계 선택을 통해 사람들이 서로 연계를 발전시키도록 도와주는 비공식적 상호작용을 촉진시켜서 사람들의 네트워크를 **확대**하는 것이 되어야 한다. 이런 네트워크의 통합적 차원이 상대적으로 크지 않을 때에도, 단순히 네트워크 접근성을 높이기만 해도 어린이뿐 아니라 어른에게도 일정한 기회에 대한 접근성을 제공할 수 있다.[69]

이와 동시에 마찬가지로 중요한 해법의 한 부분은 사람들이 네트워크 접근성이라는 병목을 **우회**하는 길을 찾게 도와주는 것이다. 비공식적 네트워크가 제공하는 지식, 경험, 연계 등에 대한 접근성을 얻을 수 있는 공식적 과정이 존재하면, 이런 네트워크의 중요성은 줄어든다. 학교, 고용주, 기타 많은 이들은 어떻게 하면 직접적인 업무 경험과 멘토링 통로를 만들 수 있는지를 검토해야 한다. 그런 경험과 통로가 있어야 학생들이 자기 동네와 네트워크에서 흔히 보지 못하는 경력 경로에 관한 일정한 직접적 지식을 접하고, 또 그런 경로를 따라가고 있

---

68 이런 양상은 백인 지역사회뿐만 아니라 흑인 지역사회에서도 흔히 볼 수 있으며, 흑인 중간계급 교외에 사는 일부 흑인들이 불우한 가족들이 점점 자기 지역에 가득 차는 데도 그냥 머물러 사는 이유의 일부일 수 있다. 어떤 이들은 그냥 눌러 살면서 자녀의 학교만 옮기는 쪽을 선택한다. Sheryll D. Cashin, "Middle-Class Black Suburbs and the State of Integration : A Post-Integrationist Vision for Metropolitan America", 86 *Cornell Law Review*(2001), 729쪽을 보라.

69 한 사회학자는 최근의 매혹적인 연구에서 어린이집이 종종 어머니들에게 비공식적 상호작용과 네트워크 건설의 기회를 풍부하게 제공한다는 점을 보여주었다—하지만 이런 효과는 부모들이 서로 상호작용하는지 여부에 영향을 미치는 어린이집의 구성에 관한, 언뜻 사소해 보이는 제도 설계 변수에 좌우된다. Mario Luis Small, *Unanticipated Gains: Origins of Network Inequality in Everyday Life*(2009).

는 어른들을 접할 수 있다. 더 나아가 학교는 어떻게 하면 여러 다른 경력 경로를 추구할 수 있는지, 그리고 특히 이 학교 출신의 사람이 어떻게 이런 경로를 추구할 수 있는지를 분명하게 가르치는 방법을 개발해야 한다. 고용주들도 여기서 할 역할이 있는데, 특정 분야에서 일할 자격을 얻게 되는 과정을 좀 더 투명하고 접근 가능하게 만들어야 한다. 제대로 된 네트워크에 접근하지 못하는 이들이 보기에 기회구조의 모양이 그렇게 수수께끼투성이일 이유는 없다.

통합이 물리적으로 불가능한 경우에는 특히 병목을 우회하게 해주는 접근법이 중요하다. 농촌 청소년들의 세계는 더 광범위한 인생 경로를 접하면서 자라는 이들과 비교해서 그 지평과 열망이 제한되기 쉽다.[70] 어떤 이들은 이런 제한을 문제로 보아야 하는지, 또는 농촌 청소년들이 때로 자기가 속한 지역사회와 긴밀한 연계를 유지하기 위해 일자리를 비롯한 기회를 거부하고 중등교육을 피하는 것이 좋은 일일 수도 있지 않은지 의문을 제기한 바 있다.[71] 하지만 기회 다원주의의 관점에서 보면, 이 문제는 분명하다. 농촌 지역에서 행복한 삶을 사는 사람들이 많은 건 분명하지만, 우연히 성장하게 된 환경에서 흔히 볼 수 있는 특정한 형태의 행복에 사람들의 지평을 제한해서는 안 된다.

통합의 목적을 시험에 근거한 성취라는 직선적인 척도를 기준으로 규정하면, 통상적인 목표는 본질적으로 빈곤층의 점수를 높이는 한편

---

70 문헌을 검토하는 Ann R. Tickamyer and Cynthia M. Duncan, "Poverty and Opportunity Structure in Rural America", 16 *Annual Review of Sociology*(1990), 67쪽; Emil J. Haller and Sarah J. Virkler, "Another Look at Rural-Nonrural Differences in Educational Aspirations", 9 *Journal of Research in Rural Education*(1993), 170쪽 등을 보라.

71 Caitlin W. Howley, "Remote Possibilities: Rural Children's Educational Aspirations", 81 *Peabody Journal of Education*(2006), 62쪽을 보라.

특권적인 이들의 점수에 가능한 한 피해가 적게 가도록 하는 것이다. 아마 가장 먼저 교육에서 계급 통합을 주창한 사람으로 손꼽힐 존 듀이는 이와는 다르고 좀 더 대칭적인 어떤 것을 염두에 두었다. 그의 구상은 "한 집단이 다른 집단들과의 전면적 상호작용을 차단한 채 '자신만의' 이해를 가질 때면 언제나 발견되는 …… 반사회적 정신"을 무너뜨리자는 것이었다.[72]

부유층 아이들은 정말 노동계급 아이들이나 심지어 빈곤층 아이들에게 배울 만한 게 있을까? 그 답은 기회구조의 모양에 달려 있으며, 또한 그 모양을 강화할 수 있다. 만약 학교가 피라미드형 교육·직업 위계구조에서 자리를 차지하기 위한 계속되는 경쟁에서 아이들에게 유리한 조건을 부여하는 과정이라면, 그 답은 아마 '아니오'일 것이다. 그런 기회구조에서 합리적인 행동은 가장 유리한 조건을 갖춘 또래 친구를 찾는 것이다. 좀 더 다원적인 기회구조에서라면 그 답은 달라질 수 있다. 교육 수준이 높고 부유한 부모를 둔 자녀 중에도 언제나 자기 계급에서 흔한 종류의 경로를 추구하지 않는(또는 추구하는 데 성공하지 못하는) 아이들이 일부 있다. 이 아이들은 적어도 자기가 추구하는 다른 다양한 종류의 일자리와 삶에서 무엇이 행복하고 가치가 있는지를―무엇이 매력적이지 않은지와 더불어―발견하는 데서 이익을 얻을 수 있다. 마찬가지로 교외와 도시에서 자라는 청소년들은 농촌 청소년들이 접하는 행복 형태들과는 다른(전체적으로 보면 좀 더 제한되지만) 경로에 어느 정도 노출되는 데서 이익을 얻을 수 있다.

이런 마지막 제안은 유토피아적으로 보일지 모른다. 통합이 모든

---

72 John Dewey, *Democracy and Education*(1916), 99쪽[존 듀이 지음,《민주주의와 교육》, 153쪽].

사람에게 경로를 열어주는 양방향 도로가 될 수 있다고 상상하기는 쉽지 않을 것이다. 즉 더 많은 특권을 가진 아이들이 가진 게 별로 없는 아이들과 어울림으로써 얻을 게 있다고 믿기는 어려울지 모른다. 만약 그렇다면, 그런 어려움은 계급 병목이 기회구조와 그 구조를 어떻게 헤쳐나갈지에 관한 우리의 정신적 지도 안에 얼마나 확고하게 자리를 잡고 있는지를 반영하는 것이다. 특권적인 부모를 둔 아이들이 다른 성인들이 추구하는 경로에 관해 배움으로써 얻을 게 거의 또는 전혀 없다는 게 정말 사실이라면, 기회구조를 바꾸는 것이 특히 시급한 어려운 지점에 도달한 셈이 된다.

방금 들려준 세 이야기는 여러 가지 방식으로 상호작용하는데, 가장 간단한 것은 다음과 같다. 물질적 불평등이 커질수록 계급을 병목으로 만드는 모든 방식이 강화된다. 물질적 불평등이 커질수록 한 사람이 기회구조에서 결국 갖게 될 자리의 판돈이 커지며, 이 구조의 중요한 부분들이 더 단일해지고 하향 이동에 대한 두려움이 두드러지게 된다. 그리고 어떤 사람이 자녀에게 제공할 수 있는 교육 기회가 계급적 지위와 더 밀접하게 연결된다. 또한 더 많은 부를 가진 가족이 계급에 의해 스스로를 분리할 수 있는 능력과 분리하려는 동기가 커진다. 따라서 기회 불균등의 해법의 중요한 한 부분은 누진과세나 사회보험, 비금전적 기본재산 제공 같은 공공정책 선택에 있을 것이다. 이런 선택은 물질적 불평등을 줄이거나 이런 불평등의 현실적 중요성을 완화함으로써, 자신이 만들어내는 병목의 심각성을 완화한다.

이런 구상들을 어느 정도까지 추구해야 하는지에는 일정한 한계가 존재한다. 어떤 지점에 이르면, 징발적인 과세로 인한 완벽한 물질적 평등은 다른 방향에서 다원주의에 위배된다. 사람들이 각기 다른 정도로 다른 가치들에 비해 돈을 우선시하는 삶을 선택하는 게 너무 어려워지기 때문이다. 하지만 미국은 그런 지점과 아주 멀리 떨어져 있다고 말해도 무방하다. 한편 계급과 교육의 문제 외에도 경제구조가 병목을 만들어내면서 우리가 스스로 선택하는 다른 종류의 경로를 추구하는 개인적 자유를 제약하는 다른 방식들도 있다. 이 중 몇 가지를 살펴보자.

2장
노동 세계의 자유와 유연성

개인들이 스스로 선택하여 각기 다른 형태의 행복의 조합을 추구할 기회는 상당 부분 노동의 구조와 자본주의의 폭넓은 구조에 좌우된다. 이 절에서는 상이한 '유연성' 개념에 상응하는 이 분야의 두 가지 문제를 탐구해보자. 첫 번째는 노동자가 직업을 바꾸고 기업가가 새로운 사업을 시작하게 해주는 경제적 유연성이고, 두 번째는 현재 성별과 일/가족 갈등을 둘러싸고 벌어지는 논쟁의 시금석이 된 일터의 유연성이다. 유연성이란 노동 세계에서 많은 것을 의미하며, 여기서 내가 이야기하는 일군의 문제들 중 어느 것도 서유럽 같은 곳에서 고용주들이 추구해온 노동시장 '유연성' 개혁과 부합하지 않는다.[73]

---

[73] 이런 개혁은 흔히 기존 노동자를 해고하기 위한 미국식의 자의적인 규정을 향해 나아가는 것 같은 개혁을 수반한다. 이런 개혁과 개별 노동자에게 열려 있는 기회 사이에는 분명 일정한 관계가 있다—하지만 여기서는 복잡하고 무척 논쟁적인 이 관계를 탐구하지는 않을 것이다.

유연성, 전직 장애, 기업가 정신

일자리는 동시에 여러 가지일 수 있다. 많은 사람들의 정체성의 큰 부분이자, 평등이나 불평등의 동력기관이며, 자유나 의존의 현장이다. 어떤 사람들은 한 기업 안에서든 일자리를 바꿈을 통해서든 다양한 경로를 추구할 수 있다. 다른 이들은 얻을 수 있는 하나의 일자리에 의존하며, 사실상 그 일자리에 속박된다. 하지만 이런 각기 다른 경험 중 어느 것이 상대적으로 우세한지는 기회구조의 몇 가지 핵심적 특징에 좌우된다.

여기서 말하는 이야기의 일부는 노동과 사회보험의 관계에 관한 것이다. 앞에서 간략하게 이야기한 실업수당을 생각해보자. 보통 우리는 실업수당을 인도적·사회복지적 측면에서 본다. 일자리를 잃는 것은 커다란 경제적 충격이며, 실업수당은 그런 충격을 완화함으로써 인간의 복지를 개선하고 좌절이 재앙으로 되는 것을 막는다. 하지만 실업수당은 다른 형태의 사회보험과 마찬가지로 다른 이유 때문에도 중요하다. 피고용인들이 실업의 즉각적인 결과를 두려워해야 하는 정도를 줄여줌으로써, 전반적인 기회구조를 좀 더 유연하고 다원적으로 만들어주기 때문이다. 이런 사실은 유인에 영향을 미친다. 이 때문에 사람들은 "그만두겠다"라고 말하거나, 일자리를 바꾸거나, 덜 안정된 일자리(가령 실패할지도 모르는 신생 기업의 일자리)를 받아들이거나, 심지어 새로운 사업을 시작할 수 있다. 사회보험이 부족한 탓에 좀처럼 직장을 바꾸지 않게 되는 극단적인 예—때로 '전직 장애job lock'라고 불리는 현상—로 이 점을 설명하는 게 도움이 될 것이다.

제프리 와이갠드Jeffrey Wigand는 담배의 중독성을 높이기 위해 의도적으로 니코틴 수준을 조작하는 회사의 관행을 공개적으로 폭로하면서 내부고발자로 유명해진 담배회사 중역이다(그의 이야기는 〈인사이더〉라는 영화를 통해 알려졌다). 하지만 와이갠드는 커다란 장벽에 직면한 탓에 앞에 나서는 일이 늦어졌다. 비밀 유지 계약을 어기면 의료보험을 박탈당할 수 있었는데, 딸이 심각한 장애가 있었기 때문에 그는 특히 의료보험에 의지해야 했다.[74] 와이갠드의 이야기는 대단히 극적이지만, 20세기 후반에 엄청나게 많은 미국인들은 의료보험 때문에 직장을 옮길 수 없는 처지였다. 한 경제학자는 **순전히 의료보험 탓에** 야기된 전직 장애 때문에 고용주가 의료보험을 제공하는 전체 미국인의 연간 직업 이동성이 25퍼센트 감소한 것으로 추산했다.[75] 1990년대에 이 문제를 바로잡기 위해 마련된 입법은 효과를 발휘하지 못했지만,[76] 환자보호 및 부담적정보험법Patient Protection and Affordable Care Act('오바마케어Obamacare')의 조항들은 아마 마침내 좀 더 효과적인 해법을 제공할 수 있을 것이다.[77]

---

74 Marie Brenner, "The Man Who Knew Too Much", *Vanity Fair*, May 1996을 보라.

75 Brigitte C. Madrian, "Employment-Based Health Insurance and Job Mobility: Is There Evidence of Job-Lock?", 109 *Quarterly Journal of Economics*(1994), 27쪽.

76 빌 클린턴 대통령은 1996년에 이 문제를 해결하기 위한 입법에 서명하면서 이렇게 말했다. "이제 의료보험 혜택을 받지 못할까 두려워서 더 좋은 일자리를 받아들이는 것을 주저할 필요가 없을 겁니다." 하지만 이 입법은 효과를 발휘하지 못한 것 같다. Anna Sanz-De-Galdeano, "Job-Lock and Public Policy: Clinton's Second Mandate", 59 *Industrial and Labor Relations Review*(2006), 430, 430쪽. 이 글은 1996년의 의료보험이전책임법Health Insurance Portability and Accountability Act of 1996이 전직 장애에 가시적인 영향을 전혀 미치지 못했음을 밝히고 있다.

77 보험회사가 이전에 존재한 조건을 근거로 보험 적용을 거부하거나 보험료를 인상하는 것을 금지하는 이 법의 조항들 덕분에 어떻게 전직 장애가 줄어들지를 설명하는 U.S. Government Accountability Office, *Health Care Coverage: Job Lock and the Potential Impact of the Patient Protection and Affordable Care Act*(2011), 9~10쪽을 보라. 이 법령의

사람들은 좀처럼 예측하기 힘든 미국 의료보험 체계 말고도 다른 여러 이유 때문에 직장에 묶이곤 한다. 어떤 이들은 몇 년 이상 근속해야만 연금을 받을 자격을 얻을 수 있는 방식으로 연금이 구조화되어 있기 때문에 직장에 묶인다. 어떤 이들은 단순히 돈이 유력한 도구재 병목이기 때문에 묶여 있으며—설령 새로운 종류의 일을 시작하는 초기 동안이라 할지라도—불확실한 소득을 위해 안정된 소득을 포기하는 것은 너무도 위험이 크다. 어떤 이유에서든 간에 전직 장애는 사람들이 경제구조의 현재 위치를 벗어나 더 나은 삶의 구상을 추구하기 위해 나아갈 수 있는 다른 통로들을 차단한다.

사회보험의 형태를 띤 여러 변화를 비롯한 광범위한 정책 변화는 개인들이 이 병목을 돌아가는 길을 찾도록 도와줄 수 있다. 예를 들어 심각한 소득 충격에서 보호해주는 보편적인 보험제도가 있으면, 개인들이 이런 충격에 노출될지 모르는 경로를 추구하는 것을 두려워하는 정도가 줄어들 수 있다.[78] 대체로 고용주가 보험 혜택을 제공하는 모델에서 고용주는 급여를 지불하고 정부가 보험 혜택을 제공하는 모델로 전환하면, 개인들이 일자리에 묶인 상태에서 자유로워지는 데 도움이 된다. 이런 사실은 기회 다원주의에 중요한 긍정적인 결과를 가져다준다.

이와 동시에 좀 더 유연한 기회구조를 건설하려면, 사람들을 특정한 일자리와 전문직에 접근하지 못하도록 **차단**하는 장벽을 줄일 필요

몇 가지 핵심적인 요소들은 이 책이 출판되는 시점 전후로 발효될 예정이다. 상황을 주시하도록 하자.

78 Jacob S. Hacker, "Universal Insurance : Enhancing Economic Security to Promote Opportunity"(Hamilton Project Discussion Paper, 2006)(http://www.brookings.edu/research/papers/2006/09/useconomics-hacker에서 접속 가능), 9쪽.

가 있다. 이런 장벽에는 국가가 강제하는 직업 면허 제도도 포함된다. 그리고 마찬가지로 이제까지 국가가 개입해서 해체하지 않은 사적인 카르텔 같은 체제도 포함된다. 물론 어떤 형태의 면허에는 안전이나 보건상 중요한 이유가 있다. 하지만 가령 면허제도 때문에 이발사나 미용사가 되는 게 어려울 때면 언제나—또는 이런 직업을 얻기 위해서는 일련의 임의적이고 불필요한 일련의 단계를 반드시 밟아야 할 때면 언제나—기회구조의 다원적 성격이 약해진다.[79] 기회 다원주의에 따르면, 이런 제도를 회의적인 눈으로 자세히 살피는 한편 이 경로들의 접근성을 높이는 방법을 찾아야 한다.

마찬가지로 소방관이나 경찰관 같은 직업처럼 특정한 역할을 (대개 남성) 친척에게 물려주는 전통은 미묘한 진입 장벽을 수반해서 현직에 있는 사람들과 아무런 연계가 없는 이들에게 영향을 미칠 수 있다. 예를 들어, 표면상 업적주의적인 채용 시험을 치르기 위한 지식과 공부 자료에 대한 접근성이 불균등하게 배분될 수 있다. 현직에 있는 사람들과 관계가 있어야 접근성이 가장 좋은 식으로 말이다. 이런 장벽을 해체하면 병목을 개선하는 데 도움이 된다.

이런 주장들은 자본주의 경제를 노동자의 관점에서 바라본다. 〈조건 4〉를 충족시키려면, 경제구조를 기업가의 관점에서 검토하는 것도 중요하다—뿐만 아니라 한 사람이 얼마나 쉽게 노동자 역할과 기업가 역할 사이를 오갈 수 있는가라는 문제도 중요하다. 신생 기업이 기존 시장에 진입하면서—그리고 개인이 새로운 기업을 출범시키면서—어떤 장벽에 직면하는지에 따라, 잠재적인 기업가들은 다른 사업

---

79 이 점을 지적해준 솔 레브모어Saul Levmore에게 감사한다.

방식과 성공으로 가는 다른 경로를 중심으로 새로운 사업체를 세울 수 있을 것이다. 사업 활동에 대한 개방성은 기업, 기업 유형, 일터 조직화 방법 등의 다양성을 유지하는 데 도움이 된다. 반反독점법은 새로운 시장 참여자들에 대해 진입 장벽을 만들어내는 행태를 겨냥하는 정도만큼 이 이야기의 일부분이다. 하지만 기업 활동에 대한 접근성을 통제하는 가장 중요한 변수는 아마 자본과 신용에 대한 접근성에 영향을 미치는 변수일 것이다.

만약 소수의 대규모 대부업자를 통해서만 신용을 얻을 수 있다면, 결국 이 대부업자의 결정이 신용을 필요로 하는 신생 기업이 출범하거나 확장할 수 있는가라는 문제에 대해 가부를 결정하는 답이 될 것이다. (마찬가지로 많은 대부업자가 있지만, 이 대부업자들이 모두 똑같은 소수의 신용 평가 기관들에 결정을 외주를 준다면, 결과는 동일할 것이다.) 이러한 상황이라면 많은 사람들이 통과할 수 없는 신용 병목이 생길 공산이 크다. 다른 한편 만약 각기 다른 수많은 대부업자를 비롯한 자금 조달 원천이 존재하고, 그들이—아마 신용 전력에 대한 자료 외에도 현지 지식 같은 다른 기준을 사용해서—실제로 독자적인 결정을 내린다면, 어떠한 하나의 신용 기준이 엄격한 병목이 되는 일은 없을 것이다. 얼마나 많은 신용이 입수 가능하고 누구에게 주어지는지도 중요한 문제이다. 신생 기업을 시작하기 위한 풍부한 신용을 갖춘 경제에서는 개인들이 스스로나 남을 위해서 이전에는 보지 못한 새로운 경로들의 조합을 만들어낼 공산이 크다. 결과적으로 기회구조의 다원성이 높아진다.

미소금융에 관한 학술 문헌들은 이런 점이 중요한 한 이유를 간접적으로 보여준다. 이 문헌들을 보면, 어떤 사회든 간에 일부 집단과 개인이 다른 이들에 비해 자본, 신용, 경제적 기회에 대해 더 많은 접근성을 갖는 것이 거의 보편적인 현상임을 알 수 있다. 이런 접근성을 갖지 못한 다른 이들의 경로는 제한될 것이다. 많은 사회에서는 심지어 주류 경제 기관들이 빈곤층에게 자본을 빌려주기 위해 공동의 노력을 기울이지만, 모든 기회─자본 대출 시도를 포함한─가 영향력 있는 지역 엘리트들에게 흘러들어가게 하는 유력한 병목을 극복하지는 못하고 있다.[80] 바로 이런 이유 때문에 미소금융은 경제 활동을 하는 빈곤층에게 자본 접근성을 직접 개방함으로써 기존 기회구조를 해체하려고 노력한다.[81] 이런 접근성을 충분히 폭넓게 배분한다면, 안전판, 즉 노동 세계에서 다른 병목들을 우회하는 길이 만들어질 수 있다. 선진국에서 자본 접근성을 확대하자는 평등주의 제안들은 보통 분배 공정성이나 빈곤 감소에 초점을 맞추지만, 때로 〈조건 3〉 같은 문제─현재 개인들에게 열려 있지 않은 새로운 경로와 선택에 대한 접근성을 개방하자는 의제─도 거론하기는 한다.[82]

기업 활동과 관련된 기회구조의 형태는 또한 다음과 같은 질문에 좌우된다. 실패는 얼마나 제한적인가? 어떤 경제체제에서는 사업을 시작했다가 실패하는 경우에 자격을 완전히 박탈당해서 장래에 신용

80　Marguerite S. Robinson, *The Microfinance Revolution*(2001), 144~146, 216쪽.

81　앞의 책, 18쪽을 보라.

82　예를 들어, Bruce Ackerman and Anne Alstott, *The Stakeholder Society*(2000), 3~5쪽은 모든 미국인에게 성인이 되는 시점에 8만 달러의 자본금을 지급하자고 제안한다. 이는 "어디에 살고, 결혼을 할지", 그리고 고등교육을 포함하지만 거기에 국한되지는 않는 "경제적 기회를 위해 어떻게 훈련할지를 선택할 독립성"을 제공하기 위한 것이다. 또한 Michael Sherraden, *Assets and the Poor: A New American Welfare Policy*(1991)는 소득 기준 복지 정책에서 자산 기준 복지 정책으로 전환하자고 제안한다. 이는 빈곤층이 저축을 모아서 광범위한 기회를 추구하는 데 활용할 수 있도록 할 것이다.

이나 자본을 얻는 게 아주 어려워진다. 이런 경우에 심각한 재정적 실패를 겪은 적이 없는 기록의 필요성이 병목이 될 정도이다. 이런 깨끗한 기록이 없으면 경제 분야에서 많은 경로를 추구할 수 없다(채용에서 신용 조회가 활용된다면 심지어 직원으로 일하기도 힘들다). 이와 대조적으로, 다른 경제체제에서는 실패에 따르는 비용이 더 적다. 이것은 어느 정도 문화와 관련된 이야기이다. 투자자들이 과거의 실패를 자격을 박탈하는 감점 요인으로 보는가, 아니면 그렇게 심각하지 않고 심지어 잠재적으로 유용한 경험으로 보는가? 이것은 또한 파산법에 관한, 그리고 채무를 갚고 새 출발을 하는 게 어느 정도나 가능한지에 관한 이야기이다. 이 모든 변수들에 따라 한 자본주의 사회가 개인들이 인생을 사는 동안 여러 새로운 다른 사업과 활동을 추구하는 데 기울이는 관심을 얼마나 유연하게 수용하는지가 영향을 받는다.

최근 몇 년 동안 일터의 유연성이 상당한 관심을 모으고 있지만, 지금까지 이야기한 이유들 때문은 아니다. 그보다는 노동-가족 갈등과 관련된 일단의 문제들에 초점이 맞춰진다. 이제 이 문제들을 조금 철저하게 이야기해보자. 이 문제들은 한 병목을 개선하기 위한 정책이 다른 병목을 견고하게 만드는 경우에 제기되는 아주 어려운 문제들 몇 가지―그리고 완전주의, 선택, 기회구조에서 사회적 규범의 역할 등에 관한 문제들―를 심사숙고할 기회를 제공하기 때문이다.

일터의 유연성과 성별 병목현상

이 책 도입부에서 나는 가장 유리한 사회적 지위로 이어지는 경로를 비롯해서 높이 평가되는 많은 경로들이 아이 없는 여성과 모든 남성에게 열려 있는 가설적인 사회에 관해 이야기했다. 이 체제는 이런 경로들이 남성에게만 열려 있는 사회보다는 개선된 것이지만, 기회 다원주의는 이보다 훨씬 더 많은 것을 필요로 한다. 만약 여성들이 양육을 완전하고 행복한 노동생활과 결합하는 것과 관련된 경로들의 조합을 추구할 수 없다면—그리고 이보다는 주목받지 못하지만 역시 중요한 점으로, 남성들이 동일한 노동생활을 완전하고 행복한 부모 역할과 결합하는 것과 관련된 행복의 형태와 경로 들의 조합을 추구할 수 없다면—성별은 여전히 아주 제한적인 병목이다. 게다가 성별 없는 세계라 할지라도 성별 중립적인 체제가 부모들이 가장 높이 평가되는 경력 경로를 추구하는 것을 가로막는다면, 이 체제는 아주 제한적인 병목이 될 것이다. 사람들은 다른 곳에서뿐만 아니라 가정생활과 노동생활 모두에서 행복의 중요한 원천을 찾는다. 다원주의 체제라면 사람들이 어떻게 여러 방향의 노력에 있어서 균형을 잡을지를 스스로 선택하는 게 (한층 더) 가능해질 테고, 따라서 한쪽이 다른 쪽을 차단하는 정도가 최소화될 것이다. 그러므로 기회 다원주의는 우리에게 노동의 세계와 양육을 둘러싼 일부 규범을 재구조화할 것을 요구한다. 하지만 요구되는 노동 재구조화가 현재 일터에서 나타나는 "가족 친화적" 변화 추세와 반드시 일치하는 것은 아니다.

최근 몇 십 년 동안 북아메리카, 서유럽, 동아시아에서는 "노동/생활 균형"을 개선하고 일터를 좀 더 가족 친화적으로 만들기 위한 일터 개혁이 급속하게 확산되었다.[83] 이런 개혁에는 신생아나 입양아, 친척

---

83 예를 들어 Margaret Fine-Davis et al., *Fathers and Mothers: Dilemmas of the Work-Life Balance*(2004); *Reconciling Family and Work: New Challenges for Social Policies*

환자를 돌보기 위한 유급·무급 휴가뿐만 아니라, 유연 근무시간, 파트타임, 재택근무 등 일터의 엄격한 시간-공간 요건을 가정생활과 양립 가능하고 탄력 있게 만드는 조정도 포함된다.

이런 변화들은 심각한 문제에 대응하는 것이다. 많은 일자리, 특히 남성 노동력이 우세한 일자리는 조앤 윌리엄스가 말하는 이른바 "이상적 노동자" 규범을 중심으로 축조된다.[84] 이 규범에 따르면, 노동자—남성 또는 여성이지만, 대부분이 남성일 것이라고 예상된다—는 전통적인 가정의 전형적인 생계부양자와 같다고 가정된다. 노동자는 일하는 것 말고는 많은 시간을 할애할 곳이 거의 없으며, 다른 누군가가 풍부하게 제공하는 가사노동을 이용할 수 있다. 만약 단 한 곳의 일터가 이런 식으로 조직되어 있다면, 아주 심각한 병목이 되지는 않을 것이다. 하지만 윌리엄스는 이런 규범이 전통적인 남성 일자리 전체에 걸쳐 만연해 있음을 보여준다. 그리고 여러 차원에서 가장 바람직한 일자리의 다수가 여기에 포함되는 것은 우연이 아니다. 이런 일자리의 대부분을 노동 바깥의 중요한 역할과 손쉽게 결합할 수 없다면, 심각한 병목이 발생한다.

언뜻 보면, 가족 친화적 의제는 이런 병목을 개선하는 것을 완벽하게 겨냥하는 듯 보일 것이다(그리고 실제로 이것이 주요 목표 중 하나이다[85]). 하지만 그렇게 간단하진 않다. 이 의제의 몇몇 유럽판은 여성에

---

　　　in Europe(Giovanni Rossi ed., 2006); *Work-Life Balance in Europe: The Role of Job Quality*(Sonja Drobnič and Ana Guillén eds., 2011); *Work Life Integration: International Perspectives on the Managing of Multiple Roles*(Paul Blyton et al. eds., 2006) 등을 보라.

84　Joan Williams, *Unbending Gender: Why Family and Work Conflict and What to Do About It*(2001), 5, 64~141쪽을 보라.

85　이런 정책들은 또한 아동복지에 관한 특정한 견해—또는 심지어 낮은 출산율에 관한

게만 배타적으로 혜택—가령 출산 휴가—을 주고 남성에게는 주지 않는다. 남편 출산 휴가는 짧은 반면 부인 출산 휴가는 길고, 그중 일정 기간은 **의무 사항**인 네덜란드 같은 나라에서는 이 간극이 아주 극명하다—법에 따라 여성은 아이를 낳으면 16주 동안 일터에서 쫓겨난다.[86] 대부분의 유럽 국가는 여성에게는 아주 후한 휴가를 주고(급여 수준은 다양하다), 남성에게는 훨씬 적게 준다.[87] 이런 정책은 남성과 여성으로 하여금 일과 가정에서 극명하게 다른 통로로 나아가게 하는 효과를 발휘한다. 남성은 '이상적인 노동자' 일자리로 떠밀고, 여성은 주변적인 노동이나 파트타임 노동으로 떠밀면서 가정에서 더 큰 돌봄 역할을 부여한다. 그리하여 이런 정책은 기회구조에서 아주 만연한 병목을 강화한다. 성별 병목은 남성과 여성을 각 성별에 적합한 상이한 활동과 행복 형태를 수반하는 각기 다른 종류의 일자리—와 각기 다른 종류의 삶—로 이동시킨다.

가족 친화적 일터 의제 전부가 이 문제의 원인이 되는 것은 아니다. 어린이들에게 편리하고 유연한 양질의 보육과 조기교육 서비스를 제공하는 것은 가족 친화 의제의 핵심적인 조항 중 하나이며, 이 의제는 어쨌든 이런 성별 병목을 강화하지 않은 채 더 많은 경로를 열어준다. 기회 다원주의 관점에서 보면, 이런 식의 정책을 추구하는 것은 순수

민족주의적 우려와 결합된 출산 장려 정책—같은 다른 동기들의 다양한 조합도 반영한다. *The Political Economy of Japan's Low Fertility*(Frances McCall Rosenbluth ed., 2007)을 보라.

86 Anmarie J. Windener, "Doing it Together: Mothers and Fathers Integrating Employment with Family Life in the Netherlands", in *Reconciling Family and Work*, 164쪽.

87 예를 들어, 영국은 유급 출산 휴가(어머니만 해당)를 39주까지 늘린 반면, 아버지는 유급 출산 휴가를 2주밖에 받지 못한다(2003년에 추가됨). Jane Millar, "Families and Work: New Family Policy for the UK?", in *Reconciling Family and Work*, 191쪽을 보라.

한 선善이다. 하지만 시간과 공간상의 노동의 유연성, 특히 가족 돌봄 휴가를 둘러싼 일단의 정책은 영속적인 문제를 나타낸다.

가장 간단한 해법—남성과 여성에게 동등한 조건의 유연성과 휴가를 제공하는 것—은 실제보다 서류상에서 더 잘 작동한다. 표면상 중립적인 실천은 분명히 비중립적인 사회규범과 상호작용하기 때문이다. 미국 연방대법원은 어머니와 아버지 둘 다에게 의무적으로 12주 동안 (무급) 출산 휴가를 제공하는 가족돌봄휴가 및 병가법 Family and Medical Leave Act(FMLA)을 확인했다. 성별 고정관념과 여성과 남성의 전통적인 성 역할 제한에 대항한다는 이유에서였다.[88] 여성에게만 휴가를 주거나 아무에게도 휴가를 주지 않는 것과 비교할 때, 가족돌봄휴가 및 병가법의 접근법은 두 성 모두—그리고 단지 부모만이 아니라—에게 제공해야 하는 혜택의 기준선을 제시한다. 특히 연방의회는 고용주가 남녀를 불문하고 모든 노동자에게 병가('자기 돌봄' 휴가)를 부여하도록 하는 더 폭넓은 요구의 맥락에 육아휴가를 자리매김했다. 노동자들이 아픈 아이를 돌보는 일을 맡는 것은 주로 여성이라는 고정관념에 순응한다 할지라도, 휴가를 받는 전반적인 인력 자원에는 여성뿐만 아니라 다수의 남성도 포함되도록 하기 위한 조항이었다.[89] 그럼에도 불구하고 가족돌봄휴가 및 병가법에 따른 휴가 사용은 여전

---

88 *Nevada Dept. of Human Resources v. Hibbs*, 538 U.S. 721(2003), 729~732, 737쪽. 이 절에서 쟁점이 되는 휴가는 아이를 돌보기 위한 휴가이다. 임신 장애pregnancy disability는 다른 문제이다. 임신 때문에 출산 전후로 일시적인 장애가 생겼을 때, 이 장애를 다른 일시적인 장애와 똑같이 다룬다면 결국 불가피하게 산모에게 추가로 일정한 휴가를 줄 수 있다.

89 대법원은 최근 "자기 돌봄" 조항의 적용을 제한했다. 대법관의 다수인 5인이 "자기 돌봄" 조항과 성차별의 연관성을 인정하지 않았기 때문이다. *Coleman v. Maryland Court of Appeals*, 132 S.Ct. 1327(2012)(Ginsburg, J., dissenting), 1339~1342쪽을 보라.

히 매우 불평등하다.[90] 마찬가지로 남성과 여성 둘 다에게 형식적으로
동등한 조건에서 파트타임 노동을 제공하면, 결국 종종 '엄마의
길mommy track'이라는 낮은 지위가 따로 생겨난다. 주로 여성이 압도적
인 이 노동 형태는 보상도 적고 승진 전망도 제한된다.[91]

가족 친화적 의제는 또한 이따금 일터 **전반에 걸쳐** 성별 분리라는
훨씬 더 심각한 문제를 악화시킨다. 스웨덴은 남성과 여성 모두에게
육아휴가를 후하게 준다. 남녀 모두 의미 있는 노동과 적극적인 양육
을 추구할 수 있도록 하기 위해서다.[92] 스웨덴의 휴가 정책은 1976년
에 성별 중립적으로 바뀌었다. 이 프로그램을 실제로 사용하는 쪽이
여전히 90퍼센트가 여성이던 1990년대 중반에, 스웨덴은 휴가의 일
부를 부부 사이에 양도 불가능하게 만드는 추가적인 조치를 취했다.
따라서 남성들은 휴가 전체를 배우자에게 양도할 수 없게 되었다.[93] 스
웨덴의 고용 시장은 유럽에서 손꼽히게 성별이 분리된 시장이 되었
다. 여성들은 공공 부문과 전통적인 여성 직종에 매우 집중되어 있다.
스웨덴 재무부는 경제협력개발기구OECD 국가들의 노동시장에서

90　예를 들어, 18개월의 조사 기간 동안 어린 자녀를 둔 부모 가운데 여성은 75.8퍼센트,
　　남성은 45.1퍼센트가 휴가를 받았음을 보여주는 Jane Waldfogel, "Family and Medical
　　Leave: Evidence From the 2000 Surveys", *Monthly Labor Review*(Sept. 2001), 17, 21쪽
　　을 보라.

91　전반적인 내용으로 Hans-Peter Blossfeld and Catherine Hakim, *Between Equalization
　　and Marginalization: Women Working Part-Time in Europe and the United States of
　　America*(1997), 1~4, 317~324쪽을 보라.

92　Laura Carlson, *Searching for Equality: Sex Discrimination, Parental Leave and the Swedish
　　Model with Comparisons to EU, UK and US Law*(2007), 81~228쪽.

93　미국의 육아휴가가 개별 직원의 혜택으로 개념화되는 것과 달리, 스웨덴의 육아휴가
　　는 처음에 정부가 신생아 부모에게 제공한 것이었고 부부가 원하는 대로 나눠 쓸 수
　　있었다. 이런 사정 때문에 육아휴가의 일부를 양도하지 못하게 만든 것이 중요한 의
　　미를 띠었다. 앞의 책, 116, 135~139쪽을 보라.

"후한 육아휴가와 성별 분리 정도 사이에 뚜렷한 비례 관계"를 발견했다.[94] 이런 분리에는 다양한 원인이 있다. 법에서는 고용주가 제공해야 하는 최소한의 휴가—최소치는 후하고 최대치는 없다—를 정해놓는데, 이 때문에 고용주들 스스로 분류되는 것처럼 보인다. 여성 직원이 압도적으로 많은 공공 부문 고용주들은 노동자들이 휴가를 사용하기를 기대하고 때로 법적 요구 사항보다 훨씬 더 후한 휴가를 제공한다. 한편 남성 직원이 압도적으로 많은 민간 부문 고용주들은 휴가 사용을 강하게 억제하며, 이런 이유 때문에 채용에서 여성을 차별하기도 한다. (다른 나라와 마찬가지로 스웨덴에서도 남성들은 고용주가 가족 돌봄 휴가를 사용하는 남성을 좋게 생각한다고 보지 않는다고 이야기한다.)[95]

기회 다원주의 관점에서 보면, 경제를 성별화된 '이상적 노동자'와 주변적 노동자라는 두 요소로 나누는 것은 결국 각기 다른 두 병목이 된다. 첫째는 성별 분리와 남녀 노동자 각각에 대한 유도이고, 둘째는 대부분 남성인 이상적 노동자 영역의 일과 가정생활에서 실질적인 역할을 수행할 필요가 있는 행복 형태를 결합하는 것의 어려움이다. 두 번째 병목을 정면으로 겨냥한 해법은 때로 첫 번째 병목을 악화하는 것처럼 보인다—특히 주로 여성을 위해 일/가정 문제를 해결하려고

---

94 Anita Nyberg, "Parental Leave, Public Childcare and the Dual Earner/Dual-Career Model in Sweden", http://pdf.mutual-learning-employment.net/pdf/sweden04/disspapSWE04.pdf 참조), Swedish National Institute for Working Life(2004), 18쪽. 스웨덴 재무부의 비교 데이터를 인용하고 있다.

95 예를 들어, Fine-Davis et al., *Fathers and Mothers*, 153~161쪽의 표본조사 데이터를 보라. 이런 우려가 어느 정도 사실임을 보여주는 한 실험을 보고하는 Julie Holliday Wayne and Bryanne L. Cordeiro, "Who is a Good Organizational Citizen? Social Perception of Male and Female Employees Who Use Family Leave", 49 *Sex Roles*(2003), 233쪽도 보라.

할 때는 더욱 그러하다.

이 문제에 대한 한 반응은 남성과 여성에게 공식적으로 동등한 기반 위에서 경로들이 열려 있는 한, 남성과 여성이 어떤 경로를 추구할 것인지는 그들 각자의 선호와 선택의 문제이기 때문에 이것이 전혀 문제가 아니라고 말하는 것이다. 하지만 이런 반응은 그런 선호와 선택의 내생성—기회에 의해, 또한 우리가 흔히 '선택'이라고 생각하는 결정으로 이어지는 사장, 배우자, 다른 사람들의 미묘한 압력과 그렇게 미묘하지 않은 압력에 의해 선호와 선택이 지어지는 방식—을 무시하는 것이다.

밀은 법률과 차별 못지않게 "도덕"과 "감정"이 우리의 선호와 열망을 모양 짓는다는 사실을 인식했다.[96] 밀이 《자유론》에서 말한 것처럼, 문제는 사람들이 "자기 성향에 어울리는 것보다는 관습적인 것을 선택한다"는 게 아니다. 오히려 문제는 "관습적인 것을 빼고 나면 사람들에게는 따로 자기 고유의 성향이라는 것이 아예 없다"는 사실이다.[97] 따라서 자유를 위해서는 성별에 관한 정해진 규범과 관습적 사고를 어느 정도 깨뜨려야 한다. 그렇지 않으면 규범은 스스로 강화된다. 규범은 노동과 집안일에 관한 남성과 여성의 기대에 영향을 미치며, 여성과 특히 노동자로서의 어머니에 관한 고용주의 기대에 영향을 미친다.[98]

---

96 John Stuart Mill, *The Subjection of Women*, 16쪽[존 스튜어트 밀 지음, 서병훈 옮김,《여성의 종속》, 책세상, 2006, 37쪽]. 이 책 2부 참조.

97 John Stuart Mill, *On Liberty*(Elizabeth Rapaport ed., Hackett 1978)(1859), 58쪽[존 스튜어트 밀 지음, 서병훈 옮김,《자유론》, 책세상, 2005, 116쪽; 박홍규 옮김,《자유론》, 문예출판사, 2009, 138쪽].

98 이 책 209쪽 주석 61을 보라.

일부 전통주의자들이 보기에 이 마지막 문장들은 본성에 대한 반역, 즉 자연적 성차에 맞서 싸우자는 평등주의의 호소로 읽힌다.[99] 하지만 기회 다원주의의 관점에서 보면, 이런 비판은 불합리한 추론에 가깝다. 유연성과 가족 친화적 일터 문제에서 쟁점이 되는 두 가지 주요한 병목—성별에 근거한 유도와, 일과 육아의 양립 불가능성—은 각각 사람들이 각기 다른 행복 형태의 조합을 수반하는 삶을 축조할 기회를 제한한다. 반反사실적으로 가정해서, 만약 현재 우리가 일터와 가정을 조정하는 방식이 2부에서 설명한 인간 발달의 통상적인 반복적인 상호작용 과정과 독특하게 차단된 순수한 '본성'의 소산이라 할지라도, 이 두 병목은 여전히 기회를 제한한다.[100] 기회 다원주의의 관점에서 보면, 여기서 중요한 것은 병목 자체의 제약 효과이다. 예를 들어, '본성'과 관계없이, 어느 성별의 부모 하나가 '이상적' 노동자가 되는 일은 없다. 그리고 '본성'과 관계없이, 사람들을 성별에 근거한 병목으로 유도해서는 안 된다. 남성이 이상적 노동을 지배하고 여성이 주변적 노동을 지배하는 이분법적인 방식으로 노동을 배열하면, 모든 사람이 헤쳐나가야 하는 중요한 병목이 두 개 생겨난다.

이 문제들은 이상적 노동자 규범 자체를 무너뜨리고 더 다원적인 규범으로 대체해야만 해결 가능하다. 정책의 수준에서 첫 번째 단계

---

99 이 책 170~174쪽을 보라.

100 2부의 설명은 이런 주장을 의심해야 할 타당한 이유를 제공하지만, 여기서 내가 말하고자 하는 점은 어쨌든 이런 주장은 이 두 병목에 대한 분석과는 무관하다는 것이다. 기회 다원주의는 일터 안팎에서 벌어지는 성별 유도를 개선하고자 한다(이상적으로는 제거하고자 한다). 이런 유도는 남성과 여성의 기회를 제한하기 때문이다. 이 병목을 완전히 제거하는 것은 또한 성별 자체를 제거하는 것을 의미할 수도 있다. 성별이란 사실은 유도 체계에 **다름 아니라는** 사실이 밝혀진다면 이렇게 될 것이다. 이 책 92쪽 주석 77도 보라.

는 고용주들이 '이상적' 노동자에게 훨씬 오랫동안 일을 시킬 유인을 줄이고, 그 대신 더 많은 수의 직원을 고용해서 개별 노동자의 노동시간을 줄이게 하는 것이다. 이런 목표를 이루려면 공공정책은 **직원당 고정비용**을 줄이고, 추가 노동시간에 대해 일하는 직원의 한계비용을 최고로 높이는 것을 목표로 삼아야 한다. 직원당 고정비용 중 일부(사무 공간, 훈련 시간)는 불가피하지만, 복지 혜택 같은 다른 것들은 그렇지 않다. 미국의 경우에 의료보험 혜택을 고용주에 근거한 보험에서 사회보험으로 이전한다면 큰 도움이 될 것이다.[101] 장부의 반대편을 보면, 고용법이나 근로계약을 통해 잔업수당이 발생하기 시작하는 시간을 앞으로 당기면 고용주들이 더 많은 노동자들에게 일을 분산시키도록 자극을 받게 된다.[102]

이러한 문제에 좀 더 급진적으로 접근하려면 일을 모듈module(규격화된 부분)로 쪼개야 한다. 모듈화된 노동이란, 일자리를 크기가 고정된 의무와 혜택의 묶음으로 정의하는 대신 다양한 크기의 모듈로 분해할 수 있음을 의미한다. 혜택과 의무도 그에 비례해서 바뀐다. 고용주와 직원이 공동으로 조정안을 마련해서, 어떤 사람은 급여의 60퍼

---

101 정부-고용주-시민의 삼각 모델에서 고용주에게 역할을 부여하지 않는 "시민에 근거한 사회계약"으로 이동하는 사회계약상의 변화를 설명하는 Ted Halsted and Michael Lind, *The Radical Center: The Future of American Politics*(2001), 24~25쪽을 보라.

102 Vicki Schultz and Allison Hoffman, "The Need for a Reduced Work Week in *the United States*", in *Precarious Work, Women and the New Economy: The Challenge to Legal Norms*(Judy Fudge and Rosemary Owens eds., 2006), 131쪽을 보라. 많은 노동자가 생계를 꾸리기 위해 **충분한** 노동시간을 찾느라 분투하는 시기에, 이 문단에서 내놓은 제안들과 앞에서 논의한 불평등과 사회보험의 문제 사이의 상호작용은 주목할 만하다(이 책 368쪽 이하 "하향 이동에 대한 두려움" 절). 저임금 노동자들이 가정과 일 사이에서 균형을 잡는 실질적인 선택권을 가지려면, 저임금 노동 자체를 좀 더 보수가 높고 생존 가능하게 만들 수 있는 사회보험을 비롯한 여러 정책이 필요하다.

센트를 받고 일의 60퍼센트를 할 수 있다. 모듈화된 노동은 여전히 이상적 노동 규범을 중심에 세우는 정규직 트랙과 대조되면서도, '엄마의 길'이나 파트타임 트랙 같이 승진 전망이 축소되고 분리된 궤도를 만들기보다는, 이러한 일반적인 기대를 없애고 직원 보상의 모든 형태를 직원들이 실제로 하는 유동적인 노동량에 연동시키고자 한다. 그러기 위해서는 모듈화된 승진이 필요하다—시간이 아니라 일정한 노동량이 경과한 뒤 직원이 한 노동의 질을 기준으로 삼아 승진을 시키는 것이다.

모듈화된 노동을 실행하는 데 따르는 난점은, 현재 파트타임 체계가 종종 그런 것처럼 사회적 규범(및 경제적 수요)과 상호작용해서 사실상 성별화된 두 궤적을 만들어낼 수 있다는 사실이다. 모듈화된 노동이 기능하려면, 누구든지—비단 부모나 여성만이 아니라—가령 급여와 복지수당의 60퍼센트를 받고 일의 60퍼센트를 하는 게 가능할 뿐만 아니라 **정상**이 되어야 한다. 일과 아이를 제외한 많은 책임—친구, 다른 가족 성원, 지역사회 조직, 종교 활동, 스포츠, 기타 많은 활동—이 개인들이 당연히 높이 평가하는 여러 형태의 인간 행복으로 이어지는 경로를 구성한다. 모듈화된 노동의 이점은 이런 여러 책임 중 하나에 몰두하는 어떤 사람에게든 무언가를 제공한다는 점이다. 모듈화된 노동은 부모를 따로 특별 대우하고 부모의 이해와 다른 이들의 이해를 대립시키는 대신, 이상적-노동자-규범 병목을 개선하며 모든 사람이 자신의 노동 책임의 모양에 관해서 자율적인 선택을 할 수 있는 여지를 넓혀준다. 이것은 가족돌봄휴가 및 병가법이 제한된 성공을 거둔 전략의 확대이며, 여전히 여성적 성격이 강한 휴가(아픈 아이와 부모를 돌보기 위한 휴가)와 보편적인 휴가(본인의 질병으로 인한 병가)를 연결해준다. 하지만 이것만으로 충분하지 않을 수 있다. 남자들에게 모듈화된 노동을 활용하라고 설득하는 유일한 길은 기업이—가령 남성과 여성이 모듈화된 노동 방식을 균등하게 이용하는 단위의 관리자들에게 인센티브를 지급하는 식으로—그런 방식을 적극적으로 장려하는 것이다.[103]

이런 식의 해법들은 유연성과 다원주의를 위한 논증의 결론으로는 이상하게 규범적인 것처럼 보인다. 바로 이런 이유 때문에 나는 여기서 이 해법들을 이야기하는 것이다. 견고한 사회규범—특히 고용 환경의 구조적 특징과 연결된 규범—은 제거하기 어려운 병목을 만들어낸다. 아주 비슷하게 어떤 이는 법원의 명령으로 정한 소수민족이나 여성 채용을 위한 목표치나 계획표가 이 집단들에 대한 차별을 시정하기 위한 이상하게 규범적인 처방이라고 주장할 수 있다. 이것은 단순한 비유가 아니다. 두 경우 모두, 서로 다른 일을 하는 사람들의 집단은 다소 자기 영속적이기 쉽다. 이런 양상은 일정한 병목을 만들어내기 때문이다. 그리고 문제는 이런 사실에 어떻게 대응할 것인가 하는 점이다. 특히 유연성과 이상적 노동자 규범의 경우에, 여기서 수반되는 주된 병목은 매우 만연해 있다. 문제는 단순히 한 기업에서 행해지는 차별이 아니라, 많은 기업들에 걸쳐 공통된 일단의 병목을 만들어내는 폭넓은 사회질서이다.

법은 흔히 개별적인 비행에 초점이 맞춰지며, 광범위하고 만연한

---

103 남성 직원들도 비교적 동등한 조건에서 가족 돌봄 휴가를 받도록 설득하게끔 고용주들에게 압력을 가하기 위해, 정부 조달 계약의 일부를 지정해서 활용하는 등의 창의적인 수단을 제안하는 Michael Selmi, "Family Leave and the Gender Wage Gap", 78 *North Carolina Law Review*(2000), 707, 775~781쪽을 보라.

이 현상들과는 관계가 적다. 기회 다원주의의 관점에서 보면, 이런 우선순위 때문에 법은 진보가 더디다. 가장 중요한 것은 한 기업이 어떻게 하는지, 또는 왜 그 기업이 그렇게 하려고 결정했는지가 아니라, 기회구조 전반에 걸쳐 만연한 방식으로 기회를 제한하는 병목이다. 무엇이 중요한지에 관한 이런 견해는 우리가 차별금지법 기획을 어떻게 이해해야 하는지에 대해 중요한 함의를 갖는다.

3장
병목과 차별금지법

몇 가지 최신 법령과 그 함의

2011년 뉴저지 주는 미국의 주 가운데 최초로 고용주가 채용 공고에서 실직 상태의 지원자는 검토 대상에서 제외된다고 밝히는 것을 금지했다.[104] 최근 다른 주들에서도 비슷한 입법이 제안되거나 제정되었고, 오바마 행정부는 연방 차원에서 비슷한 입법을 제안했다.[105] 앞부에서 간략하게 다룬 범죄 전과와 관련한 '네모 칸 금지' 법률이나 조례와 마찬가지로,[106] 뉴저지 법령도 실업을 근거로 차별하는 것을 금지하지는 않는다. 이 법은 단지 고용주가 모든 실직 상태의 지원자를 초기 단계에서 걸러내지 못하게 한다.

---

104   2011 N.J. Session Law. c.40, §1, codified at N.J.S.A. 34:8B-1을 보라.

105   이런 종류의 법령과 입법 제안을 좀 더 자세히 다루는 Joseph Fishkin, "The Anti-Bottleneck Principle in Employment Discrimination Law", 91 *Washington University Law Review*(2014, 근간)를 보라.

106   이 책 306~307쪽을 보라.

실업률이 높을 때 고용주들이 갑자기 집단적으로 실직 상태의 지원자를 차별한다고 결정한다면 부당해 보일 것이다. 하지만 단순히 수요 공급의 측면에서 보면, 실업률이 높은 시기에는 빈자리에 비해 지원자가 많을 테고 고용주들은 까다롭게 고를 수 있다. 또한 빈자리에 비해 지원자가 많으면, 많은 지원서를 읽고 처리하는 비용도 높아진다. 실직 상태의 지원자를 모두 배제해서 비용을 절감하는 것이 현명한 전략처럼 보일 수 있다. 이런 전략은 이 새로운 법령들에 의해 금지된다. 그렇지만 고용주들이 원하기만 하면 여전히 자유롭게 결국 실직 상태인 지원자들을 거부하기로 결정을 내릴 수 있다. 이 법령이 하는 일은 실직 상태인 지원자들에게 채용 여부를 검토받을 기회를 주는 것이다.[107]

실업과 범죄 전과에 관한 이 법령들은 차별금지법이며, 고용주가 채용 과정에서 신용 조회를 활용하는 것을 금지하는 다른 새로운 법률들도 여기에 포함된다.[108] 하지만 이 법률들은 차별금지법이란 무엇인가에 관한 통상적인 관념과 딱 맞아떨어지지는 않는다. 우선 바로 앞에서 이야기한 것처럼, 이 새로운 법률들 대부분은 사실 보호받는 변수를 근거로 최종 결정에서 차별하는 것을 금지하지 않는다. 그 대신 단지 고용주들이 초기에 일정한 장벽을 세우는 것을 가로막음으로써, 지원자가 비록 범죄 전과나 실직 기간이 있더라도 자신이 해당 자리에 맞는 최고의 지원자임을 고용주에게 설득할 기회를 제공한다.

이 법률들은 또한 다른 면에서도 차별금지법에 관한 우리의 통상적인 관념에서 벗어난다. 이 법령 중 어느 것도 그 법이 특별한 배려를

107 몇몇 법률은 여기서 더 나아가 실제로 고용 지위에 근거한 차별을 금지한다.
108 이 책 305~306쪽을 보라.

보일 것이라고 통상적으로 기대되는 집단을 보호하지 않는다. 전과자, 실업자, 신용불량자 등은 각각 여러 중요한 면에서 차별금지법이 일반적으로 보호하는 종류의 집단—인종, 종교, 성별, 국적, 연령 등의 특징으로 정의되는 집단—과 다르다. 범죄 전력, 실업, 신용불량 등은 인종이나 성별, 국적 같은 출생 환경이 아니다. 이런 사실들은 바꿀 수 없는 속성이 아니고, 겉으로 보이지 않으며, 이 사실들에 의해 정의되는 집단은 헌법에서 익숙한 "따로 떨어져 고립된 소수자"가 아니다. 또한 범죄 전력, 실업, 신용불량 등은 종교나 성적 지향 같이 고용 기회를 얻기 위해 버리거나 숨기거나 감추도록 강요해서는 안 된다고 주장되는 심층적이고 근본적인 정체성 범주와 같은 게 아니다. 범죄 전과, 실업, 신용불량은 대부분의 사람들이 솔직히 털어버리고 싶어하는—그리고 숨기거나 감추면 더할 나위 없이 기쁜—특징이다. 이런 사실들은 우리가 통상적으로 이해하는 정체성 범주가 아니다. (사실 신용 기록의 경우에 당사자는 자신이 그 집단에 속한다는 점을 모를 수도 있다.) 그렇다면 정확히 왜 우리에게는 이런 법률이 있는 걸까?

이 법령들 각각은 기회구조 안에 있는 중요한 병목을 개선하며, 바로 이 때문에 입법자들이 제정한 것이다. 앞에서 이야기한 것처럼, 지능지수 방식의 검사가 **만연한** 병목—많은 고용주들이 기회구조 전반에서 채택하는 병목—이 될 가능성이 있다는 사실 때문에 처음에 평등고용기회위원회는 이런 검사를 규제하기 위해 움직였고, 이렇게 시작된 법적 활동은 결국 〈그릭스〉 사건으로 이어졌다.[109] 네모 칸 금지, 신용 조회 법률, '실업자 지원은 받지 않습니다' 등의 기원은 모두 똑

---

109   이 책 303~305쪽을 보라.

같은 양상을 보여준다.

각 주는 신용 조회가 최근에 훨씬 더 만연하게 되었다는 인식에 부응하여, 2000년대 말에 고용주의 신용 조회 활용을 제한하는 법률을 제정하기 시작했다. 한 법령에서 언급하는 것처럼, "지난 15년 동안 고용주들이 채용 과정에서 신용 보고서를 활용하는 경우는 1996년 5명당 1명 미만이던 것이 2010년에는 10명 당 6명으로 늘어났다."[110] 소수의 고용주들만 채용에서 신용 조회를 활용할 때는 이 문제 때문에 입법적 대응이 생기지는 않았다. 하지만 그 뒤에 인터넷 덕분에 고용주들이 신용 정보를 더 쉽고 싸게 얻는 게 가능해졌고, 신용정보기관들도 고용주들이 채용 과정에서 활용할 수 있게 만든 상품을 만들어내면서 시장을 확대하기로 결정했다. 입법자들은 이런 요인들 때문에 신용 조회가 더욱 만연한 병목이 되고 있음을 깨달았고, 결국 이 병목의 심각성을 줄이는 법령을 제정했다.[111] '실업자 지원은 받지 않습니다'의 경우도 비슷하다. 극심한 불황에 실업률이 높아지는 상황에서, 입법자들은 2010년을 시작으로 "일부 사업체와 리크루트 기업들은 예비 구직자들에게 이미 일자리가 있지 않으면 일자리를 얻지 못한다고 말하고 있음"[112]을 보여주는 여러 새로운 보고서와 연구에 응답했다.[113] 상당한 범위의 일자리로 가는 유일한 경로를 따르기 위해서는

---

110 이 책 307쪽 주석 75를 보라. 여기서 제시하는 데이터는 아주 널리 인용되는 인적자원관리협회의 조사에서 가져온 것이다.

111 Fishkin, "The Anti-Bottleneck Principle in Employment Discrimination Law"를 보라.

112 Oregon Senate Majority Office, press release, "Bill will help level playing field for Oregonians looking for work"(Feb. 15, 2012)(http://www.leg.state.or.us/press_releases/sdo_021512_2.html에서 접속 가능).

113 예를 들어, Catherine Rampell, "Unemployed, and Likely to Stay That Way", *New York Times,* Dec. 2, 2010, B1쪽; National Employment Law Project, *Hiring Discrimination*

지원자가 이미 고용 상태여야 한다면, 실업 상태는 심각한 병목—뿐만 아니라 아주 많은 사람들에게 영향을 미치는 병목—이 될 가능성이 있었다.

네모 칸 금지의 경우에 고용주와 유죄 판결이 존재하는 한, 일부 고용주들은 범죄 전과가 있는 사람을 차별했을 공산이 크다. 하지만 1980년대에 수감자 수가 크게 증가한 현상에 따른 일종의 인구학적 여파로 2000년대 중반에 중범죄자 출신들이 대대적으로 사회에 복귀했다.[114] 사회과학자들과 미국 정부는 모두 중범죄 전과자들이 적당한 일자리를 찾는 데 어려움을 겪고 있음을 인정했다.[115] 네모 칸 금지 주창자들이 널리 인용하는(그리고 실제로 법령 본문에서도 종종 인용되는) 2003년의 한 경험적 연구는 초기 취업 지원 양식에 있는 네모 칸에 집중했다.[116] 이 연구에서 밝혀진 것처럼, 이 네모 칸에 체크를 하면 여러 종류의 많은 고용주들 모두에게 면접 요청을 받을 기회에 무척 부정적인 영향을 미쳤다. 네모 칸 금지는 이 문제를 개선하고자 한다.

Against the Unemployed(2011)을 보라.

114　Thomas P. Bonczar, U.S. Department of Justice, "Prevalence of Imprisonment in the U.S. Population, 1974~2001"(2003)[http://www.bjs.gov/content/pub/pdf/piusp01.pdf에서 접속 가능—옮긴이], 7쪽. 2003년에 법무부가 공개한 이 수치를 보면, 미국 노동 연령 인구 중 범죄 전과가 있는 비율은 1991년 1.8퍼센트에서 2007년 3.2퍼센트로 높아졌다. 이 수치에 함축된 추세에 따르면 2001년에 태어난 인구 집단에서는 6.6퍼센트에 달한다.

115　*Report of the Re-Entry Policy Council: Charting the Safe and Successful Return of Prisoners to the Community*(2005)(https://csgjusticecenter.org/wp-content/uploads/2012/09/1691.pdf에서 접속 가능), 294쪽. "고용주 가운데 60퍼센트는 처음에 검토를 하고는 석방된 전과자를 채용하지 않는다."

116　Devah Pager, "The Mark of a Criminal Record", 108 *American Journal of Sociology*(2003), 937쪽. 이러한 입법의 역사에 관한 논의로는 Joseph Fishkin, "The Anti-Bottleneck Principle in Employment Discrimination Law"를 보라.

병목현상 방지 원리는 이런 법률들이 추구하는 많은 실용적인 타협을 이해하는 데 도움이 된다. 네모 칸 금지 법률은 범죄 전과가 있는 사람들도 초기 지원 단계를 통과할 수 있도록 보장함으로써 특별한 균형을 유지한다. 이 법률들 때문에 고용주들은 네모 칸이 체크된 지원서를 쓰레기통에 던져버리지 못한다. 따라서 병목의 엄격성이 약해지고 심각성도 줄어든다. 그와 동시에, 이 법률들은 병목을 없애버리지는 않는다. 병목이 때로는 정당한 것일 수도 있다는 생각을 존중하기 때문이다. 네모 칸 금지는 정당성의 문제를 직접 다루지는 않는다. 그 대신 좀 더 유연한 접근법을 택한다. 고용주들이 스스로 분류하게 허용하는 것이다. 정말로 지원자의 범죄 전력을 중요하게 생각하고자 하는 고용주들은 여전히 그렇게 할 수 있다. 하지만 다른 고용주들은 이제 다른 선택을 할 수 있다. 어쩌면 지원자 집단을 신속하고 저렴하게 추려내는 방법으로 네모 칸에 체크를 한 이들을 간단히 불합격 처리했을 테지만, 조금 숙고해보고 일단 특정한 지원자들의 업적을 평가하면 과거 전과보다 더 중요한 다른 요인들을 찾을 수도 있다. 일부 고용주들이 기존에 처리한 것과는 달리 때로 범죄 전과가 있는 직원을 채용하는 한, 네모 칸 금지는 이 병목을 개선하는 방향으로 일정하게 작용을 하고 있다.[117]

내가 차별금지법의 최첨단에 있는 이 새로운 법령들에 관한 이야기로 이 마지막 장을 시작한 것은, 이것들이 병목현상 방지 원리를 위한

---

[117] 단순히 서류 양식을 제출하는 게 아니라 사람과 직접 대화를 나누면 범죄 전과의 부정적인 효과가 줄어든다는 사실을 보여주는 몇몇 증거가 있다. 그런데 유감스럽게도 이 점은 흑인 지원자보다는 백인 지원자에게 더 영향을 미치는 것처럼 보인다. 이것은 네모 칸 금지가 다루지 않는 문제이다. Devah Pager, *Marked: Race, Crime, and Finding Work in an Era of Mass Incarceration*(2007), 5, 100~117쪽을 보라.

아주 분명한 사례이기 때문이다. 이 법령들은 병목현상 방지라는 측면에서 쉽게 설명되며, 차별금지법이 무엇인지에 관한 우리의 통상적인 이해로는 놀라울 정도로 설명하기가 어렵다. 하지만 이 장에서 내가 제시하는 주장은 더 광범위한 것이다. 병목현상 방지 원리는 이 법령들뿐만 아니라 차별금지법 전체—법의 취지, 모양, 기회균등 기획에서 이 법이 갖는 중심성—를 들여다볼 수 있는 유력한 렌즈이다.

모든 차별금지법은 특정한 병목의 심각성을 줄이기 위한 법적 시도라고 이해할 수 있다. 이런 관점에서 보면, 서로 달라 보이거나 심지어 충돌하는 것처럼 보이는 차별금지법의 영역들—불리대우방지법 disparate treatment law, 불리효과방지법, 종교나 장애 수용을 요구하는 법률, 소수자 우대 정책을 허용하거나 요구하는 법—에 일정한 지속성과 일관성이 생긴다. 우리는 이런 법률 형태 각각이 입법자들이 기회 구조에서 중요한 병목이라고 판단한 것을 개선하는 각기 다른 방법이라고 이해할 수 있다. 이런 개념적 틀 덕분에 우리는 차별금지법이 어떤 집단이나 특징을 보호해야 하는가라는 질문을 필두로 차별금지법에서 특히 어려운 많은 질문들을 어느 정도 파악할 수 있다.

차별금지법은 누구를 보호해야 하는가

법학자와 정치이론가 들은 오랫동안 법이 사회의 어떤 집단을 차별에서 보호해야 하는가라는 질문과 씨름했다. 어떤 집단이 소수자 우대 정책의 대상이 되어야 하는가 같은 관련된 유사한 질문들도 씨름의 주제였다. 미국의 경우에 남북전쟁 직후에 등장한 차별금지법은 오로지 인종에만 초점을 맞추었다. 그 시기부터 이어진 일부 법령은 지금도 인종만을 다룬다. 하지만 지난 150년 동안 법률 적용 대상은 간헐적으로 확대되었다. 대부분 사회운동이 열렬하게 선전한 결과였다. 오늘날 고용을 다루는 미국의 주요한 차별 금지 법령은 인종, 피부색, 종교, 성별, 국적 등을 포함한다.[118] 그리고 추가적인 연방 법률은 연령과 장애를 포함한다.[119] 최근의 한 연방 법령은 유전 정보에 근거한 차별을 받지 않도록 보호하는—즉 질병 소인을 가리키는 유전 표지에 의해 규정되는 집단을 보호하는—내용이다.[120] 일부 주법은 성적 지향과 혼인 여부, 퇴역군인 여부,[121] 키와 몸무게,[122] 출생지,[123] 기초생활보장 수혜 여부,[124] 또는 심지어 흡연 여부[125] 같은 특징을 근거로 차별받는 일이 없도록 보호한다.

의견이 분분한 이 범주 목록이 확대됨에 따라, 미국 연방대법원은 어떤 집단을 보호하거나 보호하지 말아야 하는가라는 질문의 여러 다른 형태를 붙잡고 거듭 씨름하고 있다. 어떤 형태들은 동등한 보호의

---

118 Title VII of the Civil Rights Act of 1964, 42 U.S.C. 2000e-2.

119 Age Discrimination in Employment Act of 1967, 29 U.S.C. 626; Americans with Disabilities Act of 1990, 42 U.S.C. 12101.

120 고용주와 건강보험사가 유전 정보에 근거해서 차별하는 것을 금지하는 Genetic Information Nondiscrimination Act of 2008, Pub. L. 110-233(2008)을 보라.

121 Washington Revised Code Annotated §49.60.180(West 2012). 연방 보호 규정인 Uniformed Services Employment and Reemployment Rights Act, 38 U.S.C. §§4301-4333(2006)도 보라.

122 Michigan Compiled Laws Annotated §37.2202(West 2012).

123 Vermont Statutes Annotated 21 §495(West 2012).

124 Minnesota Statutes Annotated §363A.08(West 2012); North Dakota Century Code Annotated §14-02.4-03(West 2012).

125 Kentucky Revised Statutes Annotated §344.040(West 2012).

의미에 관한 헌법적 질문이다.[126] 대법원은 아주 유명한 주석에서 "따로 떨어져 고립된 소수자에 대한 편견"은 철저한 헌법적 보호의 근거가 된다고 언급했다. 이런 소수자들은 정상적인 정치적 과정을 통해 자신들의 이익을 확보할 수 없기 때문이라는 것이었다.[127] 브루스 애커먼Bruce Ackerman은 **고립된** 소수자가 이런 정치적 한계에 직면한다고 가정하는 것은 서투른 정치학이라고 설득력 있게 주장한 바 있다. 오히려 어쨌든 심각한 단점이 있는 이런 정치 과정 원리 아래서 가장 보호를 받을 자격이 있는 것은 "가난과 성차별의 희생자" 같은 "익명의 분산된" 소수자들이라는 것이다.[128] 실제로 각 집단이 법령과 헌법 차원의 차별금지법 체제에 자신도 포함되어야 한다고 주장한 것은 따로 떨어져 고립된 상태를 근거로 한 게 아니라 대개 (보통 불완전한) 인종 비유에 근거한 것이었다. 그리하여 입법부와 법원은 성별과 성적 지향 같은 범주는 인종만큼 가시적이고 변경 불가능하다는 주장과, 이런 범주는 흑인의 역사적 종속과 비슷한 방식으로 종속되는 집단을 규정한다는 주장 등에 마주하게 된다.[129]

이런 비유는 언제나 불완전하다. 어떤 두 종류의 차별도 정확히 상응하지는 않는다. 이 둘 사이에는 언제나 구분선을 그을 수 있고, 이런 구분선의 의미에 관한 질문은 가장 의견이 분분하다. 어쨌든 이런 비

---

126 예를 들어, 성별 분류는 철저한 헌법적 검토의 대상이라고 판결한 *Frontiero v. Richardson*, 411 U.S. 677(1973), 682~688쪽을 보라.

127 *United States v. Carolene Products Co.*, 304 U.S. 144(1938), 152쪽 주석 4.

128 Bruce Ackerman, "Beyond Carolene Products", 98 *Harvard Law Review*(1985) 713, 724, 745쪽.

129 Serena Mayeri, *Reasoning From Race: Feminism, Law, and the Civil Rights Revolution*(2011)을 보라.

유적 추론 방식은 기본적인 규범적 주장보다는 기존의 헌법적 선례를 확대해야 한다는 법적 주장으로서—또는 심지어 기존의 정치적 책임이나 법령을 확대해야 한다는 정치적 주장으로서—훨씬 더 타당한 의미를 갖는다. 왜 우리는 가장 보호를 받을 자격이 있는 집단들이 우리의 법이 이미 보호하는 집단과 가장 유사한 집단일 것이라고 생각해야 하는가? (그리고 어떤 점에서 유사한가?) 현실 세계에서 집단들은 시간이 흐르면서 정치적 투쟁을 통해 차별금지법의 보호를 획득하기 때문에, 기존의 우리 법률과 정치적 책임의 형태는 언제나 과거에 보호를 획득한 집단들의 특성을 반영하게 마련이다. 흑인을 보호하면서 시작된 법률 체제는 피부색과 비슷한 가시적이고 변경 불가능한 특징을 가진 새로운 집단을 보호하는 데 아무런 곤란을 느끼지 않는다. 하지만 이것은 기술記述적인 문제이지 규범적인 문제가 아니다. 우리는 집단들이 보호를 얻어내는 정치적·법적 과정과, 이 과정에서 핵심적인 유사성 때문에 법률이 어떤 종류의 차별을 금지해야 하는가라는 밑바탕의 규범적인 질문을 잊어서는 안 된다.

가령 사람들이 자신이 지원하는 일자리와 무관한 특징에 근거해서 다른 대우를 받지 않도록 법률이 보호해야 한다고 말하는 것으로는 충분하지 않다. 우리는 빨강 머리나 초록색 눈인 사람들에 대한 차별에 책임을 지우기 위해 법률을 사용하지 않는다.[130] 그 이유 중 하나는 차별금지법 자체가 소송과 법 집행 두 측면에서, 그리고 고용주들에게 무엇이 직무 수행과 관련 있거나 없는지에 관한 법원의 결론에 따르도

---

130 이 고전적인 눈동자 색깔 사례는 Richard A. Wasserstrom, "Racism, Sexism, and Preferential Treatment: An Approach to the Topics", 24 *UCLA Law Review*(1977), 581, 604쪽에서 가져온 것이다.

록 강제하는 결과로 불가피하게 생길 오류와 불완전성이라는 측면에서 비용이 든다는 점이다. 하지만 만약 차별금지법이 일부 차별 형태의 경우에만 개입하고 다른 형태에는 개입하지 않는다면—그래야만 하는데—어떤 경우에 개입할지를 결정하기 위한 원리가 필요하다.

병목현상 금지 원리는 분명하고 설득력 있는 답을 제공하는데, 이 답은 정확하게 개인들의 이익에 의존한다. 그 답은 빨강 머리나 초록색 눈에 대한 차별은 기회구조에서 중대한 병목을 만들어내지 않는다는 것이다. 이런 차별이 어딘가 존재할 수는 있지만, 개인들의 기회를 제약할 만큼 만연하거나 엄격한 것과는 거리가 멀다. 이런 차별은 개인들이 추구할 수 있는 행복한 삶으로 이어지는 경로를 제한하지 않는다. 전통적으로 보호되는 범주들에 근거한 차별은 달라 보인다. 각각은 우리 사회에서 경험적 문제로서 사람의 기회 범위를 의미심장하게 모양 짓는 하나의 범주이다.[131] 성별 역할 체계는 남성과 여성에게 아주 다른 발달 기회를 제공하며, 더 나아가 남성과 여성을 다른 직업과 사회적 역할로 인도한다. 현재 존재하는 인종차별 때문에, 그리고 인종과 기회의 지리학의 연결 같이 발달 기회에 영향을 미치는 인종으로 귀결되는 더 넓은 사회학적 요인 때문에, 기회는 인종에 따라 달라진다. 이런 경험적 주장들이 오랫동안 충분히 사실이었다면, 사회가 법적 수단을 이용해서 이런 병목을 개선하는 게 타당하다. 바로 이 때

---

131 이를 다른 관점에서, 특히—직무와 무관한 다른 특징에 근거한 차별과 비교해서—인종차별이라는 도덕적 잘못을, 한 인종 집단에 대한 차별적 견해는 "단지 특정한 행위자의 특이한 태도일 뿐만" 아니라 "한 사회에 아주 널리 퍼져 있어서 그 집단의 성원들이 중요한 재화와 기회에 대한 접근권을 부정당한다"는 사실에서 확인하는 T. M. Scanlon, *Moral Dimensions: Permissibility, Meaning, Blame*(2008), 73쪽[T. M. 스캔런 지음, 성창원 옮김, 《도덕의 차원들》, 서광사, 2012, 104쪽]을 참조하라.

문에 입법부가 차별금지법을 제정하는 것이다.

차별금지법이 누구를 보호해야 하는가라는 질문에 대한 이런 답은 우리 대부분이 흔히 내놓는 답과 겹치면서도 또한 의미심장한 차이가 있다. 이 답은 (적어도) 다음과 같은 몇 가지 면에서 하나나 그 이상의 대안과 구별된다. 첫째, 이 답은 역사나 과거 차별에 관한 어떤 주장에도 직접적으로 의존하지 않는다. 둘째, 차별을 하는 개인이나 집단의 의도에 관한 어떤 주장에도 의존하지 않는다. 셋째, 어떤 형태의 차별이 모욕적이고 불쾌한가라는 질문 같은 사회적 의미에 관한 어떤 주장에도 의존하지 않는다. 넷째, 또한 피해자의 주관적인 경험에 관한 주장에 의존하지 않는다. 마지막 다섯째이자 아마 가장 독특한 점으로, 어떤 '집단'도 존재해야 한다고 요구하지 않는다. 그 대신 오로지—현재 시제로—개인들에게 열려 있는 기회와 그것을 제약하는 힘들에만 초점을 맞춘다. 사람들은 공유된 집단 정체성이나 역사는 고사하고, 특정한 차별 형태의 결과로 기회가 동일하게 제약되는 다른 사람들과 자신을 이어주는 어떤 연계도 인식할 필요가 없다.

어떤 형태의 차별에 법적 제재를 가해야 하는지를 결정하기 위해 역사와 과거 차별에 관한 주장이 필요하지 않다는 이야기는 직관을 거스르는 것처럼 보일지 모른다. 분명히 말하자면, 나는 역사가 아무 관계가 없다고 이야기하는 게 아니다. 역사는 간접적으로 밀접한 관련이 있을 수 있다. 하지만 단지 역사의 효과가 현재까지 이어지는 때에만, 그리고 그렇게 이어지는 정도만큼만 관련이 있다. 그런 일은 흔히 있다. 오늘날 인종이 지리학 및 계급과 연결되는 이유는 인종 종속 관행 및 정부 정책의 오랜 역사와 깊이 얽혀 있다. 그런 역사를 이해하면 오늘날 인종이 **왜** 그리고 **어떻게** 하나의 병목으로 작용하는지—지금도 진행 중인 인종차별과 인종 고정관념의 동학부터 인종, 계급, 기회의 지리학의 연결에 이르기까지—를 이해하는 데 도움이 될 수 있다. 왜에 관한 질문, 그리고 특히 어떻게에 관한 질문을 이해하면 효과적인 대응을 정하는 데 도움이 될 수 있다.

하지만 원칙적으로 역사는 어떤 역할도 할 필요가 없다. 신용 기록이라는 게 고안되지 않았다고 가정해보자. 내일 누군가가 신용 기록을 고안한다. 그리고 그다음 날 고용주들이 신용 기록을 활용해서 채용에서 차별을 하기 시작한다고 생각해보자. 충분히 많은 고용주들이 차별을 해서 만연한 병목이 만들어지자마자, 우리는 이런 사실을 우려해야 마땅하다. 기회 다원주의의 관점에서 보면, 이제 신용이 나쁜 사람들이 기회구조에서 많은 경로를 따라가는 데 어려움을 겪는다는 사실은 **그 자체로** 채용 과정에서 신용 조회를 활용하는 것을 금지하는 법령 같은 해법을 정당화하기에 충분하다. 차별의 역사는 있을 필요가 없으며, 신용이 나쁜 사람들은 자기 자신이 신용이 나쁘다는 걸 알 필요도, 신용이 나쁜 사람들의 집단의 일원임을 알 필요도 없다. 사실 신용 기록이 무엇인지도 알 필요가 없다. 병목이 심각하다는 사실로 충분하다.

차별의 역사는 또한 필요하기도 하다.[132] 아마 수백 년 뒤의 미래나 오직 과학소설의 영역에서나 가능하겠지만, 인종이 정말로 중요한 병

---

132 물론 일정한 차별 금지 보호 조치가 필요한 다른 종류의 이유—여기서 이야기하는 병목현상 금지 원리와 상관없이—도 있다. 종교를 생각해보자. 종교가 고용 기회구조에서 중대한 병목이 **아니라** 할지라도, 사람들에게 스스로 선택하는 종교적 경로를 자유롭게 추구해도 된다고 보장하는 것은 독자적인 가치가 있다. 이런 가치는 차별 금지 보호 조치가 종교까지 포괄하도록 확대하는 것을—규범적으로든 헌법적으로든—정당화한다.

목이 되지 **않는** 세계를 상상한다면—즉 고용주들이 더 이상 흑인 같은 이름보다 백인 같은 이름으로 된 이력서를 선호하지 않고, 백인 학생이 다니는 학교와 흑인 학생이 다니는 학교가 똑같이 좋은 성적을 내며, 백인과 흑인이 동일한 네트워크에 동등한 접근권을 가지고, 기회구조 전반에서 모든 인종이 평등하다면—차별금지법이 인종을 근거로 한 차별에 대해 보호를 할 필요가 없을 것이다. 이런 과학소설 같은 시나리오가 실현된다면, 인종은 오늘날의 눈동자 색깔이나 머리색 같은 게 될 것이다. 기회구조에서 **어떤 더 큰 병목과도 연결되지 않는** 한 개인에 관한 직무와 무관한 세부사항인 것이다.

다시 말해, 인종 같은 한 범주를 보호하는 문제에서 근본적이거나 기본적인 원리는 존재하지 않는다. 병목현상 금지 원리의 관점에서 보면, 인종과 관련된 차별 금지 법령의 타당성은 오로지 인종이 기회 구조에서 병목으로 작용한다는 경험적 현실에 의존한다. 물론 이제 이런 과학소설 시나리오에 접근함에 따라, 인종이 이제 더 이상 병목이 아니라고 결론을 내리는 데 신중하고 경솔하게 법률을 폐지하는 것을 피하기를 바랄 것이다. (뒤로 미끄러져서 인종이 다시 더 큰 병목이 되는 모습을 지켜보는 위험성에 비하면, 불필요한 법률은 아마 상대적으로 덜 유해할 것이다.) 하지만 어떤 시점에서는 병목이 정말로 사라진다—또는 적어도 사라지기 일보 직전이 되어 어떤 법적 대응도 할 필요가 없을 정도로 심각성이 약해진다.

만약 이 병목이 정말로 사라진다면 어떤 의미에서 '인종'이 존재하게 될까? 나는 이런 과학소설 속 세계에서도 여전히 인종이 눈동자 색깔 같이 한 사람의 인식 가능한 모습으로 존재할 수 있다고 가정했다. 인종 집단은 여전히 집단으로서 인식 가능할 수 있다. 하지만 **지금 우**

리가 아는 인종은 존재하지 않을 것이다. 병목을 제거하면, 오늘날 인종이 그렇게 유력한 병목이 되게 만드는 여러 연상과 가정의 문화적 그물망도 상당 부분 지워질 것이다. 마찬가지로 우리 사회에서 성별 병목을 제거하는 것을 상상하려고 노력한다면, 이것은 성별 자체의 제거를 상상하는 것과 비슷하다. 현재 성별을 구성하는 많은 부분이 남녀를 인도하는 일군의 가정과 성별 역할**이고**, 이런 것들이 결국 병목으로 작용하기 때문이다. 어쨌든 기회 다원주의는 기본적으로 이런 최종 상태를 묻는 질문에 관한 것이 아니다. 기회 다원주의는 오히려 노력의 방향에 가깝다—그리고 우리는 그것이 가리키는 방향으로 아직 갈 길이 멀다.

사례 하나: 외모 차별

병목현상 방지 원리에 따르면, 법률은 현재 무시하는 일부 차별 형태들에 좀 더 관심을 기울여야 한다. 하나의 유력한 사례는 외모 차별이다. 경험적 증거를 보면, 매력적이지 않다고 여겨지는 사람들은 비단 고용의 세계(채용, 임금, 능력 평가)에서만이 아니라 교실과 법정, 그리고 개인 간 상호작용과 관계를 수반하는 인간 삶의 모든 영역에서도 만연한 편견에 맞닥뜨린다는 사실을 알 수 있다.[133] 여성은 특히 마르고 젊은 사람이 아니라면 이런 편견의 가장 강력한 형태에 맞닥뜨

---

133 Deborah Rhode, *The Beauty Bias*(2010), 26~28쪽[데버러 L. 로드 지음, 권기대 옮김, 《아름다움이란 이름의 편견》, 베가북스, 2011]을 보라.

린다.[134] 외모 차별은 인간 삶의 많은 영역을 가로질러 대단히 만연해 있고 또 대단히 강력하기 때문에, 특히 심각한 병목으로 작용한다. 물론 사람들이 과체중이거나 못생겼다고 여겨지는 이들과 친구가 되도록 하기 위해 법이 유용하게 할 수 있는 일은 거의 없을 것이다. 하지만 그렇다고 해서 법이 일정한 영향을 **미칠 수 있는** 경우에 이 병목을 공격하지 않아야 될 이유는 전혀 없다. 이런 영역 중 하나가 고용이다.

외모 차별을 위한 고용 차별 보호에 대한 이의 제기에는 무엇보다도 외모는 종종 한 사람이 직무(특히 고객을 다루는 것과 같은 일)를 얼마나 잘 수행할지를 보여주는 지표라는 점, 그리고 인간 자체가 아주 뿌리 깊이 아름다움에 관심을 갖도록 만들어져 있기 때문에 법으로 사람들에게 타인의 외모에 중립적이거나 무감각하게 만들기는 불가능하다는 점이 포함된다.

기회 다원주의의 관점에서 보면, 이런 일군의 문제 제기는 외모 차별에 대한 법적 보호를 제정해서는 안 될 심각한 이유가 되지 못한다. 개인의 외모나 외모의 특징이 특히 직무 수행과 밀접한 관련이 있는 비교적 적은 일군의 직종(가령 모델 일)에 대해서 적절한 예외 조항을 두기만 하면 된다. 이의 제기의 한 형태에서는 차별금지법이 지나치게 야심 찬 과제를 설정한다—어떤 보호받는 특징에 대해 우리를 무감각하게 만들려고 한다—고 가정하고는, 그런 일은 불가능하다고 지적한다. 하지만 이런 형태의 이의 제기는 스스로 감당하기 힘든 문제

---

134 예를 들어, 앞의 책, 30~32, 97~99쪽을 보라. 외모 차별 일반과 특히 몸무게 차별은 또한 계급과 밀접하게 얽혀 있으며(매력적인 외모를 유지하는 데 따르는 비용과 빈곤과 비만의 연관관계를 감안할 때), 인종과도 얽혀 있다(인종적으로 코드화된 미의 기준을 감안할 때). 앞의 책, 41~44, 96쪽.

제기이다. 우리는 차별금지법이 주제로 삼는 어떤 변수들에도 무감각하지 않으며, 사실 이런 변수들의 문화적 의미가 상당히 변하지 않는 이상 그렇게 될 수도 없다. 우리는 모든 사람이 실제로 타인의 외모에 무감각하거나 중립적인 세상을 추구하거나 그런 세상을 만들기를 열망할 필요가 없다. 그 대신 우리는 차별금지법이 결국 심각한 병목으로 작용하게 되는 일련의 만연한 사회적 실천에 개입하려는 시도―그리고 이 병목의 심각성을 **다소 완화하기** 위해 이런 실천을 바꾸려는 시도―라고 볼 수 있다.

비단 외모 차별금지법만이 아니라 모든 차별금지법이 현실 세계에서 하는 일은 이처럼 이상에 초점을 맞추기보다는 개선을 추구하는 기획이라고 설명하는 게 타당하다. 차별금지법은 인종차별이나 성차별을 근절하지 않는다. 그보다 차별금지법 자체가 하나의 사회적 실천이다. 이 법은 일부 다른 사회적 실천에 개입하고 압박을 가한다. 로버트 포스트Robert Post는 성차별금지법의 사례를 들어 이 점을 이야기한다. 성차별금지법은 외견상 성차별을 근절한다는 목표를 표방하기는 하지만, 이 법의 실제 효과는 성차별적인 사회적 실천을 어느 정도 제한하는 방식으로―내 표현으로 하면 이런 실천이 만들어내는 병목의 만연성과 엄격성을 완화함으로써―이런 실천과 상호작용하는 것이다.[135] 우리가 성별에 근거한 불리한 대우를 금지하면서도 성별이 "진정직업자격"인 일정한 경우에 예외를 둘 때,[136] 모든 사람이 이 법에 따른다 할지라도 그 효과는 기회구조에 존재하는 병목을 개선하는

---

135 Robert Post, *Prejudicial Appearances: The Logic of American Antidiscrimination Law*(2001), 22~40쪽을 보라.
136 이 책 296~297쪽을 보라.

것이지 제거하는 게 아니다.

좀 더 현실적으로 우리는 모든 사람이 차별 금지 법령을 준수하지는 않는다고 가정해야 한다. 어떤 이들은 이 법을 무시하는 쪽을 택할 것이다. 성실하게 이 법을 준수하려고 하는 이들의 행동이 무의식적인 편견에 물드는 경우도 왕왕 있다. 이 법이 제대로 역할을 한다면, 그 효과는 기존의 차별적 실천을 밀어내고 지배력을 완화하는 게 될 것이다. 아마 가장 완고한 차별주의자나 편견에 물든 이들은 계속 차별을 할 것이다. 하지만 차별금지법이 개입해서 현재 벌어지는 차별의 양을 어느 정도로 줄이는 한, 관련된 병목의 만연성을 줄이고 따라서 심각성도 완화하는 데 도움이 된다. 기회 다원주의의 관점에서 보면, 일군의 사람들에 대한 만연한 차별의 원인이 증오나 무의식적인 편견, 의도적인 (그리고 어쩌면 합리적인) 통계적 차별, 또는 완전히 다른 어떤 것인지는 크게 중요하지 않다. 중요한 것은 이 병목의 심각성을 줄이기 위해 무슨 일을 할 수 있는가 하는 점이다. 차별금지법이 일부분 강제와 억제를 통해, 그리고 또한 일부분 문화적 변화를 촉진함으로써 할 수 있는 일이 그런 것이다. 차별금지법은 사람들에게 특정한 형태의 차별은 문제라고 보아야 마땅한 관행이라는 점을 설득하는 데 도움이 될 수 있다.

설령 차별이 병목을 야기하는 주요한 기제라고 할지라도, 차별금지법은 어떤 병목에 대해 할 수 있는 유일한 사회적·법적 대응은 아니다. 일반적으로 나는 병목에 대한 사회의 대응은 (1) 사람들이 그 병목을 통과하게 돕는 것과 (2) 사람들이 그 병목을 우회하게 돕는 것을 일정하게 결합하는 방식이어야 한다고 지적한 바 있다. 이 두 대응 중 어느 것이 적절하고 둘 사이의 올바른 균형은 무엇인가 하는 문제는 상쇄하는 여러 고려 사항에 달려 있다. 예를 들어, 인종차별의 해법은—설령 가능하다 할지라도—사람들이 인종을 더 쉽게 바꿀 수 있게 하는 것이 아니다. 인종적 정체성은 사람들에게 무척 중요한 것이기 때문이다. 누군가에게 세계에서 기회를 추구하기 위해 인종적 정체성을 포기하라고 요구하는 것은 지나친 처사이다.

외모 차별은 좀 더 흥미로운 사례이다. 비만인 권리 운동을 벌이는 일부 사람들은 바로 앞에서 내가 인종차별에 관해 제기한 것과 똑같은 주장을 몸무게 차별에 대해서 제기한다. 그들은 뚱뚱하다는 것은 자신들의 정체성의 일부이며, 기회를 추구하기 위해 비만을 포기하도록 강요해서는 안 된다고 주장한다.[137] 하지만 다른 많은 사람들은 살이 빠진다면—또는 매력적인 외모로 바뀐다면—더할 나위 없이 행복할 테지만, 그렇게 할 수 없다. 이런 상태에 있는 사람들은 차별금지법보다는 자기 외모를 바꿈으로써 병목을 통과할 기회를 더 선호하는게 당연하다. 예를 들어, 외모를 개선하는 것 말고는 아무런 의학적 이유가 없더라도, 보기 흉하지만 다른 면에서는 좋은 피부 상태를 바꾸는 치료에 건강보험을 적용할 수 있다.[138]

이런 사실은 금세 어떤 불편한 영역으로 이어진다. 우리는 가령 모든 사람이 완벽한 치아의 정확한 기준에 부합하도록 돕기 위해 치열교정을 지원하거나, 이상적인 코 모양에 부합하도록 코 성형수술을

---

137 비만인 권리 운동과 비만 수용에 대한 이 운동의 주장을 다루는 Amy Erdman Farrell, *Fat Shame: Stigma and the Fat Body in American Culture*(2011), 137~171쪽을 보라.

138 몸무게의 경우는 좀 더 복잡한 문제이다. 일정한 범위의 심각한 비만 사례에 대해서는 효과적인 치료나 심지어 수술을 지원하거나 전액 부담하는 건강과 관련된 독자적인 이유가 있을 수 있기 때문이다. 하지만 이런 이유들은 이와 같은 심각한 사례에만 한정되며 엄연한 몸무게 차별에는 적용되지 않는다.

지원하거나, 심지어 가슴이 작은 여성들이 큰 가슴을 기준으로 하는 미의 규범에 부합하도록 가슴 보형물을 지원하는 사회를 상상할 수 있다. 이런 사례들은 금세 오히려 디스토피아적으로 보이기 시작하는데, 왜 그런지 묻는 것이 유용하다.

내가 보기에, 문제는 우리가 치료와 개선을 가르는 어떤 선을 넘어섰다는 것이 아니다. 그건 너무 쉬운 대답이다. 2부에서 설명한 인간 발달의 동학을 감안할 때, 정상적인 인간 속성 및 역량과 치료를 필요로 하는 속성 및 역량 사이에 엄격한 선을 그으려는 시도를 의심할 만한 충분한 이유가 있다. 사람들이 어떤 식으로 자신을 개선하거나 바꾸기 위해 하는 많은 일들은 그들이 속한 사회의 기회구조에 있는 병목을 통과하도록 도와주는데, 치료나 향상 어느 것으로든 규정할 수 있다.

이런 사례들이 제기하는 문제는 기회 다원주의 자체의 측면에서 더 잘 이해할 수 있다. 사람들이 외모 차별이라는 병목을 통과하게 도와주려고 노력하면서, 우리는 또한 우리 사회에 존재하는 외모의 다양성을 줄일 수도 있다. 그러면 기회 다원주의에 부정적인 영향을 미치게 된다. 이렇게 다양성에 직접적으로 영향을 미치는 것 외에도, 사람들이 외모를 바꾸게 도와주려는 시도는 무엇을 아름답거나 추하다고 여겨야 **하는지**에 관해 강력한 신호를 보낼 수 있다. 현실의 어떤 사회에서든, 모든 사람이 무엇이 아름다운지에 관해, 또는 '정상적'으로 보이는 것의 경계에 관해 정확히 동의하지 않는다. 특정한 이상을 향한 대중적 성형의 규범 때문에 이런 문제들에 관한 우리의 사고가 하나로 수렴되고 우리의 기준이 훨씬 더 좁아진다. 따라서 우리는 사람들이 이 병목을 통과하게 도움으로써 병목 자체를 더욱 심각하게 만들

지도 모른다.[139]

외모 차별에 대한 우리의 대응은 따라서 일정한 실용적인 균형을 필요로 한다. 사회는 사람들이 아름다움이라는 병목을 통과하거나 우회하게 도우려고 노력해야 한다. 이 두 목표가 부분적으로 상충한다 할지라도 말이다. 사람들이 이 병목을 **우회하게** 도우려면, 외모 차별을 밀어내는 규범과 사회적 실천, 그리고 어쩌면 법률까지 필요할 것이다. 사람들이 병목을 **통과하게** 도우려면, 적어도 어떤 경우에는 사회가—예를 들어 사회보험을 통해—보기 흉한 상태를 개선할 기회를 제공해야 한다. 이런 균형적인 과제에 대한 하나의 접근법은 정상적인 범위 바깥에 해당할 정도로 충분히 보기 흉한 상태에 대해서는 치료하게 돕는 한편, 모든 사람이 협소하고 특수한 규범에 자기 외모를 일치시켜야 한다고 믿게 부추기는 관행을 피하려고 노력하는 일일 것이다.

일부 독자들—특히 미국 독자들—은 이 시점에서 다음과 같이 직관적으로 느낄 공산이 크다. 즉 사람들이 외모를 향상시키기 위해 활

---

139 엘리자베스 앤더슨은 다른 지점에서 출발해서 다소 유사한 결론에 다다른다. "현재의 사회규범에서 볼 때" 어떤 겉모습이 "아주 혐오스러워서 사람들이 그렇게 생긴 사람들을 피하는 경향이 있다면, 그 해법이 성형수술일 필요는 없다. …… 모든 사람에게 받아들일 만한 신체적 외모의 새로운 규범을 수용하도록 설득하는 게 하나의 대안이 될 것이다. 그렇게 되면 이런 사람들은 이제 더 이상 천민 취급을 받지 않을 것이다." Elizabeth S. Anderson, "What is the Point of Equality?", 109 *Ethics*(1999), 287, 335쪽. 앤더슨은 "다른 조건이 같다면" 사회규범을 바꾸는 것이 차라리 낫다고 주장한다. 하지만 특히 자유주의 국가의 경우에 그렇게 하는 것이 "아주 어렵고 비용이 많이 든다면, 성형수술을 공급하는 것이 더 나은 선택지가 되는 게 당연하다." 앞의 글, 336쪽. 앤더슨이 인정하는 것처럼, 이런 접근법은 비용이 든다. 내 식대로 말하자면, 이 접근법은 애초에 개인들에게 신체적 외모 규범의 제약 효과에서 벗어날 기회를 주고자 했지만, 오히려 그 규범 자체를 강화하기 쉽다.

용할 수 있는 순전히 미용을 위한 변화와 치료에 대해 사회는 전부 허용하면서도 어느 것도 지원해서는 안 된다고 말이다. 기회 다원주의의 관점에서 보면, 이런 직관적 통찰은 재검토할 만한 가치가 있다. 얽히고설킨 사회 문제에 대한 이런 익숙한 미국식 반응은 분명하면서도 예측 가능한 효과를 갖는다. 이 대응은 외모와 계급을 좀 더 밀접하게 연결시킨다.[140] 빈곤층을 제외하고 모든 사람에게 완벽한 치아가 규범이 된다면, 완벽하지 못한 치아는 가난의 표지가 된다. 외모 차별은 이미 중요한 자격 병목으로 부상했으며, 결국 미국의 기회구조의 심장부에 있는 더 심층적이고 의식되지 않는 계급 병목이 된다.[141] 즉 치아가 가지런하지 않은 사람들에 대한 차별은 이미 기회구조 안의 전반적인 계급 병목의 작은 한 부분이며, 계급과 관련된 외모 차별의 다른 많은 형태들 역시 이 이야기의 부분이다.

병목, 집단, 개인

계급에 관한 이런 점들 때문에, 이 절에서 서술한 차별금지법에 대한 접근법에 제기할 수 있는 더 폭넓은 다른 반대가 힘을 얻는다. 이 절에서 제기한 주장에서 가장 도발적인 부분은 차별이 반드시 어떤

---

140 이 책 436쪽 주석 134를 보라.

141 이런 계급 병목에 관한 논의로는 이 책 365쪽 이하 4부 "1장. 병목으로서의 계급"을 보라. 나는 이 장의 논의가 비교적 광범위하기는 하지만 외모 차별을 언급조차 하지 않은 점은 이 계급 병목의 다면적인 성격을 나타낸다고 생각한다. 미국의 기회구조에서 계급 병목에 기여하는 많은 기제들을 파악하고 각각의 상대적 중요성을 평가하는 것은 엄청난 기획이다.

확인 가능한 집단을 향할 필요가 없다는 사고이다. 어떤 이는 반론을 펼지도 모른다. 확실히 우리가 정말로 관심을 갖는 것은 집단의 종속 이라고 말이다. 반론에 따르면, 입법부가 신용 기록이나 범죄 전과를 근거로 한 차별에 관한 법률을 통과시킬 때, 이 문제들에 대한 우리의 진정한 관심은 신용이 불량하거나 전과 기록이 있는 사람들의 집합과 소수 인종이나 빈곤층 같이 우리 사회가 경시하는 집단의 관계와 관 련된 것이다. 이렇게 보면, 이런 법률을 통과시킬 때 입법부가 정말로 하는 일은 불리한 효과의 특정한 사례를 다루는 것이다. 〈그릭스〉 사 건을 판결한 대법원처럼, 네모 칸 금지 법령을 통과시키는 입법부는 이 병목이 인종에 근거해서 불리한 효과를 발휘하는 사실에 초점을 맞춘다.

이런 주장에는 주목할 부분이 있다. 전과자 수를 급격하게 늘린 미 국의 대규모 투옥이라는 현대적 현상은 일각에서 "새로운 짐 크로 정 책the new Jim Crow"이라고 부를 정도로 인종적 색채를 띤 현상이다.[142] 네모 칸 금지 법률이 제정된 이유에 대한 공정한 분석을 하려면 이 사 실을 빼놓을 수 없다. 그렇지만 실제로 이 법률을 제정한 입법자들의 말을 들어보면, 인종을 근거로 한 주장은 예상하는 것만큼 대중적 정 당화의 일부분에 미치지 못했다. 고용주들이 신용 조회나 '실업자 지 원은 받지 않습니다' 등을 활용하는 것을 규제하는 새로운 법률의 경 우에 인종적 종속과의 관련성은 훨씬 더 희박했다.[143]

---

142 Michelle Alexander, *The New Jim Crow: Mass Incarceration in the Age of Color-blindness*(2010).

143 Joseph Fishkin, "The Anti-Bottleneck Principle in Employment Discrimination Law", 91 *Washington University Law Review*(2014, 근간)을 보라.

하지만 이 점은 제쳐두도록 하자. 인종이 이 모든 법령에 관한 이야기의 중심에 있었다고 가정해보자. 한 걸음 뒤로 물러나보면, 이것 또한 병목현상 방지 원리의 적용으로 이해할 수 있다.

애초에 한 인종 집단이나 다른 어떤 집단의 종속이 왜 중요할까? 아마 이런 집단 종속에 관심을 기울여야 할 가장 솔직한 이유—이자 분명 완벽하고 충분한 이유—는 그것이 개인들에게 영향을 미친다는 점일 것이다. 특히 종속은 개인의 기회를 모양 짓고 제한한다. 물론 다른 규범적 지점에서 출발해서 집단의 종속과 그 의미를 이해할 수도 있다. 하지만 결국 우리 모두는 각자가 어떤 집단의 성원이라는 사실보다 더 근본적인 점에서 개별적인 인간이다. 집단의 종속에 관심을 기울여야 하는 강력한 이유는 그것이 현실의 인간에게 영향을 미치기 때문이다—성원들과 어떤 식으로든 분리된 집단 자체가 불의를 경험하기 때문이 아니라 말이다.

집단과 정의에 대한 우리의 이해를 이런 식의 개인주의적 토대 위에 세움으로써 얻는 이점은 집단을 불필요하게 사물화하는 것을 피한다는 것이다. 이렇게 하면 누가 차별금지법의 보호를 받는지를 결정하기 위해 집단 성원의 경계를 감독할 필요성이 줄어든다. 차별금지법으로 보호해야 하는지를 결정하기 위해 누군가가 정말로 한 집단의 성원인지를 묻는 대신, 단지 관련된 병목 때문에 어떤 사람의 기회가 제약을 받는지—이것은 금지된 차별이다—를 물으면 된다. 고용 차별금지법은 '간주된다'는 주장—어떤 사람이 실제 어떤 보호받는 집단의 성원인지 여부와 무관하게 그 집단의 성원으로 **간주되기** 때문에 차별을 받는다는 주장—과, 어떤 보호받는 집단의 성원들과의 관련성에 근거해서 또는 보호받는 집단의 성원들에 대한 차별에 관여하기를 거부했기 때문에 차별에 직면한다는 개인들의 주장을 인정하는 정도만큼 이런 사고와 조화를 이룬다.[144] 이런 개인들은 그들이 법령이 보호하고자 하는 집단의 성원인지 여부와 무관하게, 법령이 금지하는 차별 형태에 의해 기회를 제약받는다.

이런 식으로 차별금지법을 사고한다고 해서 반드시 집단을 무시하는 것은 아니다. 전혀 그렇지 않다. 집단은 개인들이 기회구조의 많은 부분에서 직면하는 병목을 이해하는 데 중심적이다. 이 책을 처음 시작할 때 든 사례로 돌아가서, 남북전쟁 전의 남부에서 왜 검은 피부의 일부 유전자가 문맹을 야기하는 것처럼 보였는지 알고 싶다고 가정해보자. 그 이야기를 이해하는 유일한 방법은 검은 피부가 법과 관습에 따라 문자를 배우는 것을 금지당한 인종 집단의 성원임을 확인하는 중심적인 표지임을 인식하는 것이다. 각기 다른 개인들이 접근할 수 있는 기회와 이 개인들을 배제하는 병목을 이해하기 위해서는, 개인들이 (인지하는) 집단 성원 지위를 사회학적 지식과 현실적 시각으로 이해할 필요가 있다. 하지만 결국 우리가 관심을 갖는 것은 개인, 그리고 특히 개인들에게 열려 있는 행복한 삶으로 이어지는 경로들의 범위이다.

차별금지법에 관한 이런 식의 사고 덕분에 우리는 왜 불리대우방지법이 차별 금지 도구상자에서 유일한 도구가 아니며 또 아니어야 하는지를 이해할 수 있다. 불리효과방지법, 합리적인 편의 제공reasonable accommodation,[145] 성적괴롭힘방지법harassment law, 소수자 우대 정책 등

144　Noah D. Zatz, "Beyond the Zero-Sum Game: Toward Title VII Protection for Intergroup Solidarity", 77 *Indiana Law Journal*(2002), 63쪽을 보라.

145　장애인 등에 대해 사회 전체의 합리적인 수준에서 편의를 제공한다는 관점과 그에

은 **모두** 각자 다른 방식으로 병목을 열어준다. 이 각각의 법률 체제는 초창기부터 차별이란 다른 대우를 **의미할** 뿐 그 이상은 아니라고 믿는 이들에게서 도전에 직면했다. 만약 다른 대우가 차별금지법이 해결하고자 하는 유일한 문제라면, 이 다른 도구들은 부적절한 것처럼 보인다. 이것들은 기껏해야 현실적인 문제를 다루는 복잡하고 간접적인 방법으로 보인다. 하지만 차별금지법을 병목을 개선하는 하나의 방법으로 이해하면, 이 모든 법적 도구들의 역할이 뚜렷해진다.

차별금지법은 어떻게 보호해야 하는가

최근 몇 년 동안 앤터닌 스캘리아Antonin Scalia 대법관을 필두로 불리효과방지법이 본질적으로 소수자 우대 정책이라고—즉 한 집단에서 다른 집단으로 기회를 재분배하는 수단이며 법률의 동등한 보호를 보장하는 헌법과 긴장 관계에 있다고—보는 이들이 이 법에 격렬한 포화를 퍼붓고 있다.[146] 이런 관점에서 보면, 차별금지법은 정말로 다른 대우를 방지하기 위해 존재하는 것이다. 이렇게 보면 다른 대우를 직접 금지하는 것 말고 다른 어떤 법 이론도 부차적이다—그리고 때로 차별금지법의 진정한 목적에서 벗어나고 심지어 충돌하는 것이다.

하지만 사실 불리효과방지법은 한 집단에서 다른 집단으로 기회를 재분배하는 수단 이상이며, 병목현상 방지 원리를 보면 그 이유를 알

따른 일련의 법률을 가리킨다.—옮긴이

146 *Ricci v. DeStefano*, 557 U.S. 557(2009), 595~596쪽. 스캘리아 판사의 보충 의견을 보라. "다른 효과와 동등한 보호 사이에 조만간 전쟁이 벌어질 것이다."

수 있다. 불리효과방지법은 일정한 병목을 무너뜨리기 위한 독특하고 유연한 장치이다. 분명 불리효과방지법은 **모든** 병목을 겨냥하지는 않는다. 심지어 임의적이고 불필요한 병목을 모두 겨냥하지도 않는다—기회구조 전체의 맥락에서 볼 때 인종, 성별, 국적, 연령 등에 근거해서 기회를 제한하는 더 심층적인 병목들을 강화하는 경향이 있는 병목만을 겨냥한다. 그렇지만 이런 병목들을 무너뜨리는 것은 제로섬 재분배와는 한참 거리가 멀다. 병목을 개선하면, 그 특정한 병목을 통과하는 데 어려움을 겪은 어떤 집단의 누구에게든 도움이 될 가능성이 있다.

마지막으로 한 번 더 불리효과방지법의 출발점이 된 〈그릭스〉 사건으로 돌아가보자. 대법원이 인용한 인구조사 자료에 따르면, 〈그릭스〉 사건 당시 노스캐롤라이나에서는 백인 남성의 34퍼센트와 흑인 남성의 12퍼센트가 고등학교 졸업장이 있었다.[147] 물론 이런 인종적 불균형 때문에 법적 책임이 생기게 되었다. 이런 상황은 고등학교 졸업장 병목이 고용 기회에서 심각한 인종적 병목을 강화한다는 뜻이었다. 애초에 연방의회가 시민권법 제7조를 제정하게 된 계기가 인종적 병목이었다. 하지만 이런 수치는 또한 다른 무언가를 부각시킨다. 졸업장 요건은 흑인의 압도적 다수뿐만 아니라 **백인의 절대 다수도** 걸러냈다.[148] 실제로 새로운 요건 때문에 제외된 사람들은 흑인이 불균형적

---

147 *Griggs v. Duke Power Company*, 401 U.S. 424(1971), 430쪽 주석 6. 대법원은 분석을 "남성"에 국한하는, 유감스럽지만 놀랍지 않은 선택에 대해 아무 이유도 제시하지 않는다.

148 두 요건 모두 신입 직원에게 부과될 예정이었지만, 기존 직원들 중 일부 부류도 어느 한쪽을 통과해야 했다. 듀크전력회사가 지능검사를 대안으로 채택했음을 보여주는 증거가 있다. 졸업장 요건 때문에 갑자기 승진에서 "제외된" 일부 백인들을 "풀어주기" 위해서였다. Brief for the Petitioners, *Griggs*, 401 U.S. 424, 44쪽을 보라.

으로 많았지만, 절대적인 숫자로 보면 고등학교 졸업장 요건을 없애서 혜택을 받는 미래의 구직자들의 다수는 백인이었다.[149]

〈그릭스〉 판결에서 직접 혜택을 받은 고등학교 졸업장이 없는 백인들, 수혜자의 다수를 차지했을지 모르는 백인들에 대해 어떻게 생각해야 할까? 불리효과방지법을 단순히 한 집단에서 다른 집단으로 —여기서는 백인에서 흑인으로—기회를 재분배하는 수단으로 본다면, 이 백인 개인들은 기껏해야 부적절하게, 즉 자신들과 아무 관계가 없는 변화 덕분에 운 좋게 부수적으로 혜택을 받은 이들로 보일 것이다. 그리고 최악의 경우에는 일종의 실수로, 즉 흑인을 도우려는 우리의 노력이 잘못된 방향을 겨냥했음을 보여주는 증거로 보일 것이다. 하지만 사실 이 백인들은 〈그릭스〉 사건의 흑인 원고들과 두 가지 중요한 공통점이 있었다. 그들에게는 고등학교 졸업장이 없지만, 다른 점에서는 객관적으로 그 직무를 할 자격이 있었다. 이 백인들 역시 흑인 원고들의 기회를 제약하는 것과 똑같은 자격 병목에 의해 기회가 제한되고 있었다. 대법원이 "인위적이고 자의적이며 불필요한 고용장벽"이라고 결정한 병목 말이다.[150]

물론 이제 누군가가 모든 빈자리에 채용될 것이라고 가정하면, 〈그릭스〉 사건의 결과로 실제로 채용되는 고등학교 졸업장이 없는 각 개인은 이제 채용되지 않을 고등학교 졸업장이 **있는** 다른 누군가를 밀어내는 셈이다. 그런 점에서 모든 채용은 제로섬 게임이다. 하지만

---

149 지역 노동력에서 백인이 상대적으로 높은 비중을 차지한 사실에서 이 점을 추론할 수 있다. (여기서 나는 신규 지원자들에 관해 이야기하고 있다.) 또한 적어도 상당한 수의 백인이 지능지수 검사 요건을 없애서 혜택을 받았다.

150 *Griggs*, 401 U.S., 431쪽.

〈그릭스〉 사건은 단순히 기회를 백인에게서 흑인에게 재분배한 게 아니다. 고등학교 졸업장 요건을 없애는 것이 실제로 듀크전력회사의 채용 결정에 어느 정도나 변화를 가져왔든 간에, 이것은 일단 졸업장 병목이 사라지자 고용주가 보기에 적어도 고등학교 졸업장이 **없는** 일부 개인들이 더 유력한 후보자로 밝혀졌음을 의미한다. 졸업장 요건이 그대로 남아 있었더라면 채용되었을 고등학교 졸업장이 **있는** 다른 개인들보다 말이다. 즉 이 요건이 자의적이고 불필요한 장벽이라는 대법원의 판결을 받아들이는 정도만큼, 우리는 또한 **고용주 자신의 타당한 기준이라는 면에서 보면** 이 요건을 없앰으로써 자격이 부족한 사람들에게서 자격이 더 많은 사람들로 기회를 재분배했다—자격이 더 많은 사람들의 인력 자원에 더 많은 흑인이 포함되었다는 유익한 결과와 더불어—는, 직관과 반대되는 가정도 받아들여야 한다.

불리효과방지법은 입법부와 법원 양자의 독특한 제도적 힘에 부합하는 유력한 방식으로 특정한 형태의 병목현상 방지 원리를 실행한다. 우리는 불리효과방지법이 없는 세계에서는 병목을 걱정하는 입법부가 각각의 병목에 관한 법령을 통과시킬 것이라고 상상할 수 있다. 즉 입법부는 네모 칸 금지 같은 법률이나 채용에서 신용 조회를 제한하거나 '실업자 지원은 받지 않습니다' 항목을 금지하는 법률을 제정할 수 있다. 입법부가 이렇게 하는 것은 이 병목들이 상대적으로 심각하거나 자의적으로 보이기 때문이거나, 소수 인종이 추구할 수 있는 기회의 범위를 제약하는 더 심층적인 인종 병목을 강화하는 경향이 있기 때문이다. 또는 둘 다이기 때문이다. 입법부는 불리효과방지법이 없이도 이런 일을 할 수 있다. 하지만 어떤 입법부가 인종이 여러 가지 이유로 기회구조에서 아주 심각한 병목이고, 이런 이유 중에는 표면적으로는 중립적이지만 다양한 병목—어떤 것은 입법부도 알지만 다른 것은 모르고, 어떤 것은 변함이 없지만 다른 것은 시간이 흐름에 따라 변하는—을 만들어내는 여러 관행이 있다고 결론을 내린다고 가정해보자. 불리효과방지법은 이런 입법부의 결론을 강화하고, 이 결론을 법원을 위한 더 단순한 지침—인종에 영향을 미치는 모든 병목에 대해 철저한 조사를 해서 어떤 것이 비교적 정당하고 어떤 것이 자의적인지 판단하라—으로 전환하는 방편이다. 이런 법적 지침이 제시되면, 법원은 가령 성별이 특히 커다란 중요성을 갖는 병목이라는 입법부 결정의 밑바탕에 있는 기회구조의 형태에 관한 커다란 질문들을 재고할 필요가 없다. 그런 문제는 입법부가 이미 관심을 기울였다. 법원은 다음과 같은 더 간단한 질문으로 건너뛸 수 있다. 우리 앞에 있는 특정한 병목은 성별에 근거한 병목을 강화하는가? 만약 그렇다면, 법원은 이 병목에 대해 철저한 조사를 해서 그 정당성을 평가해야 한다.

어떤 이들에게는 이것이 교묘한 속임수처럼 보일지 모른다. 우리가 진짜 걱정하는 것이 집단에 근거한 문제라면, 이 문제를 직접 공략하는 것이 좀 더 분명한 해법이라고 생각할 수 있다. 불리효과방지법을 활용해서 흑인에게 불리한 인종적 영향을 미치는 병목을 공략하는 대신, 단순히 흑인에게 더 많은 기회를 주는 것이 좀 더 효과적이고 표적이 분명한 해법일 것이다. 가령 흑인 지원자들에게 일정한 고용 기회를 따로 할당할 수 있다.

불리효과방지법은 네모 칸 금지 같은 최첨단 차별 금지 법령의 물결과 더불어 다른 경로로 나아간다. 이 법은 한 집단에서 다른 집단으로 기회를 재배분하는 대신, 집단에 근거한 커다란 불균형에 기여하는 특정한 병목을 개선하는 데 초점을 맞춘다. 이런 판례와 법령들은

모든 사람이 이런 병목을 통과하고 우회하도록 도움으로써 더 보편적인 형태의 구제를 제공한다. 이런 형태의 구제는 집단들이 희소한 기회를 놓고 제로섬 경쟁을 벌이게 만드는 대신, 상이한 집단들에 영향을 미치는 공통된 경험—어떤 (상대적으로) 임의적인 병목을 통과할 수 없기 때문에 중요한 기회 범위를 추구하지 못하는 현실—을 강조한다.

불리효과방지법의 접근법은 집단 간 경쟁보다 이런 공통성을 강조함으로써 특정 집단의 모든 성원들이 수혜자가 되는 계획보다 더 나은 유대의 토대를 제공한다. 불리 효과 접근법은 서로 다른 인종 집단이 법을 이용해서 희소한 자원을 놓고 경쟁하는 그림 대신, 많은 상이한 집단의 성원들이 직면하는 장벽의 자의성을 부각시킨다.

우리는 〈코네티컷 주 대 틸〉 사건을 통해 이 두 패러다임 사이의 선택을 극명하게 볼 수 있다.[151] 이 사건에서 코네티컷 주는 관리자로 승진하고자 하는 행정기관 노동자들에게 필기시험을 부과했다. 이 시험은 인종에 따라 다른 효과를 미쳤다. 코네티컷 주는 일종의 소수자 우대 정책을 통해 이 점을 보상했다고 주장했다. 코네티컷 주는 시험이 불리한 효과를 미침에도 불구하고 "최종 결과"가 대략 비례하도록 충분히 많은 수의 흑인 관리자를 채용했다.[152] 사건 원고들은 2년 동안 임시직으로 직무를 성공적으로 수행한 뒤에야, 자신들이 필기시험이라는 병목을 통과할 수 없음을 깨달은 흑인 여성들이었다. 그들은 불리한 효과 주장을 제기해서 승리했다. 대법원은 일부 일자리를 한 인종 집단에서 다른 집단으로 재배분한다고 해서 불리한 효과를 낳는

---

151 Connecticut v. Teal 457 U.S. 440(1982).

152 앞의 판례, 451쪽.

자의적이고 불필요한 시험 문제가 해결되는 것은 아니라고 강조했다.

이것은 의미심장한 판결이었다. 대법원은 불리효과방지법은 집단에 근거한 결과와 관련된 문제가 **아니라고** 판결했다. 오히려 이 법은 "이 개인 원고들에게 직무 관련 기준을 근거로 백인 노동자들과 동등하게 경쟁할 수 있는 **기회**를 보장해주는" 것이었다.[153] 이런 해석에 따르면, 불리효과방지법은 집단에 근거한 정의 문제에 주로 초점을 맞추는 접근법보다는 임의적인 병목을 제거해서 모든 사람에게 경로를 열어주는 접근법을 선호한다.[154]

평등주의자들이 보기에, 집단에 근거한 기회 재배분보다 병목에 초점을 맞추는 쪽으로 이동한 것은 기회균등의 정치라는 측면에서 몇 가지 중요한 혜택을 제공한다. 텍사스 주의 평등주의자들은 1990년대에 법정 소송으로 텍사스대학교에서 인종에 근거한 소수자 우대 정책에 종지부가 찍히면서 이런 이동을 강요받았다.[155] 이 문제에 대응하고 소수 인종 학생이 극히 적어질 가능성을 피하기 위해, 텍사스 주는 표면적으로 인종 중립적인 정책을 필요로 했다. 이런 정책이 있어야 더 많은 소수 인종 학생들이 대학 입학이라는 중요한 병목을 통과할 수 있었기 때문이다. 그 뒤에 벌어진 일이 흥미롭다. 소수 인종 학생 옹호론자들은 텍사스대학교 학부생 가정의 중위 소득이 주(또는 국가) 평균 소득의 대여섯 배에 달하며, 학생의 절대 다수가 텍사스 주 전체

---

153 앞의 판례(강조는 원문).

154 실제로 〈틸〉 사건에서 일군의 백인 원고들도 흑인 동료들과 나란히 시험을 무효화하기 위해 고소에 참여했다. 백인 원고들이 편 주장은 코네티컷 주의 시험은 직무 관련성을 요구하는 주 공무원법에 위배된다는 것이었다. 앞의 판례, 442쪽 주석 2를 보라.

155 *Hopwood v. Texas*, 78 F.3d 932(5th Cir. 1996)을 보라.

고등학교 가운데 10퍼센트에 불과한 학교 출신이라는 사실을 깨달았다.[156] 일부 농촌 군郡에서는 100년이 넘는 텍사스대학교의 역사에서 단 한 명도 진학시키지 못했다.[157]

다시 말해, 대학 입학 병목은 확실히 소수 인종 학생뿐만 아니라 다른 많은 학생, 특히 농촌 학생과 빈곤층 학생들도 배제하는 것으로 드러났다. 소수 인종 학부생이 극소수일 가능성은, 여기서 라니 기니어와 제럴드 토레스Gerald Torres의 인상적인 표현을 빌리면, 일종의 "광부의 카나리아" 같은 기능—비단 소수 인종뿐만 아니라 많은 사람들의 기회를 제약한 병목을 보여주는 가시적인 지표—을 했다.[158] 소수자와 농촌 입법가들이 이례적인 연합을 이루어 텍사스 10퍼센트 계획을 법제화했다. 텍사스대학교가 고등학교 학급 성적이 최상위이거나 최상위에 가까운 학생은 자동적으로 입학시키는 방식이었다. 이 계획은 고등학교 학급 성적만 가지고 텍사스대학교에 진학하는 경로를 만들어냄으로써, 이전의 요건이 소수 인종이나 농촌 학교에서 얻기 힘든 높은 SAT 점수를 요구하면서 만들어낸 병목을 크게 개선했다. 물론 고등학교 성적 또한 그 자체가 병목이다. 정의상 대부분의 고등학생이 3학년 학급에서 상위 10퍼센트 안에 들지 못한다. 하지만 이 병목은 10퍼센트 계획 이전의 접근법처럼 주거가 분리된 현실로 인한 인종, 계급, 지리 등의 병목을 강화하지 않는다. 따라서 10퍼센트 계획은

---

156 Gerald Torres, "We Are On the Move", 14 *Lewis and Clark Law Review*(2010), 355, 363~364쪽을 보라.

157 앞의 글. 이 기록을 감안할 때, 이런 농촌 군 출신의 학생 가운데 텍사스대학교에 지원하거나 진학하려는 기대를 품은 이가 거의 없었던 것도 이해할 만한 일이다.

158 Lani Guinier and Gerald Torres, *The Miner's Canary: Enlisting Race, Resisting Power, Transforming Democracy*(2002), 72~74쪽.

이전에 아무도 텍사스대학교에 진학하는 경로를 접하지 못한 학교의 학생들에게 경로를 열어준다. 당시 텍사스대학교 총장이던 래리 포크너Larry Faulkner는 전에 이 대학에 거의 학생을 진학시키지 못한 많은 고등학교를 직접 방문해서, 학생들에게 학급 성적이 상위인 학생들은 장학금을 받고 입학할 수 있음을 알려줌으로써 이 점을 역설했다.

이 시점에서 주의 깊은 독자라면 오늘날 대중적 담론에서 이해되는 소수자 우대 정책이 기회 다원주의에서 차지할 자리가 있는지 의문이 들 것이다. 아마 평등주의자들은 소수자 우대 정책을 활용해서 특정 집단에게 정해진 방식으로 기회를 재배분하기보다는, 언제나 불리한 효과라는 일반적인 접근법과 텍사스 10퍼센트 계획을 선호해야 할 것이다. 그 집단 내부와 외부에서 사람들에게 영향을 미치는 병목을 개선하는 게 주된 목표가 되는 것이다.

이런 생각에도 일정한 가치는 있지만, 문제는 이 접근법이 언제나 가능한 것은 아니라는 점이다. 어떤 인종 집단의 기회를 제한하는 병목이 **집단 성원 여부에 좌우될** 때, 그 병목을 개선하는 유일하게 효과적인 수단은 때로 집단 성원 지위에 직접 초점을 맞추는 소수자 우대 정책(또는 이 문제에 관한 한 불리대우방지법) 같은 전략을 필요로 할 것이다. 예를 들어, 채용 과정에서 고용주들이 전형적인 흑인 이름을 가진 지원자들에게 다시 연락을 할 가능성이 아주 적고,[159] 기회구조 전반에 걸쳐서 이런 사실이 만연해 있다면, 병목을 개선하기 위한 표면적으로 중립적인 전략으로는 이 문제를 해결하는 데 충분하지 않을

---

[159] Marianne Bertrand and Sendhil Mullainathan, "Are Emily and Greg More Employable than Lakisha and Jamal? A Field Experiment on Labor Market Discrimination", 94 *American Economic Review*(2004), 991쪽.

것이다. 마찬가지로 만약 가난한 흑인 동네가 가난한 백인 동네보다 일반 사회의 네트워크와 기회로부터 훨씬 더 차단된다면, 인종 중립적인 해법으로는 필요한 결과를 모두 얻지 못한다. 집단 성원 지위에 근거해서 직간접적으로 기회를 제한하는 요소들에 대항하기 위해서는, 집단 성원 지위에 근거해서 직간접적으로 기회를 열어주는 식으로 대응할 필요가 있다.

차별금지법의 주요한 원리적 패러다임이나 이론은 불리한 대우, 불리한 효과, 성적 괴롭힘, 편의 제공 등이다. 기회 다원주의의 관점에서 보면, 이 모두는 각기 다른 방식으로 병목을 개선하는 것을 목표로 삼는다. 불리대우방지법은 기존의 사회적인 차별 관행에 개입하고 정책 결정자들에게 차별을 줄이도록 압력을 가하는 식으로 집단 성원 지위에 직접 좌우되는 병목을 다루는 데 도움이 될 수 있다. 기회 다원주의의 관점에서 보면, 법을 완벽하게 준수하는 이상적인 시나리오에 우리의 희망을 걸 필요는 없다. 편견에 사로잡힌 단호한 일부 차별론자들은 이 법률의 불리 대우 금지를 비웃을 것이다. 악행을 벌한다는 관점에서 보면, 이것은 좋은 결과가 아니다. 가장 단호한 위반자들은 계속해서 이 법을 비웃는다. 하지만 병목현상 방지 원리에서 보면, 이 법은 실제로 할 일을 하고 있다. 고용 규범을 밀어붙이고 충분히 많은 사람들로 하여금 행동을 바꾸게 만들어서, 이 특정한 차별 형태의 병목이 상당히 심각성이 줄어들게 만드는 것이다.

마찬가지로 성적 괴롭힘 금지 역시, 성적 괴롭힘 현상이 남성이 지배하는 직장이나 분야에서 여성들이 경력을 추구하는 것을 막을 수 있는 만연한 병목이 되지 않도록 작용한다. 이런 관점에서 보면, 우리가 성적 괴롭힘에 가장 큰 관심을 기울여야 하는 것은 어느 한 성적 괴롭힘 가해자의 행동이 얼마나 엄청난 것이었는지가 아니라, 직장 환경에서의 성적 괴롭힘이 전체적으로 볼 때 피해자가 어떤 경로를 추구하는지에 영향을 미칠 만큼 충분히 적대적인지―그리고 더욱이 이런 형태의 성적 괴롭힘이 성별에 근거한 유도 같은 더 큰 병목을 강화하는지―여부에 근거한다.

합리적인 편의 제공 법률도 마찬가지로 병목현상 방지 도구상자에서 유력한 도구이다. 어떤 식으로든 접근이 힘든―가령 가장 단순한 사례로 돌아가서 휠체어를 사용하는 사람은 물리적으로 접근하기 힘든―일터가 있다고 상상해보자. 한 직장만 접근이 힘들다면, 심각한 병목은 존재하지 않는다―그리고 입법 차원의 대응이 필요하지도 않을 것이다. 하지만 이제 사람들이 노동 영역 바깥의 다른 많은 목표를 추구하기 위해 헤쳐나가야 하는 노동 이외의 다른 환경처럼 많은 직장이 비슷하게 접근이 힘들다고 상상해보자. 이 경우에 병목이 만연하게 된다. 합리적인 편의 제공 법률은 병목을 개선하는 식으로, 가령 많은 또는 대부분의 직장과 다른 장소에서도 휠체어를 사용하는 사람이 완전히 참여할 수 있도록 물리적으로 접근 가능한 경로를 제공할 것을 요구하는 식으로 이 문제에 대응한다. 이런 식의 많은 변화는 비록 전부 다 그렇지는 않지만 보편적이라는 점에서 불리효과방지법이 야기한 변화와 비슷하다. 이런 변화는 장애가 있진 않더라도 여러 이유로 똑같은 병목을 통과하는 데 어려움을 겪을 수 있는 사람들에게 이익이 된다.[160]

이 절에서 설명한 차별금지법에 관한 사고방식을 택한다고 해서 집

---

160 Elizabeth F. Emens, "Integrating Accommodation", 156 *Pennsylvania Law Review* (2008), 839, 841~844쪽을 보라.

단의 지위와 종속에 대한 관심을 포기할 필요는 없다. 하지만 집단 종속이라는 사회경제적 현상을 이해하는 것은 시작에 불과하다. 단순히 기회가 부족한 사람들에게 전반적으로 기회를 재배분하는 것 이상의 일을 하고자 한다면, 종속과 기회 불균등이 **어떻게** 작동하는지—특정한 집단의 성원들이 다른 이들에게는 열려 있는 기회를 얻지 못하게 되는 구체적인 과정—에 관해 좀 더 알 필요가 있다. 일단 이 문제를 이런 식으로 분해하면서 종속이라는 '최종 결과' 자체보다 종속으로 이어지는 구체적인 과정에 초점을 맞추면, 종속된 집단의 성원들이 통과하지 못하는 관문이 무엇인지를 알 수 있다.

  그렇게 되면 한 집단으로부터 다른 집단으로 재배분하는 것보다는, 수혜자가 어느 한 집단에만 국한되지 않는 기회균등의 원리를 세심하고 선별적으로 부과하는 것이 더 유력한 해법임을 깨닫게 될 것이다. 집단들은 비교적 자의적이고 상대적으로 엄격한 병목을 야기하는 각종 시험과 요건에 문제를 제기하고 재검토하는 식으로 단순히 다른 이들로부터 자신들에게 기회를 재배분하는 것보다 훨씬 더 유용한 일을 한다. 이 과정에서 집단들은 자의적이고 불필요한 장벽들이 줄어든 세계를 만든다. 그리고 원래는 어떤 상황에 있는지 별로 관심이 없었던 사람들에게 경로를 열어준다. 또한 한 번에 한 걸음씩 기회구조를 다원주의 쪽으로 움직인다.

결론

법과 공공정책에서 기회균등을 둘러싼 정치적 논쟁에는 다음과 같은 익숙한 주장이 있다. 다양한 불리한 조건에 직면했던 사람들에게 경쟁적이고 누구나 바라는 일자리를 재할당할 수 없다, 또는 재할당해서는 안 된다는 것이다. 왜냐하면 그 시점, 즉 채용 단계에서는 이미 늦은 것이기 때문이다. 상이한 교육 경험 때문에 생겨난 불균등한 준비는 극복하기에는 너무 크다. 균등화를 하려면 더 일찍 해야 한다. 똑같은 형태의 주장은 대학 입학 시기는 기회를 균등화할 때가 아니라고 여긴다. 18세 학생들은 준비와 역량이 철저하게 다르며, 자격 있는 지원자보다 불리한 배경 출신의 자격이 떨어지는 지원자를 합격시키는 것은 공정하지도 않고 생산적이지도 않기 때문이다. 약간 차이가 있긴 하지만 이른바 출발점에 대해서도 비슷한 주장이 제기된다. 즉 초등교육과 중등교육 정책을 통해 기회를 균등화할 수 있다고 생각해선 안 된다. 왜냐하면 아이들이 다섯 살에 학교에 다니기 시작할 때면 차이가 너무 크기 때문이다. 정말로 이 문제를 바로잡으려면 부모들이 자원을 얻어서 자녀에게 더 나은 출발점을 제공하도록 도울 필요가 있다. (그러려면 부모에게 더 나은 일자리를 찾아주어야 하는데, 그 시점에서 우리는 처음 시작한 지점으로 돌아간다.)

기회를 완전히 균등하게 만들 수 있는 시기란 **없다**. 그것만은 사실이다. 앞의 문단에서 그런 것처럼, 어떤 단계에서든 우리가 사는 복잡한 세계에 관한 이 사실을 우아하고 종종 아주 효과적인 일련의 주장으로 변형해서 책임을 전가할 수 있다. 만약 전문대학원 입학에 관한 법안이 논의 중인데, 어떤 입법자가 일어나서 더 좋은 해법을 위해서는 "보이스카우트에서 공립학교 유치원에 이르는 기관에서 …… 사람들이 키가 90센티 작아지고 나이가 20살 어려져야 한다"고 설명한다면,[1] 맥락상 아무것도 하지 않기 위한 주장이라고 볼 수밖에 없다. 유치원 법안이 제출되면, 똑같은 발언자들이 최선의 해법은 더 앞선 단계에서 가능하다는 취지로 비슷한 주장을 펴는 것도 당연한 일이다. 아이들이 유치원에 입학하기 전에 양육, 빈곤, 무수한 기회 불균등을 해결해야 한다고 말이다. 그리고 앞선 단계에서도 이런 식으로 계속 책임을 전가할 수 있다.

평등주의자들[2]이 성공을 거두는 길은 한 번에 모든 단계에서, 즉 태어나기 전부터 성인의 삶 전체에 이르기까지 영향을 미치는 것이다—어떤 한 단계에서든 전체 인생 경로에 걸쳐서든 현실적으로나 개념적으로나 실제로 기회를 균등하게 만드는 것이 불가능하다 해도 말

---

1 *Grutter v. Bollinger*, 539 U.S. 306(2003), 347쪽(스캘리아 판사의 소수의견). 고등교육에서 인종 통합의 교육적 이익은 이처럼 훨씬 앞선 단계에서 추구하는 게 가장 좋다는, 다르지만 비슷한 제안을 하는 내용이다.
2 여기서 평등주의자라 함은 약자우선주의자나 기회가 제한된 사람들의 기회를 확장하는 데 진지하게 관심을 기울이는 모든 사람을 포함한다.

이다. 모든 사람의 기회가 말 그대로 다른 모든 사람과 균등한 상태라는 공상적인 기획을 목표로 삼는 대신, 우리는 더 많은 사람들에게—특히 현재 기회를 제한당하는 사람들—더 많은 기회를 열어주려고 노력해야 한다. 이 책의 핵심적인 주장은 **어떻게** 그렇게 할 수 있는가에 관한 것이다. 중요한 것은 우리가 이 목표를 **어떻게** 달성할 수 있는지에 관해 생각하는 데 필요한 틀이다. 이제까지 나는 기회구조를 좀 더 다원적인 방향으로 개조함으로써, 사람들이 행복한 삶의 여러 차원으로 이어지는 경로를 발전시키고 추구할 수 있는 기회를 더 많이 누리는 체제를 건설할 수 있다고 주장했다.

이렇게 말한다고 해서 사람들에게 각자 인생에서 추구하고자 하는 어떤 목표든 추구할 수 있는 수단—자원—을 더 많이 주는 것을 목표로 삼아야 한다는 이야기는 아니다. 현대의 철학적 자유주의의 핵심에 있는 자유주의적 중립성을 반영하는 그런 사고방식은 우리의 선호와 목표가 어떻게 형성되는가라는 문제를 적절하게 다루지 못한다. 우리의 욕망과 소망은 우리의 기능이나 능력과 마찬가지로 세계가 제시하는 기회와 상호작용을 하면서 발전한다. 따라서 우리는 사람들이 자기 앞에 놓인 기회구조에 크게 의존하는 여러 이유에서 이미 형성한 목표를 추구할 수 있도록 단순히 자원을 배분하는 것을 규범적 목표로 삼을 필요는 없다. 그보다는 사람들이 추구할 수 있는 더 폭넓은 범위의 경로를 제공하는 것을 목표로 삼아야 한다. 그래야만 우리 각자가—더욱 자율적인 방식으로, 그리고 더 풍부한 선택 범위 안에서—실제로 인생에서 하고 싶은 일이 어떤 것들인지를 결정할 수 있기 때문이다.

이렇게 말하면 이 책에서 제시한 명제는 이상적인 이론처럼 들린다. 하지만 세심한 독자라면 지금쯤 이미 이 책에서 내놓은 많은 주장이 다른 어조의 이야기임을 눈치챘을 것이다. 다양한 일련의 제약에 직면해서 우리가 어떻게 기회구조를 개선해야 하는지를 다루는, 이상적 이론과는 거리가 먼 다양한 형태인 것이다. 기회를 확대하려면 거의 언제나 비용과 이율배반이 수반된다. 기회 확대는 한 사회가 추구하는 목표 중 하나일 뿐이다. 그리고 설령 이것이 우리의 유일한 목표라 할지라도, 한 병목을 개선하는 것은 때로 다른 병목을 악화하는 부수 효과를 낳는다. 이 책에서 나는 이런 충돌과 이율배반을 어떤 명확한 방식으로 해결하려고 하지 않았다. 이 문제들을 해결하는 것은 언제나 특정한 제도와 사회규범에 관한 경험적 주장과 이것들 사이의 상호작용에 좌우된다. 그리고 사실이 바뀌면 균형도 이동한다. 이 책에서 내가 목표로 삼은 것은 우리 모두—정책 입안자, 법원, 공공기관과 사적 기관, 심지어 개인까지—가 이 어려운 문제들을 생각할 때, 그리고 어떻게 하면 우리가 이 문제들을 해결하는 데(또는 적어도 이 문제들을 악화시키지 않는 데) 도움이 될 수 있는지를 생각할 때 활용할 수 있는 일단의 개념적 도구를 제공하는 것이었다.

이 책에서 내놓은 도구들은 기회균등에 관한 논쟁에서 흔히 동원되는 통상적인 도구들과 다르다. 우리의 통상적인 도구들에는 개인의 능력과 공적에 관한 주장뿐만 아니라, 개인과 집단에 근거한 분배 공정성—즉 중요한 것을 누가 더 가지고 누가 덜 가지고 있는지—에 관한 주장도 포함된다. 이런 종류의 도구 때문에 우리는 기회가 가장 극명한 제로섬 경쟁의 대상이 되는 사례들에 초점을 맞추게 되는 것처럼 보인다. 엘리트 교육기관의 소수자 우대 정책에 관한 싸움이 대표적인 예이다. 또는 이미 우리가 사례들에 관해 논쟁을 하고 있기 때문에 이런 도구들에 손을 뻗게 되는지도 모른다.

기회 다원주의는 다른 장소에서 출발한다. 기회 다원주의는 공적의 문제에서 완전히 벗어나서, 우리가 사람들의 기회에 대한 제약에 관심을 기울여야 한다고 이야기한다. 예를 들어, 우리는 '중요한 시험'이 탈락하는 사람들의 기회를 제한하는 방식에—그리고 이 시험이 통과하는 사람들의 소망을 모양 짓는 방식에도—관심을 기울여야 한다. 설령 이 시험 자체가 공정하다고 확신하고, 모든 사람의 통과/탈락 결과가 어떤 점에서 당연한 것이라 할지라도 말이다.

성별, 인종, 계급 등의 사회체제가 사람들을 한쪽으로 유도하고 삶의 많은 영역에서 사람들의 기회를 모양 짓는 경우처럼, 집단에 근거한 기회 불균등이 사람들의 인생의 가능성을 제약하는 경우에 우리는 언제든 관심을 기울여야 한다. 모든 평등주의자들은 이런 관심을 공유한다. 이것은 평등주의의 핵심적인 관심사이다. 하지만 기회 다원주의의 관점에서 보면, 우리는 흔히 이해하는 것처럼 사람들이 집단에 근거한 종속과 연결되지 **않는** 심각한 기회 제약에 직면할 **때에도**—예를 들어, 어떤 사람이 운 나쁘게 열악한 곳에서 태어났기 때문에, 또는 심지어 자신에게 온전히 책임이 있는 게 아닌 어린 시절 저지른 어떤 실수의 반향이 너무 크기 때문에 기회가 심각하게 제약될 때—우리는 관심을 기울여야 한다. 이 책에서 제공하는 도구들은 이런 병목들을 개방함으로써 얻는 이익과 효율성, 동기 부여, 제한된 자원 등에 관한 상쇄적인 고려 사항을 어떻게 균형 잡을 것인가에 관한 질문에 대해 우리에게 완벽한 해답을 주지 않는다. 하지만 이런 유형의 문제를 이해하고, 이 문제의 여러 차원들을 평가하고, 개선 방법을 생각하기 위한 새로운 방법을 제공한다.

이런 초점 이동이 중요한 한 이유에 관해 간략하게 언급하면서 책을 마치고 싶다. 처음에 시작하면서 이야기한 것처럼, 일반적인 개념으로서의 기회균등에 관해서는 논쟁의 여지가 없다. 거의 모든 사람이 일정한 기회균등 개념을 신봉한다. 하지만 기회균등에 관해 실제로 벌어지는 논의의 대부분은 대단히 논쟁적이다. 특히 기회가 상대적으로 희소한 시기에는 더욱 그러할 것이다. 대체로 그 이유는 이런 논쟁이 흔히 기회 배분에 관한 완전히 제로섬적인 싸움을 수반하기 때문이다. 엘리트 일자리의 수나 학교 입학 정원이 고정되고 그에 대한 욕구가 일정하거나 늘어난다면, 그런 일자리나 입학 정원의 일부를 유리한 조건을 가져본 적이 없는 사람들에게 개방하는 정치는 언제나 매우 우려스러울 것이다. 똑같은 기회를 다른 사람들로부터 빼앗을 수밖에 없기 때문이다. 흔히 그 다른 사람들은 상당한 정치적 힘을 갖고 있다. 이런 제로섬적 이율배반이 기회균등 정책의 주된 도구라면, 참호전이 벌어질 수밖에 없고 어떤 성공이든 점진적일 것이다. 그렇다고 해서 평등주의자들이 노력을 해선 안 된다는 말은 아니다. 이처럼 희소하고 누구나 바라는 기회를 재배분하는 것은 중요하다. 때로는 이것이 기회구조에서 일정한 병목을 개선하는 유일하게 현실적인 방법일 수도 있다. 하지만 이 방법이 전부는 아니다.

기회구조에서 병목을 확인하면 우리가 이루어야 하는 많은 변화가 그렇게 깔끔하게 제로섬적인 게 아니라는 사실을 보는 데 도움이 된다. 모든 사람이 똑같은 병목을 헤집고 나아갈 필요가 없도록, 또는 병목을 통과하지 못하는 사람들에게 다른 경로가 열릴 수 있도록 기회를 재구조화하는 방법을 찾을 때, 그 결과는 제로섬이 아니라 포지티브섬 positive sum일 수 있다. 우리는 사람들이 전에는 존재하지 않았던 목표를 추구하거나 익숙하지 않은 길을 통해 익숙한 성공을 달성하는 게 가능하도록 만들 수 있다. 또한 지금처럼 희소한 자원을 놓고 벌이는 제로섬 충돌에 걸린 판돈을 낮추는 대안적 경로를 만들어낼 수 있고, 완전히 새로운 종류의 기회를 창조할 수도 있다. 인간 역사의 오랜 시기에 걸쳐 우리는 언제나 이런 일을 해왔다. 한 세기 전에 겨우겨우 모든 사람의 기회를 정확히 균등하게 만들었지만(그게 가능한 일이라면), 또한 그 기회들을 호박琥珀 안에 굳혀버려서 다른 어떤 기회도 얻을 수 없는 그런 사회에 살고 싶은 사람은 거의 없을 것이다. 우리는 이 일—더 풍부하고 복잡하고 다원적인 사회를 건설하는 일—에 대한 인식을 기회균등에 관한 논쟁의 판돈에 대한 이해에 통합시켜야 한다. 그렇게 하면 누가 사람들이 바라는 희소한 기회를 받을 자격이 가장 충분한가라는 질문으로부터 마찬가지로 중요하지만 아주 다른 질문으로 우리의 관심의 일부를 이동시킬 수 있다. 사람들—비교적 자격이 없어 보이는 사람들까지도—이 더 좋은 재료를 손에 쥐고 삶을 축조할 수 있으려면 어떻게 해야 하는가에 관한 질문 말이다.

감사의 말

　이 책을 준비하면서 많은 사람들에게서 유용하고 통찰력 있는 논평을 받았지만, 특히 브루스 애커먼, 미치 버먼Mitch Berman, 존 데이John Deigh, 캐런 엥글Karen Engle, 윌리 포배스Willy Forbath, 티모시 파울러Timothy Fowler, 엘리자베스 프레이저Elizabeth Frazer, 줄리언 휴퍼트Julian Huppert, 제이컵 크리치Jacob Krich, 패티 레너드Patti Lenard, 샌디 레빈슨Sandy Levinson, 대니얼 마코비츠Daniel Markovits, 필리프 방 파레이스, 래리 세이거Larry Sager, 비키 슐츠Vicki Schultz, 조피아 스템플로스카Zofia Stemplowska, 수전 스텀, 애덤 스위프트, 웬디 와그너Wendy Wagner 등과, 옥스퍼드대학교 너필드칼리지 정치이론 워크숍, 컬럼비아 로스쿨 법이론 워크숍, 텍사스대학교 로스쿨 교수 콜로퀴움, 노동·고용법 연구 현황 콜로퀴움, 조피아 스템플로스카와 매슈 클레이턴Matthew Clayton이 주축이 되어 옥스퍼드대학교 사회정의연구소CSSJ와 워릭대학교 윤리·법·공무연구소CELPA에서 공동 후원해서 2012년 11월 옥스퍼드에서 한나절 동안 이 책 초고를 주제로 열린 워크숍 등에 참석

한 사람들에게 감사의 말을 하고 싶다.

미국과 영국의 풀브라이트 프로그램에서 재정을 지원해서 나를 옥스퍼드에 보내주지 않았더라면, 이 책의 밑바탕이 된 박사학위 논문을 애초에 쓰지 못했을 것이다. 또한 영국의 해외연구생지원계획 Overseas Research Students Award Scheme(ORSAS)과 예일 로스쿨의 루브하우젠 연구비Ruebhausen Fellowship에서 지원을 해준 데 감사한다. 이 연구 기획을 처음 대략적으로 준비할 때부터 엘리자베스 프레이저는 많은 논평을 해주었다. 엘리자베스는 세심한 통찰력으로 내 석사학위 논문을 지도해주었을 뿐만 아니라 여러 복잡한 문제를 해결하는 데 도움을 주었다. 애덤 스위프트는 박사학위 논문을 지도해주었다. 애덤은 내가 바랄 수 있는 더없이 이상적인 지도교수였다. 언제나 열심이고 현명하며, 비판적이고 용기를 주며, 끈기가 있는 분이다. 그와 함께 공부한 것은 그 자체로 엄청난 교육이었다. 정말 감사한 마음이다. 마지막으로 박사학위 논문을 쓸 당시에 내 고용주였던 마거릿 마셜Margaret Marshall 판사가 융통성을 보여주지 않았더라면 제때에 논문을 완성하지 못했을 것이라는 점을 밝혀야 하겠다. 쉽사리 믿기 힘든 일이지만, 마셜 판사는 자기가 지켜보는 가운데 조수가 논문을 마무리해서 제출해야 한다고 고집을 부렸다. 박사학위 심사위원인 데이비드 밀러와 매슈 클레이턴은 중요한 의견을 여럿 주었는데, 한참 뒤에 이 연구 기획이 여러분이 지금 읽고 있는 책으로 발전하는 과정에서 두 사람의 조언이 무척 중요함이 밝혀졌다. 익명의 원고 검토인 두 명도 유용한 의견을 주었다.

현재 내 직장인 텍사스대학교 로스쿨에서 2012년 가을에 받은 프리테뉴어pre-tenure 연구휴가[1] 중에 이 책의 초고를 완성할 수 있었다. 텍사스대학교는 이 책을 쓰겠다는 내 생각이 종신재직권이 없는 법학 교수가 보통 할 만한 연구 기획이 아닌데도 오로지 내 욕심을 격려해 주었다. 또한 텍사스대학교 오스틴캠퍼스 총장실에서 지원금을 수여한 데 대해 감사한다. 초고를 준비하는 과정에서 똑똑하고 유능한 수많은 연구 조교들에게 도움을 받았다. 모두 텍사스대학교 학생인 몰리 배런Molly Barron, 브래던 비어드Braden Beard, 매기 뷰캐넌Maggie Buchanan, 크리스틴 멀론Kristin Malone, 줄리 파텔Julie Patel, 패트릭 야버로Patrick Yarborough, 그리고 법률 전문 사서인 카시아 솔론 크리스토발Kasia Solon Cristobal에게 감사한다. 또 옥스퍼드대학교 출판부의 편집자인 데이브 맥브라이드Dave McBride에게도 고맙다는 말을 하고 싶다. 데이브는 이 집필 기획의 가능성을 곧바로 알아보았으며 책으로 발전하는 내내 가능성을 믿어주었다.

　이 책에서 다루는 주제를 생각해보면, 내가 가장 근원적으로 빚을 진 사람들에게 감사를 표하는 게 특히 적절하다고 생각한다. 부모님과 가족이 내게 여러 가지 기회를 주지 않았더라면, 나는 십중팔구 인생에서 이런 특별한 길을 좇거나 이 책을 쓰는 일을 택하지 않았을 것이다. 이 책을 쓰면서 종종 생각한 게 한 가지 있는데, 부모님과 나눈 대화처럼 내가 발달 과정에서 누린 몇몇 특별한 기회는 균등화할 수 없다는 점이다. 모든 사람이 나와 똑같이 성장하는 것은 가능하지 않을뿐더러 바람직하지도 않다. 하지만 나로서는 대단한 기회를 누렸다. 나는 또한 어머니 셸리 피셔 피시킨Shelley Fisher Fishkin과 형 보비 피

1　테뉴어 트랙으로 채용된 교수가 종신재직권을 받기 전에 쓸 수 있는 연구휴가.─옮긴이

시킨Bobby Fishkin, 특히 아버지 제임스 피시킨James Fishkin이 이 책에 담긴 주장과 초고 밑그림을 보고 여러 단계에서 조언을 해준 데 대해 고맙게 생각한다.

이 집필 기획을 진행하는 오랜 시간 동안 나의 동반자 케리 프랭클린Cary Franklin은 항상 옆을 지켜주는 사려 깊고 소중한 편집자이자 대화 상대였다. 이 책을 비롯한 여러 기획에 관해, 그리고 그녀와 내가 각자 하는 공부의 풍부한 공통점에 관해 그녀와 대화를 나누는 기회는 내 삶에서 누리는 커다란 기쁨 가운데 하나다. 시간이 흐르면서 그녀가 내 집필 기획에 기여한 것처럼 나도 그녀의 기획에 많은 기여를 할 수 있으면 좋겠다.

옮긴이의 말

　"기회는 평등할 것입니다. 과정은 공정할 것입니다. 결과는 정의로
울 것입니다." 지난 대선에서 어느 대통령 후보가 핵심적으로 내세운
슬로건이다. 어느새 한국 사회에서 '공정'과 '정의', '기회균등'은 시대
의 화두가 되었다. 경제가 계속 가파르게 성장하면서 개천에서 용이
나던 시절에는 공정한 기회균등은커녕 기회 자체에 대한 관심이 적었
다. 기회는 어디에나 손 닿는 곳에 있었고, 각자 성실하게 노력하면 어
느 정도의 계급 상향 이동이 가능했으며, 큰 욕심만 내지 않으면 행복
한 삶이 보장되었기(또는 보장된다고 여겨졌기) 때문이다. 그런데 성장
이 고용을 수반하지 못하고, 불평등이 확대되는 가운데 계급 이동이
사실상 불가능해짐에 따라, 부와 가난이 고스란히 대물림되는 현실을
목도한 사람들은 어느덧 '헬조선'이나 '흙수저-금수저', '이생망(이번
생에는 망했어)' 등의 이야기를 입에 올리고 있다. 입에 물고 태어난 수
저의 색깔에 따라 처음부터 기회의 범위가 정해지는 상황에 직면하
면, 신분제를 탈피한 현대 사회의 가장 중요한 원리인 평등한 기회를

누릴 권리를 다시 떠올리는 것은 당연한 일이다.

존 롤스가 《정의론》에서 '공정한 기회균등'의 거대한 이론적 틀을 축조한 이래 기회균등은 평등주의 기획에서 중심을 차지하는 강력한 개념이며, 현대 정치이론, 법률, 공공정책 등에서 대단히 광범위한 호소력을 발휘한다. 그런데 과연 기회균등이란 무엇일까? 균등한 기회를 보장하는 게 정말로 가능한가? 가령 현대 사회에서 부모가 자기 자식을 마음대로 키운다면, 어느 누구도 균등한 기회를 누리지는 못한다. 또한 계급, 성별, 인종 등의 출신 배경에 따른 유리한 조건과 불리한 조건을 능력이나 재능과 떼어낼 도리는 없다. 타고난 재능이 다른 사람들에게 균등한 기회를 보장한다고 해서 결과의 평등이 실현되지는 않는다. 그렇다면 자유지상주의에서 말하는 것처럼 엄청난 불평등을 그냥 감수해야 하는가? 이 책의 지은이는 그렇지 않다고 말한다. 그리고 좀 머리가 아플지라도 기회와 평등에 관해 같이 사고 실험을 해보자고 권유한다.

이제까지 때로는 고도로 추상적인 개념과 사고 실험이 난무했고, 때로는 구체적인 법률과 정책을 둘러싸고 기회균등을 확대하는 여러 방법과 그 효과가 논의되었다. 그런데 지은이는 기회균등 원리가 갖는 여러 가지 난점을 파헤치면서, 이 원리를 더욱 급진화하고 구체화·현실화하려는 대담한 시도를 한다. 기회균등을 아무리 보장하더라도 기회구조 자체가 단일하고 협소하면 병목현상을 피하지 못하고, 결국 허울뿐인 평등의 원칙과 무자비하게 불평등한 현실밖에 남는 게 없기 때문이다. 조지프 피시킨이 《병목사회》에서 기존의 논의에 기여를 한 게 있다면, 무엇보다도 '병목현상'이라는 개념을 도입해서 기회균등 기획에 관한 새로운 사고의 지평을 열었다는 점일 것이다.

지은이는 기존의 기회균등 논의가 '균등'에 초점을 맞춘 것과 달리 '기회' 자체를 치밀하게 파고든다. 그리고 이 기회가 병목현상처럼 형상화되어 있는 것이 무엇보다도 문제이고, 따라서 기회를 주어진 것으로 놓고 그것의 균등한 분배를 고민하기보다는 사회가 만들어놓은 기회구조 자체를 바꾸는 방도를 궁리해야 한다고 말한다. 단일한 기회구조가 불가피하게 병목현상을 일으키는 것이므로 기회 구조를 다원화하고 확대해야 한다는 것이다. 그러기 위해서 지은이는 무엇보다도 좋은 삶, 행복한 삶의 개념 자체가 다양하고 풍부해야 하며, 이런 삶에 이르는 길도 마찬가지로 여러 갈래가 있어서 누구나 선택할 수 있어야 한다고 본다. 극소수만이 '위너'가 되는 좁디좁은 병목을 통과하기 위해 기를 쓰고 다투는 제로섬 경쟁이 아니라, 병목을 없애거나 넓히고, 그게 힘든 경우에는 더 많은 사람이 병목을 통과하거나 우회하도록 도와야 한다.

기존의 논의는 이런 식이다. 예를 들어 '가난의 땅'에서 '기회의 땅'으로 건너가는 다리가 있고, 해마다 이 다리를 건너갈 수 있는 사람의 수가 열 명이라고 하면, 시험 같은 공정한 경쟁을 통해 가장 '유능한' 이들을 선발해야 할까? 아니면 여성과 저소득층 등 불리한 조건 때문에 공정한 경쟁에 참여할 준비를 제대로 하지 못한 이들에게 몇 자리를 나눠줘야 할까? 그렇지만 피시킨은 이 구조 자체에 의문을 던진다. 왜 열 명만 통과해야 하는가? '기회의 땅' 자체를 더 넓히거나 다리를 확장하면 되지 않겠는가?

오늘날의 한국 사회는 이 책에서 극단적인 이론적 모형으로 거론하는 전사 사회나 중요한 시험 사회와 무척 흡사한 형국이다. 한 번만 운행하는 정원이 한정된 기차에 올라타기 위해서 정신없이 달리면서

'원원win-win'이 아닌 '루즈루즈lose-lose' 경쟁에 몰두하는 것이다. 영어 유치원 입학, 자립형 사립고나 외고 입학, 일류대 입학, 토익 점수, 대기업 정규직 취업, 직장 내 승진 등 한국에서 태어난 사람들은 인생 길목 길목에서 그야말로 심각한 병목현상에 맞닥뜨린다. 이 책의 개념을 우리의 현실에 대입하자면, 일류대 대학 학위는 자격 병목, 금수저 부모를 만나 다양한 조기교육을 받는 것은 발달 병목, 서울 시내 아파트나 건물 소유 또는 노후를 보장하는 연금보험은 도구재 병목이다.

　피시킨은 이런 심각한 병목현상을 해소하기 위한 구조적 해법을 제시한다. 물론 구체적인 사회의 상을 제시하기보다는 기회 다원주의라는 커다란 구상과 더불어 몇 가지 정책적 함의를 밝히는 정도이지만, 그의 구상을 염두에 두면 기회구조 다원화라는 시각에서 많은 아이디어를 얻을 수 있을 것이다. 피시킨이 생각하는 이상적인 사회는 지금과 같이 돈을 중심으로 세워진 피라미드 구조가 아니라, 다양한 형태의 인간 행복과 자아실현을 누릴 수 있는 공연장과 작업장, 학교와 논밭이 여기저기에 흩어져 있고 이 공간들로 이어지는 도로와 골목길이 사방으로 뻗어 있는 불규칙한 도시의 모습에 가깝다. 물론 지은이는 어떻게 하면 이런 사회를 만들 수 있는지 구체적인 경로를 밝히지는 않는다. 그런데 기회 다원주의를 위해 자원과 기회를 새롭게 배분하려면 사회체제에서부터 구체적인 사회정책에 이르기까지 여러 차원에서 새로운 기획과 많은 노력이 필요할 것이다. 이 책은 그런 고민을 불러일으키기에 충분하다.

2016년 2월
유강은

찾아보기

MAT(학문재능평가Measure of Academic
　　Talent) 70
SAT(학업평가시험Scholastic Assessment Test/
　　학업적성시험Scholastic Aptitude Test)
　　70~71, 132, 275, 277~278, 283,
　　377~378, 453

[ㄱ]
가설적인 보험 시장 80, 82, 102, 109, 117
가족돌봄휴가 및 병가법 Family and Medical
　　Leave Act(FMLA) 412, 418
가치 다원주의 151, 259, 342, 346, 350,
　　355
간접 차별 46, 296~297
강한 유전자 결정론 175~177, 189
강한 환경 결정론 176
개별성 89, 91, 141~142, 239, 245, 247,
　　250, 281, 353~354, 359~360

경제적 합리성 324, 328~329
《경험과 교육》(존 듀이) 135
고등학교 졸업장 210, 289, 292, 303,
　　384~385, 447~449
고립주의 178, 182, 198
〈고트로Gautreaux v. Chicago Housing Authority〉
　　사건 393
곰버그, 폴Paul Gomberg 103~104
공유된 환경 205
공정한 기회균등Fair Equality of
　　Opportunity(FEO) 22, 27~28, 62,
　　65~67, 73, 77, 90, 97, 106~108, 166,
　　170, 203
공정한 삶의 기회 58~62, 66, 75~77, 79,
　　80, 100, 104~105, 115~117, 119,
　　121, 125~126, 128~129, 148, 152,
　　348
공정한 시합 56~57, 59~62, 65, 67~68,
　　82, 105~106, 110, 116~117,

125~126, 128, 134, 138, 148, 152

공통 척도 343, 346, 348

과시적 소비 259

관계적 자율성 358, 360

《교외의 개방》(앤서니 다운스) 388

구성적 운 78, 118, 172

《국가》(플라톤) 104

권위의 원천 246, 281~282, 285

〈그릭스 대 듀크전력회사 Griggs v. Duke Power Company〉 사건(1971) 46~47, 210~211, 221, 300, 303~305, 320, 330, 384~386, 423, 443, 447~449

기니어, 라니 Lani Guinier 377, 453

기업가 정신 174, 402

기회균등 함수 119~121, 123

기회의 지리학 42, 279, 387, 389, 392, 431, 433

김나지움 272~274, 384

[ㄴ]

네모 칸 금지 306~307, 421, 423, 425~426, 443, 449~450

네이글, 토머스 Thomas Nagel 165

노직, 로버트 Robert Nozick 146~148, 247~250, 260

(→《아나키에서 유토피아로》)

누스바움, 마사 Martha Nussbaum 355

[ㄷ]

다운스, 앤서니 Anthony Downs 388

(→《교외의 개방》)

단일한 결과 척도 25

더글러스, 프레드릭 Frederick Douglass 163

도구재 병목 33~36, 41, 291~294, 298, 370~371, 404

도브잔스키, 테오도시우스 Theodosius Dobzhansky 192~193

독일 272, 383~384

동네 효과 388

듀이, 존 John Dewey 135, 206, 387, 398

(→《경험과 교육》)

(→《민주주의와 교육》(존 듀이) 206~207, 387, 398)

듀크전력회사 46, 210~211, 303~304, 384, 447, 449

드워킨, 로널드 Ronald Dworkin 62, 75, 79~83, 86, 102, 109~110, 117, 187, 200~201

(→《자유주의적 평등》)

또래 효과 391~392

[ㄹ]

라딘, 마거릿 Margaret Radin 294

라루, 아네트 Annette Lareau 375

라즈, 요세프 Joseph Raz 224~226, 228, 252, 347, 359~360

(→《자유의 도덕성》)

레먼, 니컬러스Nicholas Lemann 365

로머, 존John Roemer 119, 121~123

롤스, 존 John Rawls 22~23, 27, 62~68,
  72~73, 76~77, 82~84, 86, 90~91,
  94, 97, 103, 106~112, 115, 117, 121,
  126~127, 130, 136~137, 149, 166,
  170, 187, 203, 290, 352, 356

(→《정의론》)

리사와 존의 사례 112~115, 122, 124,
  290

리즌, J. 폴J. Paul Reason 229, 239

리슬리, 토드Todd Risley 233~234, 236

릭텐버그, 주디스Judith Lichtenberg 380

[ㅁ]

매닝, 윈턴Winton Manning 70

매코비, 엘러너Eleanor Maccoby 205

최소극대화maximin 27~28, 77, 347~348

머리, 찰스Charles Murray 278

메이슨, 앤드루Andrew Mason 107, 165

《모두를 위한 진정한 자유》(필리프 방 파
  레이스) 92

모듈화된 노동 417~419

몸무게 차별 45, 302, 428, 436, 439

무급 인턴 과정 41, 381

미시건대학교의 소수자 우대 정책
  136~137

미시적 효율성 60, 331

《민주주의와 교육》(존 듀이) 206~207,
  387, 398

밀, 존 스튜어트John Stuart Mil 38, 88~89,
  94~95, 161~164, 196, 250~253,
  255~256, 261, 281, 285, 287, 342,
  352~355, 359, 415

(→《여성의 종속》)

(→《자유론》)

밀러, 데이비드David Miller 61, 150~151

[ㅂ]

발달 기회 19~20, 23~25, 30~31, 33, 49,
  55, 57~60, 62, 64~65, 67, 73~76,
  86, 94, 101, 104, 110, 125~127, 129,
  138, 145, 148, 152, 155, 159, 188,
  197, 199~200. 202, 204, 206, 209,
  213~214, 217~223, 227, 229~232,
  234~237, 239, 257, 260, 262, 271,
  278, 289~292, 317, 332~334,
  336~337, 350, 368, 377, 387, 431

발달 병목 33, 271, 289~293, 298~299,
  317, 336, 351, 354, 387

방 파레이스, 필리프Philippe Van Parijs
  92~94, 102, 349~350, 372

(→《모두를 위한 진정한 자유》)

베블런, 소스타인Thorstein Veblen 259

(→《유한계급론》)

본래적인 차이 164, 170~173, 193

《본성과 양육이라는 신기루》(이블린 폭스
  켈러) 163, 181~182

봉쇄된 거래 371~372

부시, 조지 W.George W. Bush 59

분배 정의 61, 83, 87, 130, 293, 348

불리효과방지법 47, 211, 297, 320, 427,
    445~452, 456

블랙번, 사이먼 Simon Blackburn 183

《빈 서판》(스티븐 핑커) 177, 189, 205

[ㅅ]

사회보험 373, 399, 402, 404, 417, 441

사회적 이동성 24, 84~85, 366

사회적 형태 151, 190, 227~228,
    252~253, 286, 393

샌델, 마이클 Michael J. Sandel 294

샤, 존 John Schaar 142~145, 149~150, 338

선택적 운 129

선호의 내생성 223, 227, 231, 250, 415

성적 괴롭힘 455~456

성차별 45, 56, 105, 412, 429, 437

센, 아마티아 Amartya Sen 355

셰플러, 새뮤얼 Samuel Scheffler 59, 116

소수자 우대 정책 11, 16, 31, 47, 49, 55,
    136~137, 427, 445~446, 451~452,
    454, 461

순전한 운 59, 74~76, 78~82, 108, 110,
    116~118, 126, 128, 136

스위프트, 애덤 Adam Swift 269

스텀, 수전 Susan Sturm 377

스트라우스, 데이비드 David A. Strauss 286

스펙트럼 왜곡 345~346

시민권법 제7조 304, 324, 447

실업수당 368, 402

10퍼센트 계획

(→ 텍사스 10퍼센트 계획)

쌍둥이 연구 175, 178, 189, 195

[ㅇ]

《아나키에서 유토피아로》(로버트 노직)
    146, 247~248

아네슨, 리처드 Richard J. Arneson 74~75,
    126

아리스토텔레스적 원리 12, 90~91, 352,
    356

아킬레아(서양톱풀) 190~191, 221

애커먼, 브루스 Bruce Ackerman 429

앤더슨, 엘리자베스 Elizabeth Anderson 346,
    354, 441

약자우선주의 75, 314, 348~351, 459

약한 유대 392~393

약한 유전자 결정론 177~178

약한 환경 결정론 177~178

양둥이 모델 181~182

《업적주의의 부상》(마이클 영) 73

《여성의 종속》(존 스튜어트 밀) 88~89, 95,
    161~162, 164, 256, 415

영, 마이클 Michael Young 73

(→《업적주의의 부상》)

영, 아이리스 Iris Young 56

영속화 이론 392

와이갠드, 제프리 Jeffrey Wigand 402~403

완전주의 92, 341~343, 352~353, 359,
     408

(→ 희미한 완전주의)

왈저, 마이클 Michael Walzer 150~151, 294,
     371~372

(→《정의와 다원적 평등》)

외모 차별 435~437, 439~442

운 평등주의 59, 62, 73~81, 86, 107~108,
     110, 116~121, 124, 126, 128~130,
     203

원인론 171~173, 192~193

월드런, 제러미 Jeremy Waldron 372

윌리엄스, 버나드 Bernard Williams 29~30,
     57, 112, 147, 247

윌리엄스, 조앤 Joan Williams 319~322,
     330, 410

윌슨, 윌리엄 줄리어스 William Julius Wilson
     388

유리한 조건 15, 20, 23, 31~32, 38, 40,
     55, 66~68, 72, 76~77, 97~106,
     108~112, 115, 117~118, 121~122,
     124~126, 134~135, 139~140,
     148~149, 150, 154, 165, 245,
     262~263, 268, 270~271, 273, 279,
     283, 354, 370~371, 373, 398, 463

유전성 질환 184~186

유전자 발현 180, 185~186

유전자 치료 185~187

《유한계급론》(소스타인 베블런) 259

이상적 노동자 규범 42, 410, 414,
     416~419

일레븐 플러스 시험 20, 73, 176

임신 장애 412

임의적 병목 295, 299, 451~452

[ㅈ]

자격 병목 33, 289~293, 296, 298, 316,
     330, 335, 363, 387, 442, 448

《자유론》(존 스튜어트 밀) 89, 196, 201,
     225, 250~251, 285, 352~354, 359, 415

《자유의 도덕성》(요세프 라즈) 224

《자유주의적 평등》(로버트 드워킨) 75,
     79~80, 117, 188, 352

자율성 91~92, 96, 101, 105, 107, 225,
     316, 352, 357~360

전문화 104, 262, 332, 334

전사 사회 29, 31~32, 35, 37~38, 57, 67,
     72, 105, 115, 127~128, 131, 133,
     142~143, 145, 147, 247, 249, 270,
     280, 289~290, 299, 357

전직 장애 402~404

정당한 병목 295, 308, 311, 315

《정의론》(존 롤스) 22, 62~65, 90, 76~77,
     84, 90, 97, 106, 108, 126~127, 149,
     172, 201, 352

《정의와 다원적 평등》(마이클 왈저) 151,
     371

제이콥스, 레슬리 Lesley A. Jacobs 130, 151

젱크스, 크리스토퍼 Christopher Jencks 222

존슨, 린든 Lyndon B. Johnson 147~148

중요한 시험 사회 32, 35, 38, 129,
　　131~134, 141~143, 145~146, 235,
　　237, 244, 247~248, 270, 277, 289,
　　300~302, 312~313

지능지수 검사 20, 46~47, 132, 176,
　　193~194, 448

지위재 36, 246, 257~259, 262~264, 268,
　　337, 357

진정직업자격 bona fide occupational
　　qualification(BFOQ) 296~297, 437

질서정연한 사회 107~208

[ㅊ]

차별금지법 44~48, 208, 285, 297,
　　320~321, 364, 420~423, 426~427,
　　429~432, 434, 436~439, 442,
　　444~446, 455~456

체임버스, 클레어 Clare Chambers 127, 134

출발점 이론 62, 67~68, 73, 110,
　　126~127, 134, 155

치료 불가능성 172~173, 193

[ㅋ]

캐신, 셰릴 Sheryll Cashin 370~371

커뮤니티칼리지 21, 274~276, 379~380

케네디, 존 F. John F. Kennedy 57

케이스, 메리 앤 Mary Anne Case 91

켈러, 이블린 폭스 Evelyn Fox Keller 163,
　　178, 181~182

(→《본성과 양육이라는 신기루》)

〈코네티컷 주 대 틸 Connecticut v. Teal〉 사건
　　(1982) 451~452

코즈, 엘리스 Ellis Cose 229

코헨, G. A. G. A. Cohen 74, 117~118,
　　168~169

쿡, 필립 Philip Cook 266

[ㅌ]

타고난 재능 22~23, 28, 48, 65~68, 73,
　　76~77, 105, 111, 116, 128, 154, 159,
　　166, 170, 173, 187, 349

타고난 차이 88~89, 161, 163~164, 166,
　　170, 172

텍사스 10퍼센트 계획 123, 453~454

텍사스대학교 275, 452~454

토레스, 제럴드 Gerald Torres 453

통약 불가능성 223~224, 226~227, 231,
　　235, 240, 261, 346~347

통합서비스시스템 324~326

트릴레마 105

[ㅍ]

파시재단 282~283, 326

파핏, 데릭 Derek Parfit 348

페닐알라닌 185, 187, 190

페닐케톤뇨증 184~185, 190, 199

평등고용기회위원회 Equal Employment
　　Opportunity Commission(EEOC)
　　304~306, 324, 326, 423

〈평등고용기회위원회 대 통합서비스시스
　　템 EEOC v. Consolidated Services Systems〉
　　사건(1993) 304~306, 324

평등주의적 정의의 통화 61, 77, 83~86,
　　91, 149, 153, 293

포스트, 로버트 Robert Post 437

풀린와이더, 로버트 K. Robert K. Fullinwider
　　380

프랭크, 로버트 Robert Frank 266

프랭클, 찰스 Charles Frankel 152~154

프리먼, 새뮤얼 Samuel Freeman 107

플린 효과 194~196

플린, 제임스 James Flynn 194

필수적인 발달 기회 231~232, 235, 237,
　　271, 336~337, 387

핑커, 스티븐 Steven Pinker 177, 189, 205

(→《빈 서판》)

[ㅎ]

하트, 베티 Betty Hart 233~234, 236

하향 이동 368, 399

학문재능평가 Measure of Academic
　　Talent(MAT) 70

학업평가시험 Scholastic Assessment Test/
　　학업적성시험 Scholastic Aptitude
　　Test(SAT) 70~71, 132, 275, 277~278,
　　283, 377~378, 453

학사 학위 376~377, 379

학사르, 비니트 Vinit Haksar 352

합리적인 편의 제공 법률 445, 456

헐리, 수전 Susan Hurley 119

형식적 가산점 68, 70~72, 112, 299

형식적 업적 66~67, 73, 136~138

형식적인 기회균등 30, 56~57, 60, 62,
　　70, 115, 125, 136, 143

홀, 네드 Ned Hall 181~182

희미한 완전주의 342, 352, 359

옮긴이 **유강은**

국제문제 전문 번역가. 옮긴 책으로 《신이 된 시장》, 《팔레스타인 비극사》, 《미국의 반지성주의》, 《소속된다는 것》, 《무질서의 효용》, 《자본주의에 불만 있는 이들을 위한 경제사 강의》, 《미국 대도시의 죽음과 삶》, 《The LEFT 1848-2000》, 《미국민중사》 등이 있다.

병목사회

기회의 불평등을 넘어서기 위한 새로운 대안

1판 1쇄 발행 2016년 5월 10일
1판 3쇄 발행 2021년 4월 10일

지은이 조지프 피시킨 | 옮긴이 유강은
펴낸곳 (주)문예출판사 | 펴낸이 전준배
출판등록 2004. 02. 12. 제 2013-000360호 (1966. 12. 2. 제 1-134호)
주소 03992 서울시 마포구 월드컵북로 6길 30
전화 393-5681 | 팩스 393-5685
홈페이지 www.moonye.com | 블로그 blog.naver.com/imoonye
페이스북 www.facebook.com/moonyepublishing | 이메일 info@moonye.com

ISBN 978-89-310-0991-0 93300

∘ 잘못 만든 책은 구입하신 서점에서 바꿔드립니다.

⚘문예출판사® 상표등록 제 40-0833187호, 제 41-0200044호